Kleines etymologisches Wörterbuch der deutschen Sprache

Herausgegeben von Diether Röth

Erich Röth

# Kleines etymologisches Wörterbuch der deutschen Sprache

## Ihre Geschichte in neuer Sicht

BUSKE

Erich Röth war zunächst Lehrer, danach Verleger für mitteldeutsche Heimatliteratur und Publikationen zur Völkerverständigung. Vier Jahrzehnte lang hat er sich intensiv mit Sprachgeschichte befasst und dabei bisher unbekannte vorgermanische Lautgesetze entdeckt, dazu das Weiterleben des Indoeuropäischen in unserer Sprache bis auf den heutigen Tag.

Bibliografische Information der Deutschen Nationalbibliothek
Die Deutsche Nationalbibliothek verzeichnet diese Publikation in der Deutschen Nationalbibliografie; detaillierte bibliografische Daten sind im Internet über ‹https://portal.dnb.de› abrufbar.

ISBN 978-3-96769-094-1

# Inhaltsverzeichnis

# Einleitung des Herausgebers

Innerhalb der indoeuropäischen Sprachfamilie gilt die deutsche unwidersprochen als eine germanische. Deshalb wird auch ihr Wortbestand von der Vergleichenden Sprachwissenschaft nahezu ausnahmslos mit den 1822 von Jacob Grimm vorstellten Germanischen Lautgesetzen erklärt. Doch bereits 1949 hat sie mit Adolf Bach einräumen müssen: »Das germ. Wortgut gilt zu stark einem Drittel als nicht etymologisierbar« (es ist weit mehr), oft wäre seine Herkunft »dunkel«. Tatsächlich haben sich zahlreiche ihrer Etymologien als fehlerhaft oder doch fragwürdig erwiesen, nicht zuletzt deshalb, weil rein »sprachgesetzlich« gearbeitet wird, die Sachkunde weitgehend unberücksichtigt bleibt. »Ohne Sachkunde ist noch keine Etymologie geglückt«, hat Rudolf Mehringer schon 1909 erkannt. Betroffen sind vor allem mundartliche und umgangssprachige Wörter, aber auch zahlreiches fälschlich als »germanisch« geltendes Wortgut der gemeindeutschen Sprache.

Oft wird die Mundart noch immer als aus sozial höherstehenden Schichten abgesunkenes Sprachgut verstanden. Der Verfasser des vorliegenden Wörterbuchs hat sich vier Jahrzehnte lang intensiv mit Sprachgeschichte befasst und mehr als 4.000 Mundartbelege allein aus einem einzigen nordwestthüringischen Dorf zusammengetragen, dessen Mundart er sprach und bis in die feinsten Verästelungen hinein kannte. Heute werden sie von der »Arbeitsstelle Thüringer Dialektforschung« der Friedrich-Schiller-Universität Jena verwahrt. Dabei galt für ihn stets die Devise: »Der Weg geht nicht vom Wort zur Sache, sondern von der Sache zum Wort«. Erst wenn die jeweilige Sache, der betreffende Sachverhalt bis ins letzte Detail genau abgeklärt ist, kann die Benennung gedeutet (etymologisiert) werden.

Als weitere Maxime war für ihn die grundsätzliche Beschränkung zunächst auf den kleinsten dialektgeographischen Raum, denn nur ein solcher kann zuverlässig bis in seine letzten Tiefen ausgelotet werden. Bei seiner intensiven Beschäftigung mit dem mitteldeutschen Wortmaterial ist er immer wieder auf bisher unerkannte Lautumwandlungen gestoßen, die erst eine sachgemäße Deutung möglich machen. Dabei zeigte sich, dass es von den Germanischen Lautgesetzen weitgehend unberührt geblieben ist, so mundartlich *kaschen* (Fangspiel der Kinder) statt gemeindeutsch *haschen.* Es hat also die germanische Verschiebung k>h nicht mitgemacht und muss deshalb als nichtgermanisch-indoeuropäisch bezeichnet werden. Wie ist das zu erklären? Das Germanische hat sich mit neuen Lautgesetzen aus dem schon unterschiedlichen Indoeuropäischen ausgegliedert, vor allem in Dänemark, in Südskandinavien und in Bereichen entlang der Ostseeküste und damit weitgehend außerhalb der westlich und südlich gelegenen Landesteile. Es war voll ausgebildet, als in weiten Teilen des späteren deutschen Sprachgebiets eine andere nichtgermanisch-indoeuropäische Bevölkerung lebte. Das ist von der Sprachwissenschaft bisher weitgehend unbeachtet geblieben. Es darf aber keine Diskrepanz zwischen den Erkenntnissen der historischen Anthropologie wie der Archäologie und ihren linguistischen Ergebnissen geben. Die nichtgermanisch-indoeuropäische Vorbevölkerung wurde beim Einrücken germanisch sprechender Eroberer um 250 v. Ztr. in Nordwestthüringen nicht von ihnen vertrieben oder ausgelöscht, sondern nur dünn herrscherlich überlagert und dienstbar gemacht. Ganz ähnliche Verhältnisse hat der tschechoslowakische Urgeschichtsforscher Jan Filip bei der keltischen Überlagerung der Bevölkerung im mährisch-böhmischen Raum nachgewiesen. Für Nordwestdeutschland stellte der Kieler Sprachwissenschaftler Hans Kuhn für die viel spätere vorrömische Eisenzeit fest: wie »die Kultur dieser Landesteile aus germanischen und altörtlichen Elementen gemischt ist, muss es auch die Bevölkerung und ihre Sprache gewesen sein. Das beweisen vor allem die Massen erhaltenen Namengutes jeglicher Art ... und in die neue Sprache übergegangener Vokabeln des täglichen Gebrauchs«. Nahezu gleichzeitig, doch ohne diese Veröffentlichungen zu kennen, hat Erich Röth diese für die Sprachgeschichte höchst bedeutsamen Verhältnisse auch für Mitteldeutschland nachweisen können. Dass die zu Knechten und Mägden gemachten Vorbewohner ihren eigenen, vornehmlich bäuerlich-agrarischen Wortschatz mit anderen Lautgesetzen hatten, versteht sich von selbst. Vieles davon ist im Laufe ihrer allmählichen sozialen Emanzipation in die allgemeine Umgangssprache »aufgestiegen« und vielfach erst im Alt-, im Mittelhochdeutschen und sogar erst in weit zeitnäheren Jahrhunderten erstmals belegt. Damit aber ist deutlich, dass unsere gemeindeutsche Sprache aus zwei weitgehend unterschiedlichen Quellen gespeist wird: der germanischen und der vorausgehenden nichtgermanisch-indoeuropäischen. Zur Erklärung germanischer Wörter stehen vollgültig und unwidersprochen die Germanischen Lautgesetze zur Verfügung, beim Etymologisieren nichtgermanischer müssen sie jedoch zu falschen Ergebnissen führen. Die sprachliche Überlagerung durch germanisch sprechende Eroberer hat mehrfach zu Wortdopplungen aus den beiden unterschiedlichen frühgeschichtlichen Sprachen geführt (so Gickel/hahn, Tute/horn u. a.), was als Beweis für die einstige Überschichtung gelten dürfte.

Bei seinen intensiven Feldforschungen in den mitteldeutschen Mundarten und auch im Gemeindeutschen ist Erich Röth immer wieder auf Wörter gestoßen, die laut- und bedeutungsgleich solchen aus dem Baltischen und/oder dem Altgriechischen (wie dem Lateinischen) entsprechen, die ebenfalls von den Germanischen Lautgesetzen unberührt geblieben sind. Das kann doch nur heißen, dass sie bis in die vorausgegangene Wurzelperiode des Indoeuropäischen zurückreichen müssen. Dass das satemsprachige Baltisch zahlreiches ideur. Wortgut in seinem als »sehr altertümlich« bezeichneten Vokabularbestand bis heute bewahrt, ist der Sprachwissenschaft seit langem bekannt. Sie weiß es aber nicht recht zu erklären. Die in den hier vorgelegten Etymologien aufgezeigten sehr innigen Übereinstimmungen mit unmittelbar aus dem Ideur. aufgestiegenen mitteldeutschen Belegen und die Verwendung gleicher Lautgesetze lassen nur auf frühzeitliche Nähe oder Überlagerung schließen. Die Gemeinsamkeiten mit der nichtgermanischen mitteldeutschen Grundsprache sind so groß, dass die bisherige Trennung in Kentum- und Satemsprachen wohl neu überdacht und eingeschränkt werden sollte. Auch mit dem Altgriechischen stimmen zahlreichen mitteldeutsche Mundartbelege in so überraschender Menge überein, dass die sprachliche (und damit auch die urzeitlich ethnische) Gleichheit nur im Weiterleben ihres aus gleichen Wurzeln stammenden Wortgutes bis auf den heutigen Tag Ursache sein kann. Während die Vergleichende Sprachwissenschaft mit ihrer historisch-komparatistischen Methode ideur. Wurzeln nur zu erschließen vermag, leben sie in der nichtgermanischen mitteldeutschen Grundsprache – und nur hier – oft alleinstehend ohne jede Anknüpfung an Prä- oder Suffixe sinngebend noch immer fort. Nicht selten hat sich sogar der ideur. Wurzelvokal über 4.000 Jahre bis heute unverändert erhalten. Das dürfte den Schluss zulassen, dass die angeführten sprachlichen Besonderheiten im Baltischen wie im Altgriechischen von Mitteldeutschland ausgegangen sein müssen. Damit ist das Weiterleben des Indoeuropäischen in der nichtgermanischen mitteldeutschen Grundsprache bis heute entdeckt und nachgewiesen.

Beim Wortvergleich sind Erich Röth bisher unbekannte oder unerkannt gebliebene ideur. Lautverschiebungen aufgefallen, darunter eine ältere ur-ideur. k>h Verschiebung, die bis vor 2200 v. Ztr. hinaufreichen dürfte, andere sind um 1500 v. Ztr. oder auch später wirksam geworden. Zu ihnen gehören neben noch weiteren bspw. bh>f, dh>f, gh>ch, außerdem die Verschiebungen t>s, s>r, r>l, t>p, besonders oft p>k. Oft stehen sie auch in einem Weiterschleifen in der nichtgermanischen Verschiebungsreihe t>s>r>l>n>b oder findet sich auch ein Überspringen einzelner Konsonanten. Diese Lautgesetze verlaufen jedoch vertikal, sie sind teilweise bereits urzeitlich nachweisbar, auch im Baltischen und Altgriechischen vorhanden und in Mitteldeutschland noch in jüngster Zeit produktiv gewesen. Nur mit ihnen, nicht aber mit den sehr viel jüngeren germanischen Lautgesetzen, kann der angeführte nichtgermanische und bisher nicht etymologisierbare Teil unserer deutschen Sprache sachgerecht erklärt werden. Und erst mit ihrer Anwendung erhält die bisherige These von der Ausnahmslosigkeit der Lautgesetze ihre volle Berechtigung.

Mit der Entdeckung bisher unbekannter ideur. Lautgesetze und dem Nachweis vom Weiterbestehen des Indoeuropäischen in der nichtgerm. mitteldeutschen Grundsprache bis heute durch Erich Röth setzt eine gänzlich neue Phase der europäischen Sprachgeschichte ein.

Seine Erhebungen hat Erich Röth an einem Ort mit seit bandkeramischer Zeit nie unterbrochener Siedlungskontinuität vornehmen können. Da auch in vielen anderen Gegenden des deutschen Sprachgebiets gleiche oder ähnliche Verhältnisse bestehen oder bestanden haben, hat er ebensolche Lotungen auch an anderen Orten gewünscht und erhofft. Sie hätten über das Sprachliche hinaus Einblicke in Alltag und Denken, soziale und religiöse Vorstellungen der Menschen in früher Vorzeit ermöglichen können, wie sie selbst die sorgsamste Spatenforschung oft nicht zu erhellen vermag. Fast überall ist es dazu zu spät.

Die von ihm entdeckten vor- oder nichtgermanisch-indoeuropäischen Lautverschiebungen hat Erich Röth in seinen Veröffentlichungen »Sind wir Germanen?« (Seiten 282–353) und »Mit unserer Sprache in die Steinzeit« (Seiten 181–246) aufgeführt und in zahlreichen Beispielen ausführlich besprochen. Daraus ein stark verkürztes Beispiel: Das Wort Rechen wird im Standardwerk von Kluge/Mitzka »aus vorgerm. *reg-: *rog-... mit lat. rogus ›Scheiterhaufen‹ u. gr. rhogós ›Scheuer‹ zus.-gestellt« und raffen »der großen Sippe des idg. +(s)ker- ›schneiden‹« zugeordnet. Röth geht dagegen mit der Sachkunde von md. gsp. råppən (etwas zusammen)raffen aus, verweist auf gleichbed. gr. arpázō, lat. rapere, lit. rëpti und kommt mit der bisher unbekannten nichtgerm. Verschiebung p>k zu sachrichtiger Etymologie.

> »Daß viele meiner versuchten Etymologien angefochten werden können, gebe ich gern zu, denn je weiter ich in diesem Studium fortgehe, desto klärer wird mir der Grundsatz: daß kein einziges Wort oder Wörtchen bloß *eine* Ableitung haben, im Gegenteil jedes hat eine unendliche und unerschöpfliche. Alle Wörter scheinen mir gespaltene Strahlen *eines* wunderbaren Ursprungs, daher die Etymologie nichts tun kann als einzelne Leitungen, Richtungen und Ketten aufzufinden und nachzuweisen, soviel sie vermag. Fertig wird das Wort damit nicht.«
>
> Jacob Grimm an Friedrich Carl von Savigny. Wien, 20. April 1815

# Abkürzungen

* erschlossen

**a- (vorangestellt)** alt
**ags.** angelsächsisch
**ahd.** althochdeutsch
**alb.** albanisch
**an.** altnordisch
**arab.** arabisch
**armen.** armenisch
**as.** altsächsich
**awest.** awestisch

**balt.** baltisch
**bay.** bayerisch
**Bed.** Bedeutung
**bes.** besonders
**bez.** bezeichnet
**Bez.** Bezeichnung
**bg.** bulgarisch
**bspw.** beispielsweise
**bzw.** beispielsweise

**dän.** dänisch
**dt.** deutsch

**els.** elsässisch
**engad.** engadinisch
**engl.** englisch
**entspr.** entsprechend
**est.** etstnisch

**F.** Feminin
**fal.ital.** falisko-italienisch
**finn.** finnisch
**fränk.** fränkich
**fries.** friesisch
**fr.-** früh
**frnhdt.** frühneuhochdeutsch
**frz.** französich

**gall.** gallisch
**germ.** germanisch
**gmdt.** gemeindeutsch
**gmsp.** gemeinsprachig
**got.** gotisch
**gr.** griechisch
**gsp.** grundsprachig

**hdt.** hochdeutsch
**hebr.** hebräisch
**hess.** hessisch
**heth.** hetitisch
**ideur.** indoeuropäisch
**ind.** indisch
**Interj.** Interjektion
**ir.** irisch
**isl.** isländisch
**ital.** italienisch

**kelt.** keltisch
**kslaw.** kirchenslawisch
**kymr.** kymrisch

**langob.** langobardisch
**lat.** lateinisch
**lett.** lettisch
**lit.** litauisch
**lomb.** lombardisch

**M.** Maskulin
**m.- (vorangestellt)** mittel
**Ma.** Mundart
**magy.** magyarisch
**md.** mitteldeutsch
**mhd.** mittelhochdeutsch

**N.** Neutrum
**n (vorangestellt)** neu
**nasal.** nasaliert
**nd.** niederdeutsch
**nl.** niederländisch

**o- (vorangestellt)** ost
**obdt.** oberdeutsch

**Part.** Partizip
**pers.** persich
**phön.** phönizisch
**poln.** polnisch
**Präp-** Präposition
**preuß.** preußisch
**prov.** provenzalisch
**pun.** punisch

**roman.** romanisch
**rotw.** rotwelsch
**russ.** russisch

**s. (nachgestellt)** süd
**sächs.** sächsisch
**schwed.** schwedisch
**schweiz.** schweizerisch
**serbk.** serbokroatisch
**skand.** skandinavisch
**skr.** sanskrit
**skyt.** skytisch
**slaw.** slawisch
**slow.** slowenisch
**spr.** sprachig

**tarent.** tarentinisch
**toch.** tocharisch
**tschech.** tschechisch

**ugr.** ugrisch
**umbr.** umbrisch
**urspr.** ursprünglich

**V.** Verb
**venet.** venetisch
**Verb.** Verbindung

**w- (vorangestellt)** west-
**wall.** wallonisch
**westf.** westfälisch

x Rachenlaut wie in Sache, kochen

**zugl.** zugleich
**zugr.** zugrunde
**zus.** zusammen
**Zus.** Zusammenhang

# A

**aalich** (ål͡ich – Adj.) nicht nur ähnlich, sondern körperlich und seelisch völlig gleich. Da im Germ. unbekannt, wohl aus einer nichtgerm.-ideur. Grundsprache ins Ahd. als alalīchī (völlige Gleichheit) aufgestiegen und danach von ahd. līchēn, līchan, mhd. lichen (gleichen) verdrängt, heute: gleich.

**Aas** (ås – N.) Kadaver. Das sich erst spät entwickelnde Wort ist Ableitung von ideur. *ed essen und daher verengt zu (Lock)speise für Raubtiere und Vögel (Köder) – erst mhd. ās als Schimpfwort. – *aasen* V. Speise vergeuden, danach auch: etwas liederlich, verschwenderisch tun, so dass Verluste entstehen.

**abhängen** (obhëngən – V.) (jemanden) abhängen, los werden aus as. abh- (statt af-) und ahd. intgangan, intkān (sich entziehen) zu mhd. entgān, abhengēn (jemanden loswerden).

**abmachen** (obmåchən – V.) Getreide abmähen. Es ist noch festzustellen, ob das Allerweltswort »machen« zugrunde liegt. Bei der engen Verbindung des Md. mit dem Agr. könnte an eine Erweiterung von ideur. *amē (abmähen, ernten) gedacht werden, entsprechend gr. amáō (abmähen, abschneiden, abernten), amētér (Schnitter, Mäher), amētós (gemäht, geerntet), hamētos (Ernte). Klee wird nicht ab-, sondern dürr gemacht.

**abmarachen** (obmåråchən – V.) sich bis zur Erschöpfung abarbeiten, abquälen. 1812 im Rotw. erstmals belegt und hebr. Herkunft vermutet, vgl. jedoch ideur. *mar (reiben, zermalmen), dazu gr. marainō (entkräften), lit. marùs (hinfällig), lat. marceo (entkräftet), weshalb ein vorgerm. Wort anzunehmen ist.

**abseimen** (obsaimən – V.) (bes. Unreinigkeiten) abschöpfen, in der Grundbed. »zusammen(schieben)«; weder im Mhd., Ahd., noch Germ. belegt. Vgl. jedoch im Balt. lit. sémti mit Schöpflöffel, hohler Hand abschöpfen, sémblioti (in kleinen Mengen abschöpfen), und mit a-Ablaut lit. sámtis (Schöpfkelle), lett. samte (Schaum-, Schöpflöffel) und Zubehör. Die Wortfamilie entstammt ideur. *sem (zusammen). Honigseim gehört nicht hierher.

**Acker** (åkkər – M.) Landstück innerhalb der Gemeindeflur (früher wohl dasjenige, das gepflügt wurde). Vgl. ideur. *ag (treiben) in skr. ajàs (Treiber), gr. agō, lat. ago (führen, treiben). Das Wort muss in eine Zeit zurückführen, in der die Viehzucht wichtigster Arbeitsbestandteil war. Nach Verlagerung auf den Ackerbau trat eine Bedeutungsübertragung ein zu gr. agrós, lat. ager, im Germ. got. akrs, ags. æcer, an. akr und im Deutschen ahd. ackar, acchar, mhd. Acker (ackerfähiges Land im Gegensatz zum Unland).

**Ähre** (ı̄͡rən – F.) früchtetragender oberster Teil des Getreides (der Gräser). got. ahs, an. ax, aks (Ähre), daraus nach der bereits im ältesten Germ. erfolgten Lautverschiebung s>r ags. ēar, aeher und dann ahd. ahir, ehir, eherán, mhd. eher; sie setzen ideur. *ak (spitz sein) voraus, doch nicht zu Nebenformen in der Bed. »stechen« zu stellen. Spitze, oberstes Ende des Halmes.

**Ahlich** – N. Allmende. Ahd. allīcheit (Allgemeinheit, Gesamtheit), allīh, mhd., allīch (allgemein). In der Dreifelderwirtschaft neben den Gewannen, das (zu verlosende) Gemeindeland.

**Alk** (åløk – M.) noch heute md. elterliches Schlafgemach. Offenbar ein vorgerm.-ideur. Wort, vgl. lit. alkierius (Schlafkammer), alkas (heiliger Hain), alkatigs (lüstern, gierig), entfernt gr. alkē (Wehr, Schutz), lautverschoben, damit wesentlich jünger zu got. alhs, ags. alh, ealh und as. alah (geschützter, eingefriedeter Ort, Tempel).

**alt** – Adj. im Gegensatz zu jung. Ideur. *al (ernähren), daraus im Germ. got. alan (aufwachsen), an. ala (hervorbringen), krimgot. alt, ags. ēalt, ālt (alt) an. ellri (älter), im Deutschen as. ald, ahd. mhd. alt.

**ambi** (åmbī – Adj.) herbei(holen). Aus ideur. *(am)bhi (beiderseits, umherum), dazu gr. amphi, lat. ambi, amb, kelt. amb (herum).

**andrehen** (oandri/e – V.) Längsfäden eines Webstücks mit Resten verknüpfen. Im übertragenen Sinne »jemand etwas andrehen, aufschwatzen«. Eine aus der Webersprache übernommene Bez. – Zugr. liegt ein ideur. *ter, *trē (= drehend bohren), daraus im Germ. ags. thrāwan und im Dt. as. thrāian, ahd. drāhan, drājan, drāen, mhd. dræjen, dræn (= drehen, sich drehend bewegen).

**anfärben** (oanfarwən – V.) den Spinnrocken mit neuem Flachs umwickeln. Zugr. liegt ein ideur. *u̯erp (hin und her bewegen), daraus lit. ver̃pti (spinnen), lett. vērpt (spinnen). In der wthür. Grundsprache muss es nach erfolgter Lautverschiebung ein *farwen wohl als älteste Bez. für »spinnen« gegeben haben, daraus gsp. oanfarwən (zum Spinnen vorbereiten). Im Germ. ist das Wort nicht belegt, es steigt jedoch im Dt. aus einer Grundsprache auf zu ahd. anfurben, mhd. anvürwen (glätten, eigentlich »anlegen«). Mit »Farbe« hat das Wort nichts zu tun.

**anken** (ånkən – V.) wehklagen, verstohlen jammern. Das Wort ist vorgerm.-ideur., wie dem Balt. zu entnehmen ist: lit. angús (träge, faul), dazu ablautend lit. uňgsti, lett. uňkstêt (wimmern), alb. angój (ächze, seufze, klage), ir. ong (Stöhnen, Wehklagen). Wie aus lett. uňkstêt ersichtlich, ist die Lautverschiebung g>k auch im Vorgerm.-Ideur. vorhanden. Im Dt. steigt das Wort erst auf zu mhd. anken (stöhnen, seufzen).

**anmachen** (oanmå$_{x}$ən – V.) Feuer anzünden. Erst in deutscher Zeit aus ideur. *magh, māgh (vermögen), nach der Lautverschiebung gh>ch aufgestiegen, dazu gr. māchaná (Möglichkeit, Werkzeug), mēchanáō (bewerkstelligen, fertigen), mēchos (Möglichkeit, Mittel) und Zubehör. Diese Lautverschiebung ist nur im Agr. und in unserer heimischen Grundsprache nachweisbar. Wer etwas »macht«, führt es auch aus. Wer Feuer »an«macht, hat das Können dazu, d.h. zu einer Zeit, als das Feuer noch gequirlt werden musste, wozu Können gehörte.

**anmieren** (oanmīrən – V.) zu dicke Suppe sämiger machen, auch Sauerteig mit warmem Wasser mischen. Dem wohl zu einem ideur. *mer (zerreiben) gehörende Wort kommt im Germ. an. merja (zerstoßen, zerdrücken) am nächsten, dazu lit. marvà (alles durcheinander), auch slow. merviti (bröckeln).

**anne** (ånnə – Adj.) fort. Das Umstandswort ist weder im Dt. noch im vorhergehenden Germ. belegt, es entspricht gr. ana (entlang), dazu gr. anabainō (weiter fortgehen). Da gsp. anne alleinstehend bereits diese Bed. hat, während das Gr. einer Erweiterung bedarf, dürfte Mitteldeutschland Ausgangspunkt sein.

**anregen** (oanraiən – V.) Fuhrmannswort: die Zugtiere mit leichtem Schlag antreiben, aufmuntern, in frühnhd. Zeit tritt die Bedeutung »den Anstoß zu etwas geben« hinzu.

**anschirren** (oanschērən – V.) Zugtiere einspannen. Im Germ. nicht belegt, im Dt. erstmals 1696 bei Stieler. Kluge/Götze und Hermann Paul vermuten Zusammenhang mit ahd. scëran (schneiden), Weigand stellt es zu »scharren«. Es ist jedoch ein satemspr. Wort, vgl. ideur. *qert (knüpfen, flechten), aus ideur. *qer (biegen), entspr. toch. A. B. kärk (binden), gr. kýrtos (Binsengeflecht). Falls opreuß. šere (schirren, Pferde anspannen) ins Balt. entlehnt worden ist zu lit. šerrenteles (Zaumzeug mit Gebiss), širauti (Pferde anschirren), liegt ein bereits gravettienzeitliches satemsprachiges Wort vor.

**anstecken** (oanštëkkən – V.) Feuer oder Licht anmachen. Voraus geht ideur. *steg (trockener Stängel), das in den balt. Sprachen bed.gleich oder -ähnliche Wortzweige getrieben hat. Im Germ. ags. staca (Pfahl, Stachel), sticca (Stock), an. ljōsastjaki (Leuchter), stjaki (Pfosten), im Dt. ahd. stëcko (Lichtstab), stëcke (Stecken, Stock). Unter Hinweis auf an. ljōstjaki muss angenommen werden, dass im Wort »anstecken« eine Erinnerung an den Kienspan (Leuchtstecken aus harzreichem Nadelholz) noch mitschwingt.

**arbeiten** (årəbaitən – V.) schaffen, tun. Mhd. ar(e)beit, ahd. arabeit(ī) Dienstbarmachung der Natur, Ackerbau, und im Germ. an. erfīdhi, ags. earfodh(e), got. arbaiths (Not, Mühe, Bedrängnis). Die Etymologie schließt an ein ideur. *orbho, germ. *arb (verwaist) und hält deshalb einen Zus. mit aind. árbhah (klein, Kind) für möglich. Das Wort dürfte jedoch aus ideur. *ar, *ara (ackern, Acker) und ideur. *bheidh (zwingen, drängen), im Germ. an. beidha, ags. baedan, got. baidjan (drängen, fordern) gebildet sein d. h. »Nötigung zu mühsamer Feldtätigkeit«. Das gsp. Wort »arbeiten« steigt offensichtlich erst in ahd. Zeit aus einer Grundsprache auf, důn, nhd. tun bezeichnet dagegen: mit Freude, Hingabe etwas tun, schaffen.

**aren** (arən/earən – V.) ackern, pflügen. Das Wort gehört der gesamten weurop. Sprachfamilie an. Zug. liegt ideur. *ar (ackern, pflügen), dem das grundsprachige Wort noch unmittelbar entspricht (allerdings in einer älteren und einer jüngeren Lautform), daraus gr. aróō, aroũn lat. aro, lit. àrti, aslaw. orati, im Germ. got. arjan, an. erja und im Dt. ahd. erran, mhd. eren, ern (pflügen). Im Gmdt. ist das Wort nicht mehr vorhanden. In der Grundsprache ist das Wort in einer älteren Lautgestalt und der vorstehend jüngeren belegt. Hat ein Kleinkind mit den Zähnen oder den Fingern die Butter oder den Belag von der Brotschnitte abgestrichen und verzehrt, dann heißt es »er hat geart (geackert)«.

**artbar** (ortboar – Adj.) ackerbar, pflügbar nach dem Abtrocknen. *Artland* (årtländ – N.) »unter dem Pflug« befindliches Land im Gegensatz zum »Unland«, das ohne »art«, ohne Beackerung ist. – *Artmann* (årtmånn – M.) Anspänner, der gegen Entlohnung die Äcker derjenigen bearbeitet, die kein Zugvieh besitzen, heute jeder ackernde Bauer. – Die Zus. sind erst aus frnhd. Zeit belegt. Dass ahd. mhd. art seine Vorläufer gehabt hat, ist aus gr. harotron, lat. arātrum (Pflug), besonders lett. aît, lit. artójas, apreuß. artoys (Pflüger, Ackermann) ersichtlich, so dass für diese Erweit. vorgerm.-ideur. Herkunft vermutet werden darf.

**Asch** (åsch – M.) flacher Napf. Mhd. asch (Schüssel, Becken), mnd. asch (Gefäß), ahd. asc (Schüssel), im Germ. schwed. ask (Schachtel), aus an. askr (Gefäß, kleines Schiff). Daraus ist zu schließen, dass der Asch früher aus Eschenholz geschnitzt wurde und im Gegensatz zu den Tongefäßen »der Eschene« war.

**Ast** (åst – M.) in der Bed. Schultern, Nacken, etwas auf den Ast, die Schultern nehmen; ein selbst. vorgerm.-ideur. Erbwort, dazu lett. nasta (Last, Tracht, Bürde), lit. nasa (Ertrag, Ernte), nasùs (fruchtbar, ausgiebig, reichlich), nastùvai (Tragejoch, Schultertuch), lett. nasā (Schulterjoch der Wasserträger, Trage). Nach Oskar Schade fälschlich »übertragen auf einem Auswuchs im Rücken« haben. – *asten* (åstən) V. schwer, mühsam auf der Schulter tragen.

**aubern** (aubərn V.) bereits Gesagtes wiederholen, erneut sagen, dazu mhd. avern, äfern, ahd. auaren, abaren, giaforōn (wiederholen), dazu as. avaro, abharo und im Germ. ags. eafora (Nachkomme), got. afargaggan (nachfolgen), afarlaisjan (anderntags).

**aufbrausen, sich** (si̊ch ůffbrūsən – V.) sich aufplustern. – Das Wort steigt erst in mhd. Zeit aus einer Grundsprache auf. Es ist die unmittelbare s-Erweit. des Wurzelwortes ideur. *bhru (in unruhiger Bewegung sein, brausen, wallen gären), dazu gr. phȳrō (= mit jemandem verkehren, sich mit jemand abgeben).

**aufmischen** (ůffmi̊schən – V.) durch Schlagen antreiben, anspornen. Das vorgerm.-ideur. Wort ist weder im Germ. noch im Dt. belegt, vgl. lit. mùšti (schlagen, hauen), mūšà (Schläge) und zahlr. Zubehör. In den Grundsprachen ist lediglich vom gemeinsamen Ausgangspunkt die Entrundung u>ü>i wirksam geworden.

**aufpäppeln** (ůffbabbəln – V.) durch Füttern großziehen. Entst. aus ideur. *pā (nähren, behüten), daraus weiterentwickelt ideur. *pat (essen) und vorgerm.-ideur. lautverschoben t>p zu ideur. *pap (essen), entspr. lat. pappāre (essen), pappa (Brei). Danach ist anzunehmen germ. *babb (Brei), *babban (essen), *bäbbeln (aufföttern) als Iterativ, dem gsp. ůffbäbbeln lautgesetzlich entspricht.

**Aust** – M. zu ahd. aran-mānōd Erntemonat s. Ernte

# B

**babbeln** (babbəln – V.) ununterbrochen von Kleinstkindern Laute hervorbringen, lautnachahmend, vgl. lett. babulnēks (Schwätzer), lat. babulus, engl. babble.

**Bache** (båch – F.) weibliches Wildschwein, erst 1541 im Dt. belegt. Kluge/Götze halten Verwandtschaft mit nhd. Bachen (Speckseite) für sicher, bezeichnen aber spätlat. baccha (Schwein) als »auffällig«. Als Ausgangspunkt ist vorgerm.-ideur. *bhag (fest, stark) anzusetzen, daraus gr. pachus (fleischig, fett), pachȳnō (mästen), nicht aber wie nach Kluge/Mitzka ideur. *bheg (biegen, wölben), denn im Unterschied zum Keiler ist die Bache fett und wohlgenährt.

**Bachitte** (bå$_{x}$ittən – F.) Verdummung. jem. schläft bis in die Bachitten (schläft sich dumm und dämlich). Vgl. das seltene Wort mit ideur. *bhag (fest, stark), daraus gr. phoxós (gedunsen, dick), vor allem páchistos aus *phachittos (zu gr. pachýs stumpfsinnig, dumm). Die älteste Form bewahrt die md. Grundsprache, da die ideur. Lautverschiebungen bh>f (im Gr. ph, p) und auch tt>st noch nicht wirksam geworden sind.

**backen** (båkkən – V.) Teig durch Hitze braun und fest werden lassen. Mhd. backen, bachen, ahd. backan, bahhan, im Germ. ags. bacan, bōc, an. baca (backen). Um den germ. Urspr. des Wortes zu sichern, schließt die Sprachwissenschaft auf ein ideur. *bhegnō, *bhegó aus ideur. *bhē (erwärmen) und vergleicht mit gr. phōgō (röste). Aber das Backen ist nicht nur ein Erwärmen oder Rösten. Vgl. mit vorgerm.-ideur. *peq (backen oder reifen), das gr. péttō (backen, an der Sonne reifen) ergeben hat, aber schon in germ. Zeit aus einer Grundsprache »aufgestiegen« ist zu ags. bacan, an. baka und ohne weitere Verschiebung ahd. backan, mhd. bachen wird. Die germ. Verschiebung k>ch in ahd. bahhan, mhd. bachen hat sich nicht halten können und ist wieder untergegangen. Die Verschiebung p>b, vielfach im Balt. nachweisbar, gilt auch im Germ. und Ideur-Nichtgerm.

**bähen** (bieən – V.) erwärmen, mit feuchter Wärme behandeln; zum ersten Mal belegt ahd. bāen, bājan, mhd. boe(je)n (erwärmen). Das Wort muss germanisch sein aus ideur. *bhē (erwärmen).

**Bählamm** (bālåmm – N.) lautmalend nach dem Naturlaut bäh, ohne Erweiterung nur im gr. bē, im lett. bẽ, in den Grundsprachen bäh.

**baien** (baiən – V.) Kleinstkinder in Schlaf wiegen – *Baiebettchen* (baiəbëtchən – N.) Bettchen des Keinstkindes, die früher von der Decke herabhängende Körbchenwiege, 1663 als Boie belegt. Der kelt. Stamm der Bojer (Böhmen) hatte seinen vorgerm.-ideur. Namen nach der Art, wie er seine Gefangenen fesselte – gr. boeýs, altlat. bōja (Lederriemen).

**bammeln** (båmməln – V.) hin und her schwanken. In frnhd. Zeit erstmalig als bampeln, pambeln belegt, Ablautform eines vorgerm.-ideur. bummeln, das 1678 erstmals erscheint. s. auch fummeln.

**Bansen** (bånsən – M.) Nebenraum der Scheunentenne zur Aufnahme von Getreide und Stroh. Kluge/Götze stellen das Wort zu vulgärlat. bansta (Korb); damit greifen sie eine Nebenform zu ideur. *bhendh (binden) auf, die nicht in der Entwicklungsreihe des nhd. Bansens liegt. Dies ist vielmehr die Ablautform zu Bund, Bündel in der Bed. »Raum für eine Vielheit von Bündeln«. Insofern kann skr. bhansa und auch die nichtnasalierte Wortform skr. bhāsa (Kuhstall) der Urbed. entsprechen, da ja – wie noch heute russ. Verhältnisse zeigen – das Stroh im Kuhstall eingebanst worden ist. Im Germ. würde dem Worte entsprechen got. bansts (Scheune), aber auch ags. bōsig (Viehstall), an. bāss (Stall). Alle übrigen Belege in der Bed. Korb oder Krippe sind Nebenzweige zu ideur. bhendh, die mit dem Bansen nichts zu tun haben. Im Dt. ist das Wort untergegangen, steigt aber im 15. Jh. aus md.- und nd. Grundsprachen erneut auf. – *bansen* (bånsən) Getreidebündel aufstapeln) – abwertend übertragen gsp. ůffbånsən (sich) zu große Menge Speise, Aufschnitt auf Teller, Brotscheibe häufen.

**Bär** (bār – M.) Zuchteber, heute nur noch selten für schweres Schwein. Nach Weigand »Herkunft dunkel«, nach Kluge/Mitzka keine »außergerm. Beziehungen gesichert«. Das ideur. Wurzelwort *gwer (verschlingen), urzeitlich lautverschoben g>b ergab gr. bårathron (Schlund), borós (verschlingend), bróchthos (Gurgel, Kehle). Auf dt. Boden bildete sich vorgerm.-ideur. *bhēr, *bhār (der grunzend Gefräßige), ins Germ. aufgestiegen als ags. bār, bær und langob. sonorpair (Herdeneber). – *Erbsbär* M. mit Erbsstroh umwickelte Heischefigur, vom »Bärenführer« herumgeführt, falsch als Braunbär (Ursus arcticos L.) verstanden, da der Eber zum Fruchtbarkeitsbrauch gehört.

**Barn** (barn – M.) Krippe, Raufe aus ideur. *bher (tragen), ahd. barno, mhd. barn(e). Erst in ahd. Zeit machte sich bedingte Stallfütterung mit Raufen erforderlich. – *Barndurst* M. übermäßiger Durst während der Sommerzeit, oft fälschlich als »Bärendurst« verstanden; wer B. hat, der kann eine volle Barn austrinken.

**Barte** (bōrtən – F.) breites Handbeil. Wird zu vorgerm. *bhardh (Bart), im Germ. an. bardha, im Dt. as. barda, ahd. barta, mhd. barte gestellt, doch ist es möglicherw. nicht »die Bärtige«, sondern »die Breite«.

**barteln** (bårtəln – V.) täuschen, mhd. barāt, parāt (betrügerischer Tausch), entlehnt aus afrz. barate (ebd.), entstammt mgr. pràttein (Kniffe gebrauchen).

B

**Base** (woasə – F.) weibliche Verwandte. Das Wort ist eine an »Vater« anschließende Koseform: ahd. basa, wasa, mhd. base, wase (Vaterschwester). In der Gsp. noch immer Wase.

**Basse** – F. (Jägersprache) Wildsau, ahd. bassi aus ideur. *pos, *pes (fruchtbar sein).

**Bast** (boast – M.) Werkstoff zum Binden. Zugr. liegt ein ideur. *bhōs, *bhəs (binden, flechten), daraus lat. fascia (Band), air. basc (Halsband), im Germ. ags. baest, an. bast und im Dt. ahd. mhd. bast (Bast).

**baumeln** (bauməln – V.) Herunterhängendes hin und her bewegen. Die Meinung von Kluge/Mitzka, das Wort sei wohl Lautvariante zu nd. bammeln ist unrichtig wie auch die Ableitung von »Baum« bei Hermann Paul und Weigand. Es ist Ablautform eines vorgerm.-ideur. bummeln, das 1678 erstmals belegt ist und das durch Lautverschiebung bh>f zu fummeln (hin und her reiben) wird.

**bauzen** (bauzən – V.) heftig fallen, herunterfallen. Das Wort möchte man zu an. bauta, ags. beátan und im Dt. ahd pōzan, paozan, mhd. bōzen stellen, wenn dies nicht die Bed. »stoßen, schlagen« verbieten würde. Da jedoch ein lett. butsch (bauts) vorliegt, dass die Nebenbed. »sich bücken, sich neigen« hat, handelt es sich wohl um ein dem vorgerm.-ideur. Sprachraum angehörendes schallnachahmendes Wort, das die obdt. Diphthongierung mitgemacht hat.

**bebern** (beawərn – V.) zittern vor Erregung oder Erkrankung – *bibbern* (bibbərn – V.). Iterativ zittern vor Kälte oder Angst. Zugrunde liegt ideur. *bhī (fürchten), aind. bibhēmi (ich fürchte mich), lit. bijóti-s (sich fürchten), ahd. bibēn, mhd. biben und im Germ. ags. bīfian, an. bīfa. Die Ablautform beben wurde von Luther eingeführt.

**bedeppert** Adj. (ratlos, verwundert). Aus einer Grundsprache aufgestiegen aus ideur. *dhabh (staunen), dazu gr. téthēpa (erschrecken, staunen), nasaliert gr. thambéō (erschrecken, verwundern) und Zubehör. Das Wort kann nicht aus dem Gr. entlehnt sein.

**beduse** (bədūsə – Adj.) stäubchenfein regnen, auch jemand fast nicht fühlbar streicheln, einen Spiegel oder eine Fensterscheibe, anhauchen. – Das alles Zarte und Hauchartige meinende Wort ist weder im Mhd. oder Ahd., noch im Germ. belegt. Es ist vorgerm.-ideur., entstammend ideur. *dheus(es) (atmen, dunsten. hauchen), dazu skr. dhvást (zerstieben), abg. džd, russ. dožd, poln. deszcz (Regen), lit. dujà (Staubregen, nebelnder Regen), dùsas (Dunst) und zahlreiches Zubehör.

**beeker** (bēkər – Adj.) unordentlich aufgestapelt – *beekern* (bēkərn – V.) mit unzureichendem Werkzeug basteln oder werkeln. – *Beeks* (bēks – M.) kleiner Junge, der trotz Bemühung eine Tätigkeit ungeschickt ansetzt. – Das Wort ist fal.-ital. zu lat. peccāre (etwas versehen, einen Fehler machen, fehlen, sündigen), entstammt jedoch der ältesten Zeit und hat deshalb noch gegenständliche Bed. s. auch feeksen.

**Beet** (bēt – N.) Stück Gartenland, gsp. meist bettchən. Es ist unmittelbar zu ideur. *bhedh (ein Lager in die Erde machen) zu stellen, dazu toch. pat (pflügen, um den Getreidekörnern ein Lager zu bereiten), pate (Ackerbau). heth. beda (graben), nach Lautverschiebung t>s lit. bèsti (graben, stecken) badýti (Grube), lett. best (graben), badît; bedre (Grube), aus dem Kelt. kymr. beda (Grab). Im Germ. hat es sich zu got. badi, ags. bedd (Bett), an. bedr (Deckbett) entwickelt, im aengl. bedd ist die Bed. Blumenbeet belegt. Die Scheidung Beet und Bett ist erst im Frnhd. erfolgt.

**beginnen** V. sich übertrieben benehmen, *Beginnung*. F. Übertreibung, Gehabe. Nichtgerm.-ideur. mit Lautverschiebung d>g im Balt. lit. bedinti (betrüben), lett. bèdinât

(Kummer bereiten), lit. bodëtis (überdrüssig sein) – Ausgangspunkt ist eine Grundform, die etwa lit. bėdà, lett. béda (Not, Sorge, Kummer) entspricht, auch *Begebenheit* (Gehabe).

**Beiderwand** N. Tuch aus zweierlei Stoffen. Der erste Wortteil entspricht beide, beiderlei, im zweiten steckt ideur. *vadh (winden, binden), weiterentwickelt zu ideur. *wē (weben), daraus im Germ. ags. waēd, an. vādh (Kleid), im Dt. as. wāt (Kleidung). Da das Gewebte in »zusammengewundenen Tuchballen« aufbewahrt, damit »gewendet« wurde, ergab sich im 11. Jh. badagiwant (Badegewand, -kleid), weshalb wir heute statt gewāt, Gewand gebrauchen.

**Bein** N. nach Weigand Herkunft »dunkel«, Kluge/Götze halten Wurzel *bhei (schlagen) für möglich, Kluge/Mitzka verknüpfen am ehesten *baina mit an. beinn, norw. ben (gerade), doch schon 1537 unterschied Dasypodius Unterschenkel (Fuß) von Bein (Knochen). Tatsächlich liegen für »Bein« zwei völlig gleichlautende Wörter unterschiedlicher Bed. vor. Knochen (Elfenbein, Nasenbein etc.) Vgl. skr. asthi, gr. ostéon (Knochen, Gebein), astrágalos (Knöchel, Halswirbel, knöcherner Würfel), lat. osseum (Knochen). *ausbeinen* V. (Knochen vom Fleisch lösen, ihn sichtbar machen). Vgl. dazu gr. phaínō (sichtbar machen) aus ideur. *bha erweitert > bhan (erscheinen lassen) ags. bān, afries. bēn, mhd. ahd. an bein.

**Bein** N. Körperglied zum Gehen, so erst in ahd. Zeit belegt. Vgl. dazu gr. baínō (gehen, schreiten), bēma (Schritt, Gang) aus ideur. *g(u)em (gehen) nach ideur. Lautverschiebung g>b ergibt ags. bēn, afries. bēn, an. ahd. mhd. bein (im Got. nicht belegt). In der Bed. »Knochen« kann das Wort mit den Mitteln der germ. Lautgesetze bis ins Ideur. zurückgeführt werden, in der zweiten Bed. entstammt es der nichtgerm.-ideur. Vorbevölkerung mit einem ganz anderen Wurzelwort. Dieses setzt die gleiche Lautverschiebung g>b voraus, wie schon das Gr.

**belzen** (bëltsən V.) davontreiben, *fortbelzen* prügelnd davonjagen. Das Wort ist weder im Dt. noch im Germ. belegt, in den balt. Sprachen lett. belzt (Schlag versetzen), daraus Iterativ lett. belzêt (wiederholt schlagen). Die Meinung Weigands und Hermann Pauls »durch Schlagen auf den Pelz ... züchtigen« ist falsch wie auch die Schreibung »pelzen«. Heinrich v. Kleist kennt belzen als »prügeln«. Entstanden nach ideur. Lautverschiebung d>b aus ideur. *del>bel mit t-Erweit. und Suffix. Eine germ. Lautverschiebung hat nicht stattgefunden.

**Bemme** (bammən – F.) zwei belegte Brotscheiben (Fettbemme u. a.). Die Gleichsetzung bei Kluge/Mitzka mit Fladen, bei Hermann Paul mit Schnitte ist falsch, da diese nur aus einer einzigen Scheibe besteht. Die Etymologie stellt die Bez. zu wend. pomazka (Butterschnitte), was einen Fladen meinen dürfte, eher wäre poln. Zus. mit gr. pémma (Backwerk, Opfergebäck) zu erwägen, das allerdings zu gr. péssō (kochen, backen) gestellt wird, eher wohl zu gr. pempázō (zählen), was der Zweizahl der Fladen entspräche.

**Besen** (basən – M.) Gerät zum Fegen, Auskehren, belegt mhd. bēs(e)me, bësen, ahd. bēs(e)mo, im Germ. ags. bēsma (Besen, Rute). Als Grundbed. nimmt die Sprachwissenschaft ideur. *bheidh (binden, flechten) »Geflochtenes« an, doch Reisigbesen sind aus Reisern zusammengebunden, doch niemals geflochten, deshalb eher zu ideur. *bhas (Bund), was auch den gsp. Verhältnissen entspricht. – *Besen* (basən) Bez. für ein leichtfertiges junges Mädchen, nicht »niederen Standes« (Hermann Paul), kein »Dienstmädchen« (Franz Harder) oder »derbes Hausmädchen« (Edwin Wilke), vielmehr Scheltwort für ein schnippisches junges Ding, Mädchen wie Junge, auch nicht

»Studentensprachl. zuerst aus Halle 1795 bezeugt« (Kluge/Mitzka), denn schon 1574 kennt Fischart das Wort »Haußbäsen« als Schelte. Zugr. liegt ideur. *pa, *pu, *pou (zeugen, ein Kind sein), skr. pṓtas (Junge, putràs (Sohn, Kind), mit l-Erweiterung gr. pōlos (junges Mädchen, junger Mann) mit s-Erweiterung gr. paĩs (Mädchen, Knabe, Kind). War gsp. Basən das ideur. Wort für Mädchen, Knabe?

**bewegen** (bəwaiən – V.) Zugr. liegt ideur. u̯eĝh (sich einem Weg entlang bewegen). Im Germ. entwickelt sich das Wurzelwort zu got. gawigan, im ags. wėgan, an. vėga und im Dt. zu ahd. (bi)wegan, mhd. (be)wegen.

**bibbern** s. bebern

**bicheln** (bi̊chəln – V.) mit Wohlbehagen trinken, zechen. (1768 in Bremen als picheln, 1781 studendt. pichen), dazu wohl auch gsp. *bietschen* (dass.). – *Bietsche* F. bierseidelgroßes hölzernes Trinkgefäß, bes. zum Biertrinken, aus ideur. *pō(i), *pi trinken. Die Meinung von Kluge/Mitzka, den german. Sprachen fehle »jede ererbte Spur« dieser ideur. Wurzel, wird damit widerlegt.

**Bicke** (bi̊kkən – F.) Spitzhacke, ags. bĕcca (spitziges Eisen), mhd. bicke(l). *bicken* V. stechen, stoßen, ahd. (ana)bicchan, mhd. bicken, aus ideur. *dhigh (stechen) nach nichtgerm.-ideur Lautverschiebung gh>kh und in germ. Zeit d>b. Danach ist die oft dafür eingesetzte nd. Form Picke(l) sprachgesetzlich unrichtig.

**bibbi machen** (bibbi – V.) kleine Jungen machen bibbi – ein nichtgerm. Wort, wie aus lit. bỹbis, bybỹs, bibas, lett. bĩbis (männl. Schamteil) zu ersehen ist.

**biestern** (bīstərn – V.) wild herumrennen. Das Wort ist nichtgerm.-ideur., wie lit. bisnòti (rennen, laufen) erkennen lässt – *verbiestern* V. sich verirren, besonders im Wald, völlig verwirrt sein.

**bietschen** V. s. bicheln

**binden** s. Gebinde

**bischen** (bischən – V.) Wasserlassen kleiner Mädchen. Das Wort ist vorgerm.-ideur. wie aus lit. bizdžius (Furzer), bìzdas (After), bizdelė́ti (etwas stinken) ersichtlich wird.

**bitten** (bittən – V.) aus ideur. *bheidh, *bhidh (überreden, trauen), dazu agr. peithō aus *pheithō (jemand überreden, für sich gewinnen suchen), ags. biddan, an. bidhja, got. bidjan.

**blähen** (bliən – V.) schwellen, aufblasen, strotzen. Zugr. liegt ideur. *bhla (schwellen), daraus lat. flāre (blasen), bereits mit ideur. Lautverschiebung l>n in gr. poipnȳō (keuchen), pnigō (ersticken), pnéō (schnauben, keuchen, aushauchen), im Germ. unverschoben ags. blāwan, im Dt. weiterentwickelt zu ahd. blājan, mhd. blæjen (blähen).

**blaken** (blåkən – V.) qualmen. Nach Weigand, Hermann Paul, Kluge/Mitzka wäre das Wort aus dem Nd. übernommen, deshalb sie ein urgerm. *blakjan erschließen und das mit gr. phlégō (brenne, »leuchte«), lat. flagro (brenne) verbinden. Doch das ergibt die gegensätzliche Bed., denn ein blakendes Licht qualmt, leuchtet aber nicht. Eher ideur. *bhlá (schlecht), das ergeben hat gr. phlaurizō (schwach, gering), blākós (schlaff, träge), nach Lautverschiebung bh>f lat. flaccus (matt, schwach). Ein blakendes Licht leuchtet nur schwach.

**bläken** (bläkən – V.) weinerliche Töne von sich geben. Das Wort ist weder im Dt., noch im Germ. belegt, ebenso in anderen ideur. Sprachen. Vgl. gr. thlàō (zerquetschen, zerdrücken), phlēnaphàō (Unsinn schwatzen).

**blänkern** (blänkərn – V.) etwas gleichmäßig machen, besonders die in jedem Frühjahr neu zu trampelnden Stiegen. – *verblänkern* (verblänkern – V.) durch schiefe oder krumme Stiege die Beete unansehnlich machen. – Das weder im Dt. noch vorhergehendem Germ. belegte Wort kann nur zu lit. blăkas (gleich), blăkanas (gleichmäßig), sowie den dazugehörenden nicht-nasalierten Wörtern lit. blakà (benachbart, zusammen), lett. blakus (nebeneinander, nebenan, zur Seite) und zahlr. Zubehör gestellt werden, muss also als nichtgerm.-indoeur. angesehen werden.

**blankmachen** (blånkmachən – V.) Haus und Hof sonnabends gründlich reinigen. Das Wort macht Schwierigkeiten, weil es zwar als zur Wurzel ideur. *bhleg (leuchten) gehört, jedoch nasaliert erscheint, lit. blinksëti (schimmern, glänzen, leuchten), blankti (blass, bleich werden), blankùs (bleich, blass). Im Germ. ags. blanca, an. blakkr (Schimmel) und im Dt. ahd. blanch, mhd. blanc (glänzend sauber, weiß glänzend), bei Luther planck.

**Blässe** (blässən – F.) weißer Stirnstreifen bei Pferden, Kühen. Zugr. liegt ideur. *bhel, bhlē entsprechend lett. bãls (blass, bleich), balts (sauber, weiß) und mit l-Ausfall apreuß. batto (Stirn). Das Wort taucht erst in dt. Zeit aus der Grundsprache der nichtgerm. Vorbevölkerung auf und wird durch weder im Germ. noch im Dt. vorhandene Lautverschiebung tt>ss zu ahd. blassa, mhd. blasse (weißer Stirnfleck). Die Schreibung Blesse ist damit falsch.

**Blamber** (Schmutz, Schlamm) s. Schlamper

**Blatt** (bload – N.) Zugrunde liegt ideur. *bhlō (hervorbringen, schwellen), im Germ. ags. blaed, an. bhadh und im Dt. ahd. mhd. blat (Blatt).

**Blatte** (blåttən – F.) Glatze, übertragen auch Kopf (sich an die Blatte, den Kopf stoßen). Das Wort steigt erst in dt. Zeit aus einer Grundsprache auf zu ahd. blattā, mhd. blatte, blate (Tonsur), heute fälschlich Platte (Glatze).

**Blautze** (bloutsən – F.) Kopf (nur in Verbindung mit Verletzungen), nur gsp. erhalten im aus einer nichtgerm. Grundsprache aufgestiegenem mhd. *blutt, blut (entblößt, kahl), substantiviert zu Blutte (Kahlkopf) und nach Lautverschiebung tt>ts zu Bloutse (Kahlkopf, Kopf). – *anblautzen* (oanbloutsən – V.) zu fällende Bäume ankerben, anzeichnen, dazu ahd. *blouȥan, bloȥan (opfern), ags. blōtan, an. blōta (opfern). In diesem Wort hat eine Bed.übertragung vom opfern zum geopfert werden stattgefunden: das heidnische Opfer wurde kahl (ohne Haarschmuck) den Göttern dargebracht.

**Bleuel** (blůiwəl – M.) Schlagwerkzeug zum Wäscheklopfen. Die Etymologie bespricht das Wort bis an den Beginn des Germ., seine Vorgeschichte läge nach Kluge/Mitzka »im Dunkel«. Voraus liegt jedoch ein nichtgerm.-ideur *bhla (schlagen, prügeln), das zu *bhleu ablautete. ahd. bliuwil, plūil, mhd. bliuwel. – *bleuen* (blůiwən – V.) schlagen, prügeln.

**blöde** (bliədə – Adj.) schüchtern, einfältig, töricht. Zugrunde liegt ideur. *bhli das nach Lautverschiebung bh>f (gr. bh>ph) ergibt gr. phlībō (sich ängstigen), phlyăros (albern), lat. fleo (weinen), nach Verschiebung bh>b wie in den anderen ideur. Sprachen lit. bliùkši (weich werden), im Germ. an. bliugr zu schwed. blyb, dän. bly (schüchtern, verzagt, blöde), im Dt. ahd. blūgo, mhd. blūge, bliuc, būc (schüchtern, verschämt).

**blöken** (blēkən – V.) der Schafe, Kälber. Zugr. liegt nichtgerm.-ideur. *blē lautnachahmend, daraus gr. blēachsthai, bléché (Gebölk), russ. blekati.

**Blutegel** s. suggel

**Bö** (biə – F.) Windstoß. Bei Kluge/Mitzka von lautmalendem ideur. *bhu (aufblasen) abgeleitet und angeblich aus dem Nd. entlehnt. Ein Lautwandel von u>ö ist aber unmöglich, der von gsp. iə>ö jedoch alltäglich (so biəsə>böse). Vgl. daher ideur. *ghejem (Schnee, Winter), das nach nichtgerm-ideur. Lautverschiebung gh>b ergeben würde ideur. *bejem, dazu nichtverschoben skr. himám (Schnee), hemantás (Winter), gr. cheimázō (stürmisch, winterlich), cheimōn (Winterwetter, Sturm) und Zubehör. Lies stets: eï, nicht ai.

**Bock** (bokk – M.) Bock, männl. Ziege, Schaf. Kluge/Götze leiten das Wort wohl wegen des Gehörns von ideur. bheuq (biegen) ab (auch Ziegen sind gehörnt), Weigand vermutet Entlehnung aus dem Kelt. Zugr. liegt jedoch ideur. *bhut als t-Erweiterung von ideur. *bhū (erzeugen), dazu awest. *butsa (būza), pers. *buts (buz) und nach nichtgerm.-ideur. Lautverschiebung t (p>k)k ags. bucca, an. bukkr, ahd., mhd. boc (im got. nicht belegt). Der Bock ist der Viel-Zeugende.

**Boden** (boddən – M.) ein Stück des Bodens, Grabeland zum Gemüseanbau in Dorfnähe, auch Flurname. Zugr. liegt nichtgerm.-ideur. bodden, vgl. apreuß. boadis (Stich), lett. badît (Grube), gr. bothró (graben), gall. *bodīka (frisch gepflügtes Land), lat. fodere (graben), fodicare (wiederholt wühlen), fundus (Stück Bodens).

**Bohl** (bōl – M.) Fehler, Irrtum, Versehen. Zugrunde liegt ideur. *bhal, bhol (falsch oder fehlerhaft machen), das aus dem Nichtgerm.-Ideur. unverschoben entlehnt und substantiviert wurde. – *verbolen* (vərbōlən – V.) etwas falsch machen, schlecht arbeiten.

**Bohne** (bûnn – F.) Nach Kluge/Götze ist »es noch nicht gelungen, den urgerm. Pflanzennamen mit den gleichbed. lat. faba, aslaw. bobu (gr. phakós, Linse) sicher zu vermitteln«. Das wird auch nicht gelingen, da es sich offenbar um einen nichtgerm.-ideur. Pflanzennamen handelt, der in gsp. bûnn, Verkleinerungsform gsp. bi̊nnchən, Mehrzahl für beide gsp. bi̊nnərchən, aus ideur. *bhul (schwellen) erkennbar ist. Daraus ablautend ist belegt gr. balanos (Nuß, Speise-Eichel), das keineswegs zu ideur *gwel (quellen, träufeln) gestellt werden kann. Die nichtgerm.-ideur. Lautverschiebung l>n hat bereits aus ideur. *bhul ideur. *bhun (schwellen) ergeben, entlehnt ins Germ. zu ags. bēan, an. baun und schließlich im Dt. ahd. bōna, mhd. bōne (Bohne). – *Kutzbohne, Puffbohne* (kützbûnn – F.), Gemeine Feldbohne, Pferdebohne. Vicia faba var. marjor. Kutzbohne wird ausdrücklich als »Bohne« bez., jedoch näher durch »kutz-« erklärt. Das ist das Wurzelwort ideur. *kou, *ku (wölben). Tatsächlich ist bei der Bohne die Hülse glatt, während sie bei der Kutzbohne über jeder einzelnen Bohne aufgewölbt ist: darin liegt die Begründung für die Namengebung. Vergleichen wir die ideur. Sprachen, dann begegnet uns gr. kýamos (Sau-, Feldbohne), gr. kutisos (Schneckenklee) mit genau der gleichen Schotenbildung wie bei der Kutzbohne, lit. kutȳs (Beutel um den Leib, Geldkatze), bei dem sich die Aufwölbung der einzelnen Geldstücke abzeichnet, und etwas weiter entfernt lit. kiautas (Hülse, Schale, Hülle, Gehäuse).

**bolen** (bolən – V.) werfen. – *einbolen* (īnbolən – V.) viel Holz in das Ofenloch werfen. – Das im Gmdt. nicht belegte Wort ist nichtgerm. aus ideur. *bol oder auch ideur. *g(w) el (werfen, treffen) entsprechend gr. bolē (Werfen, Wurf), bolís (Geschoß, Pfeil), das im Germ. unbelegt ist, jedoch im Dt. aus einer nichtgerm.-ideur. Grundsprache aufsteigt zu ahd. bolōn, daraus mhd. boln (werfen, schleudern; wälzen), dem auch unsere von der Etymologie falsch gedeuteten nhd. Böller (Schleudermaschine), Bollwerk (Standort einer Schleudermaschine) entstammen.



**bölken** (biləkən – V.) Brüllen der Kühe, auch übertragen auf sehr lautes Rufen. – Hermann Paul und Weigand sehen in diesem Wort eine Entlehnung aus dem Nd.; Weigand möchte in ihm eine »Nebenform zu blöken« sehen, während Kluge/Mitzka erklären: »mit k-Formans zur gleichen Wz. wie bellen«. Schon urzeitl. Metathese mit blöken möglich, ersichtlich aus lit. bal̃sas (Stimme, Geräusch), entrundet zu bylà (Gespräch, Gebrüll beim Prozeß), näher nnl. balken (bölken des Esels) aus *bal, ablautend *bul, daraus ndl. bulken, im 15.Jh. bülken.

**Böllchen** (bellchən – N.) Zuckersteine. Zugr. liegt ideur. *bhol, *bhel (schwellen), im German. ags. *bolla, im Dt. ahd. pollā, mhd. bolle (kleiner kugelförmiger Körper).

**Böller, Bollwerk** s. bolen

**Bolzen** (bůlzən – M.) samentragender Fruchtständer der Zwiebel, dem ballenartigen Blütenstand. – *Bolzen* (bůlzən – M.) Wurfgeschoß der Armbrust. Zugr. liegt ideur. *bul, *bol (schwellen) entsprechend gr. bolbós (Zwiebel, eßbare Knolle), bolbiskos (Schalotte), bolbarion (Zwiebelchen). Im Germ. und Dt. hat Bolle die Bedeutung »kugelförmiges Gefäß, Knospe«, so dass gsp. Bolzen eher an die gr. Bed. anzuschließen ist. Das Wurfgeschoß der Armbrust mit dem kugelförmigen Bleiknopf ist eine bildliche Übertragung: er gleicht in der Form dem Fruchtständer (dem Bolzen) der Zwiebel. Die Erklärung des Wortes mit pochen, schallen (Kluge/Mitzka) ist eindeutig falsch.

**Bork** (bork – M.) verschnittenes männliches Schwein. Zugr. liegt ideur. *bher (schneiden) mit k-Erweiterung, im Germ. ags. bearg, an. borgr und im Dt. as. ahd. bar(u)g, mhd. barc(g). Gsp. Bork aus der Nebenform *bhor (mit scharfem Gerät schneiden).

**Borke** (borkən – F.) Baumrinde. Nach Kluge/Mitzka »ein nd. Wort«, nach Petersson soll es »g-Erweiterung des Verbalstammes *bher- schneiden« sein. Zugr. liegt jedoch ideur. *bher (tragen), dazu gr. phoréō (ständig tragen) und Zubehör, dazu auch mit k-Erweiterung gr. pòrkēs Zwinge, Ring zum Befestigen. Borke ist damit »das fortwährend Getragene«. Damit ist wiederum ein nichtgerm.-ideuer. Wurzelwort im Dt. erhalten geblieben.

**Born** (born – M.) Wasser – *Bornemmer* (Wassereimer – M.) – *Bornsterze* kniehohe Umfassung des gegrabenen Brunnens – *börnen* (bornən – V.) bewässern, Pflanzen begießen. – *Born* (born – M.) eigentl. natürliches Loch, in dem Wasser quillt, erst später auf den gegrabenen Brunnen übertragen. Die Etymologie sieht in Born ein nd. md. Wort, angeblich durch Metathese entstanden, es muss jedoch unmittelbar an ideur. *bhere (wallen) angeschlossen werden, entsprechend skr. bhuràti (bewegt sich unruhig). *Brunnen* ist der künstlich gegrabene Wassergeber.

**Borzelkorb** (borzəlkorb – M.) aus Weiden geflochtener halbkugeliger Korb. Zugr. liegt ideur. *bher (tragen), daraus skr. bhára (Menge, Davontragen), gr. phórtax (Träger), phormós (Tragkorb) und Zubehör.

**bosseln** (bozeln) s. butseln

**Boße** (buəsən – F.) Mengenmaß für Flachs. Das Wort steigt erst in dt. Zeit aus Grundsprachen auf: ahd. pōʒo, bōʒo, mhd. boʒe (Bündel, Gebund). Oskar Schade stellt es zu ahd. pōʒan, paoʒen, mhd. bōʒen (schlagen, stoßen), Weigand und Kluge/Mitzka schließen sich ihm an. Da jedoch beim Zusammenbinden von Boßen weder geschlagen noch gestoßen wird, ahd. harapōʒo, harabōʒo, mhd. harbōʒe (Flachsbündel) dies ausdrücklich ausschließen, kann das Wort wohl nur zu lett. puõsms, puosma (Flachsgebinde) gestellt werden, das einem ideur. *pū (viel werden) entstammt. Das Wort würde damit nichtgerm. sein und der Hochblüte des Einsetzens der Flachsbearbeitung um 1000 v. Ztr. entstammen.

**boten** (bōtən – V.) Obstbäume veredeln, okulieren oder Propfen. *anboten* (oanbōtən – V.) anhängen, etwa den Schuppen an das Haus anbauen – *zusammenboten* (zəsåmmənbōtən) zu einem Ganzen zusammenfügen. Dem Wort liegt ein ideur. *bhad (bessern) zugrunde, daraus im Germ. got. bōta (Nutzen), bōtjan (nützen), ags. bōt (Besserung, Ersatz), bētan (Mangel beseitigen, bessern), an. bōt (Heilung, Vergütung), bōta (bessern, Mangel beseitigen). Über ein fränk. *bōtan (wachsen, Knospen treiben) und frz. bouture (Setzling, Steckreis) ist entstanden, was unser gsp. bōten auszusagen vermag. Durch Einfluss der christlichen Missionare ist bereits im lautgleichen as. bōta, buota (Buße, Besserung, Strafe; Heilung, Heilmittel) bōtjan, buotjan (durch Buße gut machen, Buße nehmen für etwas, bestrafen) ein völlig anderer Sinn untergeschoben worden – die ahd. und mhd. Belege haben weder lautlich noch bedeutungsmäßig die eigentliche Bedeutung des Wortes erhalten, wie es in gsp. boten, umboten, anboten, zusammenboten bis in die Gegenwart Geltung besitzt.

**bräpelen** (brepəln – V.) mit Hingabe braten. Vgl. brewweln.

**Braß** (bråß – F.) eine Menge, zum Bersten voll. Das Wort entstammt ideur. *bhrest (bersten, brechen), daraus altir. brissim (breche), im Germ. ags. berstan, an. bresta, im Dt. ahd. brastōn, mhd. brësten, nhd. bersten (brechen). gsp. Braß ist ein zusätzlich gebildetes Substantiv.

**Brat** (brōt – N.) zerkleinertes, schieres Fleisch, »Gehacktes«. Ahd. brāt(o), im Germ. ags. braəd, an. brādh (rohes Fleisch). Das Wort hat sich noch in Wildbret erhalten. *Bratwurst* (brōtworscht – F.) nicht gebratene, sondern aus Brat hergestellte Fleischwurst.

**brechen** (brachən – V.) etwas entzweigehen oder entzweimachen, gewaltsam auseinandernehmen. – *brechen* bildlich: den Mund auseinandernehmen, sich erbrechen. – *Breche* (brachən – F.) aus Holz gefertigtes Werkzeug, etwa Flachsbreche. Das Wort gehört zu ideur. *bhreg (brechen), erscheint lit. braũkti (drückend streichen, ziehen, Flachs schwingen), bruktùvė (Flachsschwinge), im Germ. got. brikan, ags. brëcan, und im Dt. as. brëcan, ahd. brëchan, prëchan, mhd. brëchen.

**breit** (brait – Adj.) breit. Nach Kluge/Mitzka sind außergerm. Beziehungen »nicht gesichert«. Zugr. liegt ideur. *prath/*platz (breit, ausbreiten), das in der Grundform vorliegt in skr. práthas (Breite, Ausbreitung), práthati (breitet, dehnt sich aus, streckt sich), av. pərədu (breit, weit), fradah (Breite). Es ist die Germ. Lautverschiebung p>b wirksam geworden. Mit der nichtgerm.-ideur. Lautverschiebung r>l liegen danach vor lit. platùs (breit, weit, ausgedehnt), lett. plats (breit, weit, geräumig) und zahlr. Zubehör.

**Breme** (bramən – F.) jede Art von Bremsen. Grundlage des Wortes ist ideur. *mrem (rauschen, tosen), dazu gr. brémō (ertönen lassen, brausen, rauschen) und nach Lautverschiebung bh>f lat. fremere (knirschen, murmeln). Im Germ. nicht belegt, deshalb wohl aus der Sprache der nichtgerm. Knechte aufgestiegen: ahd. brëmo, as. brëmo, mhd. brëme, brëm (Bremse). Bei Luther noch Breme. Die s-Erweiterung zu Bremse seit Ende des 16. Jh. wird als nd. angesehen.

**brewweln** (brəwwəln – V.) mit viel Hingabe und Freude immer wieder proben/pröbeln (kosten, schmecken), weshalb das Wort irrig zu »proben« gestellt wird. – *Gebrewweltes* (gəbrəwwəltəs – N.) ganz besonders schmackhafter Braten. – *Gebrewwel* (gəbrəwwəl –

N.) ein beim Zuschauenden Überdruss erweckendes Tun. – *brewweln* (brewwəln – V.) intransitiv: zischen, brutzeln, Fett verspritzend während des Bratens. – Das Wort ist weder im Dt. noch vorhergehenden Germ. belegt. Es entspr. sowohl lautlich als auch bedeutungsmäßig dem erschlossenen ideur. Wurzelwort *bhrew (wallen, gären, brausen, in unruhiger Bewegung sein), ist jedoch zu einem Iterativ erweitert worden. Es ist unmittelbar aus dem Wurzelwort entsprossen, während alle übrigen ideur. Sprachen mehr oder weniger weitreichende Abwandlungen aufzuweisen haben, im Dt. die Wörter brauen, brausen, brodeln, Brot, Brühe usw.

**Brezel** brazəl – F.) wird gewöhnlich von lat. brachiolum (Ärmchen) abgeleitet, das in den Klöstern mlat. *brachitum ein in Gestalt breit ausgelegter verschlungener Arme gebildetes Gebäck ergab, daraus ahd. brēzila, mhd. brēzil, daraus die Nebenformen ahd. brez(i)tella, mhd. breze(l).

**brezeln** (bratsəln – V.) ausbreiten, breit machen. – *aufbrezeln* (ūffbratsəln – V.) absichtsvoll Geschenke so ausbreiten, dass sie von jedermann gesehen und bestaunt werden können. – *hinbrezeln* V. liederlich und unordentlich breit über- und untereinander werfen. – *brezeln* könnte als bodenständig angesehen werden. Das ergibt sich aus flazen in gsp. hënnflazen (sich breit hinrekeln), das gleichbed. danebensteht, nur ist es auf den Menschen bezogen.

**Briedel** (brīdəl – M.) Gebißteil des Pferdezaums. – Das Wort ist nichtgerm.-ideur., entstanden aus ideur. *bruzdh (beiseiteschieben, drücken. stoßen), in den baltischen Sprachen lit. brìzgilas (Zaum mit Gebiss), apreuß. brisgelan (Zaun), olit. brūzlaĩ (Mundstück des Zaumes), in den slaw. Sprachen slow. brzda, russ. brozda (Zaum, Gebiss). Das Wort steigt erst in dt. Zeit aus einer nichtgerm.-ideur. Grundsprache auf zu ahd. brittil, britel (Gebiss am Zaum), brīdel (Riemen, Zügel am Zaume), mhd. brīdel, britel (Zaum).

**Britsch** (britsch – M.) Kaffee aus gerösteten Möhren, seitdem schlechter (Bohnen)kaffee. Weder im Dt. noch Germ. belegt, vgl. jedoch lat. fritilla (Opferbrei aus geröstetem Mehl) aus lat. frīgo (rösten, dörren), gr. phrŷttein (rösten), phrygō (Gerste rösten), aus ideur. *bhresg (rösten) nach Lautverschiebung bh>b.

**Britsche** (britschən – F.) Scheide der Stute aus ideur. *prē (sprühen), mit d-Erweiterung, dazu gr. prēthō (ausspritzen). Da die germ. Lautverschiebung p>b und d(th)>t wirksam geworden ist, muss das Wort als germ., wenn auch nicht belegt bezeichnet werden. Dafür spricht auch der Ablaut e>i. – *Britsche* (britschən – F.) nicht unbedingt obszönes Scheltwort für ein leichtfertiges Mädchen, das den Männern nachläuft – *britschen* (britschən – V.) Urin ausspritzen, Wasserlassen der Anspannkühe.

**britschen** (britschən – V.) grundlos aus der Stube hinaus- und hineinlaufen, so dass die Türe ständig in Bewegung bleibt – *Britschen* (N.) Zweckloses Hin- und Herlaufen. – *Gebritsche* (gəbritschə – N.) Unwillen hervorrufendes Hin- und Herlaufen bei offenen Türen – *Britscharsch* (brischōrsch – M.) Scheltwort. Zugr. liegt ideur. *bhru (beiseitestoßen, -schieben) vgl. lit. briùžas (immerfort die Tür auf- und zumachen, ohne Ziel hin und her gehen). Möglicherweise ist über Entrundung u>i das vorgerm.-ideur. Wort für (Schiebe)tür erhalten geblieben.

**brocken** (brokken – V.) sich rasch füllen. Wenn unerwartet viel Getreide, Obst(brocken) eingebracht, wenn die Zeit(brocken) unerwartet rasch abgearbeitet worden sind, dann hat es tüchtig gebrockt. Zugrunde liegt ideur. *dhragh (tragen) in der Bed. ertragreich sein, das nach Lautverschiebung dh>f lat. fructus (Ertrag, Gewinn) ergab, nach nichtgerm.-ideur. Lautverschiebung dh>b jedoch das gsp. brokkən.

**Brösel**, Brosame s. Gebröse

**Brudel** (brudəl – M.) Brodem, Küchendunst. Das Wort aus ideur. *bh(e)rē (heiß aufwallen) führt die erschlossene germ. Grundform *brudha (brodeln) bis in die Gegenwart weiter. Ist der Brudel sehr dicht, dann ist es Bruddel.

**brühen** (brīən – V.) mit heißem Wasser übergießen. – *verbrühen* (vərbrīən – V.) heißes Wasser über ein Körperglied gießen. überbrühen (ewwərbrīən – V.) mit kochendem Wasser übergießen. – *Brühe* (brī – F.) heißes Getränk aus Fleisch oder Gemüseauszügen, in abfälligem Sinne auch schlechter Kaffee. – Das Wort steigt aus einer Grundsprache erst auf zu mhd. brüejen, brüen (mit Heißem sengen), brüeje (gekochte Flüssigkeit). Im Ahd. und auch in den Germ. Sprachen ist es nicht belegt. Es entstammt unmittelbar ideur. *bhrē, *bhrēw (heiß aufwallen).

**Brunnen** s. Born

**bruzzeln** (bruzzəln – V.) mit Hingabe länger braten lassen. Zugr. liegt ideur. *bh(e)reu, bh(e)ru (wallen, aufbrausen). Das Wort ist erstmalig im 16. Jh. belegt und schließt unmittelbar an die Wurzel an, vgl. gr. brássō (brodeln, kochen, sieden), von dem es jedoch nicht abgeleitet ist.

**bubbersch** (bubbərsch – Adj.) aufgeregt. – Das weder im Dt. noch im Germ. belegte Wort führen Hermann Paul und Kluge/Götze als Verb nhd. puppern (in hörbar unruhiger ängstlicher, zitternder Bewegung sein) auf, das Weigand fälschlich zu lit. bùbinti (dröhnend schlagen) stellt, weil das Herz ›puppert‹. In Wirklichkeit liegt ein ideur. *bhī (sich fürchten) zugr. Am nächsten kommt dem gsp. Worte das über die Lautverschiebung b>g weiterentwickelte Wort lit. būgti (Furcht bekommen), lett. būgns (ängstlich), sowie das Zeitwort gsp. bibbern (vor Kälte zittern).

**Bucht** (bucht – F.) Abschlag für Kleinvieh. – *einbuchten* (īnbuchtən – V.) einsperren, gefangen setzen. Das zu »biegen« gehörende Wort wird erst im 17. Jh. aus dem Nd. aufgenommen, weshalb Kluge/Mitzka ein wgerm. *bhuti, daraus ags. byht, bōt ansetzen und eine Meeresbucht meinen, der Verschlag soll eine »Besonderung« sein. »Biegen« in der Nebenform *bheug, *bhug (fliehen) verweist jedoch darauf, dass die Bucht ein Mittel zur Fluchtverhinderung ist, vgl. gr. phygē (Zufluchtsort), phygadeỳō (verbannen).

**Buhne** (bůn – F.) Befestigung, als Küstenwort angesehen. Vgl. ideur. *bhūn (befestigen), dazu awest. buna (boden), gr. bynéō (anfüllen) daraus lat. fundo (befestigen und damit Dauer verleihen).

**bullern** (bullərn – V.) kochendes Wasser schlägt Blasen und rumort im Topf, auch kleine Jungen bullern, wenn sie Urin lassen. Das Wort gehört zu ideur. *bhel (lärmen, schallen) und ist Iterativ, weshalb das Wort als germ. angesehen werden muss. Vgl. lat. bulla (Wasserblase).

**Bumbel** (bůmbəl – F.) faule, dickleibige Person. Das Wort gehört wohl zu bummeln (faulenzen), ihm entspricht ablautend lit. bamsóti (faul herumliegen), lett. bumba (Kugel), aus ideur. *gem. (voll oder gepresst sein), entspr. lat. gumia (Fresser), es liegt nichtgerm.-ideur. Lautverschiebung g>b vor.

**burren** (burrən – V.) geräuschvoll auffliegen (etwa Rebhühner) – *Burre* (burrən – F.) Schimpfwort für eine achtlos »herumfegende« Frau – *burrning* (burrning Part.) unüberlegt handeln. Nach Duden fälschlich »ma. für: brummen«, nach Weigand und Hermann Paul lautmalend. Zugr. liegt ideur. *bhūr, bhrū (wallen unruhig bewegt sein), vgl. skr. bhuràti (er bewegt sich heftig), bhurváni (unruhig), nach Metathese lit. bruzgéti (rauschen, lärmen).

**Bürzel** (bertsəl – M.) Steiß des Geflügels. Zugr. liegt nichtgerm.-ideur. *bhert (emporstehen). Das Wort ist erst in frnhd. Zeit aus einer Grundsprache aufgestiegen, die den Wurzelvokal bis heute bewahrt, Luther hat birzel, Maaler bürtzel.

**butseln** (butsəln – V.) anhaltendes Werkeln, Basteln. – *buitsəln* V. (spielerisches Herumwerkeln ohne rechten Zweck) – *Gebutsel* (gəbutsəl – N.) unsinniges Werkeln. Das weder im Dt. noch Germ. belegte Wort gehört mit t-Erweiterung zu ideur. *bhu (entstehen lassen, erzeugen), skr. bhus (tätig sein), lit. būti (sein, werden), lett. bût, apreuß. būton (sein, werden), gr. phyō (erzeugen, hervorbringen). Im Germ. schwenkt das Wort ab in got. bauan, ags. būan und im Dt. ahd. būwan, mhd. būwen (bauen). In gsp. butseln hat sich ein Iterativ gebildet.

**Bütte** (bi̊ttən – F.) fassähnliches Holzgefäß zum Wasserholen, Kübel. Wird allgemein als Lehnwort aus gr. pytínē (umflochtene Weinflasche), mlat. *budina zu ags. bytt(e) Schlauch, Flasche, an. bytta (Fass) und im Dt. als as., ahd. butin, mhd. büte, bütten budin (Gefäß) verstanden. Es muss jedoch ein nichtgerm.-ideur. *bhudha (Fass) vorausgesetzt werden, da es gsp. hainfuətən (Hagebutten) ergab, deren Früchte noch heute als Fässchen verstanden werden. Eine Lautverschiebung bh>f ist möglich, nicht jedoch b>f. *Engbuttig* (ëngbůttj – M.) enge Butte = dünner Schafdarm, der mit Brat zu Wurst gefüllt wird. – *Büttner* (bi̊ttnər – M.) Böttcher.

**Butter** (bůttər – F.) aus Milchrahm durch Ausscheiden von Wasser gewonnenes Fett. Das Wort ist erst spätahd. butera (ags. butere) belegt, daraus mhd. buter. In Süddeutschland gilt dafür das kelt. Anke, ahd. anko, in Norddeutschland Schmer. Das Wort Butter soll Lehnübersetzung oder Umbildung aus einem skyt. Wort sein, das später gr. boýtȳron (Kuhquark) ergab und erstmals bei Varro als lat. būtȳrum belegt ist. Diese Abl. sind umstritten.

**Butze** (bůttsən – F.) verkohltes wertloses Ende an einem Docht, Rückstand getrockneter Blüten. Das Wort ist erst im 15. Jh. aus einer Grundsprache aufgestiegen. Vorauszus. ist ideur. *bhut (Nichtiges), vgl. lat. futilitas (Nichtigkeit), futilis (nutzlos), entstanden aus ideur. *gheud (hinstrecken, gießen), dazu gr. choys (Staub, Schutt) und Zubehör. Die Etymologie setzt fälschlich Butze mit Butte gleich, der Hinweis auf »putzen« bei Hermann Paul ist abzulehnen.

**buutsen** s. ragen

# C

**Chörchen** (kiərchən – N.) übliche Übersetzung für den Zusammenschluss gleichaltriger Jungmädchen. Wohl besser mit gr. kórē (Mädchen, Jungfrau, Gemeinschaft der Bräute) erklärt, in der westl. Altmark heißen die Zusammenschlüsse gleichaltriger Mädchen (und Burschen) Chore.

# D



**Dake** (dakən – F.) nasser, klebriger Ackerboden, bildlich Schmiere, Klebrigkeit – *Gedake* (gədakə – F.) Geschmiere – *daken* (dakən – V.) schmieren, bekleckern. Anzuschließen an heth. tegan, tagn (Erde), dazu gr. tēkō schmelzen, flüssig machen, im Germ. belegt als got. thahō und im Dt. ahd. dahā, dahe (Lehm, weiche Erdmasse). Das gsp. Wort schließt unmittelbar an die heth. Belege an, hat aber die germ. Lautverschiebungen t>d und g>k durchlaufen.

**dalmen** (dåləmən – V.) lärmend und ungezügelt herumtoben (von Kindern gesagt). Das Wort ist im 16. Jh. aus einer Grundsprache aufgestiegen, in der Gmsp. wieder untergegangen, gsp. noch täglich gebräuchlich. – *Gedalme* (gədåləmə – N.). Im Ahd. nur got. dwala (Narr) und dwalmōn (töricht, närrisch), sonst mit w-Ausfall ags. dol, an. dul und im Dt. ahd. mhd. tol (töricht, unsinnig), mhd. toll (unsinnig, verrückt). DWB, Kluge/Mitzka und Weigand stellen das Wort zu dahlen (albern schwatzen) von Erwachsenen mit gleicher nichtgerm.-ideur. Wurzel, doch Bed.änderung bereits in germ. Zeit.

**dämisch** (damsch – Adj.) störrisch, tückisch (von Tieren gesagt). Ableitung von ideur. *dam (zähmen, bändigen), dazu gr. damàzō (abrichten, ins Joch spannen), admés (ungezähmt). Das Wort ist wohl nicht germ. und nicht zu Dämel, Dämelack zu stellen.

**dämmeln** (dämməln – V.) mehrmals (nach jemand) wütend treten. Das Wort ist Iterativ zu ideur. *dhem (häufen), vgl. gr. thama (hintereinander, oft) und unmittelbar aus dem Wurzelwort abgeleitet.

**Dämse** (dämsən – F.) stickige, heiße Luft (im Wohnraum) – *dämsig* (dämsch – Adj.) stickig. Wohl zu ideur. *dāw, du (brennen, quälen) zu stellen, dazu skr. dāvás (Brand), gr. dāios (hitzig, heiß).

**Damster** (dåmstər – M.) wohlgenährter kleiner Junge. Das nirgends belegte, aber gsp. oft gebrauchte wohlmeinende Kosewort gehört im Germ. zu an. thamb (vollgepfropft sein), thamba (sich vollsaufen), thömb (Aufgeblähtes, dicker Bauch), ausgegangen ist es wohl von ideur. *ten (dehnen), dessen Anlaut sich zu germ. th, d weiterentwickelte.

**dappeln** (dappəln – V.) mit kurzen Schritten gehen, erste Gehversuche machen. Auch alte Leute dappeln. – Das Wort gilt als »dunkel«. In Wirklichkeit ist es Iterativ zu ideur. *tak, *tek (laufen), das in den balt. Sprachen zahlreiche Nebenzweige getrieben hat. Da dies entsprechend der ideur. Lautverschiebung p>k ein ideur. *tap, *tek (laufen) voraussetzt, kann lit. tapóti (schlecht, ungeschickt gehen) nicht aus dem Nd. entlehnt sein. In dappeln ist die germ. Lautverschiebung t>d wirksam geworden, weshalb dieses Iterativ bereits germ. sein muss, auch wenn es nirgends belegt ist.

**darb** (dārb – Adj.) wohlgenährt, kräftig (vom Vieh gesagt). Zugr. liegt ideur. *dher (festmachen), daraus nach Metathese ideur. *dhrebh (dick, dicht), dazu gr. trapheròs (wohlgenährt, feist), tròphis (schwer, feist), in den balt. Sprachen lit. drabnùs (beleibt). Es ist ein vorgerm. Wort, das erst in dt. Zeit aus einer Grundsprache aufsteigt: as. derbi (kräftig, böse), afries. therf (heftig, von Schlägen gemeint).

**Darre** (dårr – F.) Welkhäuschen, gehört zu dörren (dërrən – V.)

**Däum** (dåim – M.) Dampf, Dunst. – *daimen* (daimən – V.) beizend qualmen, rauchen. – Die Meinung Oskar Schades, got. dauns (Duft, Geruch) habe sich weiterentwickelt zu ahd. doum, toum (Dampf, Duft; Duft, Geruch), erweist sich bei Vergleich mit dem

Gr. als falsch. Zugrunde liegt ideur. *dhu (heftig bewegen, wallen, wirbeln) daraus gr. thȳma (Brandopfer), thȳmiāma (Opferrauch, Weihrauchopfer) und Zubehör.

**Deebe** s. Töle

**Delle** (dallən – F.) flache, oft nur wenig erkennbare Vertiefung im Gelände; bildlich übertragen auf eine nur leichte Beule im Topf aus Emaille oder Aluminium. – Das einem ideur. *dhal (vertiefen) angehörende Wort erscheint aslaw, dolu (Grube), russ. dol (Tal), im Germ. got. dal und als Verkleinerungswort ags. dell, an. dœl (kleines Tal), im Dt. nur spätmhd. telle, frühnhd. dälle (Vertiefung).

D

**dengeln** (dëngəln – V.) durch Klopfen mit dem Dengelhammer dünner werden des Sensenblattes bewirken. Zugrunde liegt ideur. *ten (dehnen, spannen), dazu lit. *tinū (dengeln), tynimas (Sense dengeln), lat. tendere (spannen, ausdehnen), im Germ. nur got. ufthanjan, ags. thenian, an. thenja (ausdehnen). Dass sich im Gmdt. dengeln statt tengeln durchgesetzt hat, beruht keineswegs auf »mundartlichen Einfluß«, wie Kluge/Mitzka meinen, sondern entspricht der Sprache der Herrenschicht. Ahd. tangelāri und ahd. tangol sind aus der Sprache der nichtgerm.-ideur. überlagerten Bevölkerung entlehnt, weil es keine Lautverschiebung aufweist, während es entsprechend nhd. dehnen, ausdehnen eigentlich *dangelāri, *dangol hätte lauten müssen. Mit dem Auftreten von ahd. tangol (Dengelhammer) stimmt zeitlich das Aufkommen der Sense überein.

**derb** (darb – Adj.) ungenügend »gegangen« (vom Brotteig gesagt), ursprünglich »ungesäuert«, verschoben zum Begriff »zu wenig gesäuert«, mhd. ahd. dërb(p), im Germ. ags. theorf, an. thjarfr (ungesäuert, fest). Kluge/Mitzka nehmen ein Wurzelwort ideur: *(s)terp (steif werden) an, doch zeigen die gr. Belege, das auf ein Wurzelwort ideur. *dhrebh, *dherbh (fest sein oder machen, dick oder dicht zurückgegangen werden muss entspr. gr. tréphō (dicht oder fest machen, gerinnen lassen usw.), tétropha (sich fest ansetzen, gerinnen), dazu nasaliert gr. thrómbos (geronnene Masse, dicker Blutstropfen, Klumpen) und Zubehör. Die gr. Belege verweisen ausnahmslos auf den Zustand der Lebensmittel.

**dickhaben** (dı̊kkhån – V.) erschöpft, ermüdet sein, es »satt haben« von der Anstrengung. Das Wort ist zu lit. dȳkas (müßig, untätig), dykàuti (müßig gehen, faulenzen), lett. dīks (frei von Arbeit, müßig) usw. zu stellen.

**Diebchen** (dībchən – N.) mit dem Löffel vom Teig abgestochene Klößchen, die mit Birnen oder Zwetschen zusammengekocht und wegen ihrer Form volksetymol. auch als »Täubchen« bezeichnet werden. Das Wort ist weder im Dt. noch im Germ. belegt. Vgl. ideur. *dhigh (formen, bilden) als Grundlage des Wortes gebackener Teig, das nach nichtgerm.-ideur. Lautverschiebung g>b ein ideur. dhibh (kneten) und damit das Wort für den gekochten Teig ergeben musste.

**Diebesstieg** (diwəštig) in Mitteldeutschland sehr häufiger Flurname (nahe Fritzlar/Hessen Dewesweg). Er ist im 14. Jh. vielfach als dybstig, dypstig und ähnlich belegt und noch heute gebräuchlich. Selbstverst. kann er nicht als »Weg der Diebe« gedeutet werden, zumal das Wort »Dieb« in der md. Grundspr. unbekannt ist (dafür: Spitzbube). Es sind offenbar Marktstiege, die vor der Separation auch als Trampelpfade quer über gepflügte Äcker liefen und durch Stangen, Steine u. ähnlich. markiert werden mussten. Die Entfernung solcher Markierungen war unter Strafe gestellt. Vgl. dazu lit. dybà (Pfahl, Stange), poln. dyba (Pfahl, Pfosten), russ. dýba (Galgen). Da diese Wege erst in ahd. Zeit nötig wurden, sind auch sie ein Beweis dafür, das nichtgerm.-ideur. Wortgut auch in germ. Zeit noch immer weiterlebte.

D

**Dieme** (dīmən – F.) nach dem Getreidedrusch aufgestapelter Strohhaufen. Das Wort ist weder im Dt. noch im Germ. belegt und steigt erst ist nhd. Zeit aus einer Grundsprache auf. Hermann Paul und Weigand bezeichnen es als nd., dem das nur im Md. übliche Suffix -n widerspricht. Zugr. liegt unmittelbar ablautend nichtgerm.-ideur. *dem (bauen), dazu gr. démō (bauen, erbauen), dómos (Aufgeschichtetes, Bau).

**diggen** (diggən – V.) hänseln, zeckend schlagen – *Digger* (diggər – M.) Kind, das andere durch ständiges Zecken, Stoßen zum Weinen bringt – *Diggmieser* (diggmīsər – M.) Kind, das aus Niedertracht andere durch Herumschubsen, Anrempeln schadenfroh zum Weinen bringt. – Weder im Ahd., Mhd. noch im Germ. belegt. Vgl. lit. dýgt (Ausrufeschrei nach stechendem Schmerz), dygêti (stechenden Schmerz empfinden), dýgčioti (mehrfach einen Stich versetzen), lett. diêgt (stechen). Zugr. liegt diesem nichtgerm.-ideur. Wort ein ideur. *dhigh (stechen, stechend berühren), daraus nach germ. Lautverschiebung *dhigh > *tic, belegt als ags. ticcen (Böckchen, eigentlich »das Stoßende«), nach obdt. Lautverschiebung > ahd. zikin, zikkin (Zicklein, »das Stoßende«). Dazu nhd. zecken, Zicke.

**dinsen** (dinsən – V.) nachhaltig und gleichmäßig schwere Lasten tragen, schieben, ziehen. – *Dinsen* (dinsən – N.) gleichmäßiges Tagen, Ziehen, Schieben, Schleppen. – Vgl. got. thinsan ziehen (ziehen, reißen), as. thinsan (ziehen, schleppen, reißen), ahd. dinsan, mhd. dinsen, im Gmdt. nicht mehr belegt. Zugr. liegt ideur. *ten (dehnen). Die md. Grundsprache hat das gleichmäßige Ziehen, Tragen beibehalten, die Nebenbedeutung »reißen« jedoch nicht übernommen.

**Dippel** (dippəl – M.) Nebendocht aus ideur. *di (zwei) aus *dwis und ideur. *pel (flechten) entspr. gr. diplax (doppelt gelegt), diplásios (doppelte Anzahl). Volksetymol. wird der Nebendocht auch als »Dieb« oder sogar »Räuber« gedeutet.

**dippern** (dippərn – V.) zur Osterzeit zwei Eier gegeneinanderstoßen, mit dem Fingerknöchel Einlass heischend an die Fensterscheibe klopfen. Hermann Paul und Weigand stellen das Wort zu ahd. tupfen (berührend netzen, tunken), so auch Kluge/Götze mit der Zugabe »nd.«. Alle drei nehmen Verwandtschaft mit nhd. taufen, tief an. Das Wort bed. dagegen: anstoßen und ist Iterativ von tippen (etwas rasch und leicht berühren).

**discheln** (dischəln – V.) tunken – *Dischel* (dischəl – N.) Milchgeschmink. Das weder im Dt. noch Germ. und auch in anderen Sprachen belegte Wort gehört unmittelbar zu ideur. *dhigh (formen, bilden), das im Germ. got. digan ergab. Nach Lautverschiebung (wie im Gr.) dh>d und gh>k entstand vorgerm. *dik (eintunken), das jedoch wegen Lautgleichheit mit *dik (Teich) durch vorgerm.-ideur. Verschiebung k>s,š auf *disch auswich. – *Salzgedischel* (sālzgədischəl – N.) Stückchen mit Salz bestreutes Brot, das den Brautleuten beim Eintritt ins Haus gereicht wird und das sie gemeinsam essen müssen. – Diese Belege zeigen, dass »Tisch« keineswegs ein Lehnwort aus gr. diskos (Wurfscheibe) über lat. discus (Wurfscheibe, Schüssel) sein kann, sondern als bodenständiges nichtgerm.-ideur. Wort zu ideur. *dhē (setzen, stellen, legen) mit der Grundbed. »Geber, der darbietet« gelten muss. Ihm entspricht lett. discha (steh aufrecht) entsprechend dem in germ. Zeit üblichen Gestell mit Platte, die jedem am Essen Teilnehmenden vorgesetzt wurde, sodass jeder einen »Tisch« für sich hatte. Aber diese Platten waren keineswegs rund wie ein Diskus, sie hatten Vertiefungen, also gewissermaßen eingearbeitete Näpfe, die zur Aufnahme der Speisen dienten. Aus den Näpfen eines solchen »Steh aufrecht« (lett. dischu) wurden Tunken und flüssige Speisereste »gedischelt«; ein Salzgedischel mochte in salzarmen Zeiten als ganz bes. Leckerbissen gelten. Das Wort »Tisch« ist dem ideur. *dhē (setzen, stellen, legen) entnommen, daraus im Germ. ags. disc (Schüssel, Schale; Tisch), an. diskr (Schüssel, in der das Essen aufgetragen wird) und im Dt. lautverschoben ahd. tisc (Schüssel, Tisch), mhd. tisch (Speisetafel, Krämertisch). Die den Sinn erklärenden und damit die wirkliche Herkunft aufweisenden grundsprachigen Wörter »discheln, rȋmdischəln, sälzgədischəln« sind in der Gmspr. nicht bekannt.



**Ditz** (ditz – F.) weibliche Brust. Zugrunde liegt ideur. *dhi, dhe (saugen, säugen), daraus am nächsten ir. did (Zitze), im Germ. ags. tit. aus nichtbelegtem Anord. schwed. tisse, und im Dt. aus einer Grundsprache aufgestiegen spätmhd. zitze (Brustwarze). – Das tz in Ditz scheint durch Kreuzung mit got. daddjan (säugen) oder ahd. tuttā, tutā, tutto, tutti, mhd. tutte, tute (Brustwarze, weibl. Brust), ahd. tuttili, tutili, mhd. tuttelīn, duttelīn (Brüstchen) entstanden zu sein, die sich als Ablautformen zu ideur. *dhī, dhe aslaw. doiti (säugen) gebildet haben. *Ditzchen* (ditzchən – N.) Brüstchen des kleinen Mädchens. *Ditzerchen* Brustwarzen sowohl der kleinen Mädchen als auch der Knaben und Männer. – *Lappenditz* (låppənditz – M.) in ein Leinenläppchen gebundener gekauter Zwieback oder Kuchen mit Zucker. – *Ditte* (dittən – F.) erotisches Wort für die weib. Brust.

**Docke** (dokkən – F.) Puppe. Die Sprachwissenschaft stellt es zu ideur. *dheu (wirbeln), daraus walzenförmiges Stück, auch puppenartiges Getreidebündel, Strohbündel zum Dachdecken. ahd. *tocka, toccha (Puppe), mhd. tocke (Puppe). Vgl. Hocke.

**dörren** (derrən – V.) nicht trocken, sondern »dürr«. Zugr. liegt ideur. ters (dürr sein), dazu lat. torreo (rösten, dörren, sengen), im Germ. got. gathaírsan, an. therra (verdorren), im Dt. ahd. darren, derren, mhd. derren (dürr werden), dem gsp. derrən am nächsten kommt – daneben ahd. dorrēn, mhd. dorren (dürre werden) mit näherer Anlehnung an die lat. Belege.

**dösig** (dēsij – Adj.) benommen, denkunfähig. Weigand erklärt das Wort fälschlich als »sehr dumm«, andere stellen es zu ahd. tūsīg (töricht) und bez. es als nd. Es hat sich jedoch aus ideur. *dheu(es) (atmen usw.) entwickelt, das in der md. Grundsprache den Vokal erhalten hat. *ramdösig* (råmdēsij) bestärkt diese Auslegung, denn ideur. *ram bedeutet »ruhen«, das Wort meint damit »schlaftrunken«.

**draischen** (draischən – V.) Wasser aus einem übervollen Eimer verschütten (bildliche Übertragung) – *Drasch* (dråsch – M.) plötzlicher starker Regenguss – *Dreschakel* (dreschåkəl – M.) heftiger mit Gewitter verbundener Regenguß, der rasch vorüber geht. Entwickelt aus ideur. *dres (mit Wasser netzen) und nach nichtgerm.-ideur. Lautverschiebung s>r aus einer Grundsprache aufgestiegen zu ags. dreór, an. dreyri, as. drōr und im Dt. nur mhd. trór (triefende Feuchtigkeit: Tau, Regen), ahd. trōran, mhd. trōren (tröpfeln, triefen machen). Der zweite Wortteil entstammt ideur. *ag(h) (ängstigen, sich fürchten), dazu gr. akachízō (kränken, wehe tun). Der gr. Beleg beweist gleichzeitig, dass die Lautverschiebung gh>k vorgerm.-ideur. (germ. gh>g), unser Dreschakel also vorgerm.-ideur. Ursprungs ist.

**drallern** (drallərn – V.) laufen. Dem ideur. *drā (laufen) entspricht skr. drāti (er läuft), gr. didrhāskō (laufen, entlaufen). lit. déržti (mit großen Schritten gehen), lett. drāzt (laufen, sich schnell wohin begeben). Im Germ. ist das Wort nicht belegt, steigt aber aus einer Grundsprache auf zu mhd. trollen (in kurzen Schritten laufen). Vgl. gsp. er drallert, drullert (unnötig) neben dem Wagen her; den Spinnfaden nässen, damit er besser drallert (läuft).

D

**Drasch** (dråsch – M.) mit viel Mühsal verbundene Arbeitsleistung. – Das Wort scheint nichtgerm.-ideur. zu sein, wie die zahlr. Belege in den balt. Sprachen vermuten lassen. Zugr. liegt ein ideur. *trask (lärmend stampfen), lit. trãškinti (Krach machen, Prasseln machen) lett. trašķis (Lärm, Geräusch). Das Wort ist, obgleich nirgends belegt, durch die germ.-dt. Lautverschiebung geformt worden. Eine Nebenform liegt in unserm Wort »Dreschen« und Zubehör vor. Dass diese Bed.übertragung schon sehr alt ist, ist aus den in ahd. Zeit ins Romanische übertragenen Lehnwörtern zu ersehen: span. port. trisear (mit den Füßen Lärm machen), afrz. tresche (Reihentanz). Es ist wohl nicht abwegig, dass urspr. das Wort das Austrampeln der Getreideähren meinte, das eine wirklich schwere Arbeitsleistung gewesen ist.

**draschen** (dråschən – V.) nachhaltig regnen. Weigand sieht Zusammenhang mit got. driusan, ags. derósan (fallen, herabfallen), got. drus (Fall), drusts (das Fallen; die Handlung des Fallens, Ort des Fallens). Es ist vielmehr unmittelbar aus ideur. *dres (mit Wasser besprengen, netzen) entstanden, dazu gr. drósos (Naß, Wasser, Feuchtigkeit) und Zubehör. Aus diesem nichtgerm.-ideur. (und nichtgerm.) Wort wurde entlehnt ital. troscia (Rinne von Wasser gebildet) und abgewandelt ital. stroscio (Geräusch von fallendem Wasser), strosciare (herabströmen). Zu welcher Zeit diese Entlehn. erfolgt ist, ergibt sich aus der Tatsache, dass gsp. draschen erst in dt. Zeit mit germ.-dt. Lautverschiebung d>t aufsteigt zu ahd. trōran, mhd. trōren riefen machen, vergießen, tröpfeln) – im Germ. (gleichzeitig mit der vorgerm.-ideur. Lautverschiebung s>r, im Dt. erst mhd. trōr (triefende, tropfende Feuchtigkeit). Vgl. auch draischen.

**Drassel** (dråssəl – F.) etwa 40 bis 50 cm langes Ende der Längsfäden am fertiggewebten Tuch. – Das Wort ist weder im Mhd. oder Ahd., noch im Germ. belegt. Eine Untersuchung der balt. Sprachen erweist es als nichtgerm.-ideur. Im Balt. sind belegt lit. draskà (platter Holzspan), draskýti (zerren, reißen), draĩskalas (abgerissenes Stück, Fetzen), lett. draiskât (reißen), ablautend lit. drūžẽ (Streifen), drucžlẽ (Hobelspan). Alle diese Wörter und ihre zahlreichen Nebenzweige sind durch Metathese aus einem ideur. *der- (zerren, die Haut abziehen, schinden) entstanden: awest. dərəz (Band, Fessel), lit. dir̃žas, lett. dir̃za (Riemen, Gürtel), in einer weiteren Ablautung lit. núodaras, lett. nuodara (Abfälle von Bastfäden).

**Drasselkopf** (dråssəlkopf – M.) Streitsüchtiger, Rechthaberischer. Weder im Gmdt. Mhd., Ahd. belegtes Wort, vgl. gr. thrasabalthei (Streitlust) zu got. *thrasa (Streit). Zugr. liegt ideur. *treq (drehen, winden), dazu gr. atrekḗs (rückhaltlos), lit. trákas (toll, rasend, alberner Mensch, Tollheit), lett. traks (unbändig, toll) und großes Zubehör. Nach nichtgerm.-ideur. Lautverschiebung k>s entlehnt zu got. *thrasa (Streit), danach untergegangen, während die md. Grundsprache das Wort bis heute bewahrt. In der Vogtei Dorla abgelautet zu *Drisselkopf* wie auch lit. trìkti (rasend werden, toben) und Zubehör.

**drateln** (dratəln – V.) schadhaften Saum, Strumpf aufziehen – *aufdrateln* (ůffdratəln – V.) auflösen. Das nirgends belegte Wort entstammt ideur. *der (spalten, zersprengen), nur vergleichbar gr. dratós (abgehäutet), nach nichtgerm.-ideur. Lautverschiebung t>s lit. draskýti (zerren, reißen) draĩskalas (abgerissenes Stück, Fetzen), lett. draiskât (reißen), nach vorgerm.-ideur. Lautverschiebung t>p jedoch lit. drãpana (Tuch, Kleidung, Wäsche), russ. drjapatb (kratzen, reißen), poln. drapać (kratzen, schaben). Nach Pokorny entstammen frz. drap (Tuch), drapeau (Fahne) als »das Gerissene« (Gedratelte) dem »Illyrischen« (md. Nichtgerm.).

**dreggsen** (drĕggsən – V.) ruckweise unter Anspannung aller Kräfte schieben, ziehen, stoßen. – Das Wort steigt erst in dt. Zeit aus einer Grundsprache auf: ahd. trĕhhan, mhd. trĕchen, nhd. trecken (ruck- oder stoßweise ziehen, schieben), zu dem gsp. drĕggsən die Iterativform sein könnte. Da die wthür. Grundsprache unmittelbar ans Ideur. anschließt, muss auch gsp. drĕggsən eine Weiterbild. aus ideur. *der (die Haut abziehen, schinden) sein, daraus russ. dĕrgato (zerren, zupfen, reißen), dazu ablautend lit. dùrti (stoßen, stechen), dursnóti (mit gesenktem Kopf langsam einhergehen), drìkst (von einem ruckenden Riss) und Zubehör. Im Gegensatz zu dreggsen bezeichnet »dinsen« ein gleichmäßig schweres Ziehen, Schieben.

**dreist** (draist – Adj.) kühn, wagemutig. Die Etymologie bezeichnet dieses Wort als nd., das als ahd. drīsti, as. thrīst(i) und im Germ. ags. thrīst(e) (kühn, schamlos) belegt und von dort als nd. drīste ins Oberlaus., als driste und ins Obersächs. als dreist(e) eingedrungen sei, um schließlich schriftsprachig zu werden. In Wirklichkeit ist das Wort nichtgerm.-ideur. aus ideur. *dhers (wagen), daraus bspw. skr. dhrstàs (kühn, dreist), gr. thrasŷnō (kühn, zuversichtlich; keck, verwegen), thrásos (Mut, Kühnheit) und Zubehör. Das Wort ist damit nichtgerm.-ideur. ins Ags., Ahd., As. entlehnt.

**Drell – Drillich** (drĕll – drͥllͥch – M.) – Leinengewebe aus dreifachen Fäden. Das Wort Drillich ist eine nahelieg. Umdeutschung von lat. trilīcis (dreifädig) zu ahd. drilīch (dreifach) und mhd. drilch (mit dreifachem Faden gewebte Leinewand). Drell dagegen dürfte enger an ags. thearl (stark, heftig) und im Dt. erst wieder mhd. drēl (fest gedreht, rund wie gedrechselt, derb) anzuschließen sein, wobei das Zahlwort ideur. tri (drei), im Germ. got. thrija, ags. thrī, threó, an. thrīr, thriar, thriu und im Dt. as. thri, ahd. drī, dhrī, thrī, trī, mhd. drī mit hereingespielt hat.

**drillen** (drͥllən – V.) in parallel nebeneinanderliegende Riefen alle Art Körner einsäen. – *Drillmaschine* (drͥllmåschīnə – F.) Sämaschine, die in gleichlaufende Reihen sät. – Die Meinung Hermann Pauls, das Wort sei neuzeitig, ist unrichtig. Es kann auch nicht zum Begriff »drehen« (wie Drillbohrer) gestellt werden. Zugr. liegt ein ideur. *der, *dre (spalten), wie aus lit. dirvà (Acker, Feld, Flur), lett. dirva (Saatfeld, Getreidefeld), dirvãns (neu aufgerissenes Stück Feld) ersichtlich ist, in der md. Grundsprache ebenfalls ablautend e>i und mit l-Erweiterung: drillen (in gleichlaufende »gespaltene« Rillen säen).

**drinchen** drēnchən – V.) ununterbrochen stöhnen und klagen. Das Wort ist weder im Mhd., im Ahd. und auch nicht im Germ. belegt. Zugr. liegt ideur. *dhrē (tönen), vgl. gr. thrēnéō (beklagen, beweinen), thrēnos (Totenklage, Jammern), thréomai (über etwas wehklagen). Die völlig gleichen Übereinstimmungen lassen nichtgerm.-ideur. Ursprung vermuten.

**druen** (druen – V.) wachsen, gedeihen – *Dru-Ei* (drūai – N.) Das dem Kleinstkinde mit dem Wunsch seines Gedeihens vorgehaltene Ei. Das unmittelbar aus ideur. *dhru (wachsen, gedeihen) aus einer Grundsprache aufgestiegene Wort ist mhd. drūen, drühen, trügen neben trüejen, trūen, ahd. trouwen (aufwachsen, kräftig werden) belegt, im Germ. nur an. thrōask (wachsen), thrōan (Wachstum).

**drulksen** (drůləksən – V.) unordentlich, besonders ungleich starke Fäden spinnen. »was hast (du) da zusammengedrulkst, gepfuscht?« – *Trulle* (trůllən – F.) unordentliches, liederliches Frauenzimmer. – *Trullala* (trůllala – F.) schnippisches und dabei liederliches, leichtsinniges junges Mädchen. – Das Wort drulksen scheint eine junge Formung aus Trule (unordentliches Frauenzimmer) zu sein, doch kann dieses wohl nicht zu an. troll (gespensterhaftes Ungetüm, Unhold) gestellt werden, wie es von Kluge/Götze,

Hermann Paul geschieht und von Weigand vermutet wird. Vielmehr liegt ein ausgespr. zur Flachsbearbeitung gehörendes Wort vor, das im Germ. andeutungsweise in ags. thearl (stark, heftig) auftritt, in der heutigen Lautgestalt und Bed. aber erst mhd. drëllen (drehen, runden) aufsteigt, als Mittelwort mhd. gedrollen (wie gedrechselt drehen, derb oder hart zusammendrehen). Wer gedrollt hatte, wurde als Trulle beschimpft, die Arbeit als »gedrulkst« verurteilt.

**drullern** (drůllərn – V.) nebenherlaufen, ohne auf Unebenheiten zu achten. – Der ideur. Wurzel *drā (laufen) entstammen skr. drāti (er läuft), das nur in Zusammensetzungen übliche gr. didráskō (laufen, entlaufen), dazu gr. drómos (Lauf, Laufen, Wettlauf), lit. déržti (mit großen Schritten gehen), lett. drāzt (laufen, sich schnell wohin begeben). Im Germ. ist das Wort nicht belegt, steigt aber im Dt. aus einer Grundsprache auf als mhd. trollen (in kurzen Schritten laufen). Wie oft, stehen die Worte drallern/drullern – nur in der Iterativform und mit Bedeutungswandel lautlich dem Ideur. näher als der Gmspr.

**Drüse** (drīsən – F.) Drüse, auch Geschwulst, Beule. Die Herkunft des erst in spätmhd. Zeit aus einer Pluralbild. von ahd. druosi, mhd. drüese aus einer Grundsprache aufgestiegene Wort ist keineswegs »dunkel« (Weigand) und kann auch nicht aus unsicherem ideur. *trōs abgeleitet werden (Kluge/Mitzka). Vielmehr gilt ideur. *drōs (feucht), dazu urverwandt gr. drósos (Nass, Feuchtigkeit). – *Druse* (drusə – F.) Schnupfenkrankheit der Pferde, die ständig Schleim, Feuchtigkeit absetzt.

**Dubb** (dubb – M.) beim Kochen kalkhaltigen Wassers entstehender Schaum – *Dubbstein* (Dubbstain – M.) Wasserstein. Substantivierung von ideur. *dhubh (stumpf, wertlos).

**dubbeln** (dubbəln – V.) heimlich verhandeln, mogeln – *verdubbeln* (verdubbeln) vertuschen. Dazu mhd. tougen, ahd. tougan, dougan (heimlich) mit großem Zubehör, im Gmdt. ist das Wort untergegangen, in der md. Grundsprache hat es die nichtgerm.-ideur. Lautverschiebung g>b durchlaufen, während im stärker germ. besiedelten Eichsfeld duggeln gilt.

**ducken** s. duschen

**duhn** (dūn – Adj.) fest, haltbar, stramm. Ziehe den Bindfaden ordentlich fest, stramm. Das Wort gehört als nichtgerm.-ideur. zu gr. dýnē (sprich dūnē) (die Kraft zu etwas haben, kräftig und fähig sein zu etwas usw.), dynamikós (kräftig, stark, wirksam), dynamóō (stark und fest machen, kräftigen), dynatōs (sehr stark, kräftig, tüchtig). Das Md. hat zusätzlich ein Adj. geschaffen, das im Gr. in unserer Bed. nur anklingt.

**duldern** (duldərn – V.) dahinstolpern, taumeln, unsicher gehen. Weder dem Germ. got. dulths, im Dt. ahd. mhd. dult (Fest. Feier) noch ags. gethyldian und im Dt. ahd. mhd. dulten (Geduld haben) kann gsp. duldern zugerechnet werden. Es ist eine völlig eigenständige Weiterentwickl. der Verbalwurzel *dus (gr. dusdaimoniā = Missgeschick) über *dur (lit. dùrti = davoneilen, davonjagen) zu germ. *dul/*dvul (got. dvals = töricht, närrisch), die über die vorgerm. ideur. Lautverschiebungen s>r/r>l vorliegt.

**Dulke** (duləkən – F.) nasses, toniges und deshalb schlecht zu bearbeitendes Land, im übertr. Sinne ist auch schleifiger »sitzengebliebener« Kuchen eine Dulken. – *dulkig* (duləkĭj – Adj.) diese bes. Eigenschaft meinendes Wort. Zugr. liegt ideur. *dhuli (schmutzig), daraus skr. dhūli (Staub), dhūlikā (Nebel), gr. tholos (Schlamm, Schmutz), lit. dùlkė (Staubkorn, Stäubchen), lett. dulke (Schmutz, Pfuhl, Sumpf, Bodensatz).

**dull** (důll – Adj.) hart sein, Butter ist nicht schmierbar. Dem got. Wort liegt zugrunde ein vor-germ. *dur (hart) entsprechend lat. dūrāre (hart machen oder sein) und Zubehör, das bereits vor Eindringen ins Got. sich zu ideur. *dul (hart) gewandelt haben muss. Gsp. důll ist noch lautgetreu das nichtgerm. lautverschobene r>l ideur. dul (hart sein oder machen).

D

**dundeln** (důndəln – V.) nicht ernstzunehmendes Tun. – *duindeln* (důndeln – V.) spielerisch arbeiten, tändeln. – *Geduindel* (gedůindəl – N.) abwertend: oberflächliches Arbeiten, Tun – Zugrunde liegt ideur. *dhō, dhē (tun, machen), daraus skr. mit der Urbedeutung »mit Freude schaffen« dhātr (Schöpfer), dhātri (Amme), dhāman (Wohnstätte), mhd. ahd. tuon, as. dūan, im Germ. ags. dōn (schaffen, tun, machen).

**Dung** (důng – M.) urspr. eine unterirdische Winterwohnung besonders unter dem Pferdestall, die Webstube der Frauen. – Zugr. liegt ideur. *dhang (bedecken), denn Dung war nichts anderes als der das unterirdische Webegemach der Frauen zur Wärmehaltung bedeckende Pferdemist, der im Frühjahr beim »Großreinemachen« ausgeräumt wurde. Im Lit. noch heute dangà (Decke, Überzug, Hülle), dangùs (Himmel), padánga (überhängendes fast bis auf den Boden reichendes Dach). Im Germ. ist das Wort belegt ags. dung (Gewahrsam), an. dyngia (Frauengemach) und im Dt. ahd. dung, tunc, tunch, mhd. tunc (unterirdisches Webegemach). Da früher ein Düngen der Felder unbekannt war, ist das Wort auf ags. dung (Gewahrsam) an. dyngja (Frauengemach) und im Dt. ahd. dung (unterirdisches Webegemach) zu beziehen. Erst als festgestellt wurde, dass durch Dung das Wachstum der Feldfrüchte gefördert wurde, kam das absichtsvolle Bestreuen der Felder mit Pferdemist (und anderen tierischen und sonstigen Abfällen) auf: die Gesamtheit dieser Abfälle wurde Dung genannt.

**Dunst** (důnst – M.) beim Worfen des Getreides niederrieselnder feiner Staub. – Das Wort gehört zu ideur. *dheu, *dhu (atmen), dazu aind. dhvámsati (zerstiebt, zertfällt), dhvásti (Zerstieben), dhūnoti (schüttelt »aus«), lett. dvans (Dunst, Dampf) und Zubehör. Im Germ. ist diese nasal. Lautform nicht belegt. Sie steigt erst aus einer Grundsprache auf zu ahd. dunst, dunist, tunist, daraus mhd. dunst (Hauch, feuchter Dampf; Sturm).

**duschen** (duschən – V.) in rückbezüglicher Bedeutung: der Rauch des Schornsteins duscht sich, das heißt, er drückt sich niedrig über die Dächer hinweg. Dagegen bedeutet »sich mit jemand duschen«, mit ihm (nicht im Bösen) ringend die Kräfte messen, bis einer von beiden »unten« liegt. – Das Wort hat mit der Dusche (Abbrausen mit Badewasser) nichts zu tun und ist auch weder im Mhd. Ahd. noch im Germ. belegt, weshalb von der eigentlichen Bed. »niederdrücken, hocken« ausgegangen werden muss und zwar von ideur. *toup (hocken, kauern), das der Lautverschiebungsreihe t>p>k>s angehört, lit. túpti (sich niederkauern, sich in die Knie setzen), trupéti (hocken, kauern), lett. tupt (hocken) und zahlreiches Zubehör. Nach der nichtgerm.-ideur. Lautverschiebung p>k steigt das Wort in der Weiterbildung auf zu ahd. dūhan, mhd. dūhen, diuhen (niederwerfen, drücken) und erst nhd. ducken und nach nochmaliger Lautverschiebung k>s in gsp. duschen (niederdrücken).

**duseln** (dusəln – V.) leicht schlummern – *duselig* (dusəlig – Adj.) schlaftrunken *dusseln* (dussəln – V.) schlafen – *Dussel* (dussəl – M.) Schlafmütze. Die Etymologie setzt das Wort fälschlich zu ideur. *dhus (töricht), mit dem es nicht das geringste zu tun hat, es gehört vielmehr zu ideur. *dheu(es) in der Bedeutung »atmen«. Dazu lett. dusa (Schlummer, Schlaf), dust (atmen, schlummern, ruhen), lit. dùsas (Atemnot, Seufzer).

**Dute** (dutən – F.) Pfeife aus einem Federkiel. – *duten* (dutən – V.) mit Hilfe einer Dute, aber auch einer Kindertrompete, schnarrende lautschallende Töne hervorbringen. – *Dutehorn* (dutəhorn – N.). – Das nur noch als Zeitwort gebräuchliche nhd. tuten (ins Horn stoßen), ist weder lautmalend noch nd. wie Kluge/Mitzka und Hermann Paul meinen. Das erst in nhd. Zeit aus einer Grundsprache aufgestiegene Wort ist nichtgerm.-ideur. Es entstammt der t-Erweiterung von ideur. *dhu (dröhnen, tönen), in den balt. Sprachen dautýtė (Birkenrindenpfeife), lit. tūtà (Rohrpfeife, Schalmei, Trompete), russ. duda (Pfeife), poln. dudy (Dudelsack), im Germ. got. thūthaum (Trompete), an. thytr (Lärm, Getöse), ags. nicht belegt, aber aengl. dutan (tönen). Im Dt. ist die Lautverschiebung t>s eingetreten zu ahd. diozan (tönen), mhd. duz (Schall, Geräusch), so dass das Grundsprachenwort entspr. dem aengl. Beleg in den germ. Sprachraum gehört.

**Dutz** (dutts – M.) aufbeulende Stelle an einem schlecht gearbeiteten Kleid, die einer Mutterbrust gleicht. – Das Wort ist Nebenform zu ideur. *dhī (saugen, säugen), daraus bspw. titthē (Brustwarze), tatthós (klein, jung), im Germ. unbekannt, das aber im Dt. aus einer nichtgerm.-ideur. Grundsprache aufsteigt zu ahd. tuttā, tutā, tutto, tutti, mhd. tutte, tute (weibl. Brust, Brustwarze). Das Wort »Tüte« ist deshalb keineswegs etwas »Hornförmiges«, sondern urzeitlich das »Mutterbrustähnliche«.

# E

**eeks** (ēks – Ausrufewort) Warnruf an Kleinkinder, wenn sie Schmutziges in den Mund stecken wollen, auch »ēks pfui!« – Das weder im Dt. noch Germ. belegte Wort ist nichtgerm.-ideur., noch fast gleich ideur. *eq (schlecht, böse sein). In den balt. Sprachen ist ihm völlig gleich lett. ēksch! (Kinderwort für Dreck).

**Egge** (aidən – F.) Egge. – *eien* (aiən – V.) Zugr. liegt ein ideur. *ak/ *ok (spitz), so dass die Egge als »Gerät mit vielen Spitzen« zu betrachten ist. Das Gr. kennt noch keine Bez. für Egge. Daraus ist zu schließen, dass es sie in der Jüngeren Steinzeit, noch nicht gegeben hat. Nach 1200 v. Ztr. muss sie sich rasch verbreitet haben: zu den Kelten (akorn. ocet, kymr. oged), zu den Römern (lat. occa), zu den Balten (lit. akéčzios, lett. ecēšas, apreuß. aketes), zu den Urahnen der Germanen anscheinend jedoch noch immer nicht. Deshalb steigen Sache und Wort erst spät aus einer nichtgerm.-ideurop. Grundsprache auf: ags. egethe und im Dt. as. egidha, ahd. egida, mhd. egede, eide. Dieses bereits mhd. eide zeigt eine Eigentümlichkeit des Md.: das zwischen zwei Selbstlauten stehende -g entwickelt sich vielfach g>j>i und bedeutet keinesfalls einen g-Ausfall (vgl. Hagenich > Hainich).

**Eichsfeld** der karge und überaus steinige Landschaftsraum zwischen Duderstadt und Heiligenstadt wird allgemein als Eichenfeld gedeutet. Er ist 897 als Eichesfelden, 950 als Aikesfelt, aber 1239 und öfter auch als Eysfelt belegt. Die verbreitetste Stieleiche verankert ihren überaus starken Stamm mit ihrer Pfahlwurzel und reichem Wurzelwerk jedoch tief ins Erdreich. Aber solch tiefgründigen Boden kennt das Eichsfeld kaum in den Tälern. Vgl. deshalb mit gr. aeikēs (ärmlich, kärglich minderwertig), das mit nichtgerm.-ideur. Lautverschiebung k>s zu Eisfeld oder mit obdt. Verschiebung k>ch von Aikesfeld zu Eichsfeld führen würde. Dazu stimmen md. Flurnamen im ehemal. Großherzogtum Gotha: das Eisfeld (Crawinkel), Am Isfald (Craula), Eisfeld (Siebleben »ärmlichste Gegend des Dorfes«), Eisbirkig (Wölfis »steinig«).

**Eidensohn** (aidənsōn – M.) Schwiegersohn. – Das Wort scheint nichtgerm.-ideur. Ursprungs zu sein, wie aus lit. stainis (Ankömmling, Fremdling), daraus lit. aīnis (Nachkomme) zu lit. eīti (gehen), entnommen werden kann. Die Bed. ist danach: der Zugehende, der Hinzugekommene. Damit wird auch verständlich, weshalb das Wort nur im Wgerm. belegt ist: ags. adhum (Schwiegersohn), im Dt. ahd. eidum, eidam, mhd, eidem (Tochtermann). Als das Wort nicht mehr verstanden wurde, hängte man »-sohn« an. Eine Anknüpfung des Wortes an »in Eid nehmen« ist volksetymol. und damit sprachgesetzlich unrichtig.

**einkacheln** (īnkå$_x$əln – V.) ein Ofenloch bis obenhin mit Holz vollpacken. – Das nirgends belegte Grundsprachenwort ist nichtgerm. aus ideur. *pak (festmachen, festgefügt), daraus gr. pēktós (fest hineingesteckt, festgefügt), daraus nach nichtgerm.-ideur. Lautverschiebung bereits in nichtgerm. Zeit nichtgerm.-ideur. *kak, so dass die Lautverschiebung k>ch zu *kach mitgemacht werden konnte. Auf diese Weise konnte auch das bisher nichterklärbare lit. kàkti (genügen, ausreichen), kãkinti (jemandem etwas zur Genüge liefern, ihn hinreichend womit versehen) sich bilden.

**einschenken** (īnschënkən – V.) in ein Trinkgefäß eingießen. Man schenkt in der wthür. Grundsprache Getränke ein, bedient sich aber niemals des Ausdrucks »eingießen«. *Einschenker* (īnschënkər – M.) Festdiener. – Die Grundbed. ist »schief halten«, im Germ. ags. scencan, an. skenkja und im Dt. ahd. scenken, as. skenkian, mhd, schenken (zum Trinken eingießen). Der Vorsetzpartikel »īn« ist nach wie vor mhd., während nhd. einschenken die obdt./sdt. Diphthongierung i>ei aufweist.

**eisen** (aisən – V.) rennen, dahinstürmen, rasch laufen. – *loseisen* (luəsaisən – V.) losrennen, intransitiv auch: jemanden (von einer Verpflichtung, einem Verbot) frei machen »wir haben ihn trotz seiner Abhaltung losgeeist«. – Zugr. liegt eine bisher nicht erkannte Wurzel ideur. *īs (losrennen), dazu vgl. skr. īshatē (enteilen, entfliehen). In der Gmspr. ist das Wort unbekannt, im Mhd. und Ahd. nicht belegt, im Gern. nur an. eisa (rennen, davonstürmen), aber auch gr. aissō (losstürmen, herabstürzen) und Zubehör. – Mit »Eis« (Küpper) hat das Wort nichts zu tun. – *Eisvogel* (īsfåil). Nach Weigand heißt er wegen seiner Winterbrütung so, Kluge/Mitzka führen die metallisch blauglänzende Eisenfarbe, daneben seine auffallend herabstürzende Jagdmethode an. Da der klagende Eisvogel gr. (alkyōn) in der Erzählung von der Alkyone eine wichtige Rolle spielt, sei die Wurzel ideur. *ais (ehren, achten, entsprechend gr. aïdéomai, sittliche Scheu empfinden, Mitleid fühlen) angeführt. Beide Etymologien haben sich offenbar gekreuzt.

**eitel** (iddəl – Adj.) leer; ohne etwas anderes. eitel Brot, also »trockenes Brot« ohne irgendwelchen Aufstrich. – Das nur mhd. ītel, ahd. ītal, as. īdal und im Germ. ags. īdel (leer, ledig, nichtig; nichts als – seiend = belegte Wort hat nach Kluge/Mitzka keine »außergermanische Verwandte«. Es ist auch vorerst von der Grundsprache her nicht zu etymologisieren.

**Erbse** (arbsən – W.) in Thüringen vor allem die Ackererbse, Pisum arvense L. Obgleich sie bereits in den jungsteinzeitlichen Pfahlbauten des Bodensees gefunden wurde, ist die Herkunft noch immer unbekannt. Die Sprachwissenschaft kennt gr. orobos, erebinthos (Kichererbse), lat. ervum (Hülsenfrucht); im Germ. ist das Wort nicht belegt, so dass Hermann Pauls Aussage »gemeingermanisches Wort« unverständlich ist. Erst in dt. Zeit sind aus einer vorgerm.-ideur. Grundsprache aufgestiegen ahd. araweiȥ, arawiȥ, mhd. ar(e)wiȥ (Erbse). Dazu erklärt Weigand: »Es handelt sich dabei um ein uraltes Kulturwort, bei dem aber die Annahme einer unmittelbaren Entlehnung auf lautliche Bedenken stößt«. Nach Kluge/Mitzka ist deshalb eine anzunehmende Grundform *arweit zu trennen in *arwo, das urverwandt mit lat. ervum (Hülsenfrucht) sei, und germ. *ait (Korn), so dass die Bed. sein würde »Hülsenfruchtkorn«. In den md. Grundsprachen hieß diese Hülsenfrucht bis zum Beginn des 20. Jh. weitgehend gsp. arəwəsən (heute angeglichen an die Gmsp. meistens gsp. arbsən), das die ahd. Lautform bis an den Beginn des 20. Jh. erhalten hat. In Wirklichkeit ist es ein nichtgerm. Wort, bestehend aus zwei verbindungslos nebeneinandergestellten ideur. Wurzelwörtern, nämlich ideur. *ara (Ackerland) und ideur. *u̯eit (winden), ursprünglich also *araweit (das auf dem Ackerland sich Emporwindende). Während zu ideur. *ar (ackern, pflügen), *ara (Ackerland) nichts mehr zu sagen braucht, seien zum zweiten Wortteil einige balt. Belege gegeben: lit. výti (drehen. winden), vytìnė (Ranke), lett. vîte (Ranke), lit. vytùris (Ackerwinde, convolvulus arvensis L.) – dazu weiterentwickelt lett. vīsteklis (Ranke). Noch heute ist die Erbse »das auf dem Ackerlande sich Emporrankende«, ist also einerseits eine Feldfrucht und nicht mehr eine Wildform wie lit. vytùris (Ackerwinde) und rankt sich aneinander. Sprachgesetzl. führt ideur. *araweit unmittelbar und ohne lautlichen Bruch zu ahd. araweiʒ (Erbse). Alle übrigen Deutungsversuche erweisen sich als unmöglich.

**erlechen** (ërlachən – V.) hindurchsickern. Mhd. erlëchen, ahd. lëcchen und vor oberdt. Lautverschiebung k>ch noch an. leka (tröpfeln). Zugrunde liegt ideur. *wreg, wrag (brechen, reißen), das ergab gr. rēgma (Riss, Spalte), rox (Riss, Ritze, Spalt). Das Wort muss schon aus einer Grundsprache ins Nichtgerm. entlehnt worden sein, wie die Lautverschiebung r>l beweist, um ein vorgerm. *leg zu ergeben und germ.-lautverschoben g>k als an. leka (tröpfeln, rinnen) aufzutauchen.

**Ern** (earn – M.) in hūsearn (Hausflur) und schinnearn (Scheunentenne). Vgl. die Etymologien zu »Ernte«, dazu im Balt. lautverschobenen e>a in lit. aslà (Steindiele), entspr. im Germ. got. asans (Ernte, Herbst), asneis, ags. esne und im Dt. ahd. ësni (Tagelöhner). Sachlich wirkt bereits vorher die nichtgerm.-ideur. Lautverschiebung s>r ein, so dass wir neben lat. ārea (Tenne, innerer freier Hofraum) im Dt. aus einer Grundsprache aufsteigen sehen ahd. arin, erin (Fußboden, Altar) und gleichzeitig ins Germ. an. arinn (Herd), später mhd. eren, ern (Fußboden, Tenne). Ein Ern ist also der Raum innerhalb des Gehöfts, innerhalb des Hauses, in dem die von den Germanen zu Knechten Gemachten die Ernte weiterzuverarbeiten hatten.

**Ernte** (arn – F.) die »Erträgnisse des Ackerns oder Pflügens«. – *ernten* (arnən – V.) sie nach Hause holen. Die Etymologie nimmt als Ausgangspunkt germ. *as (Feldarbeit tun), übersieht jedoch, dass ihm ein ideur. *es (sein) mit allen Weiterentwicklungen in den nichtgerm.-ideur. Sprachen zugrunde liegt. Im Germ. steht daraus got. asans (Ernte, Herbst), asneis, ags. esne und im Dt. ahd. ësni (Tagelöhner). Das Wort ist untergegangen, hat sich jedoch in zahlreichen Grundsprachen erhalten, so gsp. asten (schwer auf der Schulter und dem Nacken tragen), gsp. Ast (Schulter und den Nacken), ebenso gehört der Monatsname *Aust* hierher, der nicht aus August gekürzt ist, sondern die Bed. »arbeitsreichster Monat« hat. Vgl. ideur. *ar (ackern, pflügen), weiterentwickelt gr. àrnymai (ernten, erwerben). Im Germ. ist dieses Wort nicht belegt, steigt jedoch aus einer nichtgerm.-ideur. Grundsprache in dt. Zeit auf zu ahd. aran und weitergebildet zu ahd. arnōt (Ernte), ahd. arnēn, mhd. arnen (ernten). Die Meinung, ein grammat. Wechsel habe aus got. asans ein ahd. aran entstehen lassen, erweist sich als falsch, denn beide Wörter haben völlig verschiedene Ausgangspunkte.

**Erntehan** (arnhån – M.) als »Heiligung des Letzten«) am Ernteschluss stehengelassene kleine Garbe. Das Wort hat nichts mit »Hahn« zu tun, vielmehr ist unmittelbar zu gr. hanō (vollenden, zu Ende gehen) anzusetzen, auch wenn der Brauch nicht von dort entlehnt sein kann. Vgl. Hanebalken.

# F

F

**Faanse** (fānsən – F.) Reibeisen, Reibstein des Tischlers. – Das Wort ist weder im Dt. noch vorhergeh. Germ. belegt. Auch die außerdt. ideur. Sprachen bieten keinen unmittelbaren Beleg. Jedoch ideur. *pal, *pol (zu Mehl zerreiben) ist der Ausgangspunkt des md. Grundsprachenwortes. Als die Windmühle erfunden wurde, erhielt der Pāl/Fāl der noch immer in Gebrauch befindlichen Handmühle durch Anhängen der Verkleinerungssilbe -se den neuen Namen Pälse/Fälse. Nachdem lat. pālus als germ. pāl (Pfahl) entlehnt wurde, wich die Grundsprache in der nichtgerm.-ideur. Lautverschiebungsreihe (t>s>r>)l>n aus auf das bis heute geltende Paanse/Faanse.

**fai** (fai – Adj.) scheu, ängstlich, zurückhaltend, eingeschüchtert. Fremden gegenüber schüchterne Kinder werden als fai bezeichnet. – Das sonst nirgends belegte Wort, das wohl zu ideur. bhai (ängstigen) gehört, hat ergeben lit. baidýti (schrecken, verscheuchen), lett. baĩtît (ängstigen, scheuchen), baĩda (Angstgefühl, Befürchtung), mit l-Formans lit. bàilė (Furcht, Angst), bailùs (furchtsam), lett. baîle (Angst), baîls (furchtsam), aber auch nach nichtgerm.-ideur. Lautverschiebung bh>f gr. phóbos (Scheu, Besorgnis, Angst, Schrecken) und Zubehör.

**faien** (faiən – V.) gedroschene Körner abfegen. Für »fegen« nimmt die Etymologie ideur. *pek, *pēk, *pok (hübsch machen) an. Zugrunde liegt jedoch ideur. *pu (aufblasen, anschwellen), daraus lit. pustýti (Sense »fegen«, wetzen) und mit änderndem Ablaut u>a auf ideur. *pas, *pak und germ. Lautverschiebung p>f die md. Verschleifung zu gsp. fagen, faien. Danach ist nhd. fegen nicht nd., sondern nichtgerm.-ideur. Es steigt auf zu an. foegja (reinigen), daraus schwed. feja (polieren), dän. feie (kehren), im Dt. nur as. vëgon, mhd. vëgen (putzen, glätten).

**Failchenfett** (failchənfatt – N.) das in den inneren Falten des Schweinefleisches befindliche Fett, eigentl. das die Muskelteile umschließende. – Das Wort steigt erst aus einer Grundsprache auf zu mhd. faile (Mantel), entstammt aber dem Nichtgerm.-Ideur. entsprechend gr. phailónēs (Mantel).

**fauchen** s. fuschen

**Feder** (faddər – F.) Hautbedeckung der Vögel; daraus zum Schreiben bereiteter Gänsekiel. – *federig* (fadəri̯j – Adj.) beschädigter Teil eines Federbettes: »s ki̯sən ës fadəri̯j = das Kissen ist federig«, ist beschädigt und lässt schon die Federn herausquellen und davonfliegen. – *Federn* (fadərn – V.) Davonstäuben der Federn infolge eines Luftzugs, wie es leicht beim Federschleißen geschieht. – *Federschleißen* (faddərschli̯ßən – N.) früher eine wichtige Beschäftigung an Winterabenden.

**feeschen** (fēschən – V.) jemand durch Geschenke für sich gewinnen, bestechen. *Feeschen* (fēschən – N.) Überredung durch kleine Geschenke. *Gefeesche* (gəfēschə – N.) ein Widerwillen hervorrufendes Beschwatzen. – Zugr. liegt ein ideur. *bheidh (überreden, trauen), nach der nichtgerm.-ideur. Lautverschiebung bh>f im Gr. (bh>ph) peithō aus *pheithō (jemanden überreden, für sich gewinnen usw.), lat. fido (sein Vertrauen in etwas setzen). Im Dt. entspr. der ursprünglichen Bed. völlig abgeschwächt die Wörter bitten, beten, Gebet. Der Lautverschiebung ei>ee liegt wohl die gleiche Gesetzlichkeit wie nhd. beten zugrunde. Die Lautverschiebung d>t und wieder t>s, sch ist nichtgerm. Vielleicht auch aus ideur. *bhos, *bhəs (binden, flechten), an sich binden.

**feeksen** (fēksən – V.) willig aber nicht fähig zu einer handwerklichen Arbeit. – *Feekser* (fēksər – M.) wer willig ist zu einer bes. handwerklichen Arbeit, aber doch nicht fähig dazu. Das Wort entspricht lat. peccāre (einen Fehler machen, fehlen. sündigen), das sich aber in dem fal.-ital. gsp. beeker, beekern, Beeks erhalten hat. Das Wort ist germ.

F

**fegen** (faiən – V.) kehren, sauber machen; auch Körner werden nach dem Ausdreschen durch Erzeugen von Luftzug mit einem Gänsefittich oder mit einem Sieb gefait (gereinigt). – Die Etymologie nimmt ein ideur. *pek, *pēk, *pok (hübsch machen) als Ausgangsbed. an, damit aber das Ergebnis des Fegens und nicht dieses selbst. Zugr. liegt ideur. *pu (aufblasen, anschwellen), daraus im Balt. lit. pustýti (die Sense fegen, wetzen), und mit die Bed. änderndem Ablaut auf ideur. *pas, *pag und germ. Lautverschiebung p>f in Wthür. die Verschleifung gsp. fagen/fajen/faien (fegen). So heißt es bspw., »er fegt mit den Armen«, bewegt sie fliegend oder gestikulierend. Daraus ergibt sich, dass nhd. fegen nicht nd., sondern nichtgerm.-ideur. ist. Es steigt erst aus einer Grundsprache auf zu an. foegja (reinigen, glänzend machen), daraus schwed. feja (polieren), dän. feie (kehren). Im Dt. ist es nur belegt as. vēgon, mhd. vēgen (putzen, plätten), weist also nur eine Nebenbed. auf. Die sonst noch von der Etymologie genannten Belege gehören nicht in diesen Zusammenhang. gsp. faiən entspricht nhd. pusten (Luftzug erzeugen).

**fehlen** (fālən, failən – V.) soll über lat. fallere (täuschen), afrz. fa(il)ir (»ver«fehlen, sich irren, mangeln) um 1200 zu mhd. vaelen, vēlen, vielen entlehnt worden sein. Es geht wohl eher auf ideur. *bhal, *bhol (falsch machen) nach nichtgerm.-ideur. Lautverschiebung bh>f zurück, während Bohl (Fehler, Irrtum) der germ. Lautform bh>b entspricht.

**Feime** (faimən – F.) kunstvoll im Freien zu einem schützenden Schober aufgeschichtete Getreidegarben. Von Hermann Paul und Weigand als nd. bezeichnet, Kluge/Götze setzen ein ideur. *pemphā (schwellen) als Ausgangspunkt an und stellen es nahe zu der mehr kunstvoll geschichteten Stroh-Dieme, doch sei »die lautliche Verknüpfung noch nicht gelungen«. Ich bringe das Wort Feime deshalb mit ideur. *poi (schützen, behüten) in Verbindung, dazu die aus dem Balt. stammenden Wörter finn. paimen (Hirte, Beschützer des Viehs), est. paimendama (schützen, behüten). Danach ist nhd. Feime nicht eine Diphtongierung von erst in dt. Zeit aufsteigendem ahd. as. fimba, mhd. vimme (Getreidehaufen), sondern ein nichtgerm.-ideur. Erbwort.

**Feldläufer** (faltlaifər – M.) regionale Bez. für eine bes. gute (vor alle eichsfeldische) Knackwurst, Schlackwurst, die bereits ins volkskundliche Schrifttum eingegangen ist, jedoch nur bei Verwendung des Dickdarms oder der Butten vom Rind zusammengenähten Schmerhäute gilt. Es ist eine volksetymolog. Umdeutung des Grundsprachenwortes. Zugr. liegt die Bed. »Falte = Hülle«, dazu mhd. valte (Hülle zur Aufbewahrung), ahd. falt, im Germ. an. falda (Tuch zum Umwickeln des Kopfes) zur Grundbed. »falten«. Auch der zweite Wortteil ist eine volksetymolog. Falschdeutung zu »laufen«. In Wirklichkeit ist die Grundbed. »verschließen« zu ideur. *(s)qlew, (s)qlāw (verpflöcken, schließen) entsprechend gr. kleìō (schließen, verschließen, einschließen). Es ist ein nirgends belegtes Wort, entstanden nach Lautverschiebung k>h und schließlich h-Ausfall. Die Grundbed. ist »verschlossene Hülle, Falte«. Verschlossen wird der gsp. faltlaifer mit dem Wurstband und zusätzlich mit dem hölzernen Speil.

**Fels** (fals – M.) ist nach Hermann Paul ein »nur dt. Wort«, während Weigand die Herkunft als »unbekannt« bezeichnet. Zugrunde liegt ideur. bhers (emporragen), dazu skr. bhrstí (Spitze, Zacke, Ecke), lit. barkšóti (emporstehen, hervorragen) aus älterem barskóti, daraus nach nichtgerm.-ideur. Lautverschiebung bh>f und r>l *falis und umgelautet als ahd. as. felis, mhd. vels belegt.

**felgen** (fĕləjən – V.) zweites, tiefgehendes Pflügen der Äcker im Herbst. Das nicht oder falsch etymologisierte Wort entstammt einem ideur. *welq (ziehen, reißen), daraus gr. walox (Ackerfurche), aỹlax (Furche, Gras- oder Getreideschwad) usw., lat. sulcus (Pflug), sowie in den balt. Sprachen die zahlreichen Wörter zu lit. vĩlkti (ziehen, reißen). Im Germ. ist das Wort nicht belegt, steigt aber aus einer Grundsprache in dt. Zeit auf zu mhd. valgen, velgen (umackern, umgraben). Es kann nicht zum Begriff »Brachland« gestellt werden, sondern umgekehrt ist ags. fealg, mnd. valge (Brachland) ein nichtgeackertes Land mit der Bed. »feucht werden«. Dagegen sind ags. fealh, ahd. felga (Egge) Nebenformen zum Worte felgen.

**fickerig** (fikkər̊ij – Adj.) nervös, bei der Arbeit zappelig. Zugrunde liegt ideur. *bhig (stoßen, stechen) nach vorgerm. Lautverschiebung bh>f aus einer Grundsprache aufgestiegen zu mhd. vicken (hin und her fahren), was nhd. fickerig (unruhig hin und herbewegen) am nächsten entspricht.

**Fiedel** (fĕddəl – F.) Geige. Das Wort entstammt einem mlat. vitula (Saiteninstrument), das entlehnt wurde zu ags. fidhele, an. fidhla und im Dt. ahd. fidula, mhd. videle, videl (Fiedel, Geige). Gsp. fĕddəl steht dem mnl. vedele am nächsten.

**Fiff** (fiff – M.) Wenigkeit, Winzigkeit. »da muss noch ein Fiff Majoran dran«, eine Winzigkeit zur Erreichung des richtigen Geschmacks. – Das weder im Dt. noch im Germ., aber auch in keiner anderen ideur. Sprache belegte Wort kann ein bisher noch nicht bekanntes Wurzelwort ideur. *pit (Stückchen) sein, das bspw. ergab gr. pittákion, lat. pittacium (Stückchen von Leder, Papier usw.). Nach nichtgerm.-ideur. Lautverschiebung l>p würde daraus entstehen ideur. *pip (Stückchen) und nach germ. Lautverschiebung p>f dann gsp. fiff. Wir hätten damit ein nirgends belegtes germ. Wort.

**fiffen** (fiffən – V.) trinken, saufen. »er hat sich einen gefiffen – sich einen Rausch angetrunken.« Ein germ. Wort aus ideur. *pi (trinken, das zwar nicht schriftsprachig geworden ist, in der Umgangssprache aber noch täglich gilt.) Vgl. aber auch lit. pýpas (Milch in der Kindersprache), und das dem Weißruss. entlehnte lit. pývas (Bier) und Zubehör. Vorausgehen dürfte vorgerm. *pip (trinken), das nach germ. Lautverschiebung p>f ein germ *fiff (Trunk, Suff) ergeben hätte. Vgl. skr. píbati (er trinkt), gr. pinō (zechen, austrinken), lat. bibere (trinken) bibo (Trinker, Trunkenbold), bibōsus (trunksüchtig).

**fitsen** (fitsən – V.) etwas mit wenig Wasser besprengen. – *auffitsen* (ůffìtsən – V.) Trockenfutter der Pferde mit wenig Wasser anfeuchten. – Das Wort ist fal.-ital., ist im Lat. verlorengegangen und nur noch in der Nebenform lat. pītuīta (zähe Feuchtigkeit) nachweisbar. Bes. in der Vogtei Dorla gebräuchlich, ist es ein Beweis dafür, dass bei der Südwanderung fal.-ital. Schwärme aus dem heutigen Hannover-Westfalen um 1200 v. Ztr. einige Sippen sich dort niedergelassen haben.

**Fitterchen** (fi̊ttərchən – F.) kleine Mahlzeit, jedoch nur scherzhaft gemeint; (in Wirklichkeit soll tüchtig gegessen werden); auch wenn man unterwegs »von der Hand« Brot und Wurst isst, ist dies ein Fitterchen. – Das nirgends belegte, aber noch täglich gehörte Wort würde zu Futter gestellt und in gsp. fi̊ttərchen ein »kleines Futter« gesehen werden. Richtiger ist eine Verschmelzung von ideur. *pi (trinken) und *ēd (essen), wie sie vorliegt in lit. piētūs (Mittagsmahl), pietáuti (zu Mittag essen), abg. pitati, pitěti (ernähren), pišta (Nahrung, Speise) – ablautend dazu lit. puotáuti (schmausen, tafeln, schlemmen, zechen), puotà (Gastmahl, Festgelage, Zechgelage).

**Fittich** (fi̊ttch – M.) befiederter Flügel, auch Zipfel eines Gewandes. Das Wort ist im Germ. nicht belegt, sondern steigt erst in dt. Zeit aus der Grundsprache auf: ahd. fëttāh, mhd. vëttach, vittich. Da es daneben ein as. fëtherac, ahd. fëdarāh, fëdrah, mhd. vëdrach (Flügel) gibt, meinen Kluge/Mitzka in dem Wort Fittich ein Kollektiv zu »Feder« sehen zu dürfen; sie führen das Wort deshalb auf ideur. *pet (fliegen) zurück; as. fëtherāc, ahd. fëdarāh, mhd. vëdrach sind untergegangen und durch »Flügel (von Flug – fliegen)« ersetzt worden. In der Grundsprache könnte man die Ausdrücke, das Inlett sei »fadəri̊j (federig)« wegen des Davonstäubens der Federn, oder beim Federschleißen bringe ein Luftzug die fertigen Häufchen zum »fadərn (Federn)« oder zum Davonfliegen, mittelbar als letzte Ausläufer jenes verlorengegangenen Wortes auffassen. Volkskundlige Belege zeigen jedoch, dass im Wort Fittich die Bed. »das Ausgebreitete« vorliegt. Es gehört zu einem ideur. petə (ausbreiten), weiterentwickelt bspw. zu av. pathana (breit, weit), gr. pétalos (ausgebreitet) und in den balt. Sprachen zu apreuß. pette (Schulter), pettis (Schulterblatt). In diesem Falle liegt die germ. Lautverschiebung p>f vor, doch dürfte das Wort trotzdem der Grundsprache anzugehören, da im Germ. keinerlei Belege gegeben sind.

**Fitz** (fitz – M.) Stückchen, etwas von Größerem Abgeteiltes. Es muss deshalb zu gr. pittákion, lat. pittacium (Stückchen Papier, Leder u.a.) gestellt werden. Im Dt. liegt mit ahd. fizza, vitza, mhd. vitze, viz (Gebinde Garn, das von einem Fitzfaden von den übrigen auf der Haspel getrennt ist) eine Verengung auf die Spinnarbeit vor. – *verfitzen* (vərfitzən – V.) Fäden verwirren; bildlich: verirren, einen falschen Weg laufen. Das Wort in der Bed. trennen ist erstmalig im Dt. belegt, eine Anzahl Fäden von den übrigen trennen. Kluge/Mitzka und Weigand möchten das Wort zu einem ideur. *pad (Fuß) stellen, da andere dt. oder vorhergehende germ. Wortformen diesen Ursprung vermuten lassen (oder Lehnwörter aus dem Lat. sind). In Wirklichkeit ist es wohl ein ideur. Wort der Weberei, wie nach lett. pīt (flechten), pīte (Geflecht, Fußfessel der Pferde) geschlossen werden kann. Die richtige Schreibweise wäre fitsen (Gebinde von Fäden machen), dazu lit. pìnti und unser »verfitzen« (verhaspeln, verworrenes Zeug reden oder Fäden, Garn durcheinanderbringen).

**Flachs** (flåkks – M.). Von den Etymologen wird das Wort von der ideur. Wurzel *plek (flechten) abgeleitet, doch der gereifte und holzig und später spröde gewordene Stängel der Leinpflanze kann ohne eingehende Verarbeitung überhaupt nicht geflochten werden. Im ältesten Nichtgerm. müsste es *bhlakt geheißen haben, aus dem durch die Erste nichtgerm.-ideur. Lautverschiebung *flakt geworden wäre, was jedoch wegen des Fehlens im Gr., Lat., Kelt. unmöglich ist. Es kann deshalb nur durch die zweite nichtgerm.-ideur. Lautverschiebung t>s, sch, z verschoben worden sein, jedoch auch k>ch, s, sch. Hier finden wir lit. plakte (Schlagen, das Geschlagene), entstanden aus lit. plàkti (mit Ruten oder Riemen schlagen, peitschen, klopfen usw.). Das ist die Wortform, die durch Lautverschiebung zu »Flaks« hätte werden müssen. Im Lit. hat sich gleichzeitig k>š verschoben, während das »t« erhaltengeblieben ist, so dass uns entgegentritt lit. pluoštìnis (Flachs) neben außerordentlich zahlreichen verwandten Wortformen, wie pāplakos (Hede, Werg), plastākė (Ausgehecheltes, Ausgekämmtes), plūckštas (Bastfasern von Flachs) usw. Daraus geht hervor, dass mit dem Wort Flachs der Arbeitsgang vom holzigen Leinstängel bis zur Flachslopfe bezeichnet wird (klopfen, schlagen, wohl auch: reißen, rupfen, zerren) ideur. Wurzel *plak (schlagen, klopfen) und nicht *plek (flechten). Flachs würde etwa bedeuten »durch Schlagen und Klopfen holziger Leinstengel zu gewinnende Fasern«. Im Germ. erscheint das Wort nur ags. fleax, und im Dt. as. flas (!), ahd. flahs, mhd. vlahs.

**Fladen** (floadən – M.) einzelne belegte Brotscheibe (z. B. fättfloaden = Fettfladen) im Unterschied zur doppelten bammən (Bemme) und so noch täglich gebräuchlich. Gilt als gemeingerm. Wort und ist schon von Autoren des Altertums als Flade = breiter, dünner Kuchen belegt. Es wird auf ideur. *plēt, *plāt = breit, flach zurückgeführt, dazu gr. platýs (breit), plátes (Breite), nach Lautverschiebung p>f ahd. flado (Opferkuchen), mhd. vlade (breiter Kuchen).

F

**flaken** (flåkən – V.) mit den Arbeitsjacken von rechts und links verprügeln. – Flaken (flåkən – V.) Substantiv, das ein prügelnd Davonjagen mit Arbeitsjacken meint. Das Wort ist weder im Dt., noch im Germ. belegt. Vgl. jedoch lit. blōkšti, blaškiù (zur Seite hin und her schleudern) und lautverschoben bh>f lat. flagrum, flagellum (Peitsche), mit der ja von rechts und links geschlagen wird. Gsp. flaken zeigt diese Lautverschiebung bh>f, stammt aus etwa 1800 Ztr. und gehört somit zu den ältesten überlieferten Wörtern. Da auch an. blaka (hin und her schlagen) belegt ist, jedoch die nichtgerm. Lautverschiebung bh>f nicht durchlaufen hat, beweist schon dieses Wort, dass um 1800 v. Ztr. die md. vorgerm.-ideur. Vorbevölkerung keine Verbindung zu den Urahnen der späteren Germanen gehabt haben kann.

**Flatsch** (flåtsch – N.) großes Stück Fleisch, großer Fetzen Tuch. Auch der Hautfetzen an einer Brandblase ist ein »flåtschən«. *Flatsche* ((flåtschən – F.) in einem Kleidungsstück infolge eines Risses entstandener tief herabhängender Lappen. – Das nirgends belegte Wort gehört zu ideur. *plat(h) (ausbreiten), daraus gr. plátos (großer Umfang, Dimension; Breite). pélanos (Fladen, Opferkuchen) und Zubehör. Im Mittelalter wurde aus dem gleichen Grundsprachenwort mhd. vlatsche, vletsche (Schwert mit breiter Klinge) gebildet, das allerdings nur die Grundbed. »breit« weiterführte.

**fläunschen** (flåinschən – V.) im Spül- oder Abwaschwasserwasser spielerisch herummanschen. *Fläunschwasser* (flåinschwåssər – N.) Abwaschwasser, das verfüttert wird, ein Vogteier Ausdruck, in Flarchheim als Gespülig bezeichnet. – Das ideur. *pleu, *plu (fließen, schwimmen) entstammende Wort ist belegt gr. plýnō (spülen, abwaschen, auswaschen), lit. pláūti (spülen, schwenken, auswaschen). Im Germ. ist es in dieser Bed. nicht belegt, liegt aber vor ahd. flawen, flewen (spülen, waschen), mhd. vlouwen, vlöuwen und wird teilw. auch noch hier und da verwendet als nhd. flauen (spülen, waschen, durch Abspülen reinigen). – *Fläunschfaß* = Gefäß zum Aufsammeln des Fläunschwassers.

**flechten** (flächtən – V.) verknüpfen. – Zugrunde liegt ein ideur. *plek (flechten), daraus im Germ. got. flahta (Haarflechte), ags, fleohtan, an. flētta und im Dt. as. ahd. flĕhtan, mhd. vlehten (flechten). Alles Flechten muss als Vorstufe der Weberei angesehen werden.

**Fleck** (flakk – N.) etwas Ebenes; Stück Land oder Platz zur Bedeutung »breitschlagen«. Zu diesem Wort erklären Kluge/Mitzka: »... in vielerlei Bedeutungen, die doch alle auf einen Punkt zurückführen«, was keineswegs stimmt. Weigand vermutet, es »sind vielleicht verschiedene Worte zusammengeflossen«, was tatsächlich der Fall ist. – *Fleck* (flakk – N.) Wunde. »Ich habe ein Fleck (eine Wunde) an der Hand«. Beschmutzung: »du hast ja schon wieder Flecke (das heißt: viele Flecke) auf der Hose.« Hier gilt nur die vorgenannte Bed. Die Etymologie führt auch sie auf ideur. *plēk (schlagen) zurück, während richtig entsprechend gr. plakoys (flaches, längliches Kuchenbrot), plakós (Fläche, Platte; Tafel), lett. plaks (flach, eben), plaka (Kuhfladen) und großem Zubehör ideur. *plāq, *plēq (breitschlagen) anzusetzen ist. Daraus nach Lautverschiebung p>f ahd. flĕc(cho), mhd. vlĕc, Gmdt. Fleck. Die Wthür. Grundsprache hat den ideur. Wurzelvokal bis zur Gegenwart erhalten, während im Dt. (dazu an. flėkkr = Platz im Gelände) die vermutlich als »vornehmer« empfundene Ablautform sich breit machte.

F

**flecken** (flakkən – V.) rasch vorankommen, etwas ohne Verzögerung gelingen. »heute fleckt es aber mit dem Hacken«, heute wird rasch und zügig viele Arbeit geleistet, eigentlich: heute wird »das Fleck« rasch weiter- oder fortgeschoben. Dieses nur unsicher etymologisierte Wort Fleck ist gsp. flakk aus ideur. *plaq (breitschlagen), also urspr. der breitgeschlagene Raum im oder am Gehöft, auf dem gearbeitet werden kann. Die Unsicherheit entsteht dadurch, dass die Etymologie ein unmittelbar ein Wurzelwort fortsetzendes Wort (nur lautverschoben p>f) nicht für möglich hält. Das Wort muss deshalb als nichtgerm.-ideur. gelten.

**fleckerweise** (flakkərwīse – Adj.) stellenweise, nämlich einmal hier und einmal dort. – Das in dieser oder ähnlicher Zusammensetzung anderwärts nicht gebräuchliche Wort gehört zur Bed. »andersfarbige Stelle, Fleck«, damit nach Kluge/Mitzka urverwandt lat. plaga (Gegend). Legen wir gsp. flakk (Fleck) zugrunde, dann begegnet uns lit. paplakūnas (Herumtreiber, der immer von Fleck zu Fleck läuft), das gsp. fleckerweise am nächsten kommt und das zu lett. plaka (niedrig gelegene Stelle, Fläche) gestellt werden muss.

**fledern** (fladərn – V.) laufen, dass Haare und Röcke im Winde fliegen. – *fledern* (fladərn – V.) mit dem Gänsefittich während des Worfens von Körnerhaufen die Stroh- und Spelzenteile abfegen. – *Flederfittich* (fladdərfi̊ttj – M.) auseinandergefächerter Gänsefittich, mit dem die Körner abgefledert werden. – *Flederwisch* (fladərwi̊sch – M.) Gänseflügel und seltener -fittich als Handfeger. – Das erst in dt. Zeit aus einer Grundsprache aufsteigende Wort entstammt ideur. *pladd (fliegen, schwingen), daraus lit. plazdéti (flattern, mit äußerster Anstrengung mit den Flügeln schlagen), lett. plezdinât (schwingen), pledenét (sinnlos hin- und hergehen) und Zubehör, im Dt. ahd. flĕdarōn, mhd. vlĕdern, spätmhd. flatern, frühhd. vladern (flattern). Aus den balt. Belegen wird klar, dass »z« eigentlich »ts« lauten müsste.

**fletschen** (flētschən – V.) die Zähne zeigen, wie es bissige Hunde tun. Das Wort steigt erst in dt. Zeit aus einer Grundsprache auf: mhd. vletschen (die Zähne weisen). Dass es sich um ein nichtgerm. Wort handelt, ergibt sich aus lit plačiaburnis (mit breitem Mund), das einem ideur. *pel (breit und flach ausbreiten) entstammt, also eigentlich »den Mund, das Maul breit ziehen«.

**Flumen** (flumən – N.) rohes Bauchfett der Schweine und Gänse, das von den Bauchlappen oder Nieren als reines Fett abgeschnitten wird und das keine Haut besitzt. – Da mhd. vlœme (innere Fetthaut), ahd. floum (Fett, Sahne; Spülicht) belegt sind, erklären Kluge/Mitzka, »es ist urspr. das oben schwimmende Fett« (was es ausgerechnet nicht ist), weshalb sie zur Grundbed. »spülen, waschen« kommen. Sie behandeln das Wort unter nhd. Flomen, während Hermann Paul erklärt »verhochdeutscht Flumen«, was abermals unrichtig ist, denn diese Lautform entspricht der md. Grundsprache, von der aus es schriftsprachig geworden ist. Ebenso ist es unrichtig, Flumen als nd. zu bezeichnen, denn die nd. Lautform ist germanisch entspr. mnd. vlōme, während das Wort mit an. flaumr, dazu norw. flaum, ostnorw. flōm (Strömung), dän. flom (Sumpf) nichts zu tun hat, deshalb auch nicht mit gr. plŷma (Spülicht) verglichen werden kann. Es liegt vielmehr ein ideur. *plu (bedecken) vor, das mit m-Erweiterung bspw. lat. plūma (Flaum, Flaumfeder), mit s-Erweiterung lit. plùskos (Haarzotten), lett. pluska (Fetzen, Zotte), pluzganas (Schuppe, Schelfer) ergab und in nhd. Vlies wiederkehrt. Tatsächlich ist das Flumen das innere »Vlies« der Schweine und Gänse. Das Wort ist offensichtlich germ. und unmittelbar auf dt. Boden entstanden.

**Flurschütz** (flůrschiͤtz – M.) Beauftragter der Dorfgemeinde, der in der Zeit der Dreifelderwirtschaft für die Einhaltung der ackerbaulichen und viehzüchterischen Verordnungen und Anweisungen zu sorgen hatte. Das Wort und wohl auch die Sache sind erstmalig belegt mhd. vluorschütze.

**flutschen** (flůtschən – V.) rasch, fließend mit der Arbeit vorankommen. Das Wort zu ideur. *pleə (schwimmen) ist germanisch. Am nächsten verwandt sind lit. plūdẽ (starker Schweiß, vom Menschen gesagt) pludžià (übler Schwätzer), lett. pludēt (obenauf schwimmen), im Germ. ags. flēotan, an. fljōta und im Dt. as. fliotan, ahd. flioȥan, mhd. vlieȥen (fließen).

**fooschen** (fōschən – V.) etwas Leckeres (auch Obst) schmausen. – *Fooschen* (fōschən – N.) – Zugr. liegt ideur. *pat (essen) im Gr. noch gr. patéomai (sich nähren, genießen), im Lat. jedoch infolge nichtgerm.-ideur. Lautverschiebung t>s bereits lat. pāscō (füttern, nähren, ergötzen). In der Sprache der nichtgerm.-ideur. Vorbevölkerung tritt nach der Lautverschiebung p>f/a>o in gsp. fōschən eine wesentliche Bed.erhöhung ein in Richtung des besonders Schmackhaften, als nach Überlagerung durch die Germanen das Alltagswort essen (ad = essen) alle Sonderungen überlagerte. Im Germ. erlebt die aus ideur. *pat (essen, nähren, essen lassen) entwickelte Wortfamilie dagegen eine immer schärfere Bed.abwertung: got. fōdjan (ernähren, mästen), ags. fōda, an. fōdr (tierische Nahrung) und im Dt. ahd. fuotar, mhd. vouter (Mast, Futter).

**forksen** (forksən – V.) unordentlich, liederlich arbeiten. – *Geforkse* (gəforksə – N.) jede liederliche, schlechte, ungefällige Arbeit. *Forkserei* (forksəre/i – F.) ein Wort, das bei Strafandrohung wegen schlechter Arbeit angewendet wird. – *Forkser* (forksər – M.) schlecht arbeitender Handwerker, dem nur notgedrungen ein Auftrag übergeben wird. – Das Wort ist weder im Mhd. noch Ahd. und ebenfalls nicht im Germ. belegt. Zugr. liegt ideur. *bher (in unruhiger Bewegung sein), daraus gr. phyrdēn (durcheinander, ordnungslos); phyrō (in Unordnung bringen, verwirren), phorýnō, phorýssō (besudeln, beschmutzen).

**frecken** (frekkən – V.) Gänse durch »nudeln«, d. h. mästen durch Einstopfen von Futterrollen in den Kropf. – *Frecke* (frekkən – F.) bis acht Zentimeter lange und daumendicke Futterrolle aus eingeweichtem Gerstenschrot. – Das Wort ist weder im Dt. noch im vorausliegenden Germ. belegt. Es entstammt unmittelbar ideur. *bhraq, (einstopfen, einzwängen, drängen) entsprechend lit. brùkti (einzwängen), bruíkšti (hineinschieben, hineinstecken) mit der Grundbed. »stoßen, drücken«. Dass diese Etymologie richtig ist, beweist das aus der Metathese ideur. *bharq (stopfen, einzwängen, drängen) entstandene lat. farcio (Geflügel stopfen, mästen). Aber weder diese Lautverschiebung bh>f noch dh>f sind in den balt. Sprachen nachweisbar, jedoch kennen wir lat. gh>h, gr. gh>ch(k), lit. gh>ž(g) aus den aufgeführten lat. *hanser, gr. schán, lit. žansìs (Gans). Das zwingt zu der Annahme, dass die Züchtung der Hausgans gegen 1500 v. Ztr. begonnen hat, das Wort md. frecken, lat. farcio jedoch schon etwas früher sich bildete und dann auf das »Stopfen der Gänse« übertragen worden ist. Da in der md. Grundsprache auch das übermäßige Füttern (Nudeln) der Kleinstkinder als »frekkən« bezeichnet wird, könnte von daher die Übertragung auf das Frecken (Stopfen) der Gänse zum Zwecke des Mästens erfolgt sein.

**freien** (fre/iən – V.) heiraten – *Freite* (fre/itə – F.) Hochzeitsgang. – Das Wort wird allgemein zu »frei« gestellt, mit dem es jedoch nichts zu tun hat. Die Urbed. ist ideur. *per (verkaufen), *pre (kaufen), daraus lett. prece (Heiraterei, Ware), precêt (freien, heiraten ... handeln), precībniēks (Freiwerber, Freier). Daher sind weder Wort noch seine Bed. im Germ. und auch nicht im Ahd. belegt. In mhd. Zeit steigt aus einer Grundsprache md. vrīen (freien, um ein Mädchen werben) auf, das fälschlich zu got. frijōn, friōn (lieben, liebevoll behandeln), ags. freógan, freón (lieben) gestellt wird, das jedoch keinerlei Weiterentwicklung im Ahd. oder Mhd. zeigt. Die grundlegende Bed. dieser germ. Wörter ergibt sich aus got. frauja (Herr), Freyr (Herr als phallischer Gott), Freyja (seine Schwester). Die grundsprachige Bez. »freien« verweist auf die Kaufehe.

**Freundschaft** (fre/indschåft – F.) Verwandtschaft, Gesamtheit aller Verwandtschaftsgrade. Die gleiche Nebenbedeutung hat bereits ags. freōndscipe und im Dt. as. friundscipi, friundscepi, ahd. friuntscaf, fruintcaft, friuntschaft, friwentschaft.

**frevel** (frawəl – Adj.) gefahrbringend übermütig, unerschrocken kühn. Bes. Zugkühe und junge Rinder, die im Frühjahr zum Eingewöhnen zum ersten Mal an der Leine ausgeführt werden. – *Frevel* (frafəl – M.) gewaltsame Gesetzesverletzung. – Das Wort ist eine nur germ. belegte Zusammensetz. aus der Vorsetzpartikel fra- und got. abrs (stark, heftig), was auch im Dingwort ags. afol (Kraft), an afl (Kraft) wiederkehrt, im Dt. dann ahd. avalōn (etwas zuwege bringen, viel zu schaffen haben). Mit der Vorsilbe fra- ergibt das ags. fræfele (hartnäckig) und im Dt. as. frabol (hartnäckig), ahd. fravalī (Kühnheit), fraballīhho (keck), mhd. vrävel (Übermut, Gewalttätigkeit). Lautlich gehört gsp. frawəl zum Ahd.

**Frischling** (frischling – M.) = junges Wildschwein, Wildschwein = Ferkel. Kluge/Götze, Kluge/Mitzka, Hermann Paul, Weigand haben diese Tierbezeichnung zu nhd. frisch (Junges, Frischgeborenes) gestellt. Es ist jedoch ein ausgespr. nichtgerm. Kultwort und hat nicht das Geringste mit der Bed. »frisch, frischgeboren« zu tun. Das Wort entstammt ideur. *bhresg (rösten), daraus gr. phrȳktos (Feuerbrand), phrȳgō (rösten, etwa Gerste), skr. bhrjjàti (er röstet), lat. frīgo (rösten, am Feuer dörren), alle Belege aus dem weltlichen Bereich. Ins Dt. steigt das Wort aus dem Kultischen auf als ahd. fruscing, friuscing (Opfertier), weil vorzüglich junge Wildschweine auf dem Brandaltar geopfert wurden. Daneben erschien in ahd. Zeit die über u>ü>i entrundete Nebenform ahd. frisking, mhd. vrisch(l)ine (junges Wildschwein). Legt man ideur. *bresg (rösten) dem Wort zugrunde, dann muss der Kult als nichtgerm. angesehen werden, weil die Lautverschiebung *bhresg/frésk ihm zuzuordnen ist.

**fuddeln** (fuddəln V.) Wäsche schlecht waschen. Das nur im Zusammenhang mit dem Wäschewaschen verwendete Wort ist weder im Dt. noch Germ. belegt, entstammt jedoch diesem Wortschatz. Zum gmd. fügen (angemessen), füglich (passend, geeignet) hat die Grundsprache zu einer nicht mehr feststellbaren Zeit, die dem Wäschewaschen zugehörende Iterativform gsp. fuggeln (lange und gründlich, gewissenhaft Waschen) gebildet. Durch Lautverschiebung g>d ist die das Gegenteil meinende Benennung fuddeln entwickelt worden.

**fuggeln** (fuggəln – V.) sorgsam und überaus gewissenhaft eine Geschick erfordernde Arbeit durchführen – *herumfuggeln* (rimfuggēln – V.) spielerisch und fast zum Zeitvertreib unnütze Arbeiten verrichten. – *reinfuggeln* (rainfuggəln – V.) peinlich sauber machen, wie etwa zu jedem Fest die »Bude« reingefuggelt wird. – Das Wort ist Iterativ zur Wortfamilie »fügen«, jedoch in seiner mhd. Bed.: mhd. vüegen, vuogen, ahd. fuogan (zusammenfügen, verbinden; etwas passend gestalten, in Ordnung kommen oder bringen usw.), im Germ. ags. foēgan (passend machen), an. fagr (schön), got. fagrs (passend, nützlich, gut) und Zubehör. Zugr. liegt ideur. *pak, *pag (fügen, festmachen).

**Fulbsnase** (fūləbsnoasən – F.) geschwollene, dicke Nase, auch Trinkernase. Zugr. liegt ideur. *bhul (schwellen, anschwellen), dazu got. ufbūljan (aufschwellen machen), ahd. būlia (Blatter), auch slow. būlti (schwellen), būla (Beute, weiterentwickelt poln. būlba, būlwa und daraus lit. bùlbē, bùlvē, lett. būlbe (Kartoffel). Die ideur. Lautverschiebung bh>f (im Gr. ph, p) ergab jedoch gr. phylás (Blätterhaufen), lat. follis (aufgeblasener Schlauch), gr. phallós (männl. Glied, Pfahl) und gsp. Fulbsnase. In germ.- dt. Wörtern ist die Verschiebung bh>f nicht eingetreten.

**fulksen** (fuləksən – V.) schlecht stopfen, Loch zu einem Dutz zusammenziehen. Zugr. liegt ideur. *bhūl (schwellen), dazu slow. búliti (schwellen), búla (Beule), im Germ. got. ufbauljan (aufschwellen machen), im Dt. ahd. būlla, mhd. biule (Beuel), dazu russ. pulk (Volk). Gsp. fuləksən in der Grundbed. aufschwellen machen ist nichtgerm, nach Lautverschiebung bh>f.

**Füllen** (fîllən – N.) Junges vom Pferd oder Esel. – füllen (fîllən – V.) Füllen zur Welt bringen. – verfüllen (verfîllən – V.) das Füllen unausgereift zur Welt bringen. – Zugr. liegt ideur. *pu, *pou (klein, ein Kind sein), daraus ohne Ablaut lat. pullus (junges Tier), im Germ. got. fula, an. fyl, im Dt. ahd. fulī(n), mhd. fülī(n) und ahd. fulihha, mhd. vülhe (weibliches Füllen). Gsp. fîlion ist Entrundung der nichtabgelauteten Wurzellautform, das als »vornehmer« geltende nhd. Fohlen Ablautform.

**füll(j)**en (fulləjən – V.) mit Gewalt etwas einzwängen. Gänse werden dreimal täglich eingefulləjt. Auch ein Sack kann man so füll(j)en, dass er kaum noch zugebunden werden kann, hineinzwängen. – Das Wort in dieser Lautform ist nhd. nicht mehr belegt, mhd. entspricht aber genau ahd. as. und im Germ. got. fulljan (füllen, voll machen). In der Grundsprache hat es die Bed. des Übermäßigen erhalten. – Gefüllje (gəfulləjə – N.) unordentlich in eine Schüssel Gedrücktes, auch Wäsche mit Gewalt in einen Kommodenkasten Hineingezwängtes.

**fummeln** (fůmməln – V.) ununterbrochen mit einem Lappen hin und her reiben, bis es blank ist. – *Fummler* (fůmmlər – M.) ein Mensch, der mit Scheuern und Reiben kein Ende findet. – *Fummeln* (fůmməln – M.) Dingwort, das ein nicht enden wollendes Reiben und Glänzen meint. – *Gefummel* (gefůmməl – N.) ein im Arbeitenden oder auch im Zuschauenden Unwillen erzeugendes Werkeln mit dem Putzlappen. – *Fummelei* (fůmməle/i – F.) ein Ausdruck des Zorns, wenn ohne wirkliches Erfordernis mit dem Putzen oder Scheuern kein Ende gefunden wird und ein Aufhören erzwungen werden soll. *fummeln* (fůmməln – V.) an der Mutterbrust lutschen, ohne wirklich zu trinken, also eine bildliche Übertragung. – Das Wort ist sprachgesch. außerordentlich bedeutsam; es ist zwar 1775 erstmalig belegt, doch bereits die urideur. Lautverschiebung bh>f aus etwa 1800 v. Ztr. lässt erkennen, dass es ein nichtgerm.-ideur. Wort ist. Ausgangswort ist gsp. bůmməl (Quaste am Kragen oder Gürtel, die hängend sich hin und her bewegt), das erstmals 1716 schriftlich belegt ist, und das dazu ablautende im Jahre 1678 belegte gsp. bamməln, bambəln (herabhängend hin und her schwanken). In lit. pam̃pelioti (herabhängend hin und her schwanken, bammeln) besitzt es ein Gegenstück. Die in gsp. fůmməln erkennbare Lautverschiebung bh>f erweist auch gsp. bamməln als bodenständig und keineswegs aus mlat. pampilus (Rebschoss, Rebranke) entlehnt.

**Funzel** (fůnsəl – F.) schlecht brennendes oder auch dunkles Licht gleich welcher Art. – *Ölfunzel* (ēlfůnsəl – F.) das noch bis Beginn des 20. Jh. benutzte Öllämpchen. – Die Lampenbez. ist erst in nhd. Zeit aus einer Grundsprache aufgestiegen, ist nirgends belegt und kann deshalb nicht etymologisiert werden. Da neben dem r-Stamm in Feuer der n-Stamm in got. fōn (Feuer), funisks (feuerig), an. funi (Glühasche) belegt ist, darf gsp. fůnsəl der ost(nord)germ. Zeit zugerechnet werden, und da sie anderwärts Funze heißt, haben wir darin wohl den Namen der urzeitlichen germ. Lampe zu sehen, in Funzel dagegen den des Lämpchens. Ausgangswort ist germ. *fōn aus ideur. *pu̯ōn zu ideur. *pū (heil sein, leuchten, flammen).

F

**fuschen** (fuschən – V.) zischen. – Das nirgends belegte Wort ist nichtgerm. aus ideur. *bhuq (fauchen, blasen, pusten), dazu bereits lautverschoben bh>ph in gr. physàō (schnauben, keuchen: hauchen, blasen, wehen). Wie im Gr. ist auch in der md. Gsp. unmittelbar aus dem Wurzelwort durch Lautverschiebung q,k>s,sch die Grundform entstanden. Da diese Lautverschiebungen ihr noch unbekannt sind, kann die Etymologie nhd. fauchen, nhd. pusten nicht erklären, obgleich sie dem gleichen Wurzelwort entstammen.

**Fuschen** (fuschən – F.) lockeres Weißkraut, das nicht für Sauerkraut gehobelt werden kann. – Das nirgends belegte Grundsprachenwort scheint zu ideur. *pu (aufblähen, anschwellen) zu gehören entsprechend lit. pùžti (hinfällig, schwächlich werden), pūžòti (porös werden) und Zubehör.

**Fussel** (fussəl – F.) Fädchen oder Stäubchen auf einem Kleid. *fusseln* (fusseln – V.) sich vom Garn ablösende Fädchen – *fusselig* (fussəlij) – Adj.) nervös, aufgeregt, bes. beim Arbeiten mit kleinen Dingen. Das im Duden aufgeführte, nicht besprochene Wort gehört zu ideur. *bhuq (pusten, blasen, fauchen), daraus nach nichtgerm.-ideur. Lautverschiebung k>s ideur. *bhus entspr. lett. puteklis (Stäubchen), pùst (wehen, hauchen, blasen) und Zubehör. Die s-Doppelung entspricht dem Md.

**Fust** (fust – F.) in der Mitte des Getreide-Sensenbaums eingelassene rechtwinkelig zu ihm stehende Handhabe. Das Wort ist nicht mit »Faust« zu verdeutschen, denn weder hat diese Handhabe die Form einer Faust, noch bildet die Hand eine solche bei ihrem Ergreifen. Dagegen wird ein Knauf oder auch ein senkrecht hochstehender kurzer Stab in der Mitte eines runden Deckels als »Fust« bezeichnet. Damit hat der Ausdruck die Bed. »das (rechtwinkelig) Hochstehende«. Er ist zu vgl. mit gr. pastas (Säulenhalle), gekürzt aus gr. parastas (Pfeiler, Pfosten), und dazu ablautend lat. postis (Türpfosten). Obgleich die Fust am Sensenbaum recht jung ist (die Fust auf einem Deckel jedoch schon sehr alt sein kann), muss das aus dem Lat. stammende Lehnwort Pfosten als ein nur »scheinbares Lehnwort« angesehen werden.

**Futtentür** (fůttəndēr – F.) Tür an der Gassenseite des einstmals das gesamte Gehöft umziehenden Gatters, weder im Dt. noch Germ. belegt. Man könnte in dem Wort die »butere (äußere)« Tür erkennen wollen, was durchaus stimmen würde. Jedoch entstammt as. biūtan, būtan, ags. būtan, būton (außer, ausgenommen, ohne) einer Zusammenfügung von got. ūtana (von außen, außen, außerhalb) mit der Präposition got. bi (bei, um, an, zu), und zum andern ist zumindest in der wthür. Grundsprache eine Lautverschiebung b>f nirgends nachweisbar. Vgl. deshalb mit gr. pýlē (Eingang, Zugang, Pforte; Tür, Tor), das unerklärbar ist, weshalb Menge-Güthling einen Zusammenhang mit gr. pólis (Stadt, Burg) vermuten. Der erste Wortteil ist jedoch nach Lautverschiebung bh>p(ph) auf ideur. *bhū (entstehen, erzeugen) zurückzuführen, aus dem sich gmd. bauen (etwas errichten, herstellen) entwickelt hat, dazu lit. butà, apreuß.

buttan (Haus). Mit dh-Erweiterung wurde in ideur. Zeit all das bez., was einem Gegenstand unten Halt und Festigkeit gibt, so dass sich aus ideur. *bhudh (entstehen, erzeugen) einerseits die Form gr. pydénos (Grundlage einer Tür, Schwelle, Türrahmen, Türpfosten) und anderseits nasaliert lat. fundo (den Grund zu etwas legen, etwas fest machen) entwickelten. Sprachgeschichl. ist bedeutsam, dass beim Ausgehen von ideur. *bhudh in gsp. Futten(tür) die Lautverschiebungen bh>f und dh>t wie im Agr. wirksam gewesen sind.

**Futter** s. fooschen



# G

**gachen** (gåchən – V.) wegjagen, scheuchen, laufen machen. – Die Etymologen führen nur ahd. gāhi, mhd. gāch, gæhe als Ausgangsform zu nhd. jāh (plötzlich, heftig) auf und meinen, es handele sich um ein »nur deutsches« Wort. Tatsächlich ist es nichtgerm.-ideur. aus ideur. *gha (laufen machen), daraus nur gr. cházō (weichen machen, davonjagen). Im Germ. ist das Wort nicht belegt, steigt aus einer Grundsprache auf zu ahd. gāhi, mhd. gāch, gæhe (hastig, plötzlich, schnell, rasch) – ahd. gāhōn, mhd. gāhen (eilen machen, also etwas, so Hühner aus dem Garten, davonjagen).

**gackern** (gåkkərn – V.) eines Huhns während der Futtersuche, aufgeregt klingend jedoch bei Erschrecken oder Davonjagen. Auch Frauen »gackern«, wenn sie ununterbrochen miteinander sprechen. – Das erst in nhd. Zeit aus einer nichtgerm. Grundsprache aufgestiegene Wort wird von Kluge/Mitzka als lautmalend bezeichnet: doch scheint dies unmöglich zu sein, wenn es in den mit nichtgerm. Basis erkannten Sprachen Md., Agr., Balt., Wslaw. gleicherweise lautet. Ich beziehe es auf ideur. *kak(h) aus einem zu erschließendem -ghag(k) (lachen) entsprechend gr. kakkázein (gackern; von Hühnern gesagt) zu gr. kagcházō (laut lachen, jauchzen, frohlocken), im Balt. lit. gagénti (gackern), lett. gāgars (Kalkhuhn), poln. gogotać (glucken). Der Beleg mhd. gāgen (schnattern) ist nur als Nebenform anzusehen.

**Gärtchen** s. Heefchen

**gaffeln** (gåffəln – V.) mit bäuerlichem Handwerksgerät herumspielen, herumalbern und dadurch Unheil anrichten oder zumindest arbeitende Menschen in Gefahr bringen. Auch jedes andere ziel- und zwecklose Spielen ohne Werkzeug wird als »gaffeln« bezeichnet, sofern es ein bäuerliches oder handwerkliches Tun nachahmt. – *Gaffeln* (gåffəln – N.) Substantiv, welches ganz allgemein das unernste Nachahmen eines Tuns kennzeichnet. – *Gegaffel* (gəgåffəl – N.) mißbilligend oder abschätzig ein törichtes Herumspielen meinendes Substantiv. – *Gaffelei* (gåffəleï – F.) ein nur im Zorn verwendetes Wort, dem immer ein Verbot oder eine Drohung folgt. Man wird dieses Wort zu nd. Gaffel (Gabel) stellen, was jedoch falsch ist. Abgesehen davon, dass ein Arbeiten mit der Mist-, Heu-, Reichgabel gsp. gåwwəln lautet, kann ein gsp. gåffəln selbst mit Handwagen, Pflügen, Eggen usw. geschehen. Die Grundbed. ist »spielerisch eine Arbeit nachahmen«. Als solches ist das Wort im Gmdt. ungebräuchlich, aber auch im Mhd. nicht belegt. Dafür jedoch ahd. giafalōn, dem ein ahd. *ga-avalōn vorauszusetzen ist. Das Grundwort ist ahd. avalōn, afalōn (viel zu schaffen haben, sich rühren, genug zu tun haben). Die Vorsetzpartikel got. ahd. »ga-« kehrt den eigentlichen Begriffssinn nicht etwa ins Gegenteil, sondern verändert ihn nur unmerklich. Genau dieser Zusammensetzung, ahd. *gaafalōlon gekürzt zu gsp. gåffəln, entspricht dieses Grundsprachenwort.

**Gagag** (gågåg – F.) Gans in der Kindersprache. – Weigand möchte es zu mhd. gāgen stellen, doch liegt ein nichtgerm. Wort vor, das erst in mhd. Zeit aufgestiegen ist, aus der lautmalenden Wurzel *ga (plappern), das besonders in den balt. Sprachen sowohl mit g-Anlaut als auch mit z-,ž-Anlaut zahlreiche Nebenzweige getrieben hat: lett. gagõnas (Schnatterer), gāgars (Gans), gāgans (Gänserich), gāgât (schreien oder schnattern wie Gänse), lit. gagénti (schnattern: von Gänsen) und Zubehör. *gagen* (gågən – V.) überlautes Schreien der Gänse. – *gagen* (gågən – V.) übertragen auf menschliches Tun; überlaut weinen, heulen, auch jemand anbrüllen, worauf stets die Aufforderung folgt: »gag mich nicht so an!« – Das in der Gemeinsprache nicht mehr verwendete Wort ist belegt mhd. gāgen (schnattern). Dass es zu dieser Zeit aus einer Grundsprache aufgestiegen ist, ergibt sich aus lit. gagénti (schnattern der Gänse), lett. gāgât (schreien der Gänse, schnattern) und Zubehör. Es mag durchaus ein schallnachahmendes Wort sein – doch ist es merkwürdig, dass es nur der md. Grundsprache, den balt. und wslaw. Sprachen eigentümlich ist. Dabei ist bemerkenswert, dass es im md. Nichtgerm. nur die Bedeutung »überlaut schreien« hat, anderwärts aber auch die Nebenform »schnattern«. – *gaggsen* (gåggsən – V.) mit übergeschnappter Stimme gackern. – *Gagg-Ei* (gågg-ai – N.) Bez. der Kleinstkinder. Das deutlich mit gg (statt des kk in gackern) gesprochene Wort entstammt dem gleichen ideur. *ghag(k) wie nhd. gackern, führt jedoch eine ältere Lautform weiter. Es steigt aus einer nichtgerm. Grundsprache auf zu ahd. gackizōn (in irgackizōn = in abgestoßenem Laute schreien), dann erst wieder älternhd. gacksen (unartikulierte Töne ausstoßen), später in der Form gachsen, gaxen, gackzen belegt. Offensichtlich hat die Grundsprache die ältere Lautform erhalten.

**gaiflich** (gaiflịch – Adj.) Zustand der Matte im Verlauf des Reifwerdens, wenn sie flüssig (zu laufen!) und glasig zu werden beginnt. – Das nirgends schriftlich belegte Wort gehört zu ideur. *g(w)ai (leben), dazu in dieser Lautform nur lit. gaivà (Lebhaftigkeit, Frische), gaĩvelėtis (wieder aufleben), apreuß. gewinna (sie arbeiten), ferner ablautend und mit g-Wurzelerweiterung lit. gaižùs (ranzig, muffig, bitter), gìžinti (›Milch‹ sauer werden lassen), westoss. ȁngezun (gären), ostoss. ȁnqīzän (Sauerteig, Hefe), alb. ģize (Quark, Käse, gelabte Milch).

**gaimen** (gaimən – V.) jammerndes Miauen der Katze nach dem Kater oder umgekehrt. – *gaimsen* (gaimsən – V.) heftig nach Luft schnappen, wenn ein Kind so anhaltend und im Innersten aufgewühlt geweint hat, dass es nach Luft schnappt. – *gaumen* (gaumən – V.) Miauen aus Hunger oder Lüsternheit. Grundbed. des nirgends schriftlich belegten Wortes liegt in ideur. *gheidh (begehren, gierig sein), ihm am nächsten lit. gaidáuti (heftig verlangen, lüstern oder gierig sein), lett. gàidît (warten, erwarten, harren) und Zubehör. – In einer sehr frühen sprachgeschichtl. Zeit muss sich mit ihm das germ. got. gaumjan (worauf achten, wahrnehmen, merken) oder eher noch das dt. ahd. goumjan, goumōn, mhd. goumen (wonach trachten, acht worauf geben, Nebenbedeutung: schmausen, Speise erhaschen) vermischt haben. Anders lässt sich der Wandel der Stammsilbe -gai/gau mit dem Konsonanten *dh/m und der gleichzeitigen Bed.aufspaltung in »lüstern nach dem Kater/lüstern nach Speise« nicht erklären. Diese »Vermischung« macht die Unsicherheit beim Gebrauch von gaumen/gaimen verständlich.

**gaitsam** (gaitsåm – Adj.) geeignet oder nicht geeignet, ratsam oder nicht ratsam, passend oder unpassend. Das einem ideur. *ghadh (passend sein) entstammende Wort ist der Gmspr. unbekannt; nur als nhd. gätlich (auch bei Goethe) ist es erst jungzeitlich aus einer Grundsprache ins Schriftdt. eingedrungen. In der md. Grundsprache hat es neben gsp. gaitsam die Formen gsp. goatsam, gatlich, gatig entwickelt mit jeweils anderer Bed. Die Entwicklungslinie von ideur. *ghadh (passend sein) zu gsp. gaitsam ergibt sich aus gr. agathós (geeignet, tauglich, günstig), lit. gãdytis (es trifft sich), pagadà (günstiges Wetter), gadnùs (tauglich, zu etwas geeignet) lett. gaditees (sich ereignen, sich zutragen), russ. gödnyj (passend, schicklich, tauglich), godìtsja (es passt sich), serb. ùgodan (passend), poln. godzić (passen, taugen), godiwy (erlaubt sein). Im Germ. ist das Wort unbekannt, steigt jedoch in ahd. Zeit aus einer nichtgerm.-ideur. Grundsprache auf und treibt außerordentlich zahlreiche Nebenzweige: ahd. gatōn, mhd. gaten, gegaten (schicklich zusammenkommen, paßlich sich fügen) – ahd. gegat (zu etwas stimmend, passend) – mhd. getelīch (passend, schicklich, angemessen). Die Nachsilbe -sam ist in gsp. gaitsam noch klar erkennbar als ein ursprünglich selbständiges Wort mit der Bed. »von gleicher Beschaffenheit«.



**gakeln** (gåkəln – V.) unschön aus einem geschlossenen Ganzen herausragen. – *gaksen* (gåksən – V.) über etwas hinausragen und dadurch bei der Arbeit hindern. »schneide den Ast (Nast!) ab, er ragt so weit auf die Gasse, dass alle Fuder (Getreidefuhren) hängen bleiben!« – *gakelig* (gakəlĩj – Adj.) statt ein geschlossenes Ganzes bildend nach allen Richtungen starrend. »euere Main (Maie) ist ja gakelig wie ein Dornbusch (Dornsbusch)«. – Das weder im Dt. noch vorhergehendem Germ. belegte Wort erscheint nichtnasaliert nur lit. gaksóti (emporragen) und gr. góggros (Auswuchs am Baum), dazu nasaliert lit. ganksóti (emporstarren, emporragen) mit Zubehör, so dass für alle drei Sprachen der gleiche Ursprung angenommen werden muss.

**Galgen** (gåljən – M.) Das erstmals seit dem 14. Jh. belegte Wort ist ideur. *ghalgha (Stange), dazu lett. žalga, lit. žalgà, im Germ. got. galga, ags. gealga, an. galge und im Dt. ahd. galgo, mhd. galge. Auch am Ziehbrunnen befand sich ein »Galgen«; das war ein Gestell zum Aufhängen des Wassereimers – und ebenso besitzt das Spinnrad einen Galgen.

**Galm** (gåləm – M.) Gier, Gelüst, Heißhunger nach frischem Fleisch. Das Wort ist in der Gmspr. unbekannt, vgl. jedoch mhd. ahd. as. galm (Schall, Ton; Lärm; Geräusch), mit dem gsp. gåləm wohl nicht in Beziehung gesetzt werden kann. Aber nach Schiller und Lübben erscheint in christlichen asächs. Schriftdenkmälern auch die Nebenform as. galm (starker widerlicher Geruch und Geschmack), was in heidnischer Sicht von gsp. gåləm zu schließen – eine heilige Handlung gewesen sein muss. Im kultischen Raum finden sich nhd. *galstern* (zaubern), mhd. galster, ahd. galstar (Zauber, Zaubergesang); ahd. galstarāri (Zauberer); ahd. galsterāra, ags. gœlstre (Hexe) und Zubehör. Offensichtlich ist in gsp. gåləm ein vorchristliches Kultwort erhalten geblieben: nach den Opfergesängen des oder der Priester (ahd. galan = Zauberlieder singen) wurde das Opferfleisch an die Gläubigen verteilt, von denen mancher diesen Augenblick wohl kaum erwarten konnte.

**Gans** (gåns – F.) Mengenmaß für »gerupften« Flachs aus drei oder vier Hamfel. Das Wort muss urspr. ghansa (Menge, Vielheit) gelautet haben, wie es noch heute in den balt.-slaw. Sprachen in zahlreichen Verzweigungen, teilweise mit Wechsel n>m, vertreten ist und im Germ. als got. hansa, im Dt. als ahd. hansa, mhd. hanse, hans (Menge, auch Schar) uns entgegentritt. Die nichtgerm. Mengenbezeichnung bez. wohl die Grundeinheit der »geernteten Flachsmenge«.

**gar** (goar – Adj.) fertig durchgekocht. – *Gären* (garən – V.) infolge innerer Zersetzung schäumend aufbrausen. – Das Wort ist belegt mhd. gërn (gären), gerjen, ahd. jerien (in Gärung geraten), im Germ. unbekannt. Wir haben damit eine r- und eine ältere s-Wortform, die auf ideur. *i̯es (wallen, schäumen) zurückgeht und in fast allen ideur. Sprachen sich niedergeschlagen hat. Diese Verschiebung s>r als »grammatischen Wechsel« zu bezeichnen (Kluge/Mitzka) geht an der Tatsache vorbei, dass in ahd. Zeit infolge verstärkt einsetzendem Aufstieg der von den germ. Herren zu Knechten und Mägden erniedrigten Vorbevölkerung das aus ideur. *ghēr (heiß) entsprechend skr. haras (Glut) gr. thermós (siedend, glühend) entwickelte »gar›gekocht« eingewirkt hat. Dieses »garkochen« der zur Unterschicht gehörenden Köchin bewirkte die Lautverschiebung s>r ganz allmählich, was klar erkennbar ist aus den Belegen ags. gearo, as. garo (eifrig, fertig, bereit), an. görr (bereit, begabt), im Dt. ahd. garo, mhd. gar (gerüstet, vollständig, aber auch schon: bereitgemacht) und erst im Mhd. die ausgeprägte Bedeutung »völlig fertig gekocht«.

G

**garen** (garən – V.) töricht und albern schwätzen. – *Garen* (garən – N.) törichtes Schwätzen – *Gegare* (gəgarə – N.) ein Unwillen erzeugendes Schwätzen – *Garerei* (garəre/i F.) ein im Zorn verwendetes Wort. – *Garmatz* (garmåtz – M.) verächtliche Kennzeichnung eines törichten Schwätzers – *Schißgar* (schißgar – M.) törichtes und albernes Geschwätz – Das gsp. Wort hat weder mit »gären (Bier, Wein)« noch mit »gar sein (Suppe, Braten)« etwas zu tun. Zugr. liegt ideur. *gār, *grā (rufen, schreien), daraus skr. gräja (Gekrächze), russ. graj (Rabengeschrei), aind. járate (ruft an, singt) jaritá (Sänger), lat. garrio (schwatzen, plaudern, plappern), garrīter (Schwätzer), gr. gārys (Stimme, Sprache) und gsp. garen. In ahd. Zeit steigt das Wort aus einer nichtgerm.-ideur. Grundsprache auf und dort lautverschoben g>k erscheint als ahd. chrōnnan, krōnen, mhd. krœnen (schwatzen, im Scherz reden, plaudern; prahlen).

**garstig** (gårschk – Adj.) widerspenstig, widerwärtig. Dieses Wort kann keinesfalls zu »unschmackhaft, verdorben« (Kluge/Mitzka) oder »ranzig« (Hermann Paul) gestellt werden, sondern gehört in der Bedeutung = Gerstengranne zu grannig.

**gatlich** (gatlᵉich Adj.) passend, nicht zu groß, nicht zu klein. Das allmählich untergehende Wort verwendet Goethe als gätlich, Fritz Reuter als gadlich. Es ist belegt mhd. getelīch (schicklich, passend, angemessen), gaten, gegaten, ahd. begatōn (schicklich zusammenkommen; sich paßlich fügen usw.), as. gigado (seinesgleichen). Weitere Zus. führen zu Gatte (die Zusammengehörigen) und gut (passend, trefflich).

**Gatter** (gåttər – N.) – nach Weigand »verschränkte Stäbeverbindung als Tor, Schranke oder Zaun«. Belegt ist das Wort mhd. gater, ahd. gataro, aber im Germ. nicht nachweisbar. Dazu meint Edwin Wilke: »Gatter, Nebenform Gitter, bezeichnet sowohl ein Tor, wie auch einen Zaun. Die Abstammung ist dunkel«. Kluge denkt wegen des ahd. gatoro, das für germ. gadoro stehen könnte, an das dt. Tor, hält aber auch Zus. mit engl. gate Tor für möglich. Lutz Mackensen entwickelt das Wort aus einem ideur. *ghadh (vereinigen), denn sie »vereinigten den Besitz«. Kluge/Mitzka schließlich erklären: »... dagegen empfiehlt sich der Gedanke an die Sippe von ›Gatte‹, namentlich steht mnd. gaddere dem Adv. gadder ›zusammen‹ unbedingt nahe. Grundbed. ist also ›Zusammenfügung‹, wozu das verschränkte Stabwerk als Tor, Schranke und Zaun stimmt.« In Wirklichkeit ist »Gatter« jedoch ein bis vier Meter hoher Holzrahmen, auf den (ihn oben und unten überragend) Latten und niemals Bretter aufgenagelt werden. Die so entstandenen »Felder« (Vorläufer unserer Staketfelder) wurden mit aus Weidenruten geflochtenen Kringeln an vorher eingeschlagenen Pfählen befestigt, so dass ein Gatterzaun um das Gehöft das Eigentum umschloss. Daraus ergibt sich, dass als Grundbed. anzusetzen ist »Gestell mit Lücken bildenden Latten«. Vgl. dazu ideur. *gha (klaffen, auseinandergehen), mit t-Erweiterung schon ideur. *gat (in Rahmen eingefügte Latten mit klaffendem Zwischenraum) entspr. mit s-Erweiterung gr. chasma (klaffende Öffnung, Spalt), chēneos (etwa Gänsegatter). Ausgehend von den gr. Belegen, muss also ein Wort nichtgerm.-ideur. Ursprungs angenommen werden, das erst in ahd. Zeit »aufgestiegen« und schriftsprachig geworden ist. – *Gatterschoss* (gåttəršoss – M.) Steuer, die dem Einnehmer über das Gatter gereicht wurde, da er – im Gegensatz zum Holschoss das Gehöft nicht betreten durfte.

**gatzen** (gatsən – V.) Schreien des Huhns nach dem Eierlegen. Das Wort wird sowohl von Kluge/Götze als auch von Weigand zu nhd. gakkern gestellt, mit dem es nichts zu tun hat. Es ist ein nichtgerm. Wort zu ideur. *gha, *ghē, *ghī (verlassen, leer sein, schwinden), dazu skr. jáhāti (er verlässt), jíhīte (er geht weg), gr. cházō aus *ghatsō (sich zurückziehen), vermutlich auch lit. gãtavas (fertig), lett. gatavs (fertig, vollendet) und diese beiden aus wslaw. Sprachen entlehnt.

G

**Gaul** (gūl – M.) Arbeitspferd. Dieses Wort taucht erst in mhd. Zeit auf, meint jedoch frühmhd. gūl (Ungetüm), mhd. gūl (männl. Tier, auch Eber) oder Mähre. Die Ableitung von ideur. *gheu (gießen), weshalb es nach Lutz Mackensen urspr. »Hengst« bedeutet habe, trifft wohl nicht zu; die Ansicht von Kluge/Götze, aind. ghota (Pferd) sei aus *ghōl=ta entstanden, wäre möglich, doch liegt wohl eher die nichtgerm.-ideur. Verschiebungsreihe t>s>r>l>n vor.

**gaumen** (gaumən – V.) Miauen der hungernden Katze – *gaimən* – V.) jammern von Katze und Kater nach dem/der anderen. Zugr. liegt ideur. *gheidh (begehren), doch lit. gaídáuti (lüstern sein), lett. gàidît (erwarten).

**Gebinde** (gəbeinə – N.) = vierzig abgeteilte Fäden beim Weifen oder Haspeln. – In gleichwertiger Bed. liegt das Wort nur vor mhd. gebinde (Band), gebint (Verbindung), gebinden (ein Band anlegen). Es entstammt einem ideur. *bhendh (binden, fesseln), dem wohl auch lit. pìnti (flechten, winden) mit zahlr. Nebenzweigen entsprungen ist, im Germ. got. ags. bindan, an. binda, und im Dt. as. bindan, ahd. bintan, pintan, mhd. binden (binden, verbinden, zusammenbinden, fesseln), aus dem das eine Menge bez. Dingwort Gebinde sich geformt hat. Ist etwas (Getreidegarbe, Langholzfuhre, Schuhriemen) nicht fest genug gebunden worden, dann spricht man vorwurfsvoll von einem *Gebangs* (gəbangs – N.).

**Gebröse** (gəbriəsə – N.) die nach dem Aufstellen der Getreidegarben zu Docken oder Hocken liegenbleibenden einzelnen Halme. – Das aus ideur. *bhrōuso (zerkrümeln) entstandene Wort, lat. frustum (Brocken, Stückchen), ist im Germ. nur belegt ags. brȳsan (zerreiben), brosnian (gebrochen werden), daraus im Dt. ahd. brōsma, mhd. brōsem (Krume, Bröckchen). Das Erntewort kommt so in engste Berührung mit dem Wort nhd. Brosamen, denn scherzhaft werden Kuchenkrumen ebenfalls als »Gəbriəsə« bezeichnet. Die Vorsilbe ge- kennzeichnet die Vielheit.

**Geeken** (gēkən – V.) sich bei selbstverschuldeter Trunkenheit mit krankhaften Zuckungen übergeben. – *Geeken* (N.), *Gegeeke* (N.), *Geekerei* (F.), drei in der bekannten Bed. angewendete Substantive. – *geeks*üß (gēksi̊ß – Adj.) übermäßig gesüßt, dass Brechreiz hervorgerufen wird, die betr. Speise also ungenießbar ist. – *geekig* (gēkj – Adj.) so unappetitlich im Aussehen, dass schon der Verzehr abgelehnt wird. Im übertragenen Sinne kann auch eine Farbe »geekig« sein. – Dieses im Gmdt. ungebräuchliche, im Mhd. und Ahd. nicht belegte, aber in zahlreichen Grundsprachen verbreitete Wort konnte trotz DWB bisher noch nicht etymologisiert werden. DWB verweist auf engl. keck, keckle (sich erbrechen wollen, sich würgen, etwas im Halse Steckendes herauswürgen) und bezieht diesen Beleg auf ags. cēce, ceace (Kinnbacken, Wange). Da aber im nichtgerm.-ideur. gr. kēkiō (aus dem Munde hervorquellen, herausprudeln) zu ideur. *ghēi (klaffen, hinausgehen) nachweisbar, die zwingend notwendige Lautverschiebung im Anlaut gh>g in ags. cēce, ceace jedoch nicht vorhanden ist, muss engl. keck, keckle als ein Lehnwort dem nichtgerm.-ideur. entstammen. Das md. gsp. gēkən setzt ein lautverschobenes germ. Wort voraus, das zwar nirgends belegt ist, aber gesetzmäßig gh>gg durchlaufen hat. Es gehört in den germ. Sprachraum.

**Geige** s. jiggen

**Geköcheltes** (gəkəchəltəs – N.) gekochte Hülsenfrüchte. Diese Bez. weist darauf hin, dass einstmals Hülsenfrüchte die tägliche Mahlzeit darstellten. Das kann auch noch aus ahd. cochmuas, chochmōs (gekochtes Essen), mhd. koch (Brei) vermutet werden. Deshalb ist es auch möglich, zu sagen »ich habe Geköcheltes gekocht«.

**Geld** (gaild – N.) Geld, heute Zahlungsmittel, urspr. Opfergabe, Abgabe. got. gild (Abgabe, Dargebrachtes), ags. gield, gild (Opfer, Götzenbild; Ersatz, Stellvertretung), doch auch ahd. gotesgelt, daneben ags. hædhengield, ahd. hedangëlt und schließlich ags. deofolgield, as. diobolgeld die allgemeine Bed. heidnischer »Gottesdienst« oder auch Kult, aber an. gjald (Zahlung, Strafzahlung, Lohn) mischt bereits weltliche Begriffe dazwischen, während as. gëld (Opfer, Abgabe, Lohn, Bezahlung) noch weitgehend den urspr. Wortsinn enthält, jedoch ahd. mhd. gëlt (Opfer, Ersatz; Einkommen, Vergeltung; Gewinn, Zahlung; Abgabe, Steuer) bereits deutlich in den heutigen weltlichen Wortsinn überleiten.

**gelt** (galle – Interj.) nicht wahr? als Aufforderung zur Bejahung, auch der Mitverwunderung »gelt, da guckst du?« – Das Grundsprachenwort ist dissimiliert aus mhd. galten (gelten lassen) in der Bedeutung »gilt es?«. Es gehört zur Wortfamilie »gelten«. – *gelt* (gëll – Adj.) unfruchtbar geworden. – Das urspr. »gall« lautende Wort ist heute an die Lautform der Gmsp. angeglichen worden. Da »keine sicheren Beziehungen gefunden sind« (Kluge/Götze), nimmt nach Weigand DWB und nimmt auch Hermann Paul Zus. mit an. galdr (Zaubergesang, Zauberei) an, so dass nhd. gelt die Bed. »verhext« haben würde. Richtiger ist wohl Zus. mit lett. gals, lit. gãlas (Ende, Schluss), apreuß. gallan (Tod). Tatsächlich steigt das Wort erst in dt. Zeit aus einer Grundsprache auf zu ahd. galt, mhd. galt und von hier aus übertragen gleichzeitig ins Ngerm. zu ags. gelde, an. geldr. erscheint jedoch später wieder schwed. galder (gelt, unfruchtbar geworden). Vgl. Gelze.

**Gelte** (gëltən – F.) hölzernes, hohes, kreisrundes Gefäß im Durchmesser von 35 (Aufwaschgelte), 45, 55 oder 65 (Waschgelte) cm bei dem zwei gegenüberstehende Dauben rund 15 cm den oberen Rand überragen; letztere haben je ein kreisrundes Loch zum Hineingreifen. Das Wort soll um 800 aus dem mlat. gallēta (Gefäß, Kübel) aus lomb. galeda, engad. gialaida, afrz. jaloie (Eimer) aufgestiegen sein. Zumindest lomb. galeda lässt vermuten, dass dieses Wort der Sprache des Volkes der Langobarden entstammt, so dass ags. gellet (großes Trinkgefäß) und im Dt. ahd. gellitā, geltā und daraus mhd. gelte (Gefäß für Flüssigkeiten) doch wohl als »scheinbares« oder überhaupt kein Lehnwort angesehen werden kann. Da die Gelte bei jedem Bauern- und Hirtenvolk ein unbedingt zum Hausrat gehörendes Gefäß ist, *muss* ihr Vorhandensein auch bei den germ. Völkern angenommen werden, auch wenn dieses Gefäß urspr. mit einem anderen Wort bez. worden sein sollte. Das ist um so eher anzunehmen, als die dem angebl. Lehnwort mlat. gallēta zugrundelieg. ideur. Wortwurzel *ghelt im Germ. (und später Dt.) die mannigfaltigsten Seitenzweige getrieben hat, die aber ursprünglich rein kultische Bed. hatten. Vgl. dazu auch Geld.

**Gelumpe** (gəlůmbə – N.) minderwertiges Zeug irgendwelcher Art, besonders Stoffe. – Das Wort muss wohl zu »Lumpen« gestellt werden, das aber nur unsicher etymologisiert werden kann. Es scheint zu lit. lamìnti (zerknüllen, zerknittern), lett. Lumze (Wischlappen) zu gehören, vor allem aber zu lit. gelumbe (fabrikmäßig hergestellter Wollstoff), also kein fester handgewebter Stoff.

**Gelze** (gëltsən – F.) verschnittenes weibl. Schwein, das nicht mehr huibsch wird und deshalb einwandfreies Fleisch liefert. Dem Wort zugr. liegt ideur. *ghel (schneiden), so dass nächste Verwandtschaft mit »gelt sein (keine Milch mehr gebend, unfruchtbar sein)« angenommen werden muss, hier in der Bed. »unfruchtbar machen«. Im Germ. erscheint die Tierbezeichnung als ags. gielte, an. gylta und im Dt. ahd. galza, gëlza, mhd. galze, gëlze (verschnittenes Mutterschwein).

G

**Genist** (gənⁱst – N.) Spinngewebe – *Genist* (gənⁱst – N.) aufdringliche alte Frau, die unerwünscht zu Besuch kommt und »kleben« bleibt, aber nicht gut hinausgewiesen werden kann, weshalb es hinter ihrem Rücken »vərflůchtjə gənⁱst = verflucht(ig)es Genist« heißt. Das Wort ist einem ideur. *gan (erzeugen) nachgebildet, daraus gr. gynḗ (Frau, Weib), apreuß. gana, gena (Weib), aslaw. žena (Weib), im Germ. got. qino, quëna, an. kona und im Dt. as. ahd. quënā, ahd. quinā, chwënā, mhd. kone, kon (Ehefrau, Weib), gr. gynaikṓn (Frauengemach), im Germ. in dieser Bed. nicht belegt, im Dt. jedoch ahd. genez, genuz, genz (unterirdisches Webegemach der Frauen). Nur auf diese Wortbelege ist »Genist« zu beziehen, so dass man annehmen könnte, in Anlehnung an die Bed. »einnisten« sei urspr. damit gemeint gewesen, was später mit »Spinnstube« wiedergegeben worden ist.

**Gerste** (garschtən – F.) Getreideart, Hordëum L., die zur Pflanzenfamilie der Gramineen gehört. – Die Gerste wird bereits zu Beginn der Jüngeren Steinzeit vor sechstausend Jahren angebaut. Bis jetzt ist noch nicht völlig klar, ob sie aus bodenständigen Wildgräsern gezüchtet oder aus Ländern des Mittelmeeres eingeführt worden ist. Das Wort kann nur mittelbar zu ideur. Bezeichnungen gestellt werden, weshalb Hermann Paul meint, es sei ein nur dt.-ndl. Wort. Die Gerste heißt im Aind. yàvas, im Gr. krīthē, im Germ. got. *baris, ags. bere. an. barr, bygg. usw. Die Grundbed. ist »die Stachelige« zu ideur. *dhers/ *ghers (starren, sich sträuben), weshalb auch gsp. gårschk (garstig, ungezogen, widerspenstig) hierher zu stellen ist. Vom Nichtgerm.-Ideur. her ist das Wort klar erkennbar: lett. dirsa (Trespe, eigentlich »wildwachsendes Brot«), dzirši, lit. gìrsa (Trespe), gr.-alb. drithe (Gerste). Wenn die Trespe eine Wildform unserer Gerste ist, dann führt sprachgesetzl. lit. gìrsa (Trespe) unmittelbar zu ahd. gërsta, mhd. gërste (Gerste). Damit wäre zu vermuten, dass die jungsteinzeitl. Gerste aus bodenständigen Wildformen gezüchtet wurde

**Géschel** (géschəl – F.) Peitsche, Geißel. – *géscheln* (géschəln – V.) mit der Géschel schlagen, peitschen. – *géschəln* V. bildlich: stark regnen. Das Wort gilt als nichterklärbar, obgleich im Germ. an. geisl (Skistab) und im Dt. ahd. geisila, mhd. geisel, geischel (Peitsche, Geißel) vorliegt. Dazu die Grundsprache, in der géschəln auch die Bed. von »stark regnen, gießen« hat, daneben die Tatsache des Geißelns aus religiösen Gründen. Das führt zu einem ideur. *gheu(d) (gießen, hinstrecken) als Bezeichnung des Opferns, skr. juhéti (er opfert), gr. chusis (Opfergruß), choé (Totenspende), aber auch gr. chéō (niederwerfen, hinstrecken), sodass beide wohl dem gleichen Kult zuzurechnen sind. Aus einem Gerät beim (menschlichen) Opfer scheint die Géschəl zum Antreiben der Zugtiere geworden zu sein.

**Geschirr** (gəschërr – N.) Kummet oder Joch der Zugtiere mit Riemen- und Kettenzeug. Bildliche Übertragungen: *anschirren* (oanschërrən – V.) ankleiden, besonders schlecht anziehen. – *Geschirr* (gəschërr – N.) schlecht sitzender Anzug, liederlich geschneidertes Kleid. – Das Wort ist im Germ. nicht belegt. Im Dt. tritt es erstmalig auf als ahd. satal-gischirri, mhd. geschirre (Bespannung) und kann deshalb nicht etymologisiert werden. Kluge/Mitzka und Hermann Paul nehmen Zus. mit ahd. scëran (schneiden) an, während Weigand das Wort zur Bed. »scharren« stellen möchte. In Wirklichkeit liegt ein satemspr. Wort vor zu ideur. *qert (knüpfen, flechten) aus ideur. *qer (biegen), entspr. toch. A, B kärk (binden), toch. B kerketu (Band, Fessel), gr. kýrtos (Binsengeflecht). Wenn opreuß. šere (schirren, Pferde anspannen) ins Balt. entlehnt worden ist zu lit. šerentėlės (Zaumzeug mit Gebiss), širauti (anschirren, schirren die Pferde), dann liegt ein bereits gravettienzeitliches satemspr. Wort vor, zumal lit. šerdē̃kšnis (Spannnagel am Wagen, Wagenbolzen), aus russ. serdečnik satemspr. ist. Die Bed. »Werkzeug jeder Art; Gesamtheit der Gefäße« hat hiermit nichts zu tun, sondern entstammt der Bedeutung »Scherbe«.

**Geschmink** (gəschmink – N.) möglichst im Backhaus zu backendes Pfannengericht – ein nichtgerm. Wort aus ideur. *(s)meik, *(s)mik (mischen, umrühren) mit der germ.-deutschen Vorsetzpartikel got. ga-, ahd. ga-, gi-, ge- mit dem Begriff des Gesellschaftlichen und des Zusammenfassens. Das heißt, ein Geschmink ist ein Zusammenfügen verschiedener Bestandteile entspr. lit. mìkyti (weiche Masse kneten, durcharbeiten, anrühren usw.), mìnklé (Teig) und Zubehör neben nichtnasal. Belegen.

**Geschnerche** (gəschnerchə – N.) essbare Eingeweide. Das Wort geht auf die Sitte zurück, die Därme und Sehnen des Kleinviehs zu Schnüren zu drehen (Darmsaiten!). – Zugr. liegt ideur. (drehen, winden), daraus lit. nérti (einen Faden durch eine Öffnung ziehen) und Zubehör, lat. nervia (Darmsaiten, Nerven) und Zubehör, gr. neyra (Sehne, Schnur), im Germ. ags. snēre (Harfensaite), got. snōrjō (aus Stricken geflochtener Korb, Netz), an. snori (gedrehtes Seil), im Dt. ahd. mhd. snuor (Faden) – ahd. *snourjan, mhd. snüeren (schnüren).

**Gespier** (gəšpiər – N.) am vierräderigen Wagen die beiden Schenkel des zusammen mit der Hinterachse gebildeten Dreiecks. Sie haben die Aufgabe, die Widerstandskraft der Langwiede zu verstärken. – Wie fast alle bäuerlichen Bez., ist auch diese nichtgerm.-ideur., ersichtlich aus lit. spirklià (gabelförm. Stütze), spyrỹs (Stütze, Strebebalken), spyruõklé (Spannfeder), atspirtìs (Halt geben, stützen) und ablautend lit. ãtsparas (Widerstand, Gegendruck), atsparùs (widerstandsfähig), paspirtìs (Unterstützung, Hilfe) zu lit. spirti (Spannkraft haben, sich sperren). Aus einer nichtgerm.-ideur. Grundsprache steigt das Wort erst in dt. Zeit auf: ahd. spirdarēn, spirdrēn (stützen), mhd. gesperren (nur in Nebenbed.: sperren, spreizen).

**Gespinst** (gəšpĩnst – N.) Mittelteil des Spinnrads mit Spindel und Zubehör: eigentliche Spinnvorrichtung. – Das Wort entstammt einem ideur. *spend (spannen, spinnen, ziehen), lit. spęsti, spéndžiu (spannen), lett. speñdele (Spindel), im Germ. got. ags. spinnan, an. spinna und im Dt. as. ahd. spinnan, mhd. spinnen (spinnen). Als Dingwort steht erst mhd. gespunst (Gespinst, Spinnen).

**Gespülig** (gəšpĩlĩjt – N.) als Schweinefutter verwendbares Abwaschwasser. – *Gespüligfass* (gešpĩlĩjfass) Holzgefäß zur Aufnahme des Spülwassers. – Das zur Grundbed. »spülen« gehörende Wort entstammt ideur. *sp(h)el (trennen, spalten), da beim Spülen der Schmutz vom Geschirr getrennt wird. Im Ideur. erscheint skr. phalgų (wertlos, nichtig, winzig, unbedeutend), im Germ. ags. āspylian und im Dt. ahd. (ir)spuolen, mhd. spüelen.

**Gesteck** (gəštĕkk – N.) widerwärtiger Mensch, an dem andere mit Recht Anstoß nehmen, über den sie sich ärgern. Das Wort ist nur im Germ. belegt und zwar als got. gastaggjan (Anstoß nehmen, anstoßen), zu dem es als Dingwort gebildet worden ist. Wenn es in der Volkssprache heißt, »er hat es ihm aber gesteckt (hat ihm aber die Meinung gesagt, gegeigt)«, dann liegt diesem Ausdruck die gleiche urzeitliche Bed. zugr. Das Wort entstammt ideur. *steig (stechen; spitz).

**Gewand** s. Quanten



**Gewann** (gəwann – N.) Untergliederung der Dorfgemarkung zur Zeit der Dreifelderwirtschaft: Oberfeld, Mittelfeld, Niederfeld, Bestellung mit Sommergetreide, Wintergetreide und ungenutzter Brache. Ein viertes Gewann, das Ahlig, war Allmende und gehörte der gesamten Gemeinde. – Zugr. liegt ideur. *u̯engh (biegen, dem auch lit. vanga (Acker), lett. vañga (feuchte Wiese mit hohem Gras), im Germ. ablautend got. vinja (Weide, Futter), an. vin (Gras-, Weideplatz) entstammt. Ob nur Urverwandtschaft zu ahd. as. aengl. wang (Gefilde), an. vangr (Feld) besteht oder eher das Wort schon früh aus einer nichtgerm. Grundsprache aufgestiegen ist, kann vorerst nicht geklärt werden. Die Gleichsetz. Weigands mit nhd. Gewende (Flurgrenze) ist unrichtig.

**Gewerje** (gəwerjə – N.) schlechte, schlecht sitzende Kleidung. – *werjen* (wėrjən – V.) sich ungeschickt und nachlässig anziehen. Das allgem. als »würgen« verstandene Wort, mit dem es jedoch nichts zu tun hat, ist weder im Gmdt. noch Mhd. mehr belegt. Vorher begegnet uns jedoch ahd. werjan, werjen (kleiden, bekleiden), im Germ. an. verja (Oberkleid). Tatsächlich bezieht sich das Grundsprachenwort nur auf das männl. oder weibl. Oberkleid, niemals aber auf die Leibwäsche. Ältergerm. begegnet uns got. wasjan (kleiden, bekleiden, sich kleiden) wasti (Kleid) aus ideur. *u̯es (kleiden) entsprechend gr. westhēma (Kleid, Gewand, Kleidungsstück), westhēn (kleiden, anziehen, sich bekleiden), heth. u̯es, u̯as (sich ankleiden), skr. wasti, toch. B vastri (Kleid). Das Wort ist untergegangen, weil es zwischen ahd. und mhd. Zeit ahd. mhd. gewerī, mhd. gewere, gewer (förmliche Einkleidung in einen Besitz; feierlicher rechtskräftiger Akt der Übergabe) in die Rechtssprache übergeleitet wurde, lat. Investitur. Die Umgangssprache war um der klareren Scheidung der Begriffe willen bereits durch Lautverschiebung s>r ausgewichen (nicht durch grammatischen Wechsel), jedoch war ihr die Bed.entwicklung wegen der mit einer Besitzübergabe verbundenen tatsächlichen »Einkleidung« gefolgt. In der md. Grundsprache hat sich das Wort, wenn auch falsch verstanden, bis in die Gegenwart erhalten.

**Gewimmer** s. Wemmer

**Gickelhahn** (gikkəlhoan – M.) Das Wort »Hahn« ist im Md. alleinstehend ungebräuchlich. – Sowohl Kluge/Mitzka als auch Hermann Paul, Weigand sehen in diesem Wort eine lautmalende Bildung. Der Wortteil »Hahn« gehört zu einem ideur. *qan (tönen), daraus lat. cano und germ. lautverschoben got. hana, ags. hana, an. hani, im Dt. ahd. hano, mhd. hane (Hahn, eigentlich »der Sänger«, der »den Tag ansingende Vogel«). Bei Überlagerung durch germ. Stämme um 250 v. Ztr. dürfte bereits eine Bez. des Hahnes vorhanden gewesen sein, die ähnlich wie lit. gaidỹs (Hahn), lit. gaĩdgysté (erster Hahnenschrei) aus lit. giedóti (singen) gelautet haben könnte, und die als Nebenform in gsp. gikksən (unartikulierte Töne aus der Kehle ausstoßen, wie es besonders das Huhn tut, wenn die Stimme »übergeschnappt« ist) noch erhalten ist. Die nichtgerm.-ideur. Vorfahren hätten mit dem bekannten Wort »gikkəl« das ihnen unbekannte »Hahn« zu erklären versucht, wie das ja mehrfach nachweisbar ist. – *Gockel* (gokkəl – M.) seltene Bezeichnung des Hahns. Das Wort entspricht lat. coco (Naturlaut der Hühner), im Germ. ags. coc, an. kokr, im Dt. mhl. kukelhān, frühnhd. Gogkel (Hahn). – *Gickelhahnsleder* (gikkəlhoansladdər – N.) schlechtes und deshalb leicht zerreißbares Leder. Dies sagt man ganz allgem. dem Schafleder nach, weshalb einem eilig Davonlaufenden bescheinigt wird, »er reißt aus (läuft so rasch davon) wie Schafleder (zerreißt)« ... Es muss hinzugefügt werden, dass Gickelhahn nicht mit mhd. gickel (das Zucken, der Kitzel) oder mhd. gickelvēch (buntscheckig) in Verbindung gebracht werden kann.

**Giebel** (gĕwwəl – M.) oberste Spitze der Giebelwand eines Hauses, klar erkennbar als Bezeichnung der einstigen »Astgabel«. Zugr. liegt ideur. *ghebh-l, dazu stimmen got. gibla, ahd. gibil, mhd. gibil, mhd. Giebel. Im Gr. ist das Zimmermannswort aus einer anderen Wurzel entwickelt, aber gr. kephalḗ (Vorderseite; oberstes und äußerstes Ende, Spitze) aus *chephalḗ hat die gleiche Lautform wie gsp. gĕwwəl.

**giekən** (gīkən – M.) stechen im handelnden Sinne – *Gieker* (gīkər) altes und stumpfes Messer, nur noch zum Stechen. – *gieksen* (gīksen – V.) scherzend stechen bis es kitzelt. – *giekeln* (gīkəln – V.) kitzelnd in Nase, Ohr oder an einem Körperteil herumbohren. Bildlich wird das Wort im Sinne von »stochern« gebraucht. – *Giek* (gīk – M.) Stich, ein Wort der Kindersprache. – *giekeln* (gīkəln – V.) sticheln. *giegsen* (gīgsən – V.) stechen »hast (du) dich gegiegst ?« – *totgiegsen* (duətgīgsən – V.) totstechen. – Die Etymologen stellen das Wort zu mhd. und ahd. Belegen, die das Geschrei der Gans bezeichnen, also nicht das Geringste mit dem md. Grundsprachenwort zu tun haben; selbstverst. verstehen sie es deshalb als lautmalend. In Wirklichkeit ist es ein nichtgerm. Wort zu ideur. *dhig (stechen), das die Lautverschiebung d>g durchlaufen hat. Alle md. Belege ohne s, also gsp. gīgən usw. ... die s-Lautform ist jünger.

**gischen** (jiəschən – V.) schäumen. – *Gischt* (jiərscht – M.) beim Gärvorgang von Bier, Wein, Gurken, Sauerkraut sich auf der Oberfläche bildender Schaum. – Das zur Grundbed. »gären« gehörende Wort ist belegt gist, gĕst, jĕst (Gischt, Schaum), mhd. gĕrn, gĕsen, jĕsen, ahd. gĕsan, jĕsan (gären, schäumen). Der Verbalstamm ist ideur. *ies (wallen, schäumen) entspr. aind. yásyati (sprudelt, siedet), awest. yaēšyeiti (siedet), toch. A yäs (sieden). Schon in ahd. Zeit wird die Lautverschiebung s>r wirksam, die in der md. Grundsprache noch heute belegt ist ahd. jĕsan, gĕsan, jārum (in Gärung geraten), jerien, mhd. gerjen (in Gärung versetzen). Es ist bedeutsam, dass die wthür. Grundsprache den urzeitlichen j-Anlaut bis heute erhalten hat.

**Gischpel** (gischpəl – F.) urtümliches Hohlmaß: soviel man Körner in zwei aneinandergelegte eingehohlte Hände nehmen kann. – Das nirgends belegte Wort besteht aus der untrennbaren Vorsetzpartikel gi- mit dem Begriff des Zusammenhaltens, Abschließens und einem zweiten Wortteil, der in gr. spēlaiōdēs (höhlenartig) wiederkehrt. Die Bed. ist also »eingehohlte Hände zum Zweck des Zusammenfassens«.

**gitsig** (gitsj – Adj.) gierig beim Essen und Trinken. Auch ein Obstbaumtrieb kann zu gitsig gewachsen sein. Die Gmsp. verwendet beide Male das Wort »geizig« und vermanscht damit die eigentl. Bed. Die Grundsprache kennt beim gierigen Essen und Trinken, beim gierigen Ansaugen des Saftes durch den Obstbaumschößling den Ausdruck »gitsig«, bei der Bez. von Geldgier oder auch Habgier jedoch den Ausdruck »gaizig«. – Zugr. liegt ideur. *gheidh (begehren), in den balt. Sprachen gleicherw. weiterentwickelt wie im Germ./Dt. Die eigentliche Bed. »gierig beim Essen« hat, bei Zugrundelegung von gsp. gitsen, sich entwickelt von ags. gītsian (begehren), gītsung (Habgier) über ahd. gītag (gierig), mhd. gītic (gierig beim Essen) – ahd. gīt (Heißhunger, ungezügelte Gier), mhd. gīt (Gier). Gsp. gitsig setzt also die Lautform und Bed. bis in die Gegenwart fort: mhd. gītsen, gīzen (gierig sein).

**glegg** (glegg – Adj.) haufenweise. Ein Glegg Kartoffeln = eine große Menge. – *Gleggchen* (gleggchən – N.) Wenigkeit. Das nirgends belegte Wort kann nur zu ideur. *ger (sammeln) oder zu ideur. *leg (gr. legō) gestellt werden, am nächsten verwandt lat. grex (Herde), gregātim (haufenweise), nur ist die Lautverschiebung r>l wirksam geworden. (s. Weigand: Glecke).

**Gleichen** (glichən – F.) Ebene, Gegend ohne merkliche Erhebungen. Es ist die gleiche, aber wohl alte Bez. für »auf der Pläne«. – Das Wort ist eine gemeingerm. Zusammens. aus der Vorsetzpartikel ga- in der Bed. »zusammen« und dem Subst. lika (Körper), im Germ. belegt als got. galeiks, ags. gelīc, an. glīkr und im Dt. ahd. gilīh, as. gilīk, mhd. gelīch, glīch (gleich, völlig übereinstimmend) Gsp. glichen ist zum Subst. aufgestiegen, ist jedoch zu vgl. mit apreuß. polīgu (gleichartig, gleich) zum gleichbed. lit. lýgus und ... lit. lygẽ (ebene Landschaft, kleine Waldwiese).

**glosen** (glosən – V.) = verglühend schimmern. *Glos* (glōs – N.) Kettenglied. Die Kette wird aus Glösern (glērərn) gebildet. – Das Wort entstammt ideur. *ghlō, *ghlē (glühen) und ist wohl kelt. Ursprungs, wie aus kymr. glo (Kohle) vermutet werden kann. Im Germ. ist das Wort nicht belegt, steigt aber in dt. Zeit aus einer Grundsprache auf zu mhd. glosen (glühen, glänzen), glose (Glut, Glanz), glost (Glut, Hitze). Das »Glos« ist danach das in der Glut zusammengeschweißte Kettenglied, ein Ergebnis der Schmiedearbeit.

**glucken** (glukkən – V.) sich als Bruthenne »setzen« wollen, sowie die Töne der Bruthenne. – *gluck! gluck!* (glukk! glukk! – Interj.) Töne der Bruthenne während der Nahrungssuche, sowie Lockruf der Gippchen. – *Glucke* (glukkən – F.) Bruthenne. – Die Meinung der Etymologie, das Wort sei lautmalend, ist falsch. Es ist die logische Ablautform zu ideur. *klag (tönen, schallen), daraus bereits gr. klōzousa (Gluckhenne), klōzein (glucken), bereits näher der heutigen Lautform lat. glōcīre (glucken) und aufgestiegen ins Germ. ags. cloccian, im Dt. erst wieder mhd. glucken (glucken), gluck(e) (Glucke).

**glumm** (glůmm – Adj.) nichtbrennend, weil das Holz noch schwammig ist und keine Glut gibt. – *glummen* (glůmmən – V.) glosen und nicht brennen. – Es ist naheliegend, dass dieses Grundsprachenwort nicht mit dem Begriff des »Glimmens« in Verbindung gebracht werden kann, denn es sagt ja durchaus das Gegenteil aus. Es liegt wohl eine Verbindung mit gr. bréchō (nass oder aufgeweicht werden) und Zubehör vor, das nach nichtgerm.-ideur. Lautverschiebung b>g ergab lit. gruzdénti (schwelen, glimmen), grùzdinti (zum Schwelen, Glimmen bringen), lett. grust (schwelen, glimmen) und nach nochmaliger Lautverschiebung r>l und m-Formans in benachbarter Bed. ags. glōm, glōmung (Dämmerung, Zwielicht), glumeke (im Dunkeln leuchtendes faules Holz), aber nur in der md. Grundsprache gsp. glumm (nichtbrennend), glummen (glosen, schwelen und nicht brennen).

**gnainschen** (gnainschən – V.) unappetitlich an etwas herumkauen, wofür es in der Vogtei oft heißt »ha = er isst hochbeinig« oder = »er kaut hochbeinig« und in der Gemeinsprache »er hebt die Zähne«. Auch Tiere, vor allem Ziegen, gnainschen am Futter herum. – *Gnainschrachen* (gnainschråchən – M.) am Futter »mit langen Zähnen« herumkauendes Tier, besonders Ziege. – Das Wort ist nirgends schriftlich belegt. Es gehört zur Basis ideur. *g(e)l, deren Schwundisstufe *gl in verschiedener Weise erweitert wird, im Balt. bspw. zu *glem (schleimig), daraus lett. glemzt (mit langen Zähnen essen, fressen), glem̃ža (einer der langsam und unappetitlich isst), glem̃žat (unappetitlich essen, trödeln, saumselig beim Essen oder Fressen sein). In der md. Grundsprache hat sich aus der gleichen Basis ideur. *g(e)l die Erweiterung ideur. *glei (klebrig und glatt sein) entwickelt, die nach der nichtgerm. Lautverschiebung l>n schließlich nichtgerm. *gnai ergeben hat und nun völlig den lett. Belegen gleichkommt.

**gnazig** (gnåtzj – Adj.) zerkneteter und schwer trocknender Geschiebemergel. – Zugr. liegt ein ideur. *gnet (zerquetschen), dazu aslaw. gnesti, gneta (zerdrücken, kneten). Im Germ. und Dt. ist das Wort in der g-Form nicht belegt, in der md. Grundsprache nur in diesem einzigen Wort, während gsp. knāt (Knet, nassklitschige an den Schuhen hängenbleibende Erde) die Lautverschiebung g>k durchlaufen hat.

**Gorre** (gorrən – F.) abgerackerte, wertlos gewordene Stute, dann auf jedes wertlose Pferd gleich welchen Geschlechts übertragen. – Diese Tierbez. steigt erst zu mhd. gorre, gurre (schlechte Stute) aus einer Grundsprache auf. Einen Hinweis auf die sprachlichen Zus. geben lit. gar̃garas, lett. gariezna (abgemagertes heruntergekommenes Pferd, Schindmähre), die zu ideur. *geu (gekrümmt sein) zu stellen sind entspr. schwed. kura (in vorgebeugter oder zusammengebogener Stellung). Die Tierbezeichnung ist daher ein nichtgerm. Erbwort.

**Gosse** (gossə – F.) Tabakbrühe, die der Schäfer zum »Schmieren« grindiger und räudiger Hautstellen seiner Schafe benutzte. Zugr. liegt ideur. *ghu (gießen), das zuerst nur die Bed. »Opfer ausgießen« hatte entsprechend gr. chysis (Guss, Ausgießen; Opferspende), cheỹma (Weiheguss, Opferspende). Im Germ. und Dt. hat das Wort »gießen« nur profane Bed., steigt jedoch aus einer Grundsprache wieder auf zu ahd. mhd. gōʒ (Guss, Regenguss, bes. aber »gegossenes Götzenbild«). Gsp. gossə setzt die Bed. in der nur leicht abgewandelten Bed. »Heilmittel ausgießen« fort.

**grasen** (groasən – V.) Gras von den Wegerändern und Grabenböschungen absicheln. – Das Wort soll nach Kluge/Götze nur im Germ. vorhanden sein, es ist jedoch ideur. Zugrunde liegt ideur. *ghar (grün), so dass Gras eigentlich »das Grüne« bedeutet, skr. harit (grün), gr. chórtos (Gras), im Germ. nach Metathese got. gras (Kraut), ags. graes, gaers, an. gras und im Dt. as. ahd. mhd. gras (Gras, Kraut) – ahd. grasōn, mhd. grasen (Gras schneiden, zur Verfütterung rupfen). Die bereits wirksam gewordene Lautverschiebung r>l liegt vor in ideur. *ghel, *ghal (grün), daraus gr. chloázō (junge hellgrüne Keime treiben), chlóē (frisches Grün, Gras, junge Saat), in den balt. Sprachen lit. žolė (Gras, Kraut), žalesà (früh im Frühjahr sprießendes Gras), lett. zâle (Gras, Unkraut).

**Grätsch** (grätsch – M.) Hausratsgerümpel. Die Herabwürdigung des urzeitl. »Hausgeräts« durch Anhängung des die Minderwertigkeit bedeutenden Suffixes -isch (Gerätisch) wie in weibisch, kindisch usw. zeigt den Einbruch der neuen Zeit an, in der Altes, Vorväter-Hausrat, Vorväter-Gerät als altmodisch, »altfränkisch«, veraltet angesehen wurde. – Ausgangswort ist »Rat« entsprechend Heirat, Hausrat, Vorrat, Unrat, das mit der Vorsilbe ge- erst in dt. Zeit den neuen Sinn erhält: ahd. girāti (Ausrüstung), mhd. geræte (Hausrat, Vorrat; Aus-, Zurüstung). Mit nhd. grätschen, jedoch gsp. kratschən, hat das Wort nichts zu tun.

**grätschen** (gratschən – V.) die Beine auseinander sperren. – *grätschning* (gratschning – Adv.) grätschbeinig: ein in der Gmspr. unbekanntes Mittelwort, das den Zustand des Grätschens meint. – *Grätsch* (gratsch – M.) die Innenseite der auseinandergespreizten Beine. – *Gegrätsche* (gəgratsch – M.) sinnloses Herumlaufen, wodurch einem Arbeitenden der Weg versperrt wird – *Grätschbeutel* (grätschbittəl – M.) nicht allzu ernstgemeinte Beschimpfung besonders eines Kindes, das ständig im Wege herumläuft. – Das Wort ist sprachgeschichtl. recht bedeutsam, da es sich im Gegensatz zur germ.-dt.

Wortform bis heute erhalten und seit Ende des 18. Jh. durch Aufnahme in die Turnersprache Allgemeingültigkeit erlangt hat. Wie lat. gradus (Schreiten, Schritt), gradārius (Schritt vor Schritt gehend) erkennen lässt, ist gsp. gratschən ein nichtgerm.-ideur. Wort, das erst in spmhd. Zeit aus einer Grundsprache aufsteigt zu mhd. grāten (in weitem Schritte auseinanderspreizen). Zu einer danebenstehenden ideur. Wortform, abg. greda (ich komme), air. ingrennim (ich verfolge), hat sich »das im gleichbed. got. griths ein germ. Verwandter« (Kluge/Götze) lediglich ablautend entwickelt, got. grids (Schritt, Stufe) und im Dt. weiterführend zu ahd. gritmāli (Schritt), bigritu (ich schreite dazu, fange an), mhd. griten (die Beine auseinanderspreizen), gritelīche (mit ausgespreizten Beinen). Diese germ.-dt. Wortform ist jedoch inzwischen untergegangen.

G

**Grensing** (grēnsi̊ng – M.) Schafgarbe in etwa einhundert Arten, am verbreitetsten Gemeine Schafgarbe, Chillea millefolium L. – Weigand bezeichnet fälschlich das bereits mhd. ahd. grensine bezeugte Würzkraut als Gänsefingerkraut, Potentilla anserina L., und vgl. deshalb den Namen mit mhd. ahd. grans (Schnabel des Vogels und des Schiffes), womit es nichts zu tun hat. Der Name ist nichtgerm.-ideur., denn gr. a-gḗraton (Schafgarbe) gehört zur Bed. »nie alternd, ewig jung bleiben« und führt deshalb zu gr. chrēmai (das Notwendige, das Erforderliche; Schicksalsbestimmung) und Zubehör aus ideur. *ghrē (bedürfen, begehren, verlangen).

**gribbsch** (gribbsch – Adj.) unbeständig, leicht erregbar, jähzornig. Wetter kann gribbsch = rasch wechselnd, unbeständig sein, ein gribbscher Mensch ist jähzornig, ein gribbscher Hund widerspenstig, ein gribbsches Gesicht mürrisch, wetterwendisch. – Eine unmittelbare Gleichsetz. des Wortes mit anderen Sprachen ist nirgends feststellbar. Anscheinend handelt es sich um eine unmittelbare Weiterentwicklung aus der Wurzel ideur. *grubh (greifen), das aber die germ. Lautverschiebung b>p nicht mitgemacht hat, also noch die nichtgerm. Lautform wiedergibt, wie aus lett. gribîgs (begehrlich, brünstig, geil), gribêt (verlangen, wollen), griẽpsta (Begierde, Gier), lit. griẽbti (erhaschen, greifen) und Zubehör vermutet werden kann.

**Griebe** (grī̊mən – F.) ausgeschmelzter fester Bestandteil von Flomen, Schmerfett, Speck, während das »ausgelassene Fett« vorerst flüssig ist. – Die Etymologie vermag vorzulegen mhd. griebe, griube, ahd. griobo, griubo (Griebe) und im Germ. ags. elegrēofa (Ölgriebe) aus ideur. *ghrēu, *ghrī (zerreiben) mit bh-Erweiterung. Es wurde nicht erkannt, dass es eine ags. Ölgriebe gar nicht geben kann und dieses Wort auf »einölen, salben, einreiben« zurückzuführen ist. Entspr. gilt gr. chrĩma (Öl, Fett, Schweineschmalz als Salbe) und Zubehör.

**Griebs** (krēbs – M.) Kerngehäuse des Kernobstes, besonders des Apfels. Das Wort wird ohne Begründung zu Griebe gestellt. Es ist belegt mhd. grübiz, aber weder im Ahd. noch Germ. bekannt. Ich stelle es zu ideur. *(s)kret (lautmalend das Geräusch des Aneinanderschlagens, Knackens), dazu gr. krotalízō (klappern, rasseln; rasseln lassen), krótalon (Klapper), nach vorgerm.-ideur. Lautverschiebung t>p und im Balt. nochmals p>b lit. skrebëti (klappern, rasseln, knistern), skrēbinti (trocknen, dörren; zum Klappern, Rascheln, Knistern bringen; rasseln, klappern. knistern), skrebinis (etwas Raschelndes) und Zubehör. Das Wort ist nichtgerm.-ideur., das die germ. Lautverschiebungen durchlaufen hat.

**grimisch** (greamsch – Adj.) den Mund zusammenziehend, beim Essen Bauchgrimmen verursachend. »die Schlehen sind grimisch, sie ziehen das Maul (Mund ist ungebräuchlich) zusammen«. – Das zur Bed. »Grimasse ziehend« gehörende Wort kann nur zu an. grīma (Maske) gestellt werden, das in der Entlehnung frz. grimace (verzerrte

Miene) ergab. Es ist zu verstehen als Nebenform zur Bed. »grimmig«, dieses belegt mhd. grimmec, ahd. grimmig, as. grimmag, hierzu ablautend mhd. ahd. ags. gram, an. gramr (böse) – mhd. gremen, ahd. gremmen, im Germ. ags. gremman, an. gremja, got. gramjan (erzürnen), im Ideur. gr. chrómados (das Knirschen), lett. grimts (hart, zornig) und Zubehör aus ideur. *ghrem (grollen, knirschen). Mit der Wurzel ideur. *ghrem (laut und dumpf tönend) hat weder nhd. gram noch nhd. grimm, grimmig, noch unser gsp. greamsch etwas zu tun.

**Grindel** (grëngəl – M.) vom Pflugkörper nach vorn oben gerichteter Balken, früher aus Holz mit aufgesetztem eisernen Kamm, heute weitgehend nur aus Eisen, der die Verbindung zur Pfluglade herstellt. Das Wort Grindel (»Pflugbaum«) scheint vorgerm.-ideur. zu sein, da die Grundbed. »Balken« sich nur in den balt.-slaw. Sprachen erhalten hat: r. = kslaw. grjada (Balken), russ. grjadka (Stange), poln. grzęda (Hühnerstange), im Balt. lit. grindà (Dielenbrett), grīstas (Rundholz, Bohle), lett. gruõdi (Bohlenlage auf Brücken, Balken unter der Diele, Bohle), apreuß. grandico (Bohle). Im Germ. erscheint das Wort erst sehr spät als an. grind (Gatter, Pferch, Tür), ags. grindel (Stange, Stab, Riegel) und im Dt. ahd. grintil, crintil, mhd. grindel, grendel (Balken, Stange, Riegel). Die Grundsprache schließt an mhd. grendel an, ist in ganz Md. weit verbreitet mit der Dissimilation nd>ng als gsp. grëngəl, die auf eine nichtgerm.-ideur. Lautverschiebung d>g hinweist.

**gritzelig** (gritsəliͤch – Adj.) feinsandig körnig. Wenn »Matte« aufgestoßen wird, bilden sich aus Kaseïn und Fett kleine zusammenhängende Teile; wird etwas stärker »aufgestoßen«, dann erhärten sie sich körnig. – Das Wort, nirgends schriftlich belegt, gehört zur Bed. Grütze, entrundet u>ü>i entspr. ags. grytt, engl. grit (Grütze) aus ideur. *ghrēu (zerreiben, bröckelig machen, scharf über etwas reiben).

**grunen** (grqnən – V.) erste Grasspitze im zeitigen Frühjahr leicht (rötlich) färben. – *Grune* (grqnə – F.) Schafweide des frühesten Frühlings. Da die wthür. Grundsprache auch »griͤn (grün)« und das Dingwort »s griͤn (das Grün)« kennt, muss das nichtumgelautete »grunen« und »die Grune« entweder etwas anderes bedeuten, oder die Farbbezeichnung grün, grünen, das Grün hat sich erst allmählich aus einer Urbed. zum heutigen Wortinhalt entwickelt. Die Etymologie des Wortes »grün« lässt deutlich erkennen, dass ihm im Germ./Dt. der Begriff »wachsen, gedeihen« ursprünglich eigen gewesen ist, der sich aber noch immer nicht mit gsp. grunen deckt. Die Bed. der Grundsprachenwörter muss vielmehr noch älter sein und sich unmittelbar an ideur. *ghrōi (die Oberfläche berühren) anschließen, entsprechend dem gr. chrōnnymi (färben, bunt machen). Aufschlussreich erklärt das DWB, es sei »als ausgangsbedeutung inconcretes ›das grün sein‹ von pflanzen und der farbe an sich anzunehmen«, und noch näher erläuternd »alt in engerer Verwendung unbildlich ›die den erdboden bedeckende vegetation, gras und krautwerk‹«. – Das Wort in dieser Bed. sei »mindestens dort alteingesessen, wo es in der ma. umlautlose form bewahrt« habe entspr. ahd. gruoni. Da dies in Wthür. der Fall ist, hat es als Beweis mehr dafür zu gelten, dass wir in diesem Landschaftsraum ältesten Kulturboden Deutschlands vor uns haben.

**grunzen** (grůintsən – V.) Lockruf der Muttersau, wenn sie die Ferkel säugen will. – Zugr. liegt der Grunzlaut ideur. *gru (grunzen), daraus gr. grẏzō, gryllizō (grunzen), grẏeillos (Schweinchen), lat. grunzio (grunzen), im Germ. ags. grunnian (knirschen) und daraus ags. grunnëttan, im Dt. ahd. grunnizōn, mhd. grunzen (grunzen, mit dem Kehllaut locken).

**gucken** (gukkən – V.) neugierig blicken, verwundert sehen. *Gucken – Gegucke – Guckerei* in der bekannten Bedeutung, die auch die bisherige Etymologie kennt. Allerdings haben Kluge/Mitzka erkannt, »da das Wort in schweiz. Ma. nicht mit kch vorkommt, muss ahd. *guckan aus wgerm. *guggiōn stammen«. Trotz unklarer Verhältnisse in der Lautverschiebung muss an ahd. giougen zu ahd. *ga-augjan, keauckan (beäugen) angeschlossen werden, entstanden aus im Germ. got. augjan, und im Dt. ahd. *ougjan, auckan (vor Augen bringen, zeigen) und der damit verschmolzenen untrennbaren Vorsetzpartikel »ga-«, die das Tätigwerden der Augen, eben »das Beäugen«, Gucken bezeichnet. Nach Hermann Hirt (200) ist gucken »vielleicht ein Wort der Kindersprache«, was jedoch keineswegs zutrifft. Vielmehr ist das Grundwort (*ak = durchdringen) bereits nichtgerm., die Vorsetzpartikel jedoch got., ahd. Das Wort muss, auch wenn nicht belegt, mindestens in die ahd. Zeit, vielleicht aber auch schon in die germ. zurückgeführt werden.



**gulgern** (guləgərn – V.) gluckerndes Geräusch in der Flasche beim Trinken, beim Herabfließen des Regenwassers – knurrendes Geräusch in den Därmen von Menschen und Tieren. – Das Wort ist weder im Dt. noch im vorhergeh. Germ. belegt, aber auch in den nichtgerm.-ideur. Sprachen nicht zu finden, weil in ihm die Lautverschiebung r>l allein wirksam geworden ist. Wenn immer noch angenommen wird, das Wort *Gurgel* sei aus dem Lat. entlehnt worden, dann beweist gsp. gulgern, dass es vorgerm.-ideur., also bodenständig ist. Das ergibt sich aus apreuß. gurcle (Gurgel), lit. gur̃gti, gurgéti (knurren im Magen, kollern im Leibe), lett. gur̃guļōt (gurgeln) und zahlr. Zubehör. In den balt. Sprachen liegt das gleiche Wort und mit gleicher Bedeutung vor, nur dass die md. Grundsprache es über die Lautverschiebung r>l weitergeführt hat.

**Gurgel** s. gulgern

**gurren** (gurrən – V.) Liebeston der Tauben. – Das erstmalig als mhd. gurren belegte Wort, das dort allerdings den Schrei des Esels bezeichnet, ist Ablaut zu dem ebenfalls erstmalig belegtem mhd. garren (zwitschern, pfeifen), das sich zu lit. gurguliúoti (balzen; gurgeln, krächzend sprechen), lett. gārkstêt (gackern) stellt. Dazu gehört im Ablaut lit. gurgulûoti (balzen; gurgeln), lett. gur̃guļûôt (gurgeln) – lit. gurklỹs (Kropf der Vögel). Die Grundbed. ist »in der Kehle Töne hervorbringen«. Das Wort scheint nichtgerm. zu sein.

# H

**Hacke** (håkkən – F.) Handgerät zum Auflockern des Erdbodens – *hacken* (håkkən – V.) – *Hackerchen* (hakkərchən – N.) Zähnchen des Kleinstkindes. Das Wort »hacken« taucht erst in ahd. Zeit auf und liegt vor mhd. mnd. hacken, ahd. hacchôn, afries. hachia und im Germ. nur ags. haccian, engl. hack. Bezeichnenderweise fehlt es im Got. und Anord. Die Etymologie tut sich mit seiner sachgerechten Erklärung schwer: Weigand erklärt: »wohl gleichen Stammes wie ›hauen‹, da auch sonst öfter ein k aus w entstanden ist, doch kann auch eine Wz. ›hak‹ zugrunde liegen, die möglicherweise mit ›hecken‹ verwandt ist, das die Bedeutung ›stechen‹ gehabt haben kann.« Von Hermann Paul werden sogar Beziehungen zum »Hacken (Ferse, Schuhabsatz)« erwogen. Er und Kluge/Mitzka meinen: »Im Ausgangspunkt steht das Bearbeiten mit krummen Krallen oder mit der krummzähnigen Hacke, was Verknüpfung mit ›Haken, Hechel‹ usw. ermöglicht«. In Wirklichkeit ist es ein nichtgerm. Wort, das ins Germ./Dt. aufgestiegen ist und eine Lautverschiebung p>k entwickelt hat. Zugr. liegt ideur. *(s)kap (hacken, graben), im Gr. in der einen Form gr. skáptō (graben, hacken, besonders behacken, auf- oder umgraben), skapánē (Grabscheit), skáphos (das Graben, Grabscheit), aber auch bereits in der zweiten Form gr. kēpos (bebautes und also gehacktes Land, Garten). In den balt. Sprachen zählen zu dieser zweiten Form lit. kapóti (hacken, schlagen, hauen), kaplẽ (Spitzhacke), kaplỹs (Bodenhacke, Karst), lett. kapât (hacken, kleinhauen), kàpt (scharren), kapêt (mit der Hacke den Erdboden auflockern), kaplêt (mit der Hacke die Erde hacken) und zahlr. Zubehör. Die Lautverschiebung p>k muss erfolgt sein, bevor das Wort ins Dt. aufgestiegen ist: ags. haccian und im Dt. ahd. hacchōn, mhd. hacken (hacken). Ob die wirksam gewordene Lautverschiebung k>h bereits vorgerm. oder erst germ. ist, lässt sich nicht feststellen. Bei Annahme dieser Verschiebung gibt es keinen Bruch – weder im Lautstand noch in der Bed. – von heute rückwärts bis zur Wurzelperiode des Ideur. vor viertausend und mehr Jahren.

**Häckerling** (hakkərliͤng – M.) Gemengsel von etwa 5 cm kleingeschnittenem Stroh und Klee, besonders Luzerne, zur Verfütterung an Kühe und Pferde. Urspr. wurde es zerhackt, dann mit einem Messer geschnitten. – Das Wort steigt aus einer Grundsprache auf zu ags. haccian, im Dt. ahd. haccian, mhd. hacken (hacken, zerkleinern) und kann nicht etymologisiert werden, da es fälschlich zu »hauen« gestellt wird. In Wirklichkeit liegt ein ideur. *(s)kāp (hacken, graben) zugrunde, so gr. skàptō (hacken, graben) und mit zahlr. Zubehör in den balt. Sprachen lit. kapòti (hacken, spalten), kapõtė (Hackbrett). Das Wort ist erst nach nach der nichtgerm.-ideur. Lautverschiebung p>k ins Germ./Dt. aufgestiegen.

**Hafer** (håwwər – M.) Getreideart, Avena L., die zur Pflanzenfamilie der Gramineen gehört und nach Meinung der Urgeschichtswissenschaft aus heimischen Gräsern gezüchtet worden ist. In Kultur genommen worden ist der Hafer erst in der ersten Hälfte der Bronzezeit zwischen 1800 und 1500 v. Ztr. – Der Getreidename ist im Germ. nicht belegt, denn an. hafri ist aus as. haboro, havoro entlehnt, und das skand. gsp. hagre, das dann ins Finn. als kakra entlehnt wurde, zeigt lediglich die nichtgerm. Lautverschiebung b>g, die der Wissenschaft bis heute unbekannt ist, weshalb sie von Kluge/Götze als älter statt jünger bezeichnet wird. Da der Hafer ein Rispengetreide ist, an dem im Gegensatz zu allen übrigen die Körner bammelnd hängen, dürfte der Name diese Merkwürdigkeit zum Ausgang haben: Hafer ist demnach »das Bammelnde« entsprechend lit. kàbaruoti (bammeln), kyburỹs (hängender Gegenstand). Aus einer Grundsprache steigt dann nach Lautverschiebung k>h auf ahd. habaro, mhd. haber, unser gsp. håwwər (Hafer). Das nhd. Hafer entstammt dem Nd. aus as. haboro, havoro.

**Haft und Schlinge** (håft ůn schliͤngən – Plur.) Haken und Öse, der Haft bis zuletzt vielfach noch aus Zwirnsfäden hergestellt. – Das Wort Haft ist germ. aus ideur. *kap (fassen, ergreifen), mhd. ahd. haft, im Germ. ags. hœft, an. hapt (Vorrichtung zum Festhalten, Fessel, Band). Auch das Wort Schlinge ist germ. aus ideur. *slenk (sich winden).

**Hahn** s. Gickelhahn

**Hagebutte** (hainfuətən – F.) Für den zweiten Wortteil liegt ideur. *bhudha (Faß) zugrunde, das nach nichtgerm.-ideur. Lautverschiebung bh>f unmittelbar gsp. (hain) fuətən ergab. Die übliche Ableitung aus tarent. butínē (Korbflasche) dürfte unrichtig sein, wie auch die angebl. Verwandtschaft des Wortes Butze mit Butte (so Kluge/Götze, Hermann Paul, Weigand). Butze ist auch nicht das Kerngehäuse, sondern der eingetrocknete Blütenstand. vgl. Butte. Die Früchte der Hagebutte als Ganzes heißen auch »Fässchen«, wie die des Weißdorns »Mehlfässchen«.

**Haimen** (haimən – F.) das Dornige, Stachelige an den Spelzen, den Umhüllungen der Gerstenkörner. Dazu ahd. hagan, mhd. hagen (Dorn, Dornbusch, Verhau), entstanden wie md. hagen/hajen/hain mit Wechsel n>m.

**Hairauch** (Hearrauch – M.) trockener nebelartiger Dunst in der Atmosphäre bei heißer Sommerszeit, fälschlich hier und da als Höhenrauch oder auch als Hearrauch bezeichnet. In Wirklichkeit ist der Hairauch ein Hitzerauch, bei glühender Hitze zum Flimmern über den Feldern aufgelöst. – Zugr. liegt ideur. *kai (Hitze), dazu im Germ. got. heitō (Fieber), ags. hāt, an. heit, im Dt. ahd. mhd, hei, gehei (Hitze).

**Hait** (hait – N.) Kopf vom Kraut, also Krautkopf. – *Hait* (hait – N.) Frauen mit ungekürzten Haaren legen die Zöpfe am Hinterkopf zu einem Hait zusammen, das der Form wegen auch »Nest« genannt wird, aus dem nichtgerm.-ideur. stammend, jedoch gsp. kūts (Kauz). – *Haitlappen* (haitlåppən – M.) Kopflappen, der aus Leinen heute nur noch zum Schutz gegen Staub und Sonnenbestrahlung, aus Wolle gegen allzu starke Kälte getragen wird. – *Haitchen* (haitchən – N.) Knoblauchshaitchen mit den zahlreichen Knoblauch»zehen«. Salathaitchen, nämlich der Grüne Salat. – Es ist die gekürzte Lautform des germ. Wortes Haupt, ähnlich afries. hād, nfries. haed, hoot, nfries. haud, hod und engl. head, woraus ethnische Zus. erkennbar werden.

H

**Haiwisch** (haiwᵉisch – M.) Hegewisch, der auf Stoppelfeldern (und als Vogelscheuche) in Obstbäumen aufgestellte Strohwisch als Zeichen für den Schäfer, dass Klee eingesät ist und das Land deshalb nicht beweidet werden darf. Das Wort ist Md. entspr. der Verschleifung hegen>hejen>haien. Vgl. ags. hēgan, im Dt. mhd. heien (hegen, beschützen, pflegen) – mhd. heie, hei (gehegter Wald, Hainich).

**Hakepflug** (hōkəpflůg – M.) fälschlich als »Hakenpflug« bezeichnet, Vorläufer des heutigen Pfluges, der jedoch keine Erdschollen umwarf oder umwendete, sondern das Erdreich nur ritzte. – Ein untergegangener Name dieses urzeitlichen Pfluges ist aus ideur. *ak/ *ok (spitzen, schärfen, scharf sein) entwickelt worden, das im Gr. Wörter wie gr. akachméros (geschärft, gespitzt), akis (Spitze, Stachel usw.) gebildet hat, aber auch gr. hakmōn (Amboß, eigentlich »Gerät von Stein« wie an. hamarr = Felswand, ahd. hamar = Hammer), hakōn (Speer mit der keilförmigen Spitze), hakantha (Stachel, Dorn), oxytēs (Schärfe, Spitze), okróeis (spitzig, zackig, scharfkantig) usw. Im Germ. steht daneben got. hōha (Pflug), und dass auch noch dt. Zeit diese Gerätebezeichnung üblich war, ist der Verkleineinerungsform ahd. huohili (Äckerchen, eigentlich hōha-Äckerchen, »gepflügtes Äckerchen«) zu entnehmen. Dieser Gerätename ist »untergegangen«, weil die Germanen/Deutschen inzwischen den Räderpflug von den Römern und mit der Sache auch das Wort Pflug übernommen hatten. Um 1300 taucht jedoch der »polnische Pflug« auf, der im Gegensatz zum jahrhundertelang üblichen Räderpflug weder Räder noch Sech besaß, »hake« hieß und deshalb ins Dt. als mhd. hake (polnischer Pflug) einging. Aus Unkenntnis der wirklichen Zusammenhänge wird das Wort zu nhd. Haken (gekrümmtes Ende zum Einhängen) gestellt. Dem Wort poln. hake (Pflug) geht ein ideur. *kak/ *kek (Ast) voraus, entstanden nach nichtgerm.-ideur. Lautverschiebung k>h gegen 2000 v. Ztr. Das bedeutet, dass ein kentumspr. venet.-nichtgerm. Erbwort in die satemspr. poln. Gmsp. aufgestiegen ist, wie in finn.-ugr. Gmsp.: finn. hako (abgehauener grüner Zweig des Nadelholzbaumes usw.), estn. hagu (Reisig, Rispe, Wipfel eines Baumes). Gsp. hēkan (einen Ast an sich heranziehen, lässt ein Ineinanderfließen von »Ast« und »Haken« deutlich erkennen. In der Bez. eines wirren Geästes als »Geheek« ist die Urform gsp. hēk (Ast) noch deutlich erhalten. Dass auch im Balt. sich dieses kentumspr. *kek (Ast) verbreitet hat, ergibt sich aus lit. kėkos (Schaukel) und Zubehör, das (nicht lautverschoben!) zu ideur.

*kek (Ast) gestellt werden muss. Mit bg. čekor sind wir bei satemspr. ideur. *šak/ *šek (Ast), dem angehören skr. śakhā (Ast, Zweig), npers. šāx (Ast, Zweig, Horn des Stieres, Geweih), armen. çax (Zweig), lit. šakà (Ast, Zweig, Hirschgeweih), šākė (Gabel, Forke), lett. sakumi (Mistgabel) usw. und slaw. socha (Hakenpflug, gabelförmige Stütze einer Hürde). Sowohl die Untersuchung des kentumspr. ideur. *šak/ *šek führt zum kentumspr. poln. hake (Pflug) und führt ebenso zum slaw. secha (Pflug), und in beiden Wörtern liegt die urzeitliche Bez. für »Ast« und damit auch für »Pflug« in der Zeit um 2500/2200 v. Ztr. Ein Hakepflug ist eigentlich der »Astpflug«.

**haltning** (hālnı̊ng – Part.) haltend bleiben. Es ist ein ausgespr. Wort der Hirtensprache in der Bed. »ausgetriebenes Vieh zum Weiden zusammenhalten«, damit es sich zu sättigen vermag. – Die Etymologie setzt ein ideur. *kalt an, während als Wurzel nur *kal zu gelten hat und das -t- lediglich als Einschiebsel hinzugefügt ist. Zugr. liegt ideur. *pel (treiben, stoßend oder schlagend in Bewegung setzen), dazu gr. pélō (sich bewegen, gehen), pōléomai (sich herumbewegen), aipòlion (Herde, Ziegenherde), aipōlos (Hirt, Ziegenhirt), oiopòlos (Schafe hütend), lat. ōpilio (Schafhirt), Palēs (die Hirtengöttin). Bereits urzeitl. wird die Lautverschiebung p>k (die im Md. noch heute produktiv ist) wirksam in ideur. *kel (treiben, in schneller Bewegung antreiben), so skr. kalàyati (er treibt, hält), gr. kéllō (treiben), boukoléō (weiden, grasen, hüten; Rinder weiden), boukòlos (Hirte, Rinderhirte), air. būachaill, kymr. bugail (Rinderhirte). Nach germ. Lautverschiebung k>h und gleichzeitigem d-Einschiebsel (aus ideur. t) ergab sich got. haldan (Vieh weiden), ags. healdan, an. halda und im Dt. as. haldan, ahd. haltan, mhd. halten (in Fürsorge und Aufsicht nehmen).

**Hamel** (hāməl – M.) liebebedürftiger kleiner Junge. – *Milchhamel* (mëləchhāməl – M.) ein an der Mutterbrust gutgenährtes Kind, ein Mutterhamel – Das Wort hat keinerlei Beziehung zu ahd. hamal, hamel, mhd. hamel (verstümmelt), das den verschnittenen Schafbock bezeichnet. Es ist Nebenzweig zu ideur. *gham (paaren, zusammenfassen), das belegt ist in gr. gamos (Hochzeit, Ehe), gaméō (heiraten), lat. homō (Mensch). Mit der Verkleinerungssilbe -el gewinnt es die Bed. »Menschlein«.

**Hamel** (haməl – M.) Nachgeburt der Ziege. – *hameln* (hamǝln – V.) beschneiden der jungen Ziegenböcke. Zugr. liegt dem Fachausdruck ideur. kam, *kem (wölben; sich ermüden), in den balt. Sprachen lit. kamuolȳs, lett. kamuōls (Klumpen, Ballen) und Zubehör. gr. kōmȳs (Bündel) ... lit. kamùoti (quälen, peinigen), lett. kamuōtiês (sich abstrapazieren, sich balgen), gr. kàmnō (ermüden, krank sein, erkranken. Im Germ. ist das Wort nicht belegt, obgleich die Lautverschiebung k>h beweist, dass es vorhanden gewesen sein muss: ahd. ham (verkrüppelt, verstümmelt), ahd. hamal, mhd. hamel (verstümmelt), mhd. ham (Hülle, Haut). Es tritt die Eigenart ein, dass ein Wort zwar im Germ. nicht belegt ist, die Lautverschiebung jedoch sein Vorhandensein beweist.

**Hamen** (hoamən – M.) Nachgeburt der Kuh. Dem Wort liegt ideur. kam (wölben, verhüllen) zugrunde, daraus im Germ. ags. hama (Decke, Anzug und engl. heam (Nachgeburt), nmd. ham (Decke, Hülle, Nachgeburt), an. hamr (Hülle, Balg, Haut) und im Dt. ahd. hamo (Hülle, Kleid), mhd. hame, ham (Haut, Hülle, Kleid). Unser gsp. hoamən steht also näher zum Wgerm. als zum Dt.

**Hamen** (hoamən – M.) breiteste Stelle des Sensenblattes in nächster Nähe des Sensenbaums, die während des Mähens niedergedrückt gehalten werden muss, damit die Getreidehalme glatt und gleichmäßig abgeschnitten werden. Der Hamen fährt gleichsam wie ein Wagen über das Feld. – Ohne genaue volkskundl. Kenntnisse ist es nicht möglich, das Wort zu etymologisieren, denn mit Leichnam, Angelrute, Kummet (so bei Kluge/Mitzka), hat dieses Wort nichts zu tun. Zugr. liegt ideur. *am, *em (nehmen, fassen). Nahm man mit der Linken urspr. die Halme, um mit der Rechten die Ähren abzuschneiden, so besorgte dies nun der über das Getreidefeld dahinfahrende Hamen der Sense, deshalb gr. hama (zusammen, sammelnd), hamētos (das Mähen, die Ernte). Trotz jahrtausendl. Trennung beider Völker und ihrer Sprachen ist selbst bei verhältnismäßig jungen Wörtern die Verwandtschaft noch erkennbar.

**Hamfel** (hamfəl – F.) Menge (Körner, Obst) die, Handrücken nach oben, in die zusammengekrallten Finger hineinpasst. Die Schreibung der Etymologen (Otto Behaghel, Kluge/Götze, Hermann Paul, Weigand) als Hampfel ist falsch, wie auch ihre Erklärung »Handvoll« (dabei Handinneres nach oben). – *hamfelig* (Adj.) mehr als zuträglich, über die Maßen; ein hamfliger (hamfəl̥igər) Mann ist fest zupackend. Es liegen vor got. hamfs (gekrümmt), as. hāf, ahd. hamf (verkrüppelt, verstümmelt). Es ist dies wohl eine unmittelbare nichtlautverschobene Weiterbildung von ideur. *kamp (krümmen), entsprechend gr. kampýlos (gebogen, krumm, gekrümmt), lat. campa, campē (Krümmung), lit. kámpa (Krümmung, Rundung) und ablautend skr. kumpas (lahm), lit. kumpas (krumm, gekrümmt, etwa die Nase, ein Horn, der Schnabel). »Nicht-lautverschoben« bedeutet das Nachleben eines ideur. Volkes auf dt. Boden bis in die Gegenwart, dessen Wortgut die Erste oder Germ. Lautverschiebung nicht durchlaufen hat. Vgl. kampeln.

**Hammel** (håmməl – M.) verschnittener Schafbock, der nur zum Mästen gehalten wird. Im Gegensatz zum gsp. håmməl ist gsp. hāməl ein gutgenährtes Kleinstkind. – *hammeln* (hāməln – V.) das Hammellamm »beschneiden«. – Hammelfahrt (hāməlfoart – F.) in Oberdorla üblicher Kirmesbrauch. Zugr. liegt ideur. *(s)kem (verstümmelt, hornlos), deshalb ordnungsgemäß skr. śàmala (Fehler, Schaden), śama (hornlos, ungehörnt, mit noch unausgewachsenen Hörnern), gr. kémas (junger Hirsch im zweiten Jahr; Rehjunges), apreuß. camstian, mit denen das Wort Hammel jedoch nur urverwandt ist. Nach der germ. Lautverschiebung k>h erscheint im Germ. ags. hamola, an. PN Hamall (»du Hammel!«) und im Dt. ahd. hamal (verstümmelt) eigentlich in der Bed. »einen Schafbock dem hornlosen Schaf gleichmachen« oder auch »sein Zeugungsvermögen hemmen« – an. hamla, ahd. hamalōn (verstümmeln) zu ahd. ham (verkrüppelt) aus ideur. *kam in gr. kémos (Maulkorb für Pferde), lit. kãmanos (Zaumzeug mit Gebiss). Aus den vorlieg. Belegen dürfte ersichtlich sein, dass das »Hammeln« der Hammellämmer urzeitlich nicht üblich war, sondern sich erst in spätgerm. Zeit durchgesetzt hat.

**Handhabe** (hāndhoabən – F.) – Stiel des Dreschflegels, der Schüttelgabel in der Bed. »Stiel zum Emporheben«, weshalb bspw. der Rechen keine Handhabe besitzt, sondern einen Stiel.

**Hanebalken** (hånəbåləkən – M.) oberste oder höchstgelegene Querbalken des in der Runnbauweise errichteten md. Bauernhauses. Richtig nennt der Oldenburger Sagensammler Ludwig Strackerjan (nach HdA Bd. 3 Sp. 1377) »die Querbalken, welche oben die Dachsparren verbinden« Hanebalken. Weigand meint dagegen: »Firstbalken (worauf der Hahn sitzt und kräht), mhd. hanenbalke, auch hanboum m.« Auch die Brüder Grimm erklären zu ihrem Märchen Der Hahnenbalken (KHM 149): »Der oberste Gipfelbalken im Dachwerk heißt Hahnenbalken, weil der Hahn darauf zu sitzen pflegt« und verweisen auf Parzival 194.7 »die haneboūme stuonden blôz: der zadel hüener abe in schôz«. Aber der Firstbalken ist etwas durchaus anderes als die Hanebalken (die einer neben dem andern quer zum Firstbalken verlaufen). Hanebalken muss es entspr. der Runnbauweise schon im Langzelthaus des Mesolithikums vor mehr als 6.000 Jahren gegeben haben. Gr. hanō (am höchsten gelegen, oben in der Höhe) gibt genau die Lage der Hanebalken an. Und damit nun auch klar wird, weshalb vielleicht um 2200 /2000 v. Ztr. die ur-ideur. Lautverschiebung k>h eintreten *musste*, sei auf gr. kannō (Querstab, Querbalken) verwiesen, da dieses Wort als Werkstoff das Rohr meinte.

**Hanewackel** (hånəwåkkəl – M.) letztes Abendessen nach Beendigung der dörflichen Spinn- und Spellstuben, an hohen Festtagen und hier bes. zur Kirmse, das gegen 22 Uhr gegeben wird. – Der erste Wortteil vergleicht sich laut- und bedeutungsgleich mit gr. hanō (ein Ende bereiten, verzehren; zu Ende gehen), der zweite Wortteil mit lit. vakarìnė (Abendmahlzeit, Abendessen). Der Sinn des Wortes ist also »letzte Abendmahlzeit«. Sprachlich ist nachweisl. des balt. Belegs die Lautverschiebung r>l eingetreten.

H

**Happen** (håppən – M.) Bissen von Brot oder Fleisch. *Häppchen* (happchən – N.) kleiner Happen. Die Etymologie nimmt Entlehnung aus dem Nd. an. Das Wort ist jedoch erst in der Mitte des 19. Jh. aus einer Grundsprache aufgestiegen, ausgegangen von ideur. *qap (beißen, haschen, fassen), daraus gr. kàpō (schnappen, schlucken), kapē (Bissen, Happen), ebenso lett. kapât (zernagen, fressen). Da die nichtgerm.-ideur. Lautverschiebung p>k und ebenso die germ. p>b,g ausgeblieben ist, scheint die Entlehnung erfolgt zu sein, als germ. k>h noch produktiv, jedoch germ. p>b,f bereits abgeschlossen war.

**har** (har! – Interj.) Fuhrmannszuruf an das Zugtier, wenn es nach links gehen soll, meistens von einem Ziehen des Lenkseils begleitet. – *hareweg!* (harəwagg! – Interj.) mit erhobener Stimme ausgesprochene Aufforderung. – *hareweggen* (harəwaggən – Interj.) mit erhobener und zorniger Stimme ausgesprochene Aufforderung, die Schritte weiter nach links zu setzen. – Der Fuhrmannszuruf ist bereits ahd. hara, mhd. har (hierher!) belegt, muss aber wesentlich älter sein, da hieraus allein der Begriff des Linksgehens nicht gefolgert werden kann. Ich möchte in diesem Zus. auf gr. harma (zweiräderiger Streitwagen) verweisen, der ja links gelenkt werden musste. Dazu wohl *qer (sich drehen, sich hin und her wenden).

**Härn** (herrn – F.) einzelner Flachsstengel, urspr. einzelne Flachsfaser. Auch diese Benennung ist nichtgerm.-ideur. aus der Wurzel *kar aus *kas, *kes (strählen, kämmen; Faser), wie aus zahlr. balto-slaw. Belegen ersichtlich ist. Erst nach der Lautverschiebung k>h steigt es aus einer Grundsprache ins Dt. auf: ahd. haru, haro, mhd. hare, har (Flachsfaser). Der germ. Beleg an. hōr scheint Lehnwort entweder aus dem Ahd. oder noch aus einer »Grundsprache« zu sein.

**harig** (hårij – Adj.) schwerwiegend, gefährlich, hoch bedeutsam, eigentl. heilig. Die Ableit. von menschlichem Kopfhaar (Hermann Paul, Weigand) ergeben keinen Sinn. Erst in ahd. Zeit ist aus nichtgerm. Grundsprache aufgestiegen ahd. harūg, harūch (Heiliger Hain, Heiligtum), harūgari (Priester), dazu die Gleichsetzung ahd. harūgarí/ lat. harūspex/gr. böot. iarós mit Hinweis auf die von heidnischen Priestern vorgenommenen Kulthandlungen. Und da die »Hohe Gerichtsbarkeit« in Priesterhand gelegen haben dürfte, bez. ein »hariges Ding« das priesterliche Gericht; heute profaniert und verblasst zu einer bedeutsamen, höchst bedenklichen Sache, Angelegenheit.

**Harke** s. Rechen

**hauen** (håiwə – V.) schlagen, hauen. Zugr. liegt ideur. *kau, dazu lett. kaût (schlachten, töten), lett. kaũties (sich prügeln, sich schlagen), lit. káuti (schlagen, hauen) und als Nebenform kovìmas (Schlagen, Hauen, Niederschlagen). Nach germ. Lautverschiebung k>h im Germ. ags. hīawan, got. hawi und im Dt. ahd. hoūwan, mhd. hoūwen, weitgehend erhalten in der md. Grundsprache, dazu håiwe (Heu, das Gehauene).

**Haufen** s. Hufte

**Hauhechel** (hůhachəl – M.) am verbreitetsten Hauhechel oder Harnkraut, Ononis spinosa L. Weigand erklärt den Pflanzennamen als »Hechel (Stachelpflanze), in der, da sie gern an Wiesenrainen wächst, das Heu leicht hangen bleibt«. Da sie jedoch durchaus nicht »gern an Wiesenrainen wächst«, also auf nassem Boden, sondern auf trockenen Viehtriften oder selten befahrenen steinigen Wegen ist der erste Wortteil »hau« keineswegs mit »Heu« in Beziehung zu setzen, zumal zur Zeit ihrer vollen Entwicklung kein Heu mehr geerntet wird, sondern Grummet. Die falsche Etymologisierung ist erfolgt, weil nur der diphthongierte Pflanzenname »Hau«hechel bekannt war; in der Grundsprache lautet er noch immer »Hūhachəl«, und allein von ihm aus ist die Deutung möglich. – Der erste Wortteil ist das lautverschobene »hū« aus ideur. *ku (wölben), wie es in zahlr. balt. Wörtern belegt ist, in Pflanzennamen bspw. lit. kuokùlis (Kornrade), kūlymas (Wollgras), das einem weißruss. Lehnwort nachgebildete lit. kūpolē (Johanniskraut, Hartheu). Vielfach hat es die Bed. »erheben, aufwärtsgerichtet« angenommen ... Der zweite Wortteil, »hachəl = Hechel«, wird von Kluge/Mitzka, Hermann Paul, Weigand auf ahd. mhd. hecchen, hecken (hauen, stechen) zurückgeführt, und andererseits wird Verwandtschaft mit »Haken« angenommen. Er ist vermutlich schon in germ. Zeit aus der Grundsprache der nichtgerm.-ideur. Vorbevölkerung aufgestiegen und entstammt einem ideur. *paik, daraus bereits lautverschoben ideur. *hach (kratzen, kämmen), weshalb die vorgenannte Etymologie falsch ist. Über den Zeitpunkt dieser bereits ideur. Lautverschiebung k>h gibt heth. hahal (dorniger Strauch, Gestrüpp, Buschwerk) aus heth. hahharia (kratzen, scharren) nähere Auskunft, denn die heth. Belege stammen aus der Zeit des Hethiterreiches zwischen etwa 1850 und 1200 v. Ztr. Im Gr. entspricht diesen Belegen gr. hachnē (Spreu, »das Kratzende«) ... Hūhachəl (Hauhechel) dürfte also nichts anderes heißen als etwa »der gewölbte, aufgerichtete, kratzige Strauch«.

**Haus** (hūs – N.) Die Etymologie vermag die Herkunft des Wortes nicht zu erklären. So nehmen Kluge/Götze ein ideur. Erbwort an, »obgleich sich kein sicheres außergerm. Etymon nachweisen läßt«; Hermann Paul spricht von einer Wurzelverwandtschaft mit dem Wort »Hütte«; Weigand hält dies jedoch für »durchaus nicht sicher«. Zugr. liegt ideur. *(s)keu (bedecken, beschützen), das eine Unmenge von Nebenzweigen getrieben hat. Das zu *kut (bedecken, zudecken) verkürzte ideur. Wurzelwort mit t-Erweiterung liegt vor in skr. kutis (Hütte), gr. kýtos (Höhlung, hohler Raum), lat. cutis (Lederhülle wie sie für das Zelt gebraucht wurde, Fell), in den balt. Sprachen liegen lit. kūrē, kūtìs, lett. kūts (Stall) vor. Im Germ. erscheint das Wort merkwürdigerweise nichtlautverschoben in ags. cyte (Zimmer), cote, cot (Hütte, Stall), an. kytja, kot (unansehnliche Hütte), und dann im Dt. ahd. chuti (Höhlung, Schafstall), sowie in zahlr. Grundsprachen als kate, kott, koten und ähnlich (meist Nebenhaus des Verpächters, geringwertiges Haus). Die Ursache kann nur darin gesehen werden, dass diese Benennung in schon frühgerm. Zeit aus der Sprache der benachbarten nichtgerm.-ideur. Bauern als Lehnwort übernommen wurde; das liegt umso näher als das Wort »Haus« im Got. außer der Entlehnung gūdhūs (Tempel) nur mit diesem einzigen Wort belegt ist. Nimmt man »Kutte« als ein Wort der nichtgerm.-ideur. Vorbevölkerung, das als Lehnwort ins Germ. eingedrungen ist, dann wird auch das Wort »Hütte« verständlich als – nun jedoch germ. lautverschoben k>h. Wie nicht anders zu erwarten, erscheint dieses lautverschobene Wort erst im Dt., ahd. hutta, mhd. hutte, hütte (Hütte, Zelt), hat also genau die gleiche Bed. wie Kutte (hohler Raum: Hütte: Haus). Gehen wir nochmals zurück zu ideur. *kut (bedecken), das auch dem lit. kiáutas (Gehäuse, Schale, Hülle) zugrunde liegt, so dass auch von hier aus das Vorhandensein jenes Wurzelwortes gesichert ist. Daraus nach der Lautverschiebung t>s (sch, z) lit. kyžia (Hütte, auch schlechtes Haus), entlehnt aus wruss. hiža, lit. kūzāvas (Höhle in einem hohlen Baum mit Waldbienen) aus vermutlich wruss. kuzov (Bastkorb), in Sachsen Keusche (über einem Schacht errichtetes Schutzdach), in den österr. Alpen Keusche (kleines Bauernhaus), in Slow. kajža (kleines Bauernhaus, Gehäuse), serbk. kuča (sprich kutscha= Haus), im Pustertal und in der dt. Sprachinsel Gottschee Köse (Schutzgebäude auf dem Felde für Getreidegarben), in Kärnten Kösen oder Koisen, in Tirol Koise oder Köß in gleicher Bed. Diesen Wörtern liegt deutlich ein ideur. lautverschobenes Wurzelwort *kut: *kus zugrunde. Mit dem Erkennen der (nichtgerm.!) ideur. Lautverschiebung t>s wird auch das Wort »Haus« verständlich. Es erscheint im Germ. got. ags. an. hūs, und im Dt. dann as. ahd. mhd. hūs und heißt in unserer Grundsprache noch immer hūs.

H

**Haut** hūt – F.) (Bedeckung des menschlichen, tierischen, pflanzlichen Körpers). Die Etymologen, so auch Kluge/Mitzka, führen das Wort auf ideur. *keut aus ideur. *(s)keu (bedecken, umhüllen) zurück, doch nur wegen Erfassung der gesamten Wortfamilie, also auch in der Bed. »Hülse, Beutel, Leder und damit abgezogene Haut, Hütte usw.«. Zugr. liegt ideur. *(s)ku (bedecken, umhüllen) und daraus mit t-Erweiterung gr. kýtos, lat. cutis. Nach Germ. Lautverschiebung k>h und t>d haben sich ergeben ags. hȳd, an. hūdh, as. hūd und völlig ordnungsgemäß nach »Hoch«dt. Lautverschiebung d>t ahd. mhd. hūt. Erst die gmdt. Diphthongierung ergab Haut; daneben steht jedoch noch immer gsp. hūt. Es ist zu beachten, dass außer der schon ideur. t-Wurzelerweiterung das germ.-dt. Wort kein Suffix benötigte ... im Gegensatz zu gr. kýtos, lat. cutis. Vgl. auch hūddern.

**Hebbel** (hebbəl – F.) weibliche Ziege. – *Hebbelchen* (hebbəlchən – N.) auch »hibbəllammchən«. *Hebbelbock* (hebbəlbokk – M.) beschnittener Ziegenbock. – Zugr. liegt ideur. *kap (in sich aufnehmen und aufnehmend halten), dazu lat. capella (kleine Ziege), dies zu lat capra (weibl. Ziege, Geiß). Dem lat. capella entspricht lautlich nach Germ. Lautverschiebung k>h und p>b genau das Vogteier Schimpfwort gsp. derrhabbəl (dürre Hebbel, mageres Geschöpf), während alle übrigen Belege zur Grundform ablauten. Das erst nhd. Hippe, Hipplein lautet ebenfalls ab, weist aber außerdem die jungzeitliche oberdt. Verschiebung b>p auf. Das Wort, obgleich nicht belegt, ist auf Grund der wirksam gewordenen Lautverschiebungen als echtgerm. zu bezeichnen.

**heben** (kåp – V.) fassen, aufheben, dazu mhd. heben, heven aus ahd. heffan, hevan, got. hafjan aus germ. *haf (fassen, ergreifen), zugrunde liegt ideur. *kap.

**hecheln** (hachəln – V.) Flachs oder Hanf durch die Hechel ziehen. – *Hechel* (hachəl – F.) Gerät für die Flachsbearbeitung. *Hechelmann* (hachəlmånn – M.) aufmerksamer, jede Einzelheit und Kleinigkeit scharf beobachtender kleiner Junge. »ha påßt ůff wī ënn hachəlmånn«. – *hecheln* (hachəln – V.) Japsen der Hunde bei Erhitzung und starkem Durst, wobei die Zunge sich ununterbrochen hin und her bewegt. – *durchhecheln* (derchhachəln – V.) ein Ereignis so lange bereden, vor allem im bösen Sinne, bis völlige Klarheit herrscht. – Bei der sprachgeschichtl. Untersuchung muss man einerseits von der Tatsache ausgehen, dass es Lein bereits in der Jüngeren Steinzeit gegeben hat und die Hechel in einer heute nicht mehr bekannten Form vorhanden gewesen sein muss. Andererseits muss man die Arbeitsweise zur Erklärung des Wortes zurate ziehen, eine Wortverwandtschaft mit »Haken«, wie sie Kluge/Götze und Hermann Paul annehmen, aber als sachlich unrichtig ablehnen. Mag auch die Hechel in ihrer heutigen Form erst mittelalterlich sein, so muss sich doch die Bez. an Begriffe anschließen, die von Urzeit an vorhanden gewesen sind. Tatsächlich begegnet uns gr. ắchnē (sprich hachnē), in der dorischen nichtgerm.-ideur. Mundart ắchnā (sprich hachnā), was Spreu und im übertragenen Sinne Schaum oder Staub bedeutet. Auch gr. ắchyrhon (sprich hachyrhon) bez. die Spreu und daneben Häcksel oder glattes langes Stroh. Eine solche gr. Wortform muss der Ersten nichtgerm.-ideur. Lautverschiebung entstammen, so dass wir die ideur. Wortwurzel *kak in entspr. Bed. wiederfinden oder auch in Form der nichtgerm.-ideur. Lautverschiebung, die einerseits inlautendes t>s in den verschiedensten Abwandlungen, aber auch k, ch>s, sch, z und dann noch einmal s>r (und weiter r>l) verschieben konnte. Tatsächlich begegnen wir lit. kasà, lett. kasa (Haarflechte, Zopf), aslaw. kosa (Haar), česati (kämmen), aber selbst russ. čëska (Werg, Hede) und gr. keskíon (Flachsabfall, Werg). Auf nichtgerm.-ideur. Boden (mit Ausstrahlungen ins Gr.) hatte sich in der Ersten nichtgerm.-ideur. Lautverschiebung die Wurzel *kak>*hach entwickelt, aus der sich nach der Zweiten nichtgerm.-ideur. Lautverschiebung über *has in ahd. Zeit ahd. haru, haro (ins Anord. entlehnt als hörr), mhd. har (Flachs, eigentlich Flachssträhne, Flachsfaser) formte. Und nun beachte: in mhd. Zeit steigt aus einer noch immer nichtgerm. betonten »Grundsprache« hachelen, hecheln (strählen, hecheln) und hachele, hechele, hächel, hechel (stacheliges Werkzeug zum Durchziehen des Flachses) auf. Es ist also unmöglich, dieses Wort mit Kluge/Götze, Hermann Paul, Weigand auf ahd. mhd. hecchen, hecken (hauen, stechen) zurückzuführen. Vielmehr liegt eine nichtgerm.-ideur. Wortwurzel *kak/*hach in der Bed. »durchziehen, strählen, kämmen« zugrunde, also hecheln oder gsp. hachəln (durchziehen, kämmen), Hechel oder gsp. hachəln (Gerät zum Flachshaarbereiten, bis es seidig weich geworden ist).

**Hechelmann** (hachəlmånn – M.) auch bildlich für Sicherheitsnadel. – Wie in Hechel, hecheln ist die »Hoch«dt. Lautverschiebung k>ch wirksam geworden, die im Wort Haken ausgeblieben ist.

**Hecht** (hajjt – M.) Rauchschwaden im Zimmer. Hermann Paul und Weigand möchten diese Bez. auf den Fisch gleichen Namens zurückführen, zumal sie erst im 19. Jh. durch die Studentensprache schriftdt. geworden ist. Da aber bereits gr. ắchnē die Nebenbedeutung »Staub, Schaum« hatte, liegt es nahe, auch im Wort hajjt nicht nur den aus der offenen Haustür hinausziehenden Rauchschwaden, sondern bereits den Dunst zu sehen. Noch am Anfang des 20. Jh. hieß es ganz allgemein beim Blaken der Ölfunzel oder auch noch der Petroleumlampe: »schnuppe die Funzel (den Docht der Petroleumlampe) und mache nicht so einen Hecht in die Stube!« oder noch heute die Redensart: es ziehe »wie Hechtsuppe.« D. h. doch: »Hecht« (richtig: hajjt) ist urspr. der durchziehende strählige Rauchschwaden, der seine Bez. dem nichtgerm.-ideur. *hach (durchziehen, strählen, kämmen) verdankt und ist allgemein auf Rauch oder Dunst im geschlossenen Raum übertragen worden.

**hecken** (hĕkkən – V.) Junge gebären. – Das Wort steigt erst in mhd. Zeit aus einer Grundsprache in der Bed. mhd. hecken (sich fortpflanzen) auf. Die Etymologie schließt es an ahd. hegidruosa, mhd. hegedruos (Hode), mhd. hagen (Zuchtstier) und ähnliche Wortformen an, die aber das Gegenteil aussagen. In Wirklichkeit liegt ein nichtgerm. Wort in der Bed. »hinausgehen, herauskommen« zugrunde, nämlich ideur. *hek, gr. ek (aus ... heraus) entsprechend gr. hekbasis (das Hinausgehen, Aussteigen), hekbolos (unzeitig geboren, abgetrieben), hekgonos (tierisches Junge; abstammend; Nachkomme, Sprössling), hektrōma (Fehlgeburt), hexeimi aus *hekseimi (abstammen), hexodos aus *heksodos (Stuhlgang, Entleerung), und bereits im Gr-. mit h-Ausfall gr. ekgignomai (geboren werden), eklépō (ausbrüten), ekpiézō (herauspressen, herausdrücken), ekteléō (jemand einen Nachkommen bescheren), ekpŷō (gebären, ein Kind zur Welt bringen) und ähnl. Wortzusammensetz. Offens. ist die md. h-Lautform ohne die im Gr. notwendig gewordene Worterweiterung die älteste, aber auch Quelle oder Wurzel der gr. Belege. Wenn heute vielfach das als »vornehmer« empfundene »werfen« (im Sinne von: hinauswerfen aus dem Körper) verwendet wird, dann bestätigt dies die Richtigkeit der vorstehenden Etymologie des vorgerm. »hecken«: eine Sau, ein Kaninchen usw. »wirft« Junge.

**Hederich** (haddəri̊ch – M.) Ackerunkräuter Rhaphanus raphanistrum L. (Echter Hederich) und Sinapis arvensis L. (Ackersenf). Noch zu Beginn des 20. Jh. war Hederich dermaßen verbreitet, dass die Getreidefelder oft völlig gelb waren. Der Bauer sammelte beim Flegeldrusch den Hederichsamen mit anderen Unkräutersamen und stellte daraus das Samenöl her. – Die nur mhd. hëderieh, ahd. hëderīh, mnd. hed(d)erick, nl. he(de)rik belegte Pflanzenbezeichnung, möchten die Etymologen aus lat. hederāceus (efeuähnlich) entstanden wissen, während Kluge/Mitzka vorsichtiger erklären: »Wenn urspr. rankende Unkräuter gemeint sind, darf man an Umbildung aus lat. hederāceus ›efeuähnlich‹ denken, vollzogen unter Einfluss des älteren Wegerich«. Nun ist der Hederich keineswegs ein rankendes Ackerunkraut und kann auch nicht von einem anderen übertragen worden sein. Hat die md. Grundsprache den gleichen lautlichen und bedeut. Rhythmus mit dem Gr. (Balt.), dann muss von dorther Auskunft zu holen sein. Tatsächlich treffen wir auf gr. kótinos (wilder Ölbaum). Der Name bezieht sich auf den Ölgehalt. Die Lautverschiebung k>h und t>d ist germanisch.

**Heefchen** (hēfchən – N.) bäuerliches Gemüse- und Blumengärtchen am Haus oder in einem dorfnahe gelegenen Hackfruchtland. Das noch fast täglich gebrauchte Wort, auch im Anklang zu »Hof« als »Höfchen« verböserte Wort ist weder im Mhd., noch Ahd. noch in irgendeiner germ. Sprache belegt. Vgl. jedoch gr. kēpíon (Gärtchen, Lustgärtchen) zu gr. kēpos (Garten) aus ideur. *(s)kap (graben, hacken). Wegen der Verschieb. k>h und p>f ist Entlehnung aus dem Gr. unmöglich, weshalb nur protogerm. *kep angesetzt werden kann. Da stehen sinngleich gr. kēp(íon) und gsp. hēf(chen) mit zunächst nicht zu erklärenden Suffixen, aber gleicher Grundform, d. h. Hēfchen bedingt lautgesetzlich ein vorausliegendes protogerm. *kēp zwischen 2000 und 12000 v. Ztr.

**heeken** (hēkən – V.) einen Ast an sich heranziehen, bes. beim Pflücken von Kirschen, auch beim Sammeln von Leseholz werden dürre Äste von den Waldbäumen geheegt. – *Geheek* (gəhēk – N.) Vielzahl ähnlicher Zweige. – Zugr. liegt ideur. *kak, *kek (Ast), weitergeführt durch die germ. Lautverschiebung k>h. Nach der wthür. Grundsprache kratzt eine Katze auch nicht, sondern sie heegt, d. h. sie zieht, reißt eine Schmarre. Vgl. auch Hakepflug.

**heemeln** s. verheemeln

**Hegereis** (hairīs – N.) Reisig dürrgewordener Stämmchen, das außerordentlich rasch brennt. Falsch verstanden als Reisig aus dem Hag; in Wirklichkeit liegt mhd., ahd. hei (Hitze, heiß sein oder werden) aus ideur. *kai (heiß) zugrunde: das »Hitze gebende Reisig«.

**Heide** (haidən – F.) unbebautes Land. – Zugr. liegt ideur. *kaite, daraus in einer spätkelt. Mundart coit (Wald), im Germ. got. haithi (Feld), ags. haēth (Heide, Wüste), an. heidhr (wüste Hochfläche), im Dt. ahd. heida (Heidekraut), mhd. heide (unbebautes wildbewachsenes Land).

**heien** (haiən – V.) streicheln, liebkosen. *heieheie* (haiəhaiə – V.) streicheln nur in Beziehung zum Kleinstkind, »mache einmal heieheie«, streichele mich einmal sanft. – *Heiebettchen* (haiəbēttchən – N.) Kinderbettchen. – Das Wort ist eine Nebenform zu Hag, was eigentlich bed. »mit einem Zaun umgeben«. Es erscheint im Germ. als ags. hegian, im Dt. als ahd. hekjan, mhd. heien, heigen (aufziehen, hegen, schützen). Dass diese Wortfamilie vorliegt, geht aus der ständigen Redensart hervor »sie hat ihn gehegt und gepflegt«. Das Baiebettchen wird erst dann zum Heiebettchen, wenn das Kleinstkind nicht mehr in den Schlaf gewiegt wird oder wurde.

**heim** (heim – Adv.) nach Hause. Wer vom Felde ins Dorf zurückkehrt, der geht nicht nach Hause, sondern er geht heim. – *daheim* (drhain – Adv.) zu Hause. Dem Wort liegt ideur. *kej, ki (liegen, wohnen) zugrunde, in den balt. Sprachen apreuß. caymis (Dorf), lit. káima(s) (Bauerndorf, Land im Gegensatz zur Stadt), im Germ. got. haims (Dorf), ags. hām (Haus, Wohnort), an. heimr (Wohnung, Welt) und im Dt. as. hēm (Wohnort), ahd. mhd. heim (Haus, Wohnort). Die Formen ahd. mhd. heime (zu Hause) ahd. mhd. heim (nach Hause) sind erst jünger.

H

**heizen** (haißən – V.) heizen, jedoch nur vom Bäcker im Backofen gesagt. Das einem ideur. *kai (heiß) entstammende Wort mit d-Erweiterung ergab im Germ. ags. hætan, an. heita und im Dt. ahd. haizē, mhd. heiz (heiß), heizī (Hitze). Die s-Doppelung ist eine md. Eigenart, die jedoch anscheinend keinerlei Bedeutung hat.

**hemmen** (hëmmən – V.) – Zugr. liegt ein ideur. *kam (hindern), lit. kãmanos (Zaum), im Germ. nur ags. hameljan, an. hamla (aufhalten, hindern), an, hemja (hemmen), hemill (Fußfessel des Weideviehs). Im Dt. erscheint das Wort erstmalig im 14. Jh.: mhd. hemmen (hindern).

**Herber** (hērbər – F.) unordentliches, nicht aufgeräumtes Haus oder zumindest Wohnung. Das aus Heer und bergen in ahd. Zeit entstandene as. heribërga (ein das Heer bergender Ort) ist bereits bed.gemindert zu mhd. herbërge (Lager, Zuflucht, Obdach, Wohnung – dann Haus zur Übernachtung für Fremde) und weiter in der md. Grundsprache zu »verlotterte, unaufgeräumte« Wohnung geworden.

**Heu** s. hauen

**Hi, Hief** s. Hühpferd

**hindoch!** (hënnåch – Interj.) aufmunternder Zuruf des Fuhrmanns, bes. beim Pflügen mit zwei Kühen, aber auch zum Antreiben arbeitender Menschen gebraucht: »beeile dich! tummele dich!« – *hindochen* (hënnåchən – Interj.) hin doch nun! Steigerungsform: »nun aber endlich los! endlich voran!« – Das Umstandswort in der Bed. »in der Richtung vom Sprechenden hinweg« gehört zum Fürwort ähnlichen Wortstamm ideur. *ki, germ. *hi, im Germ. ags. hin (weg), im Dt. ahd. hina, mhd. hine, hin (hinweg, fort, hin)...doch: einem ideur. *tou, germ. *thau zusammengesetzt mit got. -uh (und) entstammt got. thaúh (ags. thēah, an thō), das im Dt. zu ahd. doh, mhd. doch führte und in Befehlssätzen die Aufforderung dringlicher macht. – In dem Fuhrmanns-Zuruf sind beide Wortteile zu gleichwertiger Zusammensetzung geworden.

**hinzu!** (hënnzů – Interj.) aufmunternder Zuruf des Fuhrmanns, entspr. etwa »hindoch!« – Ähnlich »kommzu (kůmmzů – Interj.)« in der Bed. »komm, geh nun voran!«

**Hippe** (hippən – F.) Das Wort steigt erst im Jahre 1627 aus einer Grundsprache ins Gmdt. auf und kann bisher nicht etymologisiert werden. Weigand meint: »Herkunft unklar«, und Hermann Paul nimmt Entlehnung aus dem Nl. an. Hans Kuhn bez. es in der »Festgabe für Hammerich 1962«, Seite 15, als »aus unbekanntem vorgerm. Substrat« entstammend, und Lutz Mackensen schließt sogar auf »nichtindogermanischer Herkunft«. In Wirklichkeit ist es ein nichtgerm.-ideur. Wort, das unmittelbar ideur. *(s)kap (hacken) fortsetzt entspr. lit. kapóti (hacken, spalten, zerschlagen, hauen) und

Zubehör. Der Werkzeugname erscheint erstmalig ahd. hāp(p)a, hāppia, daraus mhd. hāppe sowie lautlich verbösert zu mhd. hep(p)e, schließlich von Luther – doch wohl weil als »vornehmer« empfunden – als nhd. Hippe ins Gmdt. eingeführt. Die Etymologie stellt das Wort zu ideur. *(s)kep (mit scharfem Werkzeug arbeiten), obwohl die Hippe ein nahezu stumpfes Werkzeug ist. Ich stelle es zu lit. kaplýs (Schlichtbeil), lett. kapeklis (Hackeisen), die genau unserer Happe/Hippe entspr. und deshalb allein mit ihr verglichen werden können. Das Wurzelwort ist ideur. *(s)kap (hacken). Da die Verschiebung des inlautenden p>h ausgeblieben ist, möchte man ein Lehnwort aus dem noch ungebrochenen Nichtgerm. annehmen.



**hittern** (hittərn – V.) wiehern der Pferde, wenn sie Durst haben. Es ist ein mehr verhaltenes und etwas klägliches Wiehern. – Das nirgends belegte Wort kann zu ideur. *qi (bewegen) gehören, dem unser gsp. Hī, Hü (Pferd) in seiner Urbed. entstammt und würde dann etwa als »Pferderuf« zu benennen sein. Es könnte auch ein Zus. mit ideur. *dhī (saugen) bestehen entspr. lett. dīlit (säugen) und noch eher gr. tithē (Amme) über das unerklärbare gr. dipsa (Durst), dipsēn (Durst haben), das dann (ausgehend von gr. tithē) über die Lautverschiebungsreihe t>p>k ein *kithē ergeben hätte, um nach bereits nichtgerm.-ideur. Lautverschiebung k>h zu gsp. hittern zu führen.

**hiu!** (hiů – Interj.) aufmunternder Zuruf des Fuhrmanns: los! – Der Ausruf ist nicht entstanden aus Metathese von hui (»in einem Hui«, in einem Augenblick), sondern steht stellvertr. für ein Wirkliches Tun »hauen« und ist bereits belegt ahd. mhd. hiu (geschlagen haben, eigentlich: gehauen haben).

**Hocke** (hokkən – F.) Haufe aufgestellter Getreidegarben, oft auch Docke oder Puppe genannt. – Ohne belegt zu sein, ist das erst im Nhd. aus einer Grundsprache aufsteigende Wort germ., da es die germ., aber nicht die ahd. Lautverschiebung zu *hoche mitgemacht hat. Es entstammt der Grundsprache, kann jedoch keineswegs als nd. angesprochen werden, weil es auch in sdt. Grundsprachen gleichwertig vorliegt. Zugr. liegt ideur. *koug (hoch), daraus lit. kūgis (Heuhaufen), kàugė (großer Haufen, Heuschober), lett. kàudzę (großer runder Korn- oder Heuschober).

**Hof** (hof – M.) Viehhof, Düngerstätte – *Hofreite* (hofəraitə – F.) der Raum zwischen den zum Bauernhaus gehörenden Gebäuden (im Gegensatz zu der früher stets offenen »Miste«). – Die Sprachwissenschaft kennt selbstverständlich nur das gmdt. Wort »Hof« und glaubt als nächsten Verwandten nhd. Hübel aus ideur. *kup *keup (sich wölben, biegen) annehmen zu dürfen, denn (nach Kluge/Mitzka) »zur Hoflage eigneten sich die höher gelegenen Grundstücke, weil sie vor Überfällen und Bodennässe sicherer waren«. Das ist unrichtig und zeigt nur die Unkenntnis der Sache »Hof«; es widerspricht zudem den topographischen Gegebenheiten, da auch das Flachland Höfe kennt. Fast jedes Bauernhaus hatte (früher) hinter der Scheune einen Hof, in dem das Jungvieh bis zur Weidefähigkeit gehalten wurde. Ein zweiter »Hof« ist die gsp. hofəraitə, die trotz DWB nicht das Geringste mit der »Vorbereitung« der Ackerarbeiten usw. zu tun hat. Sie ist der *abgeschlossene* Raum unmittelbar hinter dem Wohnhaus im Gegensatz zur offenen Miste. Das Wort »Hof« entstammt einem nichtgerm. *kop und hat sich weiterentwickelt zu gr. kópros (Viehhof, Stall, Düngerstätte), was die Verwandtschaft des Md. mit dem Agr. erneut belegt. Die lautgleiche Übereinstimmung bedeutet, dass die Lautverschiebungen k>h und p>f wirksam geworden sind. Das Wort ist im Got. nicht belegt, ags. hof (Gebäude, Fürstensitz; Kreis. Bezirk, Tempel), an. hof (Gehöft; sonst Tempel mit Dach) und im Dt. as. ahd. mhd. hof (Garten, Gehöft; Fürstensitz).

**Hofreite** s. raide

**Hohnäcker** (huənäkkər – M.) unangenehmer Mensch, der über alles und jedes seine höhnischen und spöttischen Reden führt. – Das Wort besteht deutlich aus »Hohn, höhnen« und dem zweiten Wortteil -äcker. Dieser gehört weder zu Ecke noch Ecker (Eichel; Buchecker), sondern führt unmittelbar zu got. aikan (dessen Worte anzusetzen sind) als »der Hohn und Spott sagende«, die also voller Hohn und Spott sind. Die Weiterentwicklung von got. aikan über die »Hoch«dt. Lautverschiebung -k>-ch wie sie in ahd. eichi, eihhan, mhd. eichen (zusprechen, zueignen) vorliegt, hat also das Grundsprachenwort nicht mitgemacht.

**Hölle** (hëll – F.) enger Winkel, in dem angeblich der Weber kleine Mengen verbirgt. – Das einer nichtgerm. Wurzel *kal (verbergen), ideur. *skar (verdecken, beschütten) zugehörende Wort entwickelt sich schon von germ. Zeit an in zwei verschiedenen Bed. richtungen: 1. Ort der ewig Verdammten, 2. enger Raum zwischen Ofen und Wand. Im nichtgerm.-Ideur. kennt das Wort nur diese zweite Bed.: bg. klánik (Raum zwischen Herd und Wand), lit. klētis, lett. klēts (Vorratshaus, Speicher), lat. callis (schmaler Fußsteig über Berge und Anhöhen). Im Germ. entspricht ihr ags. heal, hal (Winkel, Ecke) und erst wieder mhd. Hœle (Verheimlichung). Zugr. liegt im Germ. ags. hëlan und im Dt. ahd. hëlan, hëlen, mhd. hëlen, hëln (geheim halten, verbergen). In der Grundsprache wird die Urbed. des Wortes bis in die Gegenwart weitergeführt.

**Hoostock** (hōštokk – M.) Stricknadel, urspr. aus Holz wie die jetzt wieder üblichen etwa 30 cm langen Stricknadeln zur Anfertigung weitmaschiger Kleidungsstücke. – Das im Gmdt. ungebräuchliche, im Mhd. und im vorhergehenden Ahd., aber selbst im Germ. nicht bezeugte Grundsprachenwort scheint vom Sprachl. her undeutbar zu sein. Der zweite Wortteil »-stock« verweist möglicherw. darauf, dass eine urspr. wohl andersartige Arbeitsweise mit diesem aus Holz (später Eisen) bestehendem Hilfsmittel abgelöst worden ist: das Stricken war wie das Weben vorher ein Knüpfen mit Hilfe der Finger. Der Hoostock ermöglichte es jedoch, eine größere Anzahl von Maschen aufzusammeln und erst dann zusammenzufügen. Mit dieser Überlegung kommen wir zu der in ideur. Zeit, auch im Lat., noch selbständigen Vorsilbe cum-, com-, con-, co-, die ein Zusammenfügen oder Sammeln, Aufsammeln ausdrückt und auch im Germ. entsprechend lautverschoben noch im Begriff des Gesellschaftlichen oder Zusammenfassens wiedergibt. Der gsp. hōštokk ist deshalb der »(Maschen)-sammelstock«. In die germ. Zeit gehören auch die Wörter Hoomaier (Verwalter mehrerer Güter) und Hoomeise (Ameise).

**Hopfen** (hopfən – M.) Rankengewächs, dessen Früchte zum Bierbrauen verwendet werden. – *Hopfenstange* (hopfənštångən – F.) Bez. eines besonders langen und dürren Menschen, aber kein Schimpfwort. – *Hopfensack* voll (hopfənsåkk vůll) sehr viel. Die germ. Bez. wie sie in ags. hymele, an. humli vorliegt, ist ins Lat., Gr. und selbst in zahlreiche Ostsprachen übertragen worden. Im Germ./Dt. ist dieses Wort untergegangen, da inzwischen aus einer nichtgerm.-ideur. Grundsprache eine andere Bez. vorliegt, wie sie sich in lit. kòbinti (hängen lassen) entsprechend der Entwicklung in »Hafer«, zur Alleinherrschaft durchgekämpft hatte: as. (fëld) hoppo, ahd. hopfo, mhd. hopf.

**Horde** (hort – F.) Weidengeflecht in einem Holzrahmen. – *einhorden* (īnhordən V.) die Schafherde zum Übernachten in den Pferch treiben. – Ausgangswort ist ideur. *qer (biegen) und weiterentwickelt zu ideur. *qert (flechten, knüpfen), daraus skr. kà(r)tas (Geflecht), gr. kỳrtē (Fischreuse), kyrtia (Flechtwerk), kàrtalos (Korb), im Germ. nach Lautverschiebung k>h got. haūrs (Tür: aus Flechtwerk!), ags. hyrdel (Horde), an. hurdh

(Tür, Türflügel) und im Dt. ahd. hurd (Flechtwerk), mhd. hurt (Flechtwerk als Tür, Gatter und zum Verbrennen der Verbrecher oder Leichen).

**hott!** (hott! – Interj.) Ruf zum Rechtsgehen der Zugtiere. – *hotteweg!* (hottewagg! – Interj.) mit erhobener Stimme ausgesprochene Aufforderung zum Einlenken nach rechts. – *hotteweggen!* (hottewaggən – Interj.) mit noch mehr erhöhter und zorniger Stimme ausgesprochene Aufforderung, wenn die Zugtiere nicht sofort Folge leisten. – Die Herkunft des Wortes ist unbekannt: mhd. hotte (Ruf an Zugtiere, wenn sie nach rechts gehen sollen). Da frnhd. hotten (zum Rennen der Pferde antreiben) belegt ist und nebenher Hottegaul, Hottepferd in der Kindersprache noch heute gebräuchlich ist (in Wthür. dafür Hutsch), scheint das Pferd gemeint zu sein, das wohl rechts neben dem Ochsen eingespannt war.



**hotten** (hottən – V.) durch Anwärmen der Sauermilch den Käsestoff von der Molke scheiden. – Das nirgends belegte Wort entstammt einem ideur. *(s)kut (rütteln), hat sonst keine Gleichungen und muss unmittelbar aus dem Wurzelwort entstanden sein: die Klümpchen »rütteln« zusammen und drängen die wässerige Molke hinaus. Das geschieht ganz allmählich, weshalb gsp. hotten als Iterativ gedeutet werden mag. Das Wort muss unmittelbar aus nichtgerm. *(s)kut durch germ. Lautverschiebung k>h hotten ergeben haben.

**Hotze** (hotzən – F.) hölzernes Bettgestell mit viertelkreisförmigen Kufen für Kleinstkinder, Wiege. – *hotzen* (hotzən – V.) die Wiege in schaukelnde Bewegung setzen. – Das Wort taucht erst im Mhd. aus einer Grundsprache als hotzen auf, während hotze (Wiege) überhaupt nur md. belegt ist. Das Wort ist ideur. *kutt (schaukeln), daraus lit. kustėti (heftig, stark an den Haaren schütteln) und ablautend lett. cocele (sprich kotséle) als Bez. für eine aus Birkenrinde gefertigte Kinderwiege. In beiden Wörtern ist die zweite nichtgerm.-ideur. Lautverschiebung tt>st oder tt>ts wirksam geworden. In Hotze ist danach die Germ. Lautverschiebung k>h noch eingetreten.

**hubben** (hubbən – V.) wehleidige und herzzerbrechend klingende Töne mit der aus junger Weidenrutenrinde gefertigten »Fiepe« erzeugen. – Das Wort ist im Mhd. nicht belegt, doch finden wir ahd. hiuban, hiupan, hiufan, as. hiovan, hëovan (wehklagen, klagen), im Germ. ags. heáfan, heófjan, got. hiufan (wehklagen, klagen) – ahd. hiufida, hiufitha, as. hofna (Trauer, Wehklage) – Sprachgeschichtlich steht gsp. hubbən zu ahd. hiuban, hiupan (wehklagen) trotz des Wandels iu>u, denn dieser ist schon im Ahd. nicht selten nachweisbar. Das den dt.-germ. Belegen zugrundelieg. germ. *huf, *hub setzt ein ideur. *kup (reden) voraus. – *Hubbe* (hubban – F.) Gummínuckel oder Ringsauger der Kleinstkinder, den wir sinnvoll auch »triəstər = Tröster« nennen. – *Hupe* (hupən – F.) urspr. Bastpfeifchen der Förster und Jäger, mit dem sie das Piepen der Rehgeiß oder Rehmutter zum Heranlocken des Rehkitzchens nachahmen, später Signalhorn der Feuerwehr, schließlich der Kraftfahrzeuge, das die Etymologie nur als »lautmalend« bezeichnet.

**Hucke** (hukkən – F.) mit Gras (oder auch Leseholz) gefüllter Rückentragekorb. – *Huckevoll* (hukkənvůll – F.) bildlich: Schläge auf den Rücken als dem Platz der Hucke. – Zugr. liegt ideur. *kuk (hoch), das bes. in den balt. Sprachen sich weit verzweigt hat, bspw. lit. kùkštara (Rückentragekorb, Rucksack, oberster Teil des Rückens), kukùriai (oberster Teil des Rückens nebst Schultern). Im Germ. ist das Wort in dieser Bedeutung nicht belegt, steigt aber in dt. Zeit aus einer Grundsprache auf zu mhd. hucke (auf dem Rücken getragener Verkaufsladen). Wenn sowohl in der md. Grundsprache als auch im Balt. das Wort in völlig gleicher Bed. belegt ist, dann muss die *Sache* selbst bereits gemeinsam in jener Zeit verwendet worden sein, als beide Völker noch die ideur. Grundsprache benutzten. Das aber war in der Jüngeren Steinzeit um 2000 v. Ztr. Da im Md. das Wurzelwort alleinstehend wortbildend ist, während in den balt. Sprachen ein Suffix angehängt werden musste, darf geschlossen werden, dass Wort und Sache vom Md. ausgegangen sind. Damit liegt es nahe, dass die Lautverschiebung k>h zum Nichtgerm.-Ideur. zwischen 2000 und 1800 v. Ztr. gehört. Das würde bedeuten: das Wort gsp. hukkə (gefüllter Rückentragekorb) ist ideur. kuke (Rückentragekorb) um 2500 v. Ztr. und älter.

**Huckel** s. Huppel

**hudern** (hudərn – V.) die Flügel spreizen, damit die kleinen Gänschen bei Abkühlung sich daruntersetzen und wärmen können. – Das nirgends belegte Wort ist germ., da ihm zugr. liegt ideur. *(s)kut (rütteln), germ. lautverschoben k>h und t>d. Die Gans (die Glucke) rüttelt sich wortwörtlich und lockert ihr Gefieder.

**huddern** (huddərn – V.) eine »Gänsehaut« bekommen. – Das nirgends belegte Wort ist eine Zeitwortform als Iterativ zur Bed. »Haut« aus ideur. *(s)keu (bedecken, umhüllen), daraus im Germ. hȳd. an. hūdh und im Dt. as. hūd, ahd. mhd. hūt (Haut). Unser Grundsprachenwort stimmt mit der an. oder as. Lautform überein, was Rückschlüsse auf die Herkunft der in Wthür. verbreiteten germ. Volksstämme zulässt.

**Hufte** (huftən – F.) über den gefüllten Rückentragekorb hinausragender Haufen Gras oder Holz. – Ausgangswort ist ideur. *kubh (emporragen), dem auch nhd. Haufen entspricht, am nächsten gsp. huftən, jedoch lit. kúpinas (gehäuft, reich an etwas, übervoll), kaupūoti (mit gehäuftem Maße, reichlich zugemessen), lett. kupt (sich ballen) und zahlr. Zubehör. gsp. håifən (Haufen) ist die Bez. für eine große Menge auf- und übereinandergeschichteter Dinge. – gsp. huftən (Hufte) dagegen ist die Bez. für eine über das eigentliche Maß hinausgehende Menge.

**Hüh(pferd)** *hüh* (hī – Interj.) auffordernder Zuruf des Fuhrmanns an die Zugtiere zum Anhalten. *hühbrrr* (hī, brrr – Interj.) verstärkte Aufforderung zum Anhalten, jedoch nur von Pferdebauern gebraucht. – *hüh, har!* (hī, har – Interj.) scheinbar sinnlos: anhalten *und* nach links gehen! – hüh, hott (hī, hot – Interj.) scheinbar sinnlos: anhalten – *und* etwas weiter rechtsgehend weiterschreiten. – *Hie* (hī – N.) Pferd im Wortschatz des Kleinkindes. »s ës ënn hī = es ist ein Hie«, ein Pferd. – *hiefé* (hīfé – Interj.). Fuhrmannsruf nur gegenüber Pferden in der Bed. »zurück!« vielfach gerundet zu »hieföh!« oder verstärkt zu »hieföh zurück!« – *hiefé* (hīfé – V.) rückwärtsgehen, bildlich auf menschliches Tun übertragen, »wenn ich in den Keller will, muss ich hiefe gehen, rückwärtsgehen«, weil die Eingangstür so niedrig ist. – Das in zahlreichen dt. Grundsprachen verbreitete Wort hiefé wird von Kluge/Götze in Anlehnung an ags. onhūpian (sich zurückziehen). an. hopa (sich rückwärts bewegen) an die Bed. von »Hüfte« und damit an ein ideur. *kub (sich biegen) angeschlossen. Da es jedoch nur von Pferden gebraucht wird und diese beim Hiefégehen tänzelnde Schritte machen, dürfte eher ein nichtgerm.-ideur. Erbwort zugrunde liegen entspr. lett. kūve (ein tolles Spielen und Springen der Pferde; das Durchgehen der Pferde). In der md. Grundsprache würde das Wort entrundet sein in der klaren Entwicklung *kupé/ *hupé/ *hufé, so dass es zu Hief (Pferd) zu stellen sein würde. Von der gerundeten Lautform »hü, hüh« aus, bleibt das Wort unerklärbar. Bei dem grundsprachigen »hī« als Maßstab und daneben das kindliche »hī = Pferd«, ergibt sich der Sinn der damit zusammenhängenden Fuhrmannsworte »hī, brrr (Pferd, halt!)«, »hī, har (Pferd, nach links!)« »hī, hott (Pferd, nach rechts!)«, »hī, komm (Pferd, komm geh voran!)«. Damit stehen wir vor dem Wurzelwort ideur.

*qi (antreiben, abrichten), lautversch. k>h zu gsp. hī (Pferd) und weiterentwickelt zu hīf (Pferd), im Gr. jedoch gr. hippos (Stute, allgemein: Wagenpferd), das noch heute entlehnt als Hippodrom (Jahrmarktsreitbahn) nachlebt. Vgl. auch Hütschpferd.

**Huibeschwein** (hůiwəschwīn – N.) junges männliches Saugschwein (das weibl. heißt »sůiwəschwīn Sauenschwein)«, beide zus. jedoch »fikkəl (Ferkel)«. – *huibsch* (hůibsch – Adj.) nach dem Matz (måtz), dem Zuchteber verlangend, neuerdings auch »heïbsch« wohl in Anlehnung an »freïən (freien, heiraten)« ausgesprochen. In »Huibe« liegt wohl ein Wort vor, das nicht mehr das Wildschwein meint, sondern nur auf das zahme Schwein bezogen werden kann. Da sprachgesetzlich ein anlautendes »h« ein vorhergehendes früheres »k« bedingt, finden wir lit. kuilỹs, lett. kuilis (Zuchteber), russ. kiljak (unverschnittener Eber), als Lehnwörter aus dem Weißruss., daneben das echtlit. kiaulē (Schwein) in kiauluogē (Schweinsbeere). Diesen Wörtern liegt wie poln. kiel, slow. kèl (Hauer), aber auch dem gsp. kīlər (nhd. Keiler), ein ideur. *(s)ker, *(s)kir, *kil (schneiden, verwüsten, wühlen) zugr., so dass diese eigentlich »Wühler« bedeuten dürften. Dabei wird auch die Lautverschiebung r>l erkennbar. Untersuchen wir einige nichtgerm.-ideur. Sprachen, dann begegnen uns awest. hu (Eber), gr. hỹs (Eber, Keiler, später allgemein: Schwein), hydion (Schweinchen, Ferkel), hyeios (vom Schwein), hyóphthalmos (Schweinsauge, Schamkraut, heute Chenopodium L., von dem der Wurmsamen der Kinder genommen wird) überliefert worden ist ... und die md. Bez. hůiwə(schwīn). Den Gleichungen lit. kuiliavaus/gsp. hůibsch (nach dem Eber verlangen, den Begattungstrieb empfinden) und lit. kuiliúotis/gsp. gəhůibt (vom Eber gedeckt), ist zu entnehmen, dass trotz wohl jahrtausendelanger Trennung beider Völker und ihrer Sprachen voneinander die Bez. des gleichen Vorgangs beim zahmen Schwein sich an dasselbe Grundwort anlehnt. Die awest., gr. (lat.) und die gsp. Wortbelege setzen eine bereits ideur. Lautverschiebung k>h voraus, so dass die sehr viel spätere germ. Lautverschiebung k>h bestenfalls ein Nachholen dieses sprachlichen Vorgangs gewesen sein kann.

**Hulker** (hůləkər – M.) fester Erdklumpen oder mit Erde überzogener Stein auf Feldwegen. – *Gehulker* (gəhuləkər – N.) zahlr. Unebenheiten auf Feldwegen, so dass der Wagen ständig holpert. Substantiv aus hůləpərn = stolpern, entstanden durch Lautverschiebung p>k, vgl. dazu lit. kūlcinât (stolpern), entstanden durch Lautverschiebung p>h, vgl. dazu lit. kūlcinât (strauchelnd vorwärtskommen).

**Huller** (hullər – M.) Kopftuch der älteren Frauen, zu einem Wulst zusammengerollt. – Die Tatsache, dass die Kopfmitte frei blieb und nicht eingehüllt wurde, verweist auf Hullern/Kullern des Tuches. Daraus ergibt sich, dass wir ein nichtbelegtes germ. Wort nach Lautverschiebung k>h vor uns haben. In dem nichtetymolog. Kuller/Kugel ist demnach ein unverschobenes aus einer germ. Grundsprache »aufgestiegenes« Wort erhalten geblieben.

**hummeln** (hůmməln – V.) leise und unverständlich miteinander sprechen, wobei die Tonlage auf und ab schwillt, so dass die Sprecher nicht verstanden werden. – *hummeln* (hůmməln – V.) summen und brummen mit auf und ab schwellender Tonlage, wie es von der in Gang gesetzten Dreschmaschine gehört wird. – *Hummel* (hůmməl – F.) mit der Hand betriebene Dreschmaschine, wie sie Ende des 19. Jh. mehrfach in Benutzung war. – Das Wort ist zurückzuführen auf ideur. *ku (schwellen, anschwellen) entspr. gr. kýmaunō (etwas in wogende Bewegung versetzen, aufgeregt sein), kỹma (wogende Menge, Gewoge) und Zubehör. In dieser Bed. ist das Wort nur belegt mhd. hummen, hummlen. Sowohl Doppelungen als auch Dehnungen sind eine Eigenart des Md. Das Wort ist germ. wie die Lautverschiebung k>h beweist, wenn auch nicht belegt.

**humpeln** (hůmpəln – V.) hinken oder lahmen infolge Bein-, Fußschaden oder Entkräftung. Das Wort steigt erst in nhd. Zeit aus einer Grundsprache auf. Kluge/Götze sehen in den verschiedenen Formen »offenbar lautmalende Bildungen, für die man idg. Beziehungen wie gr. skambós ›krummbeinig‹ nicht hätte aufbieten sollen«. Hermann Paul meint: »Die erst im 18. Jh. aus dem Nd. in die Gemeinsprache gedrungene Bedtg. ›mangelhaft gehen infolge Entkräftung oder eines besonderen Fehlers‹ ist daher vielleicht eine Spezialisierung«. Schließlich sagt Weigand: »Man vergleicht das dialektische *schampeln* und gr. skambós ›krummbeinig‹. Andere denken an Verwandtschaft mit *hinken*, was trotz Zupitza Gutt. möglich ist«. Da bereits erwiesen ist, dass im Wortgut der nichtgerm.-ideur. Grundsprache innigste Gleichungen zum Balt. bestehen, vgl. lit. kumpúoti (langsam mit kleinen Schritten in gebückter Haltung gehen), kumptelēti (plötzlich ein wenig krumm werden), lett. kùmt (krumm werden), apreuß. kumpint (verrücken, hindern), ist der Ausgangspunkt sowohl des grundsprachigen humpeln als auch der balt. Belege ideur. *kam, *kum (gebogen, krumm sein), wobei in »humpeln« die Lautverschiebung k>h wirksam geworden ist.

**Hund** (hůind – M.) Hund. Zugr. liegt wohl ideur. *ku, kuon (heulen, schreien), vielleicht auch bereits nichtgerm. lautverschoben k>h *han. Vgl. gr. kýōn, air. cū, toch. kū, ablautend lat. canis, nach Lautverschiebung k>h got. hūnds, ags. hūnd, an. hūndr und im Dt. as. hūnd, ahd. mhd. hūnt. *Schweinehund* (schwinshůind – M.) Mensch mit niederträchtiger Gesinnung. Hermann Paul: »Schimpfwort«, – Weigand erklärt: »(eigentl.) Hund für die Saujagd; (jetzt) Schimpfwort«. Die Übertragung des ersten Wortteils mit »Schwein« ist fehlerhaft, denn lit. švinis (Hund als Schimpfwort) kann nur satemspr. als Nebenform von lit. šūo (Hund) aus ideur. *švūo verstanden werden. Die Koppelung Schwins * Hund lässt sich wohl nur so erklären, dass der Hund bei der nichtgerm. md. Bevölkerung (mit nachweisbarem Hundekult) Verehrung genoss und dass als Schimpfwort auf Schwins ausgewichen werden musste.

**Hupe** s. hubben

**Huppel** (huppəl – M.) kleine beulenartige Erhöhung in der Landschaft (zum Unterschied dazu ist eine kleine Beule auf dem Körper ein »Huckel«). – Das weder im Dt. noch vorhergehendem Germ. belegte Wort ist das k>h lautverschobene Wort nhd. Kuppe mit der die Verkleinerung ausdrückenden Endung -el. Zugl. ist dies Beweis dafür, dass Kuppe nicht aus lat. cuppa (Becher) entlehnt wurde, sondern als Erbwort der nichtgerm.-ideur. Vorbevölkerung ins Germ. eingedrungen ist, um lautverschoben p>pf als ahd. chuppha, mhd. kupfe ins Schrifttum einzugehen. Huckel (hukkəl) beulenartige Erhebung auf dem Körper. Hier ist die Lautverschiebung p>k wirksam geworden.

**Huschchen** (huschchən – N.) an kalten Sommertagen rasch angefachtes Feuer, das die Stubenwärme nur etwas »überschlagen« soll. – Das nirgends belegte Wort ist germ. aus ideur. *kai (heiß), daraus bspw. lit. kaĩsti (heiß machen, erhitzen), das in der Nebenform lit. kùšti, lett. kustêt (klein, schwächlich, zart) ergeben hat, aber nicht erklärbar ist.

**Hutsch** (hutsch – M.) Pferd in der Kindersprache, besonders das Steckenpferd. – *Hutschreiten* (hutschrītən – N.) Steckenpferd reiten. – *Hutschegaul* (hutschəgūl – M.) Schaukelpferd. – *hutschen* (hutschən – V.) etwa in großen Schuhen hin und her rutschen. – Kluge/Mitzka sehen in mhd. hutsch, das einen »raschen Schwung in die Höhe« bezeichnet und also lautmalend sei, eine Nebenform zu nhd. husch! huschen (gleiten). Außerdem sind belegt mhd. hutschen (rutschen, schieben), hutzen (sich schwingend, schaukelnd bewegen) und noch weiter lautverschoben mhd. hussen (sich schnell bewegen, rennen, davonhetzen), weshalb die Bezugnahme auf den Fuhrmannsruf lat. heus (he, heda, holla, aufgepasst!) unmöglich erscheint. Gsp. huts oder mit vorgerm. s>sch gsp. hutsch setzt ideur. *kutt voraus, dem unmittelbar nnd. hotten (schaukeln, schwingen), sowie nhd. Hottepferd (Schaukelpferd) entstammen, und ebenso nach Lautverschiebung tt>ss mhd. hutzen (sich schwingen, schaukelnd bewegen) mnd. mit Schärfung (z)s>sch ebenfalls mhd. hutschen (rutschen, schieben) sowie gsp. hutsch, hutschrītən, hutschəgūll, hutschən.

**Hutzel** (hōtsəl – F.) Dörrpflaume oder Dörrbirne (getrocknete Äpfel heißen Schnitzel). – *hutzelig* (hōtsəlnĭng – Part.) eingeschrumpft, etwa ein unreif gepflückter Apfel wird schließlich »hotsəlnĭng«. – *hutzeln* (hōtsəln – V.) dörren, ein nur selten gebrauchtes Zeitwort für »waləkən = welken« oder auch »dərrən = dörren«. – *Hutzelmännchen* (hōtsəlmannchən – N.) am Fenster aufgehängter Pflaumen- oder Zwetschenzwilling, der schließlich gedorrt ist. Auch von Heinzelmännchen wird behauptet, sie seien »hotsəlnĭng«, weshalb sie diesen Beinamen erhalten nhd. Hutzelmännchen. Das Wort steigt erst aus einer Grundsprache auf zu mhd. hutzel, hūtzel (gedörrtes Obst). Kluge/ Mitzka stellen nd. hotten (gerinnen), mnd. hotte (geronnene Milch) daneben, mit denen es jedoch nicht verglichen werden kann. Ich stelle es zu gr. kóttana, entlehnt zu lat. cottana (kleine trockene Feigen), das vorerst unerklärt bleiben muss. Da jedoch der Name für die kleine trockene Feige nicht auf das getrocknete Obst übertragen worden sein kann, sondern umgekehrt, ist nichtgerm.-ideur. Urspr. anzunehmen mit Lautverschiebung k>h und tt>ts. Sollte als Grundbed. »Topf, Gefäß« erschlossen werden können, dann wären die gsp. hōtsəln (das ist die richtige Lautform!) die »Topfzwetschen, Topfbirnen« im Gegensatz zu den frischen.

**Hütte** s. Haus

# J

**jaulen** das erst in nhd. Zeit aus einer Grundsprache aufgestiegene Wort ist (so Weigand) weder nd. noch lautmalend, sondern entstammt ideur. *a-jú-jo (jauchzen), daraus bspw. gr. jajō (laut rufen, schreien, erschallen), lat. ējūlo (laut aufheulen, laut wehklagen, jaulen).

**jaunern** (jaunərn – V.) mit erheblichem Stimmenaufwand seinen inneren Empfindungen Ausdruck geben, besonders jaunert ein Haushund, wenn er bei hellem Mondenschein auf dem Hofe bleiben muss. – Das nirgends belegte Won ist Iterativ zu »jaulen« nach erfolgter Lautverschiebung l>n, dieses entspricht gr. jayō (laut rufen, schreien, ertönen), iuzō (heulen, lärmen), lat. ējulo (laut aufheulen).

**jiggen** (jiggən – V.) schlecht Geige spielen. – *Jiggen* (jiggən – N.) schlechtes Geigenspiel – *Gejigge* (gejiggə – N.) Missfallen erregendes Geigenspiel. – Die in der Grundsprache weitverbreitete Lautverschiebung g>j verweist das Wort auf mhd. gīge (Geige), dessen Herkunft dunkel ist. Kluge/Götze nehmen ein germ. *geigan (schwanken) wegen des »Schwanken des Bogens« an, ebenso Weigand. In Wirklichkeit liegt ein Wort zugr., das skr. gúdjeti (Geige spielen, dumpf schallen) belegt ist, und das nach bereits erfolgter Lautverschiebung dj>g und Entrundung u>ü>i als mhd. gīge aus einer Grundsprache aufsteigt. Völlig der gleichen ideur. Wurzel entstammen russ. gusli (Harfe, Zitter), slow. gǫsti (geigen), apoln. gędzié (geigen, musizieren, singen), gęździba

(Saitenspiel), aind. jóguve (ertönen lassen). Somit ist das Wort Geige nicht aus germ., sondern nichtgerm. Wurzel entstanden.

**jirschen** vgl. Gischt

**juckeln** (jūkkəln – V.) ungleichmäßig, holpernd gehen. Es gilt als Lallwort, vgl. jedoch lit. gugénti (zittern), russ. gugala (Strickschaukel), gugatasja (schaukeln).

**jungen** (jůngən – V.) lammen, ein Schaflamm gebären, – *jungwerden (jůngwārən* – V.) geboren werden. – Zugr. liegt ideur. *ju (jung sein), daraus nur aksl. jagniti (lammen) und im Germ. ags. ēanian, engl. to yean (lammen), gsp. jůngən (lammen), das in dieser Bed. aus einer Grundsprache aufsteigt zu mhd. jungen (Junge gebären). – Alle übrigen germ. und dt. Belege haben die Bed. »jung an Jahren« oder auch »jugendlich«. Im Dt. tritt die Nebenbed. ahd. jungan, mhd. jungen (verjüngen, jung machen) auf, welche die Sonderung der Grundsprache nicht erreicht haben.

**Jütte** (jittən – F.) zweigriffiges rechteckiges Tongefäß, in dem das Malzgebäck »Süßkuchen« zum Peterstag gebacken oder Hafer zu Heilzwecken erwärmt wurde. In der übrigen Zeit blieb sie ungenutzt. Das Wort ist weder im Dt. noch im vorhergehenden Germ. belegt. Zugr. lieg ideur. *ghu (gießen), daraus gr. chýtros (irdener Topf), Chýtroi (Totenfeier, »Topffest«, das am 3. Tag des Frühlingsmonats Anthesterion begangen wurde, erläuternd dazu gr. chýtra Topf, auch Speise), chytós (Grabhügel aufschütten), choē (Weiheguss, Trankopfer), skr. hu (opfern, eigentlich Opfer ausgießen), hāváyāmit (ich mache opfern), āhavas (Opfer). Außerdem vgl. gr. chylós (Malzextrakt). In der Jütte liegt offensichtlich ein schon ideur. Opfergefäß vor, dessen heutige Verwendung noch immer an die einstige Bedeutung anklingt.



# K

**Kabuff** (kåbuff – N.) Verschlag für kleine Schweine, im Wohnhaus kleine Stube. – *Kabüffchen* (kåbiffchən – N.) winzig kleiner Verschlag. Das Wort ist weder im Dt. noch vorhergehendem Germ. belegt. Es entspricht kymr. caban (Hütte), daraus engl. cabin (Hütte, Kajüte), entlehnt zu frz. cabinet (Stübchen), dem unser gsp. kåbuff völlig entspricht. Das Wort ist kelt.

**kaipeln** (kaipəln – V.) kippen (Iterativ), auch eine Fehlgeburt haben. Zu der Wortfamilie »kaipeln, kippen, kepfen« gehörenden Wort liegt die nichtgerm.-ideur. Form vor. Das ergibt sich aus lit. kaĩpti (schwindelig werden, kränkeln, siechen), kaipinéti (wie ein Toter einhergehen), keĩpti (kränkeln, sich abzehren), auch lett. kaipt (sich abquälen).

**kälbern** (käləwərn – V.) sich albern und töricht beim Schwatzen und Kichern benehmen, wie es besonders bei in Haufen herumstehenden und sich Heimlichkeiten erzählenden jungen Mädchen üblich ist. – Dieses der Volkssprache angehörende Wort, das erstmalig von Hans Sachs 1528 in die Schriftsprache eingeführt wurde, wird allgemein, so von Weigand und von Hermann Paul, wie auch von Kluge/Mitzka als »sich nach Art der Kälber, bes. der Märzkälber, tummeln« gedeutet. Kälbernde Mädchen tollen durchaus nicht herum, sondern stehen auf einem Fleck, schwatzen und kichern ununterbrochen und trippeln höchstens bei ihrem heimlichen Tuscheln auf der Stelle. Das führt zur Erkenntnis, dass beim Kälbern das Schwatzen, Tuscheln die Hauptsache und damit die Grundbed. ist. Damit treffen wir auf lit. kalbùs (redselig, gesprächig, mitteilsam), kalbásyti (schwatzen) zu lit. kalbà (Sprache, Rede), dazu lett. kambilât (schwatzen, reden) aus ideur. *qalā (rufen, tönen). Damit wird verständlich, weshalb scherzhaft von einem Riss im Oberleder des Schuhs gesagt wird, der Schuh habe »gekalbt« (den Mund zum Sprechen aufgerissen), oder ein Trunkener kälbere (sich übergeben mit hörbarem Geräusch). Im Zeitwort kälbern mit all seinen Ableitungen ist ein nichtgerm.-ideur. Wort erhalten geblieben.

**Kaldaunen** (kålunn – F.) essbare Eingeweide der Schlachttiere. – Das erst in später Zeit zu mhd. kaldūne aus einer Grundsprache aufsteigende Wort soll vulgärlat. *cal(i)dūna (das noch dampfende Eingeweide frisch geschlachteter Tiere) zu mlat. caldūna entstammen. Aber die d-lose Wortform ist eher an gr. kólon (Darm; Wurst) anzuschließen: dazu auch gr. koiliā (Magen und Eingeweide; Gedärme). Die Grundbed. ist deshalb nicht »warm«, sondern ideur. *ku-l (hohl sein); die Därme sind nicht nur hohl, sondern die Kalunn sind auch der Inhalt der Bauchhöhle. Ist Kaldaunen auch entlehnt, so ist die Lautform ein bodenständiges nichtgerm.-ideur. Wort.

K

**Kammrück** (kåmmrịkk – N.) Wandbrett mit hölzernen Pflöcken zum Aufhängen von Kleidungsstücken. Dazu ags. camb (Pflock, Kamm) aus ideur. *gombho (lit. gémbē = hölzerner Pflock zum Aufhängen von Kleidungsstücken an der Wand) mit *kamm, *kamb benannt.

**kampeln** (kåmpəln – V.) = sich hin und her zanken; aus bloßem Widerspruchsgeist dem andern, und oft auch dem besten Freunde, böse Worte entgegenschleudern; kampeln (kåmpəln – N.) gebrauchtes Wort, wenn sich Freunde Schimpfworte »an den Kopf werfen«, ohne dass ihre Freundschaft darunter leidet. – *Gekampel* (gəkåmpəl – N.) Wort, das den Widerwillen des Zuhörenden wiedergibt. (kåmpəleï – F.) = Zornwort, das Abhilfe androht. Hermann Paul möchte das Wort mit »Kamm«, sich kämmen in Verbindung bringen, Weigand hält eine Nebenform des als nichtnasaliert angesehenen gsp. kabbeln (hacken, sich streiten) für möglich. Nach DWB gibt es »keinen natürlicheren anhalt dafür als kampf, kämpfen«. Tatsächlich ist es wohl eine unmittelbare nichtlautverschobene Weiterbildung von ideur. *kamp (krümmen), entspr, gr. kampýlos (gebogen, gekrümmt), lat. campa, campē (Krümmung), lit. kámpa (Krümmung, Rundung) und ablautend skr. kumpas (lahm), lit. kumpas (krumm, gekrümmt, etwa die Nase, ein Horn, der Schnabel). Denn ganz klar meint »sich kampeln« im bildlichen Sinne, dem Mitmenschen »krumme, verbogene, verrenkte« und das sind eben Schimpfworte »ins Gesicht werfen«. Da aber einerseits dieses »sich kampeln« in keiner einzigen ideur. Sprache belegt ist, es anderseits ganz offensichtlich an ideur. *kamp (krümmen) angeschlossen werden muss, bleibt uns keine andere Deutungsmöglichkeit: das Wort ist aus einer nichtgerm.-ideur. Grundsprache »aufgestiegen« zu spätmhd. kempel (Streitigkeit, Zank), 1657 kampeln (sich hin und her zanken, beschimpfen).

**Kampf** (kåmpf – M.) = feindlicher Gebrauch der Waffen oder Kräfte gegeneinander, dann überhaupt gegen einen Widerstand. – Da in diesem Wort die Erste oder Germ. Lautverschiebung nicht wirksam geworden ist, sieht die Etymologie ein Lehnwort aus dem Lat. in ihm aus lat. campus (offene Fläche, freier Platz), das vor der Zweiten oder »Hoch«dt. Lautverschiebung übernommen worden sei. Was wir heute als Kampf bezeichnen, wurde bis in die frnhd. Zeit herein mit wīg, wīc, wīk wiedergegeben, eine in der wthür. Grundsprache noch weitverzweigte Wortfamilie. »Kampf« bezeichnete ursprünglich ags. cempa, an. kempa, kappi und im Dt. ahd. kempfo und daraus mhd. kempfe den »Zweikämpfer im gerichtlichen Streit, der für Geld zu mieten war; erst später auch Kunstfechter«, dazu dann ags. comp, im Dt. ahd. champf und daraus mhd. kampf (fechtkunstgemäßer Zweikampf), war also ein Wort der Gerichtssprache!

Wenn »sich kampeln« nur verstanden werden kann als Wort einer nichtgerm.-ideur. Grundsprache, dann muss »Kampf« aus ebendieser Grundsprache bereits in germ. Zeit »aufgestiegen« sein, um dann die Lautverschiebung p>pf mitgemacht zu haben.

**kappen** (kappən – V.) Die Etymologie bezeichnet das Wort als »seemännisches Fachwort« (so Kluge/Mitzka), was aber keineswegs stimmt. In Mitteldeutschland kappt der Waldarbeiter *vor* Beginn des Holzeinschlags das ihn behindernde Unterholz. Das Wort steigt erst im Jahre 1627 aus einer Grundsprache ins Gmdt. auf und kann deshalb nicht etymologisiert werden. Weigand meinte, »Herkunft unklar«, und Hermann Paul nimmt Entlehnung aus dem Nl. an. Hans Kuhn bezeichnet es in der »Festgabe für Hammerich 1962«, Seite 15, als »aus unbekanntem vorgermanischen Substrat« stammend, und Lutz Mackensen schließt sogar auf »nichtindogermanischer Herkunft«. In Wirklichkeit ist es ein nichtgerm.-ideur. Wort, das unmittelbar ideur. *(s)kap (hacken) fortsetzt entspr. lit. kapóti (hacken, spalten, zerschlagen, hauen) und Zubehör. Das Kappen geschieht einzig und allein mit der Hippe (ahd. hāppa); s. dort.

**kappen** (kåppən – V.) Sexualwort = besteigen: der Hahn (das Huhn), im Gemeindt. als »treten« bezeichnet. – Das Wort, weder im Mhd.- oder Ahd., noch im Germ. belegt, ist unmittelbar an das Wurzelwort ideur. *kap (sich erheben, fassen und greifen, aber auch: in sich aufnehmen und aufgenommen halten) anzuschließen. Ein Dieb wird gekappt = gefasst, ergriffen. Das Wort hat die germ. Lautverschiebung k>h und p>f – also kap>haf – nicht mitgemacht. Als Sexualwort war es demnach bereits »versteinert«, bevor die Hühner in den meurop. Haushalt kamen. In nichtgerm.-ideur. Sprachen ist die Urbed. nach wie vor erhalten: gr. kápros (Eber), lat. caper (Bock), lett. kâpinât (bespringen lassen, vom Ochsen gesagt).

**kapsch** (kapsch – Adj.) böse mit jemand sein und jede innere und äußere Beziehung ablehnen. »mit dem bin ich kapsch«, ein schlechtgesinnter und böser Mensch. – überkapsch (ewwərkapsch – Adj.) schnippisch, von oben herab, feindlich gesinnt, böse. »Das ist ein überkapsches Noß«, ein Ausbund von Schlechtigkeit und Gemeinheit. – Dieses Wort ist weder im Dt. noch Germ. belegt, aber auch im Außergerm. nicht nachweisbar. Während in gsp. kapsch sich die Grundform aus ideur. *kap (fassen) erhalten hat, ist infolge bisher unbekannter Lautverschiebung p>k, das unerklärbare gr. kakós (schlechtgesinnt, böse) mit großem Zubehör entstanden. Ganz eindeutig liegt der Ausgangspunkt dieses Wortes im schnurkeramischen Md.

**Kardeele** (kårdēlən – F.) etwa 4 cm breite gewebte Bänder als Verlängerung der aus Leder bestehenden Kreuzzügel der Pferde. Sie gehören zu einem besseren Geschirr, und vertreten die Lenksieme oder die Leine. – Das gleiche Wort wie nhd. Garn, jedoch über gr. chordē (Darm, Darmsaite, Fessel), gr.-lat. corda, ital. cordella (Seil), afrz. cordelle entlehnt zu mhd. korde, mhd. Kordel (Seil, Schnur).

**Karnickel** (kårnukkəl – M.) Kaninchen gleich welchen Geschlechts. – Die um 1700 erstmalig von Christian Weise gebrauchte Namensform »carnickelgen« kann von der Etymologie nicht erklärt werden. Hermann Paul bezeichnet sie als »norddeutsch« und führt lediglich die bekannten Redensarten auf. Kluge/Mitzka meinen: »Md. nordd. Karnikel bewahrt die Endung von cunīculus; der Einschub des r beruht auf überkorrekter Aussprache von nd. kanikel, in das man r einfügte, weil in hat ›hart‹ swatt ›schwarz‹, patī ›Partie‹ r zwischen a und Dental geschwunden war: F. Holthausen, Beibl. z. Anglia 44.3«. Ausgegangen werden muss von der Tatsache, dass Kaninchen viel Futter umbringen oder im vorgelegten herumwühlen, um Leckerbissen herauszusuchen. Das verweist auf die Wortwurzel ideur. *(s)ker (trennen. schneiden), im Balt. auf lit. karnùs (wählerisch im Essen. mäkelig), karālikas (Kaninchen) aus wruss. korolik, was nach Ernst Fraenkel zum »slaw. Lehnwort karālius ›König‹« gehören soll, das »gelegentlich auch die Bed. ›Kaninchen‹« erhalten habe. Dabei habe lat. cunīculus (Kaninchen) im Dt. volksetymol. »Könighase, Königlein« ergeben. Aber lett. kārnît (darin herumwühlen, scharren, kratzen) hätte auf die richtige Spur führen müssen. Anscheinend ist das Lehnwort lat. cunīculus (Kaninchen) mit einem Erbwort, das die Unart der Kaninchen bezeichnete und das in lit. karnùs, let. kàrnît (darin herumwühlen) belegt ist, in der md. Grundsprache vermischt worden.

**Karre** (kårrən – F.) zweirädriger Vorläufer des vierräderigen Wagens. Mhd. karre, ahd. karro, karra. Das Wort gilt als entlehnt aus lat. carrus, das aus gall. carros stammt und mit lat. currus urverwandt sein soll. – *Karrete* (kårrētən – F.) kleiner Reisewagen nach mlat. carrecta, ergibt im 16. Jh. Carette: heute alter und unansehnlicher Kutschwagen. – *herumkarren* (rîmkårrən – V.) unnötigerweise, auch mit einem Wagen, deshalb abfällige Bezeichnung, umherfahren. »er karrt zu gern herum« – *karren* (kårrən – V.) spielerisches Herumkutschieren der Kinder mit einem Karren oder auch einem Handwagen. – *Schubkarre* (schubbkårrən – M.) einräderige Karre. – *Schotkarre* (schōtkårrən – M.) einräderige Karre mit rundum geschlossenem Kasten. – *Karrnhacke* (kårrnhåkkən – F.) etwa 5 cm breite schwere Hacke, ohne die bei den früher schlechten Wegeverhältnissen nicht ausgefahren werden konnte.

**karriolen** (kårriolən – V.) ursprünglich: mit der mlat. carriola (Frauenwagen), daraus frz. carriole (leichter zweiräderiger Kutschwagen) herumfahren. Heute: herumflanieren, überall mit dabei sein müssen. – Zugr. liegt lat. carrus (vierräderiger Wagen), kelt. carrus (Transportwagen), ins Germ. eingedrungen um die Zeitenwende vom Rhein aus: ahd. karra, karro, mhd. karre (zweiräderiger Wagen).

**Kate** s. Haus

**Kater** (koatsərt – M.) männl. Tier der Katze. Koarzərt ist in der md. Grundsprache gebräuchlicher als Kater, zudem urtümlicher, da durch Lautverschiebung tt>ts unmittelbar ideur. *katta entstanden, ihm gleichen nd. kāts, kōts (Kater).

**katzbalgen** (kåtsbåləgən – V.) sich raufend balgen wie die Katzen während der Paarungszeit. – Das Wort wird zu ideur. *bhel (schwellen, strotzen, aufblasen) gestellt und deshalb mit mhd. bëlgan (zornig sein) verglichen. Da dieser Begriff sich nicht mit »sich balgen« deckt, sehe ich eine g-Erweiterung von ideur. *pal, *pel (schütteln, schwingen) entsprechend gr. palaíō (ringen, den Ringkampf üben), pálē (Ringkampf, Ringen), pállō (sich schwingend hin und her bewegen). Das Wort wäre nicht zu nhd. Balg (Tierhaut; böses Kind) zu stellen, sondern nach Lautverschiebung p>b germ., wenn auch nirgends belegt.

**Kätzchen** (katsjən – F.) Blütenstände verschiedener Bäume und Sträucher werden volksetymol., doch auch von den Etymologen mit dem Tier »Katze« in Verbindung gebracht. Gr. wird Katze als aiélouros (Katze, Kater) bezeichnet, die Blütenstände von Birke, Eiche, Erle usw. aber als káchrus, dessen erster Wortteil die Bed. »herab(hängen)« hat, entspr. gr. katakrēmnáomai (herabhangen), kataseiō (herabschütteln, flattern lassen), katachéō (Trockenes ausschütten), katō (abwärts, nach unten), deshalb muss unserm Katzchen (richtiger als »Kätzchen«) ein nichtgerm. Wort zugrunde liegen. Die Grundbed. ist »Das Herabhängende«.

**Katze** (kåts – F.) weibliches Tier. Kluge/Mitzka vermuten wegen *kat(t) in Flur- und Ortsnamen »Tier mit gekrümmten Rücken«. Da belegt ist lit. kātė, lett. kaķe, apreuß.

pausto catto (wilde Katze), bg., russ. kot (Kater), kslaw. kotka, poln. kotka, air., gäl. cat, kymr. cath (Katze) kann das spätlat. catta, cattus (Hauskatze) nur als Provinzialismus aus dem Nichtgerm. angesehen werden. Entspr. ags. catte, an. kottr, ahd. mhd. katze.

**kauten** (kautən – V.) schlagen, jedoch nur mit dem Kautenhammer. *Kaute* (kautən – F.) mandelförmiger Auswuchs an Rotbuchen. Kauten schlagen (Wettkampfspiel der jungen Burschen). Weder im Mhd. noch Ahd. und auch in keiner germ. Sprache belegt, nur got. kaupatjan (ohrfeigen) klingt an, vgl. jedoch lett. kaût (schlachten, töten), lett. kauties (sich prügeln, sich schlagen), lett. kautinš (das Gefecht, die kleine Schlacht). Die zweite nichtgerm.-ideur. Sprache, das Lit., bietet káuti (schlagen, hauen; niederschlagen, umbringen), kautỹnēs (Kampf, Gefecht, Schlacht), und als Nebenform kovóti (kämpfen, ringen), kovà (Kampf, Schlacht), kovìmas (Schlagen, Hauen; Niederschlagen). Entspr. stehen im Aslaw. kovati (hauen, schlagen), kovu (Aufstand). Diese drei Sprachen gehören zur Satemgruppe des Ideur. Im nichtgerm.-ideur. gr. kaytér (Brenneisen zum Totbrennen), kaytēriázō (brandmarken), entlehnt lat. cautēr (Brenneisen), cautērio (mit glühendem Eisen brennen, brandmarken), in beiden Sprachen ist das Wort in der gleichen Grundform erhalten, nur die Sache ist eine andere geworden – scheint jedoch nur eine andere geworden zu sein. Zugr. liegt ideur. *kāu durch germ. Lautverschiebung k>h entsteht *hau (daraus: hauen), in der md. Grundsprache wie in den balt. Sprachen hat sich daher die nichtgerm. unverschobene Form kauten erhalten und es scheint bedenklich, got. kaupōn (Handel treiben) als Lehnwort aus lat. caupo (Schankwirt, Kleinkrämer) anzunehmen; viel eher nimmt es bezug auf den Handschlag beim Abschluss eines Handels.



**Kauz** (kūts – M.) Haarknoten der Frau. Übereinstimmend stellen Kluge/Götze, Hermann Paul, Weigand das Wort zu dem Namen der Eulenart, Unterfamilie Syrniinae, wegen »äußerer Ähnlichkeit«. In der thür. und hess. Grundsprache heißt der Haarknoten auf dem Hinterkopf der Frau »Kūts«; das Wort hat sich also nichtdiphthongiert bis in die Gegenwart erhalten. Zugr. liegt ideur. *kū, *ka (wölben), dem auch lit. kasà, lett. kasa (Zopf, Haarflechte), apreuß. kexti (Zopfhaar) und lautverschoben an. haddr (weibliches Haupthaar), sowie ablautend lit. kutis (Haarzotte), lett. kužk‘is (Haarbüschel) entstammen. Das Wort ist aus der Sprache der nichtgerm.-ideur. Vorbevölkerung aufgestiegen und hat deshalb die Erste oder Germ. Lautverschiebung nicht mitgemacht. Darauf hätte schon die Flachskaute (Flachshaarknoten) verweisen können.

**Kehre** (kōr – F.) Richtungsänderung. Nach Meinung der Etymologie ist die Herkunft des Wortes »kehren, sich wenden« dunkel. In Wirklichkeit ist es unmittelbar an ideur. *qer (drehen, wenden) anzuschließen, dazu gr. korōnis (gekrümmt), kyrtōs (krumm, bogenartig) und Zubehör, sowie lat. curvus (krumm, gekrümmt). Im Germ. ist das Wort nicht belegt, steigt jedoch ins Ahd. auf zu kēran, chērren, mhd. kēren (Richtung geben oder nehmen).

**Keil** (kīl – M.) Werkzeug zum Spalten. Kluge/Mitzka legen ideur. *kī, *gī (keimen, aufbersten, aufblühen) zugrunde, dass »in germ. Entwicklung zu ›spalten‹ geführt« habe. Doch was hat ein Keil mit keimen zu tun? Eher ist ideur. *(s)kil = spalten anzusetzen, dazu in den balt. Sprachen lit. kūlis (Stein), kūlẽ (Streitkolben, Keule, Schlägel), kùlti (verprügeln, dreschen. schlagen), lett. kunt (prügeln, dreschen, schlagen). Im Germ. ist das Wort nicht belegt; es steigt in entrundeter Form u>ü>i erst in dt. Zeit auf: ahd. mhd. kīl (Keil).

**keilen** (kīlən – V.) mit den Hinterbeinen ausschlagen. Die Etymologen (Kluge/Mitzka, Friedrich Kluge) erklären übereinstimmend, das Wort in dieser Bed. entstamme der

Gauner- und Studentensprache, weil es erst am Ende des 16. Jh. aus einer Grundsprache aufsteigt. Es ist jedoch ein Wort der Viehzüchter, wie aus gr. skelis (Hinterbein eines Tieres, Keule) aus ideur. *(s)qel (biegen, krümmen), dazu auch gr. skélos (Bein eines Tieres oder Menschen) und bereits ablautend e>i lit, skìlti (einen Schlag versetzend), skìltuvas (Instrument zum Feuerschlagen, Feuerstahl) ersichtlich ist. Offensichtlich hat die s-lose Wurzelform ideur. *kul (schlagen, hämmern) mit eingewirkt entsprechend lit. kùlti (schlagen, verprügeln, dreschen), lett. kunt (schlagen, verprügeln, dreschen) und Zubehör. Es ist ein germ. Wort.

**Keiler** (kīlər – M.) männliches Wildschwein, Wildeber. – Da der 1608 erstmalig schriftlich belegte Tiername nicht aus lit. kuilỹs, lett. kuilis (Zuchteber) entlehnt sein kann, stellt die Etymologie ihn zu nhd. keilen (schlagen), so dass der ausgewachsene Wildeber nach seinen Hauern so benannt worden sei. Zugr. liegt aber ideur. *ker, kir und bereits urzeitlich lautverschoben zu ideur. *kil (wühlen, verwüsten, schneiden), daraus bspw. lit. kuilỹs, lett. kuilis, russ. kiljak (unverschnittener Eber), poln. kiel, slow. kel (Hauer) und bereits lautverschoben k>h, sowie weiter l>n>b in unserem gsp. Huibe-(schwīn) als Bez. des männl. Ferkels. Daraus ist ersichtlich, dass im md. Nichtgerm. sich der Name des Wildebers nichtlautverschoben erhalten hat und erst in jüngster Vergangenheit aus einer Grundsprache in die Gmspr. aufgestiegen ist. Der Name ist also nicht entlehnt, sondern bodenständig.



**Kelle** (kēllən – F.) Schöpfgefäß mit langen Stiel und löffelartig vertieft. – Das Wort ist nur belegt mhd. kelle, ahd. kella (Schöpflöffel) und im Germ. ags. cielle (Feuerpfanne, Lampe), wobei fraglich bleibt, ob dieser germ. Beleg überhaupt hierher gehört. Deshalb sagt Weigand: »Unerklärt«. Hermann Paul sieht in ihm ein »nur deutsches Wort«, während Kluge/Mitzka es zu ideur. *gelebh (schabend aushöhlen) stellen möchten. Es ist jedoch ein nichtgerm.-ideur. Wort aus ideur. *qel (heben, herausheben) entspr. lit. kélti (emporheben, aufheben), lett. celt (heben), dazu das falsch erklärte lit. kelmušis (Kelle beim Schlagballspiel) aus ideur. *qel (heben) und lit. mùšti (schlagen), wobei beim Schlagballspiel mit der Kelle der Ball zuerst emporgehoben und in der Luft schwebend geschlagen wurde.

**keltern** (kailtərn – V.) auspressen. – Die Etymologie nimmt Entlehnung aus lat. calicis (Becher, Pokal, Kelch) an, dem gr. kályx (Becher, Kelch) entspricht. Belegt ist das Wort ahd. calc(a)tūra, kelk(e)tra, mhd. kaltūr, kalter, kelter. Das Gerät scheint in mhd. Zeit zusammen mit dem Weinbau nach Wthür. gekommen zu sein.

**kepern** (kēpərn – V.) liederlich umherwerfen. »lege es ordentlich und kepere es nicht dahin«. – Das Wort entstammt der Zimmermannssprache, dem ideur. *kep, *skep (verschneiden, beschneiden) zugrunde liegt. Im Germ. und Dt. ist es nicht belegt, tritt uns aber entgegen in lit. kepérza (Missgeburt usw.) kěpsné (herausgerissenes, ausgeschnittenes Stück), lett. šķēpele (abgesplittertes Stück Scherbe).

**Keule** (kīlən – F.) aus Holz gefertigtes Schlaggerät mit verdicktem Ende. Das erst in dt. Zeit aus einer Grundsprache »aufgestiegene« Wort ist belegt (ahd. kūli), mhd. kiule, md. kuile (Keule) und bereitet der Etymologie außerordentliche Schwierigkeiten. Übereinstimmend von allen Etymologen wird es zu Kaule, der verkürzten Nebenform des Wortes Kugel gestellt. Hermann Paul verweist auf Gugel (Kapuze) aus lat. cuculla; Lutz Mackensen möchte die Wildeber-Benennung Keiler zu Keule stellen. Kluge/Mitzka kommen über »Kugel« zur Wurzel ideur. *geu (biegen). Grundbed. ist jedoch »schlagen, zerschmettern«. Die Holzkeule als wohl namengebend war die Waffe zum Schlagen, Erschlagen, Zerschmettern. Scheiden wir das Wort »Kugel« als sachfremd aus, dann ist eine Deutung mit Hilfe der Germ. Lautgesetze unmöglich. Gehen wir von der Überlegung aus, dass ein nichtgerm.-ideur. Wort erst in dt. Zeit »aufgestiegen« und schriftsprachig geworden sein könnte, dann wäre eine Germ. Lautverschiebung überhaupt nicht zu erwarten. Wir treffen tatsächlich auf echtlit. kūle (Streitkolben, Keule, Schlägel), kùltuvas (Dreschflegel), kultuvė (Bleuel), kùlti (dreschen, schlagen, verprügeln), kuldášyti (verdreschen, verprügeln, verhauen) und Zubehör, lett. kult (prügeln, schlagen, dreschen) und Zubehör aus ideur. *kel (*kla, *kul) (schlagen, brechen). Als mhd. kugele zu md. kūle (Kugel) zusammengezogen wurde, wich die md. Grundsprache durch Entrundung u>ü>i auf gsp. kīlən aus, was durch md. kuile (Keule) schon vorbereitet worden war. Damit aber erweist sich, dass »Keule« ein Erbwort der nichtgerm.-ideur. Vorbevölkerung ist. Die gsp. kīlən = Keule als Bez. von hinterem Ober- und Unterschenkel der Schlachttiere ist eine bildhafte Übertragung; beide zusammen gleichen einer Holzkeule. Deshalb ist aber auch der Ausdruck »der Gaul keilt hinten hinaus« keineswegs nach Meinung der Etymologen ein Wort der Gaunersprache, sondern ein Zeitwort aus »Keule«: der Gaul schlägt gewissermaßen wie mit einer Keule. Vgl. auch keilen.

K

**Keusche** s. Haus

**kibbeln** (kⁱbbəln – V.) zusammenbinden, etwa viele kurze Bindfäden zu einem langen. – *Gekibbel* (gəkⁱbbəl – N.) wirres Zusammengeknüpftes, etwa Bänder oder Bindfäden. »was ist denn das nur für ein Gekibbel (ärgerlich gesagt)«. – *Kibbelei* (kⁱbbəleï – F.) Ausdruck des Zorns über schlecht Gebundenes. – *aufkibbeln* (ůffkⁱbbəln – V.) verschlungene Fäden (Schnürsenkel) sorgsam auflösen. – *zusammenkibbeln* (zəsåmmənkⁱbbəln – V.) kleine Bindfadenstückchen zu längeren Schnüren zusammenbinden. – Nach den bisherigen Erkenntnissen ist das Wort entstanden aus lat. cōpula (Band), cōpulāre (fesseln) und im 13. Jh. zu mhd. koppel, kuppel (Band, besonders Hundekoppel) entlehnt über das Afrz. Unser Wort wäre dann entrundet.

**Kiddel** (kiddəl – N.) nur Dickdarm des Schweines mit den Einschnürungen und Ausbuchtungen. – Das zu nhd. Kuttel verderbte Wort gehört unmittelbar zu ideur. *(s) khid (schneiden), dazu gr. skidnēmi (sich zerteilen, zerstreut werden), schizō (trennen, zerteilen, scheiden), cymr. chwydu (sich erbrechen). Im Germ. entwickelt sich aus der gleichen Wurzel got. qithus (Mutterleib), ags. kwidh (Mutterleib), an. kvidhr (Bauch) als Bez. des Teiles, in dem zwei Leben nebeneinander sich entwickeln, die dann voneinander geschieden werden, deshalb auch ahd. quiti (weibl. Scham). In gsp. kiddəl sind die Kotklümpchen säuberlich voneinander getrennt, und im Kiddəl ist der Darm durch Ausbuchtungen zu Einzelteilchen zerlegt. Die Verdeutschung Kuttel, Kuttelhof (Schlachthof), Kuttelwurst ist deshalb falsch.

**kiebern** (kībərn – V.) in kleinen Mengen aufkaufen und an Großhändler weitergeben. – *Kieber-* (kībər M.) Aufkäufer in kleinen Mengen. – Das nirgends belegte Wort gehört zu gr. kībōtós (Kasten, Kiste), lit. kibiras (Eimer. Kübel), lett. ciba (rundes hölzernes Gefäß) und ist deshalb germ.-ideur. Urspr. wurden diese kleinsten Mengen wohl in derartigen Gefäßen aufgekauft. Da engste sprachliche Beziehungen der md. Grundsprache mit dem Agr. und den balt. Sprachen nachgewiesen werden konnten, liegt es nahe, auch nhd. Kiepe (auf dem Rücken getragener Korb) als Erbwort zu erkennen, nicht jedoch Herkunft aus dem Nd. anzunehmen.

**Kiel** (kealən – F.) hohler Teil der Vogelfeder. Das Wort gilt als »dunkel«, auch fehle »jede weitere Anknüpfung« (Kluge/Mitzka). Es ist erst zu mhd. kil (Federkiel) aus einer Grundsprache aufgestiegen, muss demnach ein unverschobenes Erbwort sein. Es ist nahezu noch dem ideur. Wurzelwort *qel (emportreiben, heben) gleich entspr. gr. kàlamos (Federkiel), das zugleich auch die Bedeutung »Getreidehalm, Schilfhalm« hat und Ähren trägt wie der Federkiel eine »Fahne«. Die urtümliche Lautform blieb in gsp. kealən erhalten, während die Gemeinsprache e>i unterworfen war.

**kiem** (kīm – Adj.) arglistig, heimtückisch von hinten anfallend. »es ist einmal ein kiemer Hund«, auch als Schimpfwort einem Menschen gegenüber gebraucht. – Das Wort ist nirgends belegt. Es ist das gleiche wie gsp. Kiefe (Schelte. Zank, Gekeife) nach Verschleifung f>m. Ihnen entspricht lautgetreu und bedeutungsmäßig lit. kivirčas (Zank, Streit), kivirnas (unverträglich, händelsüchtig, zanksüchtig), da -irn eine Suffixform darstellt.

**Kiepe** s. kiebern



**kiersch** (kiərsch – Adj. gemeindt. auch körsch) wählerisch im Essen, keineswegs »gierig«, sondern eher das Gegenteil. »der Ochse ist ein gar kierscher (im Fressen wählerischer) Hund«, ein wählerisches Tier. – Dem Wort liegt ideur. *-gus (proben und wählen) zugr., daraus skr. ġush (etwas gernhaben, etwas genießen), ġushtis (Befriedigung, Gunst), lat. gustāre (kosten, schmecken, genießen). Im Germ. erscheint das Wort als kiusan (schmecken, kosten), ags. ceòsan, an. kiosa (kosten, schmeckend prüfen), im Dt. dann ahd. chiosan, mhd. kiesen (erproben, prüfen, wählen, auswählen). Von den nichtgerm.-ideur. Grundsprachen steigt nach Lautverschiebung s>r ein gleichwertiges Wort auf, das schließlich allein herrschend wird: ags. cyre, an. kor, keyr und im Dt. schließlich ahd. kuri, mhd. küre, nhd. küren (prüfende Wahl, bes. »Königswahl«), dazu nhd. Willkür. Gsp. kiersch ist die entrundete Wortform.

**Kietze** (kiətsən – F.) weibliche Katze. – Der Katzenname taucht erstmalig 1716 bei Ludwig falsch als Kitze, Kitz auf, einigermaßen richtig 1729 bei Picander als Kietze. Übereinstimmend wird von Kluge/Götze und Weigand eine Ablautform zu Katze angenommen, ohne den Nachweis zu erbringen. In der Grundsprache bez. der Name der Katze das Tier ohne Bezugnahme auf das Geschlecht. Wird ausdrücklich das männl. Tier gemeint, dann spricht man vom gsp. koatzert, beim weibl. von der gsp. kiətsən. Gsp. »iə« setzt (nicht »ī«) ein vorhergehendes »ö« aus »o« voraus, wie gsp. biəsə aus »böse« (Bosheit), gsp. hiərən aus »hören« (horchen) usw. beweist (während ö>e oder auch umgekehrt e>ö anderen Sprachgesetzen folgt). Die Ausgangsform von gsp. kiətzən muss *köts/*kots gewesen sein, älter -kött/*kott. Da in der md. Grundsprache die Umlautform o>a gang und gäbe ist, kann auf eine Grundform *katt geschlossen werden. Dass beide Möglichkeiten gegeben sind, beweisen air. cat, poln. kotka (Katze). Bei Berücksichtigung beider Tiernamen, gsp. kiətsən aus ö/o und gsp. koatsərt/kåtər aus o/a, könnte die vorgerm. Urform *kott/*kots angenommen werden.

**kilbern** (kiͤləwərn – V.) sich übermütig benehmen und dabei herumspringen. »ihr kilbert da rum, wie wenn ihr verrückt wäret«, in Oberdorla heute dafür »deï åləwərt... – ihr albert...«, von »sich albern benehmen«. – *Gekilber* (gəkiͤləwər – N.) törichtes Getue bes. von jungen Mädchen. – *Kilberlamm* (kiͤləwərlåmm – N.) weibliches Schaflamm. – *Kilberkern* (kiͤləwəkārn – M.) Doldengewächs in Gärten und auf Wiesen, bekannt als Kälberrohr oder auch Pferdekümmel und Wiesenkerbel, Anthiscus silvestris Hoffm. – Die Etymologie versucht, die Wörter Kilberlamm und Kalb aus der gleichen Wurzel zu entwickeln, die als ideur. *golbh, *gelbh, *gəlbh (Junges von Tieren) entstammt. Das Wort gsp. kilber entstammt jedoch ideur. *ker (wachsen), daraus gr. kòrē (Mädchen, Tochter), und bereits nichtgerm. lautverschoben r>l in ideur. *kel (wachsen), daraus gr. kélōr (Sohn). Aus einer nichtgerm.-ideur. Grundsprache steigt das Wort verschoben e>i auf zu ags. cilforlamb (weibliches Lamm) und wohl gleichzeitig im Dt. ahd. kilbur(ra), mhd. kilbere (Mutterlamm). Die von der Etymologie erschlossene germ. Lautform *kelb- zu (Mutterlamm) ist demnach falsch.

**kingern** (kı̊ngərn – V.) alter Fruchtbarkeitszauber, der noch am Ende des 19. Jh. am dritten Weihnachtstag ausgeübt wurde. – Das Wort »kindern (kı̊ngərn)« muss statt des wohl sehr viel älteren »pfeffern (faffərn)« eingetreten sein, als das Gewürz Pfeffer (faffər) Allgemeingut wurde, was bereits in germ. Zeit geschehen ist. Damals hatte das Wort Kind noch eine umfassendere Bedeutung, indem es etwas Geringwertigeres bezeichnete als got. thiuda (Volk in seiner Gesamtheit) – und wie es in unserm noch heute gebräuchlichen Ausdruck des Erstaunens, der Verwunderung »līt ūn kı̊ngə (Leute und Kinder)« noch deutlich erkennbar ist.

**kipsen** (kı̊psən – V.) Feuer schlagen. Als das Zündhölzchen noch nicht erfunden war, wurde das Feuer »gekipst«, indem mit einem Stahl solange an einen Feuerstein geschlagen wurde bis Funken absprangen. – Das nirgends belegte Wort scheint sich unmittelbar aus ideur. *(s)kep (schlagen) entwickelt zu haben entspr. gr. kóptō (schlagen, stoßen, hauen usw.), sképarnon (Schlichtbeil zum Glätten der Hölzer), lit. skỹpata (kleines Stückchen, Bröckchen), lett. šķibît (hauen, schneiden). Die dt. Wortform liegt vor in ahd. scivaro, mhd. schiver (Splitter vom Stein), das heißt: die Germ. Lautverschiebung p>f(v) ist wirksam geworden, während unser Grundsprachenwort die Urform erhalten hat.

**kläffen** (klaffən – V.) *knäffen* (knaffən – mhd.) bellen, kläffen. – Zugr. liegt ideur. *qla/*qle (rufen, tönen), daraus lit. skãlyti (in einem fort kläffen, bellen, winseln), skalìkas (Kläffer, bellender Jagdhund). Im Germ. ist das Wort nicht belegt, steigt aber in dieser Bed. auf zu mhd. klaffære, kleffære (Schwätzer, bellender Hund), klaffen (schwätzen). Die Lautverschiebung l>n ergab gsp. knaffən. Dem Beleg muss ein germ. *klapp (den Mund offen haben) vorausgegangen sein, während die balt. Belege aus ideur. *qla/*-qle/*(s)qal (rufen, tönen) über ein zu erschließendes *klapp nach Lautverschiebung p>k ein weiter zu erschließendes *klak voraussetzen.

**klamm** (klåmm – Adj.) leicht feucht, noch nicht völlig trocken. Brennholz, Wäsche kann noch klamm sein. Das von den Etymologen als »eng, knapp«, von Hermann Paul auch als »kaltfeucht« verstandene und zu »Klemme« gestellte Wort ist m-Erweiterung von ideur. *ghra (die Oberfläche besprengen, berühren), demnach wohl vorgerm. gh>ch (wie oft übereinstimmend mit dem Gr.) und nachfolgender vorgerm. Verschiebung r>l, wohl ursprünglich *chlamm und daraus gsp. klamm.

**klammern** (klåmmərn – V.) zusammenfassen, mit Klammern versehen. – *Klammer* (klåmmər – F.) Gegenstand zum Festklemmen – *Klammersack* (klåmmərsåkk – M.) um den Hals getragene sackartige Leinentasche zum Aufnehmen der Klammern. – Das Wort in dieser Bed. ist erst aufgestiegen mhd. klamer, klamere, jedoch auch belegt an. klömbr (Klemme), dazu mhd. klemberen (verklammern), an. klambra (zwängen, einschließen). Zugrunde liegt ideur. *(s)labh (fassen, nehmen), dazu gr. lambánō (fassen, nehmen; sich an etwas halten usw.), mit gr. Vorsetzpartikel gr. perilambánō (klammern, umfassen, festhalten usw.). Im Dt. ist die nichtgerm. untrennbare Vorsetzpartikel ka- dafür eingetreten mit dem Begriff des Zusammenfassens, des Abschließens. Die Konsonanten mb sind durch Gemination zu mm zusammengeflossen. Das Wort ist nichtgerm.-ideur. und kann deshalb mit den Mitteln der Germ. Lautgesetze nicht erklärt werden.

**Klapper** s. Klipper

**klatern** (klatərn – V.) Herunterfließen einer zähen Flüssigkeit an einem Tontopf. »der Honig klatert dir gleich auf die Hose«, etwa vom honigbestrichenen Brot. Kluge/Mitzka möchten in dem 1767 erstmalig belegten Wort klaterig (unsauber, verwirrt, böse) die Grundbed. »Schmutz« erkennen. Ich stelle das Wort zu lett. klât (hinbreiten, decken), lit. sklìsti (zerfließen, sich ausbreiten, auseinanderfließen, herablaufen) sklỹsti (ins Rutschen kommen) und Zubehör aus ideur. *(s)kel.

**Klatsch** (klātsch – M.) große Menge, Haufen. »Gib mir einen Klatsch (Mittagessen) auf den Teller«. – *Klatschchen* (klåtschchen – N.) Wenigkeit, Bißchen. Wenn jemand nur ein Klatschchen auf dem Wagen hat, dann ist es nur ein Bisschen. – Es ist wohl unrichtig, das Wort als lautmalend anzusehen, vielmehr scheint es zu einem ideur. *kla (tönen, schallen) zu gehören, im Gr. besonders aufschlussreich in gr. klados (Zweig, Schoß, Trieb, abgebrochenes Reis), klázō aus *klátsō (schallen, erklingen, knarren), klāstázō (die Ranken abschneiden), klásma (das Gebrochene, der Brocken), in den balt. Sprachen lit. klàkšt (hinplumpsen), klàkšt (ein Klappgeräusch nachahmendes Schallwort), lett. klakšis (Klatsch) und Zubehör. Hierher gehört auch gsp. klatschen (jemand ohrfeigen), Klatsch (Ohrfeige) mit entspr. Zubehör. Die Bed. des Wortes ist »abbrechen und beim Aufschlagen erklingen lassen«. In die Gmsp. ist es erst in nhd. Zeit aufgestiegen.

**klecken** (klĕkkən – V.) rasch vorangehen (mit der Arbeit). Das Wort gehört zu ideur. *qel/*qer (sich drehen, sich rasch hin und her wenden), dazu gr. karpalimos (schnell, hurtig, flink, behände), lit. karãbyti (sich beeilen), karãbytis (sich quälen, sich plagen) – und schließlich lit. klekénti, klékinti (einfüllen, einschenken, eingießen), das nicht als lautmalend angesehen werden kann, sondern zu ideur. *qel/*qer gehört. Ins Dt. steigt das Wort aus einer Grundsprache auf als ahd. kleken, mhd. klecken (vorwärts bringen, erfolgreich vonstatten gehen; flecken).

**klemmen** (klĕmmən – V.) stehlen, etwas heimlich beiseite schaffen. *Klemm und klau* (klĕmm ůn klau – M.) gewohnheitsmäßiger Dieb. Das Wort wird von der Etymologie nicht behandelt, weil es vermutlich zu »klemmen« (einengen, pressen, drücken) gestellt werden würde. Zugr. liegt ideur. *qlep (stehlen, verbergen), das bereits gr. klémma (Diebstahl) ergeben hat.

**klengen** (klĕngən – V.) Flachsknutten im warmen Sonnenschein »klingen machen«, dass sie mit leise klingendem Geräusch aufspringen. *Klengtuch* (klĕngtůch – N.) grobes Leinentuch aus selbstgesponnenen Flachsfasern, das als Wagenplane und als Unterlage auf Spreuwagen benutzt wird. Die Meinung von Kluge/Götze und Weigand, wegen der »fehlenden Lautverschiebung« könnten gr. klaggé (Schall, Getön), lat. clangere, um 400 n. Ztr. clingere (ertönen, erschallen), mit »klingen, klengen« nicht urverwandt sein, wird durch lit. klẽginti (zum Klappern bringen), poln. klekotać (klappern, klimpern) widerlegt. Es handelt sich lediglich um ein nichtlautverschobenes Wort, im Germ. ags. clynan (erklingen), und im Dt. ahd. klingan, mhd. klingen (klingen, tönen – rauschen, rieseln). Nebenher laufen ahd. chlengōn, mhd. klenken (klingen machen, erklingen lassen), die unmittelbar in gsp. klengen hineinführen. Die nichtnasal. Wortform gsp. klikk in der Redensart »einen Klick machen (einen plötzlichen Laut hervorrufen)« dürfte die sprachlichen Zusammenhänge deutlicher werden lassen.

**Klipper** (klịppər – F.) Kinderklapper. Nebenform zu Klapper, dieses vorgerm.-ideur. Wort, das nicht mit ags. clappan, an. klappa (streicheln, schmeicheln) in Verbindung gebracht werden kann, entspricht lit. klabêti (klappern, rasseln, knarren), lett. klapêt (klappern), das aus einer Grundsprache als ahd. chlaphōn, chlafōn, claffōn, mhd. klaffen (zusammenschlagen oder = stoßen und dadurch ein Geräusch verursachen, klappern) aufsteigt. In Anlehnung an ideur. *kli (verbiegen), entspr. lit. klȳpti (sich verbiegen, sich verkrümmen), bildete sich diese Nebenform. Mit der aus Holz bestehenden Klapper des Mittelalters wurden anstatt der heutigen Schelle die dörflichen Bekanntmachungen ausgerufen.

**klippern** (kli̊ppərn – V.) wenige Garben ausdreschen, ausklippern. Die Etymologen sehen in frühnhd. klippern eine »Neubildung zum gleichbedeutenden klappern«, dieses schallnachahmend und zu nhd. Klapp gehörend, und dies »in neuhochdeutscher Zeit aus dem Niederdeutschen aufgenommen, woher auch Klappe, klappen und Klaps stammen«. Trotzdem meint man, »nur das lautnachahmende klappern gilt schon mittelhochdeutsch, ohne daß an Entlehnung aus dem Niederdeutschen zu denken wäre«. In Wirklichkeit ist die umfangreiche Wortfamilie nichtgerm.-ideur., wie aus dem Gr. und Balt. zu ersehen ist, entstanden aus ideur. *qel, *qlā (schlagen, brechen), daraus gr. kladarós (zerbrechlich), kladeýein (Zweige beschneiden), poln. kluć (spalten, hacken), sowie in den balt. Sprachen lit. klabéti (klappern, knarren, rasseln), lett. klabinât (klappern lassen) mit großem Zubehör, sowie nach Metathese und ablautend a>u lit. kùlti (dreschen), kùltavas (Dreschflegel), lett. kūls (zu dreschende Getreide), kuls (Dreschtenne) – aber auch lit. kùlpyti (schlagen, hauen, treffen). Gsp. klippern ist als Iterativ zur Grundform lit. klabéti und Zubehör zu stellen, dies jedoch ablautend zu einem zu erschließenden *klubéti und entrundet u>ü>i. Die Lautverschiebung b>p beweist die Herkunft des Worts aus einer ideur. b-Form (wie die balt. Belege), die schon im Germ. aus dieser Sprache entlehnt worden sein muss, ohne jedoch schriftsprachig zu werden.

**Kloben** (klobən – M.) Mengenmaß für fertig gehechelte Flachsfasern. Die Etymologie stellt das Wort zu klieben (spalten); obgleich dies nur ein zufälliger Zustand der aus mhd. und ahd. Zeit bekannten kloben (Holzklötze) ist; richtig gehört es zu klauben, zusammenklauben (zusammenballen) und bezeichnet damit das genaue Gegenteil. In Wirklichkeit liegt ein nichtgerm.-ideur. Wort vor, das sich im Lit. zu glė̃bti (umarmen, in ausgebreiteten Armen zusammenfassen), glė̃bis (Ballen), glóbti (umfangen), globá (Schutz, Obhut) entwickelte. Im Dt. steigt es aus einer Grundsprache erst lautverschoben auf als ahd. clobo, chlobo, mhd. klobe (um einen Stock geflochtenes oder daran gehängtes Gebund). Tatsächlich waren früher Säcke so kostbar, dass die Flachskloben nicht darin, sondern über Stangen als »Ballen« (Kloben) gehängt und so zur Weiterverarbeitung aufgehoben wurden.

**klopfen** (klopfən – V.) Zugrunde liegt ein ideur. *klap (klappen), in den balt. Sprachen lit. klapsėti (auf dem Boden klappern, klatschen), abg. klepati (stoßen, klopfen), im Germ. ags. clappian, im Dt. ahd. cklopfōn, mhd. klopfen (klopfen). Die Meinung von Kluge/Götze, ahd. klockōn, mhd. klocken (klopfen, pochen, läuten) sei hiermit urverwandt, ist irrig, denn es handelt sich um die nichtgerm.-ideur. Lautverschiebung p>k. Beide Formen sind erst in germ.-dt. Zeit aus einer Grundsprache aufgestiegen und haben bei ihrem Eindringen in die dt. Schriftsprache durchaus verschiedene Bed. Deshalb darf auch nicht »Klappe« (schwätzender Mund) hiermit in irgendeine Beziehung gebracht und dieses Wort als aus dem Nd. aufgenommen bezeichnet werden.

**Kloß** (kluəß – M.) Masse, rundlicher Klumpen. Die Grundbedeutung ist »Klumpen«, dazu mhd. ahd. klōʒ (Klumpen, Knolle), mnd. klōt, klūte, mnl. kloot (Kugel, Ball). Die von Kluge/Mitzka hierher gestellte Bed. »Keil« hat nichts mit einem Kloß zu tun, wohl aber ist russ. glúda (Klumpen, Kloß) die nichtgerm. Wortform. Zugrunde liegt ideur. *gel (›sich‹ ballen, Gerundetes, Kugeliges). Das Wort ist germ., wenn auch nicht belegt.

**Klotz** (klots – M.) Hode beim männlichen Tier, Mehrzahl: klets = Klötse. – Das Wort ist germ., da es ordnungsgemäß die Germ. Lautverschiebung g>k durchlaufen hat, ausgegangen von ideur. *glu (ballen), daraus bspw. skr. glau (Ballen, kropfartiger Auswuchs), glāus (Ballen, Kugel), gr. gloytòs (Hinterbacken, Gesäß, Keule) im Germ. ags. clott (Erdkloß, Scholle), an. klē (Webstein), im Dt. erst wieder mhd. klotz, klotzes (klumpige Masse, Kugel). Die Weiterentwicklung zur Bedeutung »Klotz = Hoden« ist germ.

**Klumpen** (klůmpən – M.) = ungeformte Masse. »der hat einen Klumpen Geld«, hat viel Geld. – *Klumpersuppe* (klůmpərsůppən – F.) – *Klümpchen* (klĩmpərchən – M.) viele kleine unregelmäßige Stückchen. – Die Etymologen nehmen Entlehnung aus dem Nd. an. Hermann Paul hält das Wort für md.- und nd. Zum ersten Mal belegt ist es 1410. Zugr. liegt ideur. *krus (stoßen), daraus gr. kroýein (stoßen, schlagen, klopfen) und Zubehör, abg. (u)kruch (Brokken, Bruchstück), russ. krocha (Brocken), lit. kurša (Hagel), kriaukšỹs (Klumpen gefrorener Erde) und nasaliert lit. krum̃slas (Klumpen, Kloß, harte Erdscholle). In den Grundsprachen hat das Wort die vorgerm.-ideur. Lautverschiebung r>l durchlaufen, bevor es ins Schriftdt. aufstieg.

K

**Klunker** (klůnkər – F.) Schmutzklümpchen an den Haaren der Zugtiere, bildlich jede Troddel an Mütze oder Anzug – *klunkern* (klůnkərn – V.) unnütz herumlaufen, Zeit vertrödeln. Das Wort steigt aus einer Grundsprache erst in dt. Zeit auf: ahd. clunga, mhd. klunge (Knäul) – dazu mhd. klungeler (Troddel), glunke (um den Hals baumelnde gedrehte Locke), glunkern (baumeln, schlenkern). Es ist das gleiche Wort wie Klumpen, das erst nach Lautverschiebung p>k ins Dt. aufgestiegen ist, aber etwas baumelnd Herabhängendes meinte.

**Knabe**, Knappe s. Knecht

**knaifeln** (knaifəln – V.) Hülsenfrüchte mit den Fingern auspuhlen. Umgekehrt werden auch Kirsch- und Zwetschensteine herausgeknaifelt, um das Fruchtfleisch zu gewinnen. Das gmdt. unbekannte Wort gehört nicht zu kneifen, kneipen, sondern ist Iterativ zu einem sonst nicht belegten bodenständigen Wort, das in lit. knaibýti (ausklauben, ausstochern) vorliegt. Es ist keineswegs lautmalend, sondern entstammt ideur. *qnēi (kratzen, schaben) mit bh-Erweiterung, das in der md. Grundsprache nach Lautverschiebung bh>f die Grundform *knaif ergeben musste. In der stärker germ. besiedelten Vogtei Dorla hat das Wort die germ. Lautverschiebung k>h zu *hnaifeln/naifeln durchlaufen.

**knarpeln** (knarwəln – V.) Nagend mit wiederholtem Krachen beißen. Das erst im 16. Jh. in dieser Bed. aus einer Grundsprache aufsteigende Wort möchte Weigand als wurzelverwandt mit knarren ansehen, während Hermann Paul sich jeder Zuweisung enthält. Ihm entspricht gsp. knarwəln (scheltend ununterbrochen »zwischen den Zähnen« murrend vor sich hinsprechen) aus ideur. *qnō, *qnēi (»zer«beißen, schaben, kratzen), so dass auch lit. kándu (beißen) damit verglichen werden muss.

**knatschkaputt** (knatschkåputt – Adj.) völlig abgespannt, so dass alle Glieder wie zerschlagen, zerrissen sind. – Der zweite Wortteil ist eindeutig ein Fremdwort, das mit den frz. Kartenspielen Eingang fand: il les capot (er verliert alle Stiche). Der erste ist wohl ein nichtgerm. Wort zu ideur. *qnō, *qnē (zerbeißen, schaben, kratzen), dazu gr. apo-knáō (erschöpfen, aufreiben, quälen, beschwerlich fallen), dia-knaiō (zerreiben, zerstören, zertrümmern), knizō aus *knitso (peinigen, quälen) apo-knaìein (empfindlichen Schmerz verursachen, abquälen, bezwicken). Das Wort ist im 13. Jh. erstmalig belegt md. zurknutschen (zermalmen, zusammendrücken). Das nichtverstandene Fremdwort wurde durch Anhängung des bodenständigen Wortes zu erklären versucht.

Man beachte, dass gr. *knitso eine Entrundung zum ablautenden md. zurknutschen darzustellen scheint.

**Knebel** (knewəl – M.) ein etwa 50 cm langer an einem Ende zugespitzter Stock als Hilfsmittel zum Einengen, Zusammenziehen und Festmachen. – *Knebel* (kneawəl – M.) beim Einknicken des Fingers (und nur dann!) herausstehender Fingerknöchel. – *Knebel* (kneawəl – M.) kleingewachsener aber stämmiger Mensch. *knebeln* (kneawəln – V.) einem Menschen die Hände auf dem Rücken fesseln. Die Sprachwissenschaft kommt zu keiner zufriedenstellenden Erklärung, weil sie nur sprachgesetzlich vorgeht, statt erst die Sache klar zu erarbeiten. So verweisen Kluge/Götze auf den Ausdruck Knebel für einen kleingewachsenen Menschen und nehmen deshalb eine Ableitung von »Knabe« an. Aber diese Bez. meint nichts anderes als »wie ein mit dem Knebel zusammengeschnürter Mensch« und verweist auf die Tatsache, dass noch im Mittelalter eine Gerichtsstrafe darin bestand, Verbrecher zu verschnüren und so »ins Loch« zu stecken. Eine weitere Möglichkeit sehen sie in ideur. *genebh (Pflock, Stock, abgeschnittenes Holzstück), der sich auch Kluge/Mitzka anschließen, wobei der Name des Werkstücks mit der Handlung des Knebelns in eins geworfen wird. Beiden Erklärungsmöglichkeiten schließen sich auch Weigand und Hermann Paul an, während Weigand auch Verwandtschaft mit »Knöchel« für möglich hält und Hermann Hirt (68) sogar eine ideur. ablautende Form zu »Kamm« vermutet. Es ergibt sich die Grundbed. »einengen«, was auch der Sache vollinhaltlich entspricht. Im Agr. heißt »knebeln« gr. sysphiggein (zusammenschnüren, zusammenpressen) zu gr. sphiggō (schnüren, zusammenbinden, -ziehen, umschließen), und das entspr. vollinhaltlich dem Sinngehalt des dt. Wortes knebeln. Von dem ist auszugehen im Gegensatz zum Gegenstand oder Handwerkszeug zum Knebeln. Gehen wir von der Überzeugung aus, dass gsp. kneawəln auf ein nichtgerm »a« zurückgeht, aber durch das ablautende »e« der Herrenschicht beeinflusst worden ist, dann dürfen wir nebeneinanderstellen lit. knablis (Knebelholz) und germ.-lautversch. aisl. hneppa (einengen, verkürzen). Daraus ist ersichtlich, dass das Gerät urzeitlich *knabil hieß, als solches unverschoben aufstieg zu ahd. knebil, chenebil (fesselndes Querholz: Pferdekummet) daraus mhd. knebel (Knöchel: fesselndes Querholz usw.; grober Mensch). Die ahd. Lautform chnebil lässt es unmöglich erscheinen, dass ideur. *knā, knē (schaben. kratzen) zugr. liegt, da mit ihm kein innerer Sinn vorhanden ist. Eher ist an ein zu erschließendes ideur. *na, *nu (zwingen, quälen o. ä.) zu denken, entsprechend nach Oscar Schade aslaw. nuditi (zwingen), dem die untrennbare Vorsetzpartikel ka-, ke-, ki- mit dem Begriff des Zusammenfassens, Abschließens, Anhaltens, der Dauer vorgesetzt wurde. Ähnlich sind lit. nùgara (Rücken) und norw. knoka (Knöchel), mhd. knock (Nacken) zu vergl. Die Grundbed. des Wortes Knebel ist demnach »Werkzeug zum Einengen, Zusammenziehen und Festmachen«.

**Knecht** (knăcht – M.) in bäuerlicher Jahresentlohnung stehender Mitarbeiter. Das im Dt. und im Wgerm. belegte Wort ist bisher nicht einwandfrei erklärt. Es soll zu Knappe, Knabe gehören, die aber ebenfalls unzureichend etymologisiert werden. Zugr. liegen dürfte ideur. *skal (sollen, schuldig oder verpflichtet sein), daraus bspw. lit. kálpa (Knecht, Diener, Sklave), kalpóti, lett. kalpuôt (dienen) mit zahlr. Zubehör, jedoch durch Metathese bereits abg. chlap (Knecht). Gehen wir von ideur. *(s)kal aus und nehmen an, dass urzeitlich auch im Md. der Knecht (ähnlich wie im Balt.) *(s)kalp geheißen hat, dann würde nach Lautverschiebung p>k der Schalk (Knecht) sich vorstellen... Gehen wir von abg. chlap (Knecht) aus, dann tritt uns nach nichtgerm.-ideur. Lautverschiebung l>n mit *knap die Grundform zu »Knappe« entgegen, und von daher ist sowohl Knappe als auch Knabe einwandfrei zu etymologisieren. Bei dem Wort Knecht ist festzustellen, dass bereits ags. cniht, afries. kniucht (Knecht, Diener, Krieger;

Knabe, Jüngling, Schüler) »ch« führen. Daraus ergibt sich, dass die nichtgerm.-ideur. Grundform *knap gelautet hat und die nichtgerm.-ideur. Lautverschiebung p>k wirksam wurde, bevor das Wort ins Protogerm. entlehnt worden ist, um auch noch die Germ. Lautverschiebung k>ch, h, g zu durchlaufen. Die beiden Wörter Schalk und Knecht entstammen der gleichen Wurzel ideur. (s)kal (schuldig, verpflichtet sein), und die Lautverschiebung l>n ist in diesem Falle bereits *vor* Beginn der etwa um 1200 v. Ztr. einsetzenden Germ. Lautverschiebung produktiv gewesen.

**Knerbel** (knerwəl – M.) traubig-schrumpfiger Ziegenkot statt des gewöhnlich beerenartigen. – *Knerbelchen* (knerwəlchən, knerwəldərchən – V.) kleine Kottraube. – *Knerbelsachen* (knerwəlsåchən – V.) Vielheit von Kottrauben der Ziege. – *knerbelig* (knerwəlᵉij – Adj.) traubig-schrumpfig statt beerenartig. – Dem Wort liegt gsp. norbel ablautend o>e zugr., dem die vorgerm. unbetonte untrennbare Vorsetzpartikel ka- mit dem Begriff des Zusammenfassens, Gesellschaftlichen vorgesetzt worden ist. Das Wort muss einstmals *kanerbel gelautet haben; die Bed. ist »Vielheit, Gesamtheit der Lorber, Zusammengefasste Kotbeeren«. Wenn in ahd. Zeit diese Vorsetzpartikel ka-, ke-, ki- ab und zu belegt ist, dann ist sie (statt ahd. ga-, ge-, gi-) aus einer Grundsprache aufgestiegen.

**Knet** (knat – M.) zähklebriger Schlamm nach längerem Regenwetter. – *knetig* (knatj – Adj.) zähschlammig. Hierzu bildlich: *Knet* (knat – M.) langweiliges törichtes Reden. »dem seinen Knet will ich gar nicht hören«. – *kneten* (knatən – V.) unsinnig schwätzen. Dazu *kneten, Geknete, Kneterei.* – Die Etymologie verweist auf mhd. knëten. ahd. knëtan, im Germ. ags. cnëdan. Es erweist sich bei näherer Untersuchung, dass ein nichtvorgerm.-ideur. Wort zugr. liegt aus ideur. *glei (kleberig sein), dem auch die Wortfamilie »kleben« entsprossen ist: poln. glej (schleimiger Boden), russ. glej (Lehmboden, Ton), gr. glischros (zäh, kleberig, leimig) und Zubehör, im Balt. lit. glitùs (schlüpferig, klebrig) und Zubehör, lett. glizda (blauer Ton, Mergel, Lehm) und Zubehör. Aber bereits die urzeitliche nichtgerm.-ideur. Lautverschiebung l>n ergibt abg. gnila (Tonboden, kleberige Erde), apreuß. gnode (Trog zum Brotbacken). Erst jetzt wird das Wort in einer nicht mehr nachweisbaren Lautform ins nichtgerm. entlehnt, um die Germ. Lautverschiebung g>k mitzumachen.

**kniestig** (knīstj – Adj.) klitschig, zähschmierig wie lehmige und tonige Erde nach langdauerndem Regenwetter. Im übertragenen Sinne wird auch »schleifiger« Kuchen als kniestig bezeichnet. – *Kniest* (knīst – M.) zähschmieriges Lehm- oder Tonland nach langem Regen; harte Schmutzkruste auf Kleidern, in Kämmen, am Schweißleder des Hutes. Man beachte den sehr deutlichen Unterschied, der zwischen gnatzigem (s. dort) Boden (Geschiebemergel, bei dem eine bröckelige Erdart äußerst schwer trocknet) und einen kniestigen Boden (der nach jedem langdauerndem Regenwetter zähschmierig wird und leicht verkrustet) gemacht wird. Das Wort ist weder im Dt. noch im vorhergeh. Germ. belegt, denn ahd. chnistīg (in kleine Stücke zerlegen) kann nicht mit gsp. kniestig in Beziehung gesetzt werden. Nach nichtgerm.-ideur. Lautverschiebung l>n begegnet uns aus ideur. *glei(t) (kleberig und glatt sein) in zahlr. Sprachen die entspr. Gleichung: lett. glìds (kleberig), glìzda (Ton, blauer Lehm, Mergel), glits (schlüpfrig weich), lit. glitùs (kleberig, schleimig, schlüpfrig) und großes Zubehör neben anderen mehr weitabliegenden Gleichungen auch in anderen Sprachen. Damit kann die Verbindung hergestellt werden zu spätmhd. gnīst (fest auf der Kopfhaut sitzender Hautschmutz, auch Grind), das nichtlautverschoben g>k aus einer anderen Grundsprache aufgestiegen ist, jedoch bereits die nichtgerm.-ideur. Lautverschiebung l>n besitzt, nur kann es nicht mit Oskar Schade mit ahd. gnītan, knītan (reiben, frottieren) verglichen werden.

**Knoblauch** (knowwəloch – M.) Zwiebelgewächs, Allium sativum L. – *Knoblauchshait* (knowwəlochshaitchən – N.) aus Nebenzwiebeln bestehende »Knolle«, in der md. Grundsprache »Knoblauchshaupt« – *Knoblauchszehe* (knowwəlochsziəchən – N.) einzelne Nebenzwiebel. – Die Wortzusammensetz. hat im zweiten Wortteil die Bez. »Lauch«. Der erste Wortteil ist bedeutsam, weil in ihm schriftsprachig die Lautverschiebung l>n nachgewiesen ist, denn in ahd. Zeit werden die Nebenzwiebeln oder »Zehen« als »Kloben« bezeichnet, deshalb ahd. klobelouh, chlovalouh. Schon im 12. Jh. erscheint in einer Nebenform die Lautverschiebung l>n und deshalb mhd. knobelouch neben dem älteren mhd. klobelouch. Es liegt hier nicht ein »in n übergegangenes l« vor, wie Weigand meint, und ebenso wenig wird nach Kluge/Götze »anlautendes kl vor l dissimiliert zu kn« – sondern in Wirklichkeit handelt es sich um die nichtgerm.-ideur. Lautverschiebung l>n, deren Beginn um 1500 v. Ztr. anzusetzen ist, und die in den md. Grundsprachen noch heute produktiv ist.

K

**Knochen** s. Bein

**Knuft** (knuft – M.) Messer mit schlechter Schärfe, das wenig oder überhaupt nicht schneidet. – *Knieft* (knīft – M.) kleines geringwertiges Messer ohne Schärfe. Die Kleinheit des Geräts wird durch Entrundung u>ü>i dargestellt. Das Wort ist belegt nhd. Kneif (Messer des Schuhmachers, aber auch des Gärtners), frühmhd. kneiff, mnd. knīp, knīf. Im Germ. ist ags. cnīf (um 1000) aus an. knīfr entlehnt. Die Etymologie vergleicht mit lit. gnýbti (kneifen), dazu auch lit. žnýbti (mit dem Schnabel beißen: kneifen) und Zubehör, hat jedoch unbeachtet gelassen, dass beide Wortfamilien lautverschoben k>g sind aus lett. knīpêt (kneifen, zwicken) und Zubehör, dieses aus ideur. *qnēi, *qnō, *qnī (stechen, kratzen, schaben). Das Wort ist demnach nichtgerm. In seiner herabsetzenden Bez. geht es offensichtlich auf das Steinmesser zurück, den Feuersteinabspliss, der durch Randdengelung geschärft wurde und mehr zum Schaben und Kratzen als zum Schneiden verwendet werden konnte. Brot konnte mit diesem Messer nicht geschnitten, sondern nur gerungst werden.

**Knulle** (knullən – F.) birnenförmiges hölzernes Küchengerät zum Rühren mit Verlängerung des verjüngten Teils zu einem etwa 30 cm langen Stiel. Die Namendeutung macht erhebliche Schwierigkeiten, da das Wort erst aufsteigt als mhd. knolle (Knolle, Klumpen). Mhd. knüllen (erschlagen; schlagen) verweist auf die urzeitliche Verwendung dieses Geräts, denn diesem mhd. knüllen muss ein unbelegtes *knulle zugrunde liegen. Dazu gehört vor Lautverschiebung r>l mhd. knorre, knurre (Knoten, Auswuchs an Bäumen, Steinen usw.) und dieses *vor* weiterer ideur. Lautverschiebung s>r mhd. knussen, knüssen, ahd. chnussan, knusen (stoßen, schlagen; quetschen, kneten), im Germ. ags. cnyssan (zusammendrücken, quetschen, zerquetschen), und abermals *vor* ideur. Lautverschiebung t>s mhd. knote, knutte, ahd. knoto, knodo, im Germ. qnotta, an. knūtr (Knoten), in der Urbed. noch heute russ. knut (Knute) als Bez. eines Werkzeugs mit verdicktem Ende zum Verprügeln.

**knulgern** (knullərjən – V.) Stoff zerknüllen. Das erst im 17. Jh. aus einer Grundsprache aufsteigende Wort in der Bed. »in Falten übel zusammendrücken« wird nur von Weigand falsch zu mhd. knüllen (mit der Faust schlagen, puffen, stoßen, »den Kopf« eindrücken) gestellt. In Wirklichkeit ist es eine Nebenform zu gsp. krůllən, nhd. krollen (sich kräuseln, sich locken), entstanden durch die nichtgerm.-ideur. Lautverschiebung (t>s)r>(l>)n und damit ein weiterer Beweis dafür, dass ein Verschiebungslaut der Reihe auch einmal übersprungen werden kann. Die weitere Verschiebung ll>lg bildet die Iterativform.

**Knüppel** (kni̊ppəl – M.) Zaunstecken zum Verprügeln, im übertrag. Sinne auch Gehstock. Ungefähr armlange dürre Knüppel nehmen die Waldarbeiter als Knüppelholz mit nach Hause, um sie als Heizmaterial zu verwenden. Etwas mehr als wagenspurbreite Zweige und Äste werden bei der Holzabfuhr an morastigen Stellen zu einem Knüppeldamm übereinandergeschichtet. Von der Sache her ist es völlig unmöglich, das Wort auch nur von fernher mit der Bed. »Knopf« oder »Knorren an Holzgewächsen« in Verbindung zu bringen, wie es von den Etymologen nahezu einhellig geschieht. Es ist bereits in ahd. Zeit von der »Oberschicht« durch nichtgerm.-ideur. Lautverschiebung t>p von Knüttel (s. dort) = Stab, Stecken zur Sonderbed. Stecken zum Verprügeln abgeleitet worden und ergab sinnwidrig ahd. chnuttilchemfo, knüttelslac. Sinnwidrig hat auch neuzeitlich das Flugzeug einen Lenkknüppel (und nicht -knüttel).



**knurjəln** (knurjəln – V.) ein Stoffstück zusammendrücken. Meistens wird das Wort in der Form verknurjeln gebraucht, dafür in Flarchheim verknutteln. – Das in seiner Urbed. kaum noch erkennbare Wort hat von der germ. Grundbed. »Knoten« her die nichtgerm. Lautverschiebung t>s>r durchlaufen, was weitgehend das Wort knüllen ergibt.

**Knust** (knust – M.) erster Anschnitt oder auch letzter Rest eines Brotes. *Knüstchen* (knistchən – N.) – Die Etymologie entwickelt das Wort aus der Bed. »Knorren«, was sprachgetzlich unmöglich ist. Das Wort geht auf ideur. *qnēi, qnō (zerbeißen, schaben, kratzen) zurück, daraus bspw. gr. knízō zu *knítsō (an etwas nagen, schaben), knísma (das Abgekniffene, Brocken, Stückchen) und widerspiegelt damit das urzeitl. Brechen des fladenartigen Brotes.

**Knüttel** (gsp. kni̊ttəl – M.) Stecken, dünner Stab. Von ihm erklären Kluge/Mitzka, und grundsätzlich stimmen alle Etymologen mit ihnen überein: »mhd. ahd. chuntil ›Knotenstock‹. Zu Knoten... Zu knütten ›knüpfen‹, Knüttelstock ›Netzstricknadel‹«. Dazu: nd. knütten (knüpfen), Knüttenstock (Stricknadel) haben überhaupt nichts mit der Bed. Knüttel zu tun. Nicht anders ist es mit dem zur Beweisführung herangezogen Gehstocknamen »Knotenstock«. Alle Etymologen haben ahd. kinuttil (Knüttel) unbeachtet gelassen, und dieser Beleg ist der einzige zur Deutung führende, wenn in ki- und -nuttil zerlegt, was ahd. chnuttil, chnuttel als Kürzung oder Zusammenziehung erweist. Die unbetonte untrennbare Vorsetzpartikel got. ga-, ahd. ga-, gi-, ghi-, ge-, go-, mhd. ge-, die den Begriff des Gesellschaftlichen, des Zusammenfassens bezeichnet, ist in ahd. Zeit auch als ka-, ke-, ki-, ko- belegt. Zu nuttil vgl. gr. nystázō (nicken), aber sprachgesetzlich noch älter lat. nūtāre (sich hin und her, auf und nieder neigen, schwanken und wanken, wackeln) und Zubehör, beide Belege entwickelt aus ideur. *(s)neu (nicken, sich neigen, wenden). Die Grundbed. des Wortes Knüttel ist also urspr. gewesen »Vielzahl der Schwankenden, Sich-hin-und-her-Wiegenden«. Da es im Lat. nicht zum gleichen Wort geführt hat, muss es auf dt. Boden entstanden sein und zwar *nach* Abwanderung großer Teile der Falisko-Italiker, Osker-Umbrer oder Veneter, zeitlich zwischen etwa 1200 v. Ztr. und 500 n. Ztr. jedoch *außerhalb* des Germ. Das Suffix -el scheint sich bereits der Wortwurzel mit der t-Erweiterung angehängt zu haben, als das Wort ins Ahd. aufstieg.

**knutteln** (knuttəln – V.) ein Stück Tuch in Falten zusammendrücken. – Das Wort gehört zu Knoten. Der ist urspr. eine Teilarbeit des Spinnens und Webens und Schneiderns gewesen, wie gsp. knütten (knüpfend Knoten machen) noch erkennen lässt. Von hier aus ergibt sich Zusammenhang mit ideur. *klō (flechten, spinnen), was urzeitlich ein Arbeiten mit den Fingern bedeutet hat. Dazu gehören gr. klóthō (spinnen), klōstḗr (Knäuel; Faden, Gespinst; Spindel). Erst nach nichtgerm. Lautverschiebung l>n steigt das Wort aus einer Grundsprache auf zu ags. cnotta, an. knūtr (Knoten), ags. cnyttan (stricken), im Dt. zu ahd. knodo, knoto, daraus mhd. knode, knote (Knoten). Die Bed. ist »das Geknotete, Geknüpfte«.

**Koben** (kobən M.) Einzelstall für Schweine. – Kobenlid (kobənlead N.) neben der Kobentür etwas kleinere Tür vor dem Fresstrog. – Das Wort steigt erst in dt. Zeit auf: mhd. kobe (Schweinestall, Käfig). Kluge/Götze meinen: »bis ins Nhd. erscheint eine umfassendere Bedeutung«. Sie nennen im Germ. ags. cofa (Schlafgenmach) und daraus engl. cove (Obdach), pigeon-cove (Taubenschlag), an. cofi (Hütte, Wetterdach, Verschlag), im Dt. ahd. chu-bisi (Hütte), mhd. kobel (enges Haus). Im Ideur. muss dem anlautenden »k« ein »g« und dem inlautenden »f« oder »b« ein »p« entsprechen. Beides ist gegeben in gr. gypa (unterirdische Wohnung, Erdhöhle, Schlupfwinkel) aus ideur. *geup (verbergen, bewahren). Bis ins Mittelalter wurden Schweine in Herden gehalten und des Nachts im Pferch untergebracht. Ferkel brachte man im »Kober« zum Markt, so dass anscheinend dieses nichtgerm. Wort bei der Benenn. des Schweinestalls als Koben mitgewirkt hat.

**Kober** (kobər – M.) Lebensmitteltasche aus Leder. Vgl. gr. kòphinas (Tragkorb) aus vorausgehendem *kòbinas, in den balt. Sprachen lett. ciba (rundes hölzernes Gefäß), lit. kibiras (Eimer, Kübel). Danach dürfte das Wort nichtgerm.-ideur. sein, das als ags. cofel (Korb) ins Germ. entlehnt worden ist, im Dt. erst frnhd. kober (Korb für Speise).

**kollern** (kůllərn – V.) zornig die Federn sträuben, rot anlaufen und grollende Töne von sich geben. – *Koller* (kůllər – M.) Zornwut eines Menschen »er hat den Koller«. – Die Etymologie möchte das Wort zum lat. Lehnwort Cholera stellen. Kluge/Mitzka erklären: »Die Bed. wandelt sich dabei in ›ausbrechende oder stille Wut‹, das Genus paßt sich den heimischen Wörtern auf -er an, lat. ch erhält den Wert von k...« Aber gr. colē (Zorn, Grimm, Groll, Wut) cholóō (zornig machen, zum Rasen bringen; grollen) verweist darauf, dass dieses Wort keineswegs aus dem Lat. entlehnt, sondern bodenständig ist. Man stelle nebeneinander gsp. kůllərn (zornig und aufgebracht dumpftönend schimpfen), »er hat den Koller«, und gsp. kullərn (mit kleinen Kugeln rollen).

**Kopper** (koppər – M.) Krippensetzer. – Bei diesem Wort haben sich anscheinend zwei Begriffe gekreuzt. Es ist belegt 1561 bei Maaler in der Bed. »Der Rülpende«, was zu mhd. koppe (das Aufstoßen, Rülpsen) und mhd. koppeln (rülpsen) gestellt werden müsste. Weigand verweist auch auf mhd. koppen (in die alte oder angeborene Art verfallen; plötzlich steigen oder fallen), das zu gr. kòptō (zerreiben, zerfetzen, zerschlagen) aus ideur. *skop (schlagen), ideur. (schneiden), aber auch zu lit. kòpti (steigen, klettern) in Beziehung zu setzen sein dürfte, wie Lautform und Bed.inhalt erkennen lassen.

**Korn** (korn – N.) Roggen, diese Bez. ist ungebräuchlich. – *Korn* (korn – N.) aus Gerstenmalz hergestellter Branntwein und deshalb »flüssiges Brot« genannt. – *Kornmuhme* (kornmūmə – F.) Gestalt früher Ackerkulte. – *Kornwolf* (kornwůləf – M.) ebenso. – *Kornblume* (kornblūmmən – W.) Centaurea cyanus L. – *Kornrade* (kornrådən – F.) Agrostemma Githago L., mit giftigen Samen. – *Kornkäfer* (kornkaiwər – M.) Calandra granaria L. – *Kornapfel* (kornåpfəl – M.) einst sehr beliebter Frühapfel, der etwa mit dem Roggen gleichzeitig reif wird. – *Gemangkorn* (gəmångkorn – N.) Roggen und Weizen vermischt auf dem gleichen Acker bestellt. – Die Grundbed. des Getreidewortes scheint zu sein »das Zerreibbare«, wie aus aind. jīrṇa (zerrieben) geschlossen werden

K

kann. Daraus apreuß. syrne, aslaw. zruno (Korn), lit. žirñis, lett. zirñis (Erbse), air. grān, lat. grānum (Korn). Im Germ. sind belegt got. kaŭrn, ags. corn, an. korn und im Dt. as. ahd. mhd. korn (einzelnes Getreidekorn, Getreide), mhd. korn (Roggenfeld). Die Bez. »Korn« ist immer auf die jeweils Hauptgetreidefrucht beschränkt, in Deutschland, Österreich, Russland usw. auf den Roggen, in Frankreich auf den Weizen, in Schweden auf die Gerste, in Italien und Nordamerika auf den Mais usw.

**Köte** (kiətən – F.) abstehende Hornzehe der Kühe, der Ziegen. – *Köterchen* (kiətərchən – N.) Hornzehe der Schweine, ebenso geformt. Schweineköterchen (schwinskiətərchən). – Die Meinung, das Wort wäre aus dem Nd. entlehnt, dürfte falsch sein. Zugr. liegt wohl ideur. *kou, *ku (wölben), daraus lit. kiautis (Schale, Hülse, Hülle), apreuß. keuto (Haut), gr. kytos (Hülle, Haut). Das Wort würde demnach nichtgerm.-ideur., jedoch nicht nd. sein. Sie können auch nicht nach Kluge/Götze ein »Gelenk am Pferdefuß« bezeichnen und nicht mit Weigand mit mhd. kœte (Würfel) verglichen werden.

K

**Krack** (kråkk – M.) gutgenährtes kräftiges Pferd, besonders schwerer Ackergaul. Kracken (kråkkən – F.) Schimpfwort, wobei lediglich aus »der Krack« die das weibl. Geschlecht kennzeichnende »die Kracken« gebildet wird. Fatzen Krack (fåtsən krakken – M.) besonders schweres gutgenährtes Pferd. – Es gibt die merkwürdige Erscheinung, dass in Wthür. der Krack ein bes. gutgenährtes Pferd und anderwärts völlig gegenteilig ein »altes abgetriebenes, hinfälliges Pferd« bezeichnet. Md. krakk baut unmittelbar auf ideur. *qarq, *qraq (hartsein) in der Bed. »stark, kräftig, ausdauernd« und weist damit in die Urzeit der Pferdezucht zurück. Wort und Bed. sind nichtgerm. Im Germ. ist der »alte Kracher« der hinfällige und gebrechliche Mensch und das ist dann auch lautlich unter Anlehnung an germ. Krakk und ideur. *ger (heiser schreien) fälschlich auf das hinfällige Pferd übertragen worden.

**kragen** kråjən – V.) einen vorstehenden Stein oder auch einen überstehenden Balken in eine Mauer einsetzen, ein Wort also aus der Sprache des Bauhandwerks. – *Kragstein* (krågštain – M.) zur Stützung eines Balkens über den Mauerrand herausragender Stein. – *Kragen* (kråin – M.) der oberste Teil der Körperwäsche oder eines äußeren Kleidungstücks, wegen der Umschließung des Halses durch ihn schließlich bildlich mit »Hals« gleichgesetzt. – Die Etymologen gehen von mhd. krage (Hals von Tier und Mensch; Nacken; Bekleidung des Halses) aus und kommen deshalb zu keiner Lösung. In Wirklichkeit liegt ein ideur. *ker, *kar, *kra (in die Höhe ragen oder starren) vor, daraus lit. kreklas (Dachsparren), russ. krokva (Stange, Dachsparren), poln. krokiew (Dachsparren), apreuß. kraclan (Brust), lit. kràgti (emporragen, hervorstehen), kragìnti (den Kopf in den Nacken werfen). Aus der nichtgerm.-ideur. Grundsprache steigt das Wort erst in mhd. Zeit auf, und zwar in der urspr. Bed. nur noch als mhd. kragstein, in bildlicher Übertragung aber als mhd. krage (Hals usw.). Das Wort ist nichtlautverschoben. Vgl. ragen = hervorstehen, emporstarren. Aus der gleichen ideur. Wurzel, jedoch lautverschoben im Germ. ags. oferkrāēgan (überragen), im Dt. ahd. *hragēn, mhd. ragen (starr, hervorstehen), mhd. rac (straff).

**Krämer** (kramər – M.) bis zum Beginn des 20. Jh. die einzige Bez. für einen Kleinwarenhändler – *Kramladen* (krōmloadən – F.) Kaufmannsladen. – *Krambude* (krōmbůdən – F.) aufgestellte Verkaufsstände. – *Kram* (krōm – M.) unnützes Zeug. – *kramen* (krōmən – V.) suchend in Schränken und Truhen herumwühlen. Die Etymologie sieht in diesem Wort dt. Ursprung, und Kluge/Götze meinen, aslaw. êrêmŭ (Zelt) sei einem zu erschließenden germ. *krāma entlehnt. Jedoch lit. gramõzdai (altes Gerümpel), das genau gsp. krōm entspricht, lediglich über die Germ. Lautverschiebung g>k weiterentwickelt. Ihm liegt zugrunde ideur. *germ. (sammeln). Das Wort steigt erst in dt. Zeit auf: ahd. crām, mhd. krām (Marktbude, zum Verkauf ausgelegte Ware) – ahd. krāmari, mhd. krāmer (Krämer, der Waren feilbietet) – mhd. krāme (Kaufladen) – mhd. krāmen (kaufen, einhandeln).

**Kramme** (kråmmən – F.) schlecht genährtes, wertloses Pferd, dem die Knochen aus dem Körper stehen, »dass man die Mütze dran aufhängen kann«, ebensolche Kuh, und selbst ein hinfälliges Schaf. *Kramme* (kråmmən – F.) Krampe, die in die Enden zweier nebeneinander stehender Balken geschlagen wird, um sie zusammenzuhalten, ebenso Türhaken. Sie besteht aus einem Längsteil und beiderseits rechtwinkelig gebogenen nagelartigen Spitzen, die ins Holz eingeschlagen werden. Auch dieses Wort entstammt der Grundsprache der nichtgerm. ideur. Vorbevölkerung, ist also nichtlautverschoben. Das ergibt sich aus ideur. *qremb (schrumpfen), dazu gr. krámbos (eingeschrumpft, runzelig), abg. krąpêti (sich zusammenziehen), dazu ablautend lit. krumplỹs (Fingerknöchel). Ins Dt. steigt das Wort auf zu as. krampo (Haken, Klammer, Balkenverbindung) und lautverschoben ahd. kramph (gekrümmt), ablautend ahd. krimphan, mhd. krimpfen (krümmen); mhd. krimpf (krumm) – mhd. cramph, krampf (Klammer, Krampf). – Eine Kramme ist demnach ein sich vor Schwäche zusammenkrümmendes Tier.

K

**krampfen** (krampfən – V.) stehlen. Vgl. das nichtnasal. lit. grabštùs (gewandt im Stehlen), grabîsas (gewohnheitsmäßig kleine Diebstähle begehen), dazu nasal. lit. grambýti (herumtasten), sugrambti (fangen, fassen). Entspr. dürfte das nasal. »krampfen« (mit hochdt. Lautverschiebung) einem ideur. nichtnasal., schon in frühen Zeiten durch die Lautverschiebung r>l hindurch gegangenen Wort entsprechen, das über ideur. *qrab, *qlep (stehlen, verbergen) zu gr. kléptō (stehlen, etwas verstohlen und heimlich verbringen) und Zubehör, gr. klémma (Diebstahl) geführt hat.

**Kratse** (kråtsən – F.) Schabeisen, Trogscharre des Bäckers zum Reinigen der Werjbretter. – Das Wort *kratzen* wird nachgewiesen mhd. kraten, kretzen, ahd. krazzōn, ist im Germ. nicht belegt, findet sich jedoch nd. kratten, schwed. kratta, dazu norw. krat (Abschabsel, kleiner Abfall). Um den germ. Ursprung beweisen zu können, wird von Kluge/Mitzka die Nebenform alb. gēruań (kratze, schabe) herangezogen und erklärt, andere außergerm. Belege gäbe es nicht. Die Grundform ist alb. kruań (kratze, schabe), dazu alb. krūs(ë) (Schabeisen), ebenso gehören hierher lett. skrīpât (kratzen, kritzeln, einritzen), skrīpsts (Schabeisen, Schrapmesser), dazu gr. koyreýs (Barbier, bei uns noch immer Bartkratzer!) aus ideur. *(s)qer (schneiden, abtrennen, kratzen), sowie in den balt. Sprachen und dem Gr. zahlreiches Zubehör. Es ist noch nicht erkannt worden, dass in »kratzen« und »schrapen« sprachgesetzlich das gleiche Wort vorliegt, nur durch die nichtgerm.-ideur. Lautverschiebung t>p voneinander getrennt. s. auch schorpsen.

**Kraut** (krūt – N.) nichtholzige Blattgewächse, erst in dt. Zeit auf die aus dem Mittelmeergebiet stammenden Kohlarten angewandt. – Kräuterich (krītərȋch – N.) Gesamtheit aller im Haushalt verwertbaren Wildpflanzen. »ȗnkrūt = Unkraut« ist demgegenüber nur das »unnütze«, wertlose und im Haushalt nicht verwendbare »Kraut«. – *Krauthobel* (krūthewwəl – M.) neuzeitlich bei der Sauerkrautherstellung benötigtes Gerät. – *Krauthait* (krūtshait – N.) Krautkopf, und zwar durchweg nur Weißkraut. – *Krautstampfer* (krūtštampfər – M.) bei der Sauerkrautbereitung benötigtes Werkzeug aus Holz, meistens Buche. – Das noch immer unbefriedigend etymologisierte Wort steigt erst in dt. Zeit aus einer Grundsprache auf: ahd. chrūt, mhd. krūt (essbare Blätterpflanzen, Gemüse, Kohl) und ist deshalb nicht etymologisierbar. Aber ahd. chrūtelīh, mhd. chriutelīh (alles und jedes Kraut) zu unserm gsp. krītərȋch (Gesamtheit aller im Haushalt verwertbaren gesammelten Wildpflanzen) hätte Aufschluss geben können.

Denn einem lett. krât (sammeln, aufhäufen) entspricht das lediglich ablautende mhd. ahd. krūt (das zu Sammelnde »essbare Pflanzengut«).

**krĕcken** (krĕkkən – V.) den Wagen rückwärts in die richtige Fahrtrichtung oder durch die oft schmale Torfahrt schieben – *krecken* (krĕkkən – V.) spielerisch zum Vergnügen herumfahren, auch das Herumkarren des Handwagens. – *Krecker* (Krĕkkər – M.) Fuhrmann bes. von Langholzfuhren, neuerdings auch eine landwirtschaftliche Maschine (Trecker). – *Kreckscheit* (krĕkkschīt). Abschlussscheit des Vorderwagens. Das Gespier legt sich auf das Kreckscheit und hält so die Deichsel in der erforderlichen Höhe. – *Kräcke* (krĕkkə – F.) übertragen: Quere, Schiefheit im Menschlichen. »er stellt sich in die Krecke«, versucht den geraden Verlauf einer Sache zu hintertreiben. – *krecksen* (krĕkksən – V.) ungeschickt, fahren, einen Wagen rückwärts in die falsche Richtung schieben. »was kräckst (du) denn heute zusammen ?« – Dazu Kräcken, Gekrecke, Kreckerei, Krecksen, Gekreckse, Kreckserei mit dem bekannten Bed.unterschied. – Das Wort ist weder im Dt. noch im vorhergehenden Germ. belegt. Vgl. ideur. *qer (biegen, drehen), dazu ablautend gr. krikos (Jochring, der das Joch mit dem Deichselnagel verband) und damit nicht nur lautmäßig, sondern auch sachlich das gleiche wie Kreckscheit. Die balt. Belege zeigen, dass die aus ideur. *qer entstandene Wurzelerweiterung *qrek/ *qrik bereits eine ideur. Lautverschiebung p>k durchlaufen hat, so dass ein ideur. *qrep/ *qrip vorausgesetzt werden muss. Das ergibt sich aus lit. kyptìs (Richtung), krìpt, krỳpt (zur Bez. einer plötzlichen leichten Wendung), ĩkrypas (schief, schräg, diagonal), kreĩpti (wenden, kehren, lenken, richten), krỹpti (abweichen, sich wenden, sich kehren), lett. kraipît (etwas krümmen, verziehen).

**Krempel** (krampəl – M.) geringwertige Ware, Trödlerkram. – Das Wort ist nicht zu Kram, Krämer zu stellen, sondern erst neuzeitlich entlehnt aus ital. comprare (kaufen) aus lat. comparāre (verschaffen), daraus bereits durch Umstellung des r in ital. crompare, im Dt. mhd. grempen (Kleinhandel treiben), grempeler (Trödler).

**Kreepel** (krēpəl – M.) kein »Krüppel«, sondern ein bei der Arbeit unachtsames oder auch widerspenstiges Pferd, weshalb es vom Bauern beschimpft wird elender Kreepel«. – Da in Wthür. auch gsp. krēpəln (nach längerer Krankheit oder im hohen Alter mühsam etwas arbeiten) weit verbreitet ist, stellt sich das Dingwort zu ideur. *(s)qrebh (schrumpfen) entspr. lett. krapšt̀yti (ungeschickter alter Mensch oder ein solches Tier).

**Kricke** (krikkən – F.) zum Skelett abgemagerte Kuh. »schlogg də kri̊kkən duət« = schlage die Kricke tot. – Die Meinung, das Wort sei dem nhd. Krücke gleichzusetzen, ist falsch. Vielmehr liegt ein vorgerm. Wort vor zur Wurzel ideur. *krou, *kru (zerstampfen. zerbrechen), in den balt. Sprachen lit. kruknêt (kauern, hocken), kriàuklas (Gerippe, Skelett), kriàutis (zum Gerippe abgemagertes Stück Vieh), krùsti (abgezehrt, kleiner werden, abnehmen). Die Wörter liegen alle in der Verschiebungsreihe t>p>k>s und beweisen deshalb die Herkunft aus dem Vorgerm.

**Kringel** (kri̊ngəl – M.) aus Weidenruten geflochtener, neuerdings aus Draht gefertigter Ring. – *Kringel* (kri̊ngəl – M.) ringförmiges Gebäck aus Mürbeteig. Zugr. liegt ideur. qer (biegen, drehen), daraus nichtnasaliert gr. krikos (Reifen, Ring), nasaliert aslaw. krągŭ (Kreis), kręglŭ (rund), umbr. cringatro (Schulterband). Ins Germ.-Dt. steigt das Wort sehr spät auf, nämlich an. kringla (Kreis), kringr (Ring), im Dt. erst mhd. krine (Kreis, Ring, Bezirk), kringel (ringförmiges Gebäck). Das Wort ist das gleiche wie nhd. Ring, jedoch in der nichtgerm. Form nhd. Kring und in der Verkleinerungsform nhd. Kringel.

**krißlich** (kri̊ßich – Adj.) außerordentlich, hervorragend, ganz bedeutsam – eine krißliche, ganz hervorragende Ernte. – *krißlich* (kri̊ßlich – Adj.) = eingebildet. Sei doch nicht

K

so grißlich! – Das nirgends schriftlich belegte Wort ist nichtgerm.-ideur. aus ideur. *(s) qri (sondern, scheiden), dazu gr. kritoś (vor anderen auserwählt). Die nichtgerm. Lautverschiebung t>s, die gegen 1500 v. Ztr. wirksam geworden ist, muss angesetzt werden.

**Krolle** (krůllən – F.) Haarlocke bei Menschen und Tieren. »meine Kuh hat lauter Krollen«. – *krollen* (krůllən – V.) sich locken, sich kräuseln. Die Haare krollen sich wie der gesponnene Flachsfaden, der auf der Rolle des Spinnrades. – *Krollenpfeifer* (krůllənfīfər – M.) Mensch mit überaus zahlr. gekräuselten Haaren. – Das zwar nicht schriftlich belegte, aber eindeutig germ. Wort nach Lautverschiebung g>k entstammt ideur. *ger (drehen) entspr. gsp. kurållən, steigt erst in dt. Zeit aus einer Grundsprache auf: mhd. krul, krol, krülle, krolle (Locke), krol (lockig). Mit dem Wort nhd. kraus hat unser Wort nur bedingt etwas zu tun.

**Kroppzeug** N. lästige, sich drängelnde Menge, Pack. Die Etymologen vergl. das Wort mit nd. krōp (kriechen, kleines Vieh). Vgl. jedoch md. (mhd.) kroten (belästigen, bedrängen), krot (Belästigung, sich drängelnde Menge) nach nichtgerm.-ideur. Lautverschiebung t>p.

K

**Krücke** (krı̊kkən – F. quergestellter eiserner Schaber an langer Stange. – Krücke (krı̊kkən – F.) diesem Schaber nachgebildeter Stab mit Querholz zum Stützen, wie er von Lahmen und Beinbehinderten verwendet wird. – *krücken* (krı̊kkən – V.) zusammenscharren. – Das Wort ist belegt mhd. krücke, krucke, ahd. chruckia, krucka (Werkzeug zum Zusammenscharren oder Umwenden), im Germ. ags. cricc, cryce (Krücke), dazu ablautend an. krōkr (Haken). Weiter rückwärts kommt die Etymologie nicht. Ich verweise auf lit. kruõpti (zusammenscharren, anhäufen, sammeln) aus einem ideur. *krup (stoßen), nach Lautverschiebung (t>p)>k(>s) nhd. krücken, und weiter verschoben zu ideur. *krus (stoßen), gr. kroỹsis (das Scharren, Klopfen, Stampfen, Stoßen). Das Schimpfwort Krücke zur Bez. eines widerlichen, nichtswürdigen Menschen gehört nicht in diesen Zusammenhang.

**kulpen** (kūləpən – V.) Wolle auflockern, was besonders bei der sogenannten Löcke (geringwertige Schafwolle) notwendig ist. »du kannst die Löcke einmal kulpen (gekulpe!)«. – *auskulpen* (ūsklәpən – V.) – Das weder im Dt. noch vorhergehendem Germ. schriftlich belegte Wort entstammt ideur. *q(w)el (drehen, wühlen), dazu gr. kylisma (Aufwühlung, aufgewühlter Kot), kyliō (aufwühlen), poln. chlupy (Härchen, Zotten), slowak. chlipt (zerzausen, verwirren, zerraufen), chlp (Zotte, Büschel), entrundet u>ü>i in den balt. Sprachen lit. kìlpinė (durcheinandergewirrte Wolle, zusammengedrehte und knotige Stelle im Zwirn), kìlpoti (sich in etwas verwirren), lett. ciļpa (Schlinge, Schleife, Knoten). Das Wort ist demnach vorgerm.

**Kümmel** (kēməl – M.) heimisches Doldengewächs, Caront carvi L. – Zur Deutung des Namens nimmt die Etymologie vorderasiat. Herkunft der Pflanze an und entwickelt ihn aus assyr. kamūnu (Mäusekraut), arab. kammūn, hebr. kammōn, pun. chamān entlehnt zu gr. kýminōn, erneut entlehnt zu lat. cumīnum, und aus dem Roman. zu ags. cymen und im Dt. ahd. kumīn, mhd. kümīn. Aber sie verwechselt den Mutterkümmel, Cuminum cyminum L., der unangenehm fenchelartig schmeckt und tatsächlich ebenfalls als Gewürz und Arzneimittel verwendet wurde, mit unserm beißend gewürzhaft schmeckendem Kümmel. Im Mittelalter ist jener Mutterkümmel tatsächlich als Arzneimittel eingeführt worden und hat ergeben im Germ. nur ags. cymen, im Dt. ahd. kumīn, mhd. kümīn, dann mit der Sache (Arzneimittel) untergegangen. Nun ist das Besondere des Kümmels, dass nur die eigenartig gewölbten Dolden abgeschnitten wurden, um nach einem bes. Trockenvorgang die Kümmelkörner abzustreifen (gsp. obbštrepfəln).

Das verweist auf lit. kémuras (Dolde, Büschel), lett. cęmurs (Dolde, Büschel; Traube) aus ideur. *kem (wölben). Die Wortgleichheit zwang zur Lautverschiebung r>l, was dann nur im Dt. ahd. kumil, mhd. kümel ergab, gsp. jedoch kēməl. Luther bediente sich der im Md. weit verbreiteten Mitlautdoppelung und führte das Wort Kümmel ein. Es ergibt sich also ahd. kumil, mhd. kümel, gmdt. Kümmel, ideur. *kem, lit. kémuras, lett. cęmurs, gsp. kēməl. Die Grundbed. ist also »Gewölbtes« (Doldengewächs), und dass sie richtig ist, ergibt sich aus lit. kémeras (Wasserdost), der eine dem Kümmel völlig gleiche Dolde besitzt. Sollte jedoch das merkwürdig viertelmondförmige Aussehen der wilden Kümmelkerne namengebend gewesen sein, dann würde an der Deutung sich auch nichts ändern. Die Grundsprache hat über mehr als 4.000 Jahre den ideur. Wurzelvokal bis zur Gegenwart erhalten.

**Kummet** (kůmmt – N.) den Hals umschließendes Geschirr der Zugtiere, mit Pferdehaarkissen gepolstert. Bildlich: schlechtsitzender Kragen der Männerjacke. – Die Gerätebez., die erst mhd. komat und später kummot, kumet aufsteigt, soll aus poln. chomat, tschech. chomout, russ. Chomontu entlehnt sein, die aslaw. chomontū entstammen, dies jedoch wieder aus got. *hama (Kummetpolsterung) entlehnt. Doch die unmittelbare Herkunft der wthür. Grundsprache aus der »Wurzelperiode« des Ideur. lässt unmittelbare Entwicklung aus ideur. *qumb (wölben, biegen) vermuten. Das ist schon um deswillen anzunehmen, weil bei den Steppenvölkern das Pferd nur Reittier war und nur bei den ideur. Ackerbauvölkern auch zum Ziehen verwendet wurde. Vielleicht verweist die Bez. eines schlechtsitzenden Kragens als »Kummt« darauf, dass dieses Wort noch sehr viel älter als die Verwendung des Pferdegeschirrs ist.

**Kumpf** (kůmf – M.) Topf, Napf, Gefäß. – Das mhd. als kumpf (Napf, Gefäß, Wetzsteinbehälter) belegte Wort, im Germ. ags. cumb (Gefäß zum Getreidemessen) vergleicht die Etymologie mit dem germ. Humpen (großes weites Trinkgeschirr). Kumpf ist dagegen nichtgerm. unmittelbar aus ideur. *qumb(h) (wölben, biegen) entsprechend gr. kýmbē (Topf), skr. kumbhás (Topf, Krug).

**Kumst** (kůmst – M.) vergorenes Sauerkraut. Im Worte Kumst, mhd. kumpóst (Sauerkraut) und ital. composta (Eingemachtes) wird ein Lehnwort aus lat. compositum (Zusammengesetztes) gesehen. Da der Kumst jedoch in keiner Weise »zusammengesetzt« ist, ist eher an gr. kymbē (Kopf) aus ideur. *qumb (biegen) zu denken. Das würde auch dem Sinne nach richtiger sein: im Gegensatz zu Sauerkraut aus geschorbten »Fäden« war ursprünglich der Kumst das Sauerkraut aus ganzen oder wenig geteilten »Köpfen« (krūtshaitərn).

**Kunkel** (kůnkəl – F.) Spinnrocken. Mlat. concula ist ein Lehnwort, das im Dt. als ahd. chonachla, chūnchla, mhd. kunkel (Rockenstock, Spinnrocken) erscheint, das zumindest einige Zeit auch in Wthür. gegolten haben muss. Wenn sich in Wthür. ein Wortschatz erhalten hat, der in engster Gleichung zum Balt. steht, dort lit. gùnga (Knäuel) vorliegt, das im Germ./Dt. infolge der Lautverschiebung g>k ein *kunke hätte ergeben müssen, dann wird es fraglich, ob Kunkel tatsächlich ein Lehnwort ist, zumal das Mlat. durch zahlreiche Provinzialismen gespeist wurde. – *Kunkelfusen* (kůnkəlfūsən – F.) Scherze und Dummheiten während der Spinnstube. Kunkelfusen ist alt-ideur., wie er nichtlautverschoben in lit. pùsė, lett. puse, apreuß. pausan vorliegt, das aber nur in Wortzusammensetzungen auftritt, bspw. lit. pùsgalvis (Dummkopf, Narr), pùsprotis (halb irrsinnig, albern). In dem Wort liegt wohl ein noch völlig eigenwertiges Wurzelnennwort vor in der Bed. »nicht sein«.

**Kuppe** (kůppən – F.) höchste Stelle eines Hügels, Gipfel, auch Fingerspitze. – Die Etymologie meint, das Wort sei früh entlehnt aus lat. cuppa (Becher), dann lautverschoben zu ahd. chuppha, mhd. kupfe, aber erst im 18. Jh. aus dem Nd. als Kuppe in die Schriftsprache eingedrungen. Dagegen spricht das lautverschobene Wort gsp. Huppel, das nhd. Kuppe als nichtverschobenes germ.-ideur. Erbwort erklärt, entspr. lit. kaũbras, lett. kauburs (Hügel, Bergkuppe), kupene (Schneehaufen) usw.

**Kuralle** (kůrallən – F.) schlecht gesponnener Faden, der sich in sich selber drisselt, das heißt dreht. Das Wort kann seiner Bed. wegen weder zu mhd. krolle (Locke) noch mhd. krüllen (kräuseln, an den Haaren raufen) gestellt werden. Es liegt sichtlich ein nichtgerm. Wort vor zu ideur. *ger (drehen, flechten), dessen Entwicklungsgang nicht mehr erkennbar ist, jedoch deutliche Spuren in den balt. Sprachen hinterlassen hat: lit. garánkščiotia, garánkštėti (sich von selbst zusammenziehen und aufrollen – nur vom Faden gesagt), lett. dzergzde, dzerkstele (Gekräusel, Verwicklung, Verstrickung im Garn), lit. garánkšta, geránktštis (Schlinge). Dieser Bed. entspricht vollinhaltlich das Wort Kuralle, nur ist es aus nicht ersichtlichen Gründen der Lautverschiebung unterworfen gewesen.

**Kutte** s. Haus

**Kutzbohne** s. unter Bohne

# L

**Laan** (lān – Aj.) zwar nicht mehr feucht, aber auch nicht trocken genug, um das Heu nach Hause fahren, die Wäsche von der Leine abnehmen zu können. – Ohne Entdeckung der nichtgerm.-ideur. Lautverschiebung und der »ältesten Sprachschicht Europas« würde man das Wort zu mhd. lān als Nebenform zu mhd. lāzen, lāzōn (zurücklassen, nachlassen) und dieses zu ahd. mhd. laz (träge, lässig, matt) stellen. In Wirklichkeit hat es etwas mit dem Begriff Feuchtigkeit zu tun und schließt deshalb an ideur. *sra (besprengen) an, daraus gr. ranis (Tropfen), rantīzō (besprengen), raínō (besprengen, bespritzen, bewässern) und Zubehör. Nach der nichtgerm.-ideur. Lautverschiebung r>l entsteht daraus in der gleichen Bedeutung gsp. lān.

**labbern** (läwwərn – V.) gerinnen. Grundbed. ist »sich zusammenziehen, einschrumpfen«, dazu mhd. lap (Mittel zum Gerinnenmachen), lib(b)eren, mnd. leveren (gerinnen machen), ahd. kāsiluppa, ags. (cíes)lybb (Lab). Zugr. liegt ideur. *qrebh (schrumpfen), daraus nach k-Ausfall lit. raũpas (Blatter, Pocke), nach Lautverschiebung p>k lit. raũkas (Runzel, Falte), lat. rūga (Runzel), dazu lit. ràũgas (Säure, Sauerteig), lett. raûgs (Sauerteig, Hefepilz), apreuß. raūgūs (Lab) und Zubehör. Dem Wort liegen demnach die nichtgerm.-ideur. Lautverschiebungen r>l und g>b zugrunde. Vgl. auch lit. klèkti (gerinnen).

**labberig** (lawwəri̥j – Adj.) fade, gewürzlos. Hermann Paul bezeichnet das Wort als nd., Weigand möchte Verwandtschaft mit Labbe (Lippe, Mund) und wohl auch mit Lappen sehen. Es ist jedoch unmittelbar aus ideur. *lap (dünn machen) weiterentwickelt worden entspr. skr. alpakà (gering, schwach), lit. alpnas (schwach), gr. leptós (schwach, kraftlos), im Germ. as. lēf, ags. lēf, afries. lēf, nfries. lef, laf (schwach, schwächlich, matt).

**Labedöpfen/-topf** (leawədi̯pfən – N.) hoher Tontopf mit zwei Henkeln. Urzeitlich ist in dem zweihenkeligen Labedöpfen wohl das Getreide, sind Hülsenfrüchte aufbewahrt worden. Das nirgends schriftlich belegte Wort ist nichtgerm.-ideur. aus ideur. *(s)labh (fassen, nehmen) entsprechend nur. gr. labė (Henkel, Griff). Ein Labedöpfen ist also ein urzeitl. Henkeldöpfen. Im Balt. ist lit. lãbas, lõbis (Besitz, Gut, Reichtum, Schatz), lobýnas (Schatzkammer), lett. labība (Getreide, Korn).

**Lache** (låchən – F.) eine nur geringfügig eingetiefte Bodenform, die nach starkem Regen (aber nur bei tonigen Untergrund!) eine kurze Zeitlang flachgründig Wasser enthalten kann. Eine Blutlache ist keine Pfütze, wenn von deren Tiefe ausgegangen wird, sondern ein flacher Blutfleck auf ebener Erde. – Das Wort ist belegt mhd. lache, ahd. lahha, im Germ. unbekannt. Denn as. laca (stehendes Wasser in einem Flussbett, Salzlake) und ags. lacu (Fluss, Bach), an. lõkr (langsam fließender Bach) haben nichts mit einer Lache zu tun, weshalb auch keinerlei sprachliche Beziehung zu ideur. *leg (tröpfeln, sickern, langsam rinnen) bestehen kann, wie Kluge/Mitzka meinen. Diese falsche Zuschreibung war möglich, weil die *Sache* nur oberflächlich untersucht worden ist; denn eine Lache kann nur zeitweilig eine »Pfütze« sein. Das Wort ist nichtgerm.-ideur. erst in dt. Zeit aus einer Grundsprache »aufgestiegen« und hat sich unmittelbar aus ideur. *1agh (flach sein) durch Lautverschiebung gh>ch(k) entwickelt, ebenso wie gr. lácheia (flach, niedrig), nicht aber mit ideur. *legh (liegen). Gehört dieses Geländewort in die Zeit der Lautverschiebung gh>ch(k), dann muss es auch entstanden sein, als diese produktiv gewesen ist, und das heißt, in der Zeit um 1500 v. Ztr., ragt also als ein Relikt trotz der Erweiterung a/e von dorther in die Gegenwart herein.

**Lamm** (låm – N.) Lamm. Der Tiername ist aus der Grundsprache entlehnt, was bezeugt wird durch gr. amnòs (Lamm), amnas (Lämmchen), bereits in nichtgerm. Zeit mit ideur. *labh (fassen, nehmen) in der Bed. »Gewinn haben« oder auch »reicher werden«. Da der ganze Reichtum unserer Ahnen in großen Tierherden bestand, ist eine solche Begriffsverschmelzung selbstverständlich: sie muss bereits vor Entlehnung ins Germ. erfolgt sein. – *lammen* (låmmən – V.) Schafjunge »zur Welt bringen«. *Lamm* (låmm – N.) Schafjunges gleich welchen Geschlechts. Vergleichsweise (wenn auch falsch) wird auch ein Ziegenjunges als »Lamm« bezeichnet. – *Lämmerwolke* (lämmərwůləkən – W.) runde und zarte, in Reihen geordnete Flockenwölckchen.

**Lanke** (lånkən – F.) Hungergrube an der Flanke der Pferde und Rinder. Das Wort kann bisher nicht etymologisiert werden, weil es neben einem ags. hlanc (dünn, mager, schmal, schmächtig, schlank), an. hleckr (Kette) ein ahd. hlanca (des Tierkörpers) gibt, mit dem erst in dt. Zeit aus einer Grundsprache aufgestiegenen ahd. lanca, lancha, mhd. lanke (Hüfte, Lende) in eins gesetzt werden. Nhd. Lanke ist jedoch nichtgerm. wie aus lit. lankà, lett. lañka (niedrige, langgestreckte Ebene) aus ideur. *lenk., *link (biegen, beugen) ersichtlich ist. Dazu lit. lenkmuõ (Stelle wo sich etwas biegt, Gelenk), lankòti (sich neigen, sich beugen, sich krümmen), lañkstas (Biegung, Krümmung), įlanka (Einbuchtung), lett. lènkt (erreichen wollen, erbeuten wollen).

**Lappen** (låppən – M.) Stück Tuch gleich welcher Größe, besonders Kopftuch, auch Hautstück. – Das Wort ist belegt mhd. lappe, ahd. lappa, lappo, im Germ. jedoch ags. lappa (Zipfel, Stück, Bezirk), an. lappi (Flicklappen). Um die germ. Herkunft des Wortes »beweisen« zu können, wird damit vergl. gr. lobós (Hülse, Kapsel, Ohrläppchen), lat. labāre (wanken) usw. In Wirklichkeit ist es erst in ahd. Zeit aus einer nichtgerm. Grundsprache aufgestiegen aus ideur. *1ap (dünn machen oder sein, klein), dazu bereits nach nichtgerm. Verschiebung p>k gr. lakis (Lappen, Fetzen, Lumpen) aber noch unverschoben lit. lãpatas (Lappen, Fetzen, Fleck), lett. lapa (Blatt), lepata (Fetzen, Lumpen) und zahlr. Zubehör. – *Lappchen* (lappchən – Mehrz.) Eingeweide von Schaf, Ziege, Kuh, bildlich nach den breitgeschnittenen Stücken des Magens genannt. – *Lappendocken* (låppəndokkən – F.) aus Lappen gefertige Docke, Puppe.

**laschen** (låschən – V.) schlagen, prügeln, verprügeln – *Lasche* (låschən – F.) gründliche Prügel. – *hintenauslaschen* (hĭngənūslåschən – V.) – »der Gaul lascht hinten hinaus!« – *gelascht werden* (gelåscht wār – V.) vom Regen völlig durchnässt werden, eine bildl. Übertragung. Weigand stellt das Wort zu Lasche, Lappen. In Wirklichkeit ist es ein nichtgerm.-ideur. Wort, vgl. ideur. *laq (mit Händen und Füßen schlagen, zappeln), dazu gr. láx (mit der Ferse, mit den Füßen ausschlagend oder tretend), gr. laktízō (mit dem Fuße oder dem Huf hinten ausschlagen ... treten, stoßen, mit den Füßen misshandeln), doch sind die gr. Wörter erweitert worden, während gsp. låsch lediglich in der nichtgerm.-ideur. Verschiebungsreihe t>p>k>s weitergerückt worden ist k>s,sch.

**latschig** (låtschj – Adj.) fade im Geschmack, zu wenig gewürzt (auch låtschnĭng). Das nirgends schriftlich belegte Wort ist die ältere Form zu nhd. laß zu mhd. ahd. lazʒ (matt, träge, saumselig), im Germ. afries. let, ags. loet, an. latr, got. lats (lässig, träge) aus ideur. *lad (lassen). Es ist vom menschlichen Tun auf die Eigenschaften von Speisen übertragen worden. Mit Hauslatschen (DWB) hat das Wort nichts zu tun.

**latschen** (lōtschən – V.) nachlässig, unschön gehen oder hinkend laufen. – *Latsch* (lōtsch – M.) übermäßig großer Mann, ebenso übermäßig großer Schuh. – *Latschen* (lōtschən – Mehrz. = leichte Hausschuhe aus Kamelhaar – *Latschtäuberich* (lōtschduwwərt – M.) Täuberich, dessen Beine bis zu den Zehen befiedert sind, auch schlechtgehender Mensch. – *Lulatsch* (lulōtsch – M.) fauler und ungeschickter Mensch. Das Wort ist zusammengesetzt aus loi (lau, säumig, laß) und Latsch. – *Latschtribbert* (lōtschtriwwərt – M.) Anspannkuh, die mit den Hinterbeinen über Kreuz latscht. Bildlich ist auch ein Mensch ein Latschtribbert, der unvorsichtig jemand auf die Füße tritt. Der zweite Wortteil gehört zu tribbern. – Das erste in nhd. Zeit aus einer Grundsprache aufsteigende Wort hat die Bed. »infolge Übermüdung, ungeschickt gehen« oder daraus folgend »wegen Erschöpfung es sich bequem machen«. Immer ist der Begriff »großer Fuß« damit verbunden, so dass dieses Wort als eine Kontamination verstanden werden kann. Und diese Kontamination muss zu einer Zeit erfolgt sein, als beide Worte und Begriffe eine gewisse Gleichheit besaßen. Gehen wir von einem nichtgerm. Wort aus, das in lat. lassus (abgespannt, müde, träge) vorliegt, dann ist dies mit ideur. *latt (müde) anzunehmen. Da die germ. Belege keine Lautverschiebung erkennen lassen, *muss* dieses Wort aus einer nichtgerm.-ideur. Sprache entlehnt worden sein und hat ergeben got. lats, ags. lät, an. latr (träge, faul, lässig) und im Dt. ahd. mhd. laʒ (träge, lässig, laß, matt). Auf dieses Wort muss bereits vor Entlehnung ins Germ. ein lautlich gleichwertiges in der Bed. »großer Fuß« gestoßen sein. In den balt.-slaw. Sprachen ist lit. lepeta (Tier mit großen Pfoten), lepetóti (schwerfällig laufen, trampeln), lópa (Pfote, Tatze, Klaue), lett. lēpa (Pfote), lãpa (Pfote), russ. lapa (Pfote, Tatze), poln. lapa (Tatze, Klaue). Da aber entspr. der Lautverschiebungsreihe t>p>k>s ein ideur. *lat (großer Fuß) den vorstehend genannten Belegen vorausgegangen sein kann, würden im Nichtgerm. latt (müde) und *lat (großer Fuß) aufeinandergestoßen und schließlich zu einem zusammengehörenden Begriff ineinandergeflossen sein. Damit wäre bewiesen, dass in nhd. Latsch mit allen Nebenzweigen ein vorgerm. Wort erhalten ist. Nur in gsp. Lulatsch (fauler und ungeschickter Mensch) liegt eine der bekannten Doppelungen vor, da beide Wortteile im Grunde genommen das gleiche aussagen, wobei im ersten Wortteil (lu-) ein germ. Wort, im zweiten (-latsch) jedoch ein nichtgerm. zusammengetroffen sind.

**Latte** (låttən – F.) Stange. Das Wort ist weder im Germ. noch im Dt. belegt, im Kelt. *slattā, daraus ir. slat. kymr. llàth (Rute), nach s-Ausfall die erschlossene Urform des nhd. Wortes = Latte.

**lattern** (lattərn – V.) mit einer Rute oder der Peitsche, selten auch mit einem Riemen verprügeln (mit dem Unterton: bis er liegenbleibt). – Man möchte meinen, das Wort hänge mit einem wgerm. Wort zusammen, an. lĕdhr, ahd. mhd. lĕder (gebeizte und gegerbte Tierhaut), habe urspr. das Verprügeln mit Lederriemen bezeichnet. Dagegen spricht tt in lattərn (prügeln) statt dd in laddər (Leder), und außerdem setzt es die Benutzung von Stöcken, Knüppeln, Peitschen voraus. Ihm scheint der gleiche Ausgangspunkt zugr. zu liegen wie lit. klẽsti (mit einer Peitsche, mit einer Rute schlagen), poln. chostać (mit Ruten auspeitschen), russ. chlestat (mit der Peitsche schlagen), nur ist gsp. lattərn über die Lautverschiebung k>h aus *hlattərn gekürzt, während es umgekehrt mit seinen tt statt der balt.-slaw. st wieder einer älteren Sprachschicht angehört.

**lau** (låiwə – Adj.) weder kalt noch warm. – *laulich* (låiwəlîch – Adj.) – weder kalt noch warm, doch mehr zu dem Kalten hin. – Bedeutsam ist, dass gsp. låiwəlîch noch immer die mhd. Lautform mhd. lœwelīche, lāwelich (laulich) bis zur Gegenwart erhalten hat. Vorher liegt ahd. lāo (lauwarm). Alle von den Etymologen sonst herbeigezogenen Belege dürften unrichtig sein, weil sie die Bed. »brennen, heiß sein, warm usw.« und damit das Gegenteil von lau haben.

**lauern** (lūrən – V.) beobachtend auf etwas warten. Zugr. liegt ideur. *kru (hören), daraus skr. cru (aufhorchen, zuhören, hören) und nach Lautverschiebung r>l in den balt. Sprachen lit. klausýti (lauschen, horchen), lett, klàusît (hinhorchen, auf etwas hören). Nach der Germ. Lautverschiebung k>h steigt aus einer Grundsprache ins Dt. auf ahd. lūz̧z̧ēn, mhd. luz̧en (heimlich lauern), daraus nach Lautverschiebung s>r gsp. lurən, das aus einer Grundsprache aufsteigt zu mhd. lūren (lauern), beluren (bəlūrən – V.) belauschen.

**läufig** (laifsch – Adj.) brünstig. Das Wort ist Nebenform zu laufen, zuerst mhd. löufec, löufic (läufig).

**Lauge** (låimən – F.) aus Buchenasche ausgezogenes Waschmittel. Zugr. liegt ideur. *lau, *lu (spülen, waschen), dazu gr. loýō (waschen, baden), aufgestiegen zu ags. lēag (Lauge), an. laug (Badewasser), im Dt. ahd. louga, daraus mhd. louge (Lauge).

**Laute** (lutən – F.) Saiteninstrument zum Zupfen. Das Wort entstammt dem Arab. alcūd (Instrument aus Holz), ital. liuto, mhd. lūte.

**läutern** (littərn – V.) klären durch Spülen. Kluge/Mitzka nehmen einen Bed.wandel an, der nicht besteht, weil läutern unmittelbar gr. krýzein (spülen) über ags. hlūttrian und im Dt. ahd. (h)lūtaren, mhs. liutern (lauter machen) fortsetzt.

**lecken** (lĕkkən – V.) mit Wasser benetzen, nicht aber »mit der Zunge etwas leckend abstreifen« (dafür wird gsp. lakkən verwendet). Das Wort in dieser Bed. ist belegt mhd. lecken (benetzen), lecke (Benetzung), ahd. nicht nachgewiesen, im Germ. ags. leccan (bewässern), leccean (benetzen). Das Got. kennt den Ausdruck nicht. Kluge/Mitzka erklären: »Zum Bed.-Wandel vgl. Durst. Lautlich und begrifflich steht air. legaim »ich zerschmelze, zergehe nahe«. Dieses Lecken erfolgt in der Weise, dass das Gefäß quergehalten und bei zunehmender Verringerung des Wassers immer stärker geneigt und dabei ununterbrochen geschüttelt wird. Zugr. liegt damit ideur. *1eq (hin und her bewegen, zappeln) mit den Nebenformen gr. lekanē (Schüssel, Becken, besonders Waschbecken), lekánion (Schüsselchen). Vgl. dazu léchrios aus léksrios (schräg, quer, hin und her schwankend), im Dt. ags. leccean, mhd. lecken. Das Wort ist erst in dt. Zeit (as. ist gleichzeitig) aus dem Nichtgerm.-Ideur. »aufgestiegen« und hat deshalb weder die germ. noch die »hoch«dt. Lautverschiebung mitgemacht. Daneben steht das Dingwort Leck (undichte Stelle am Boden eines Schiffes), das ein Seewort sein wird, aber zumindest im Md. ebenso häufig für undicht, weil ausgetrocknete Geräte des Böttcherhandwerks gilt: »die Wanne leckt, sie ist ganz erlecht«, die Dauben schließen nicht mehr dicht zusammen, es zeigen sich Risse. Das Wort ist ebenfalls nichtgerm.-ideur., aber bereits in germ. Zeit »aufgestiegen« (an. leka = tröpfeln, rinnen), um dann die »hoch«dt. Lautverschiebung k>ch mitzumachen. Die Grundsprache hält deutlich genug gsp. lëck sein (tröpfeln, rinnen) und die Ursache, nämlich gsp. erlacht (erlecht, ausgetrocknet, rissig), auseinander.

**leuchten** (lichtən – V.) an schwülen Tagen blitzen, ohne dass ein Donner folgt. Da nhd. Wetterleuchten erst volksetymol. an»leuchten« angelehnt worden ist, während es erstmalig mhd. wëterleichen (blitzen ohne dass es donnert), wëterleich (Wetterspiel, Blitztanz) belegt ist, müsste ein Zus. mit got. laiks (Tanz), laikan (tanzen), ags. lăcan (tanzen, springen), und im Dt. ahd. mhd. leich (Spiel, Gesang) bestehen. Da die md. Grundsprache urspr. »ai« beibehält, hier es jedoch um gsp. lichtən (Wetterleuchten) geht, scheint ideur. *lig (gleich), entspr. lit. lýgus (von gleicher Beschaffenheit, nicht wesentlich unterschieden: Blitz), zugr. zu liegen, so dass man mit »lichtən« sagen möchte »von gleicher Beschaffenheit wie der Blitz, nicht wesentlich unterschieden, und doch etwas anderes«.

**Liete** (lītən – F.) Abhang. Flurname. Zugr. liegt ideur. *kli (schief neigen), daraus im Germ. ags. hlīd, an. hlīdh (Bergabhang) und im Dt. ahd. līta, mhd. līte (Bergabhang, Leite). Das Wort Lehde gehört zur Wortsippe »liegen«, dazu lit. lydýmas (Lede).

**Linse** (liͤnsən – F.) Hülsenfrucht. Dazu erklären Kluge/Götze: »Aus lat. lens (Gen. lentis) kann Linse nicht entlehnt sein, weil Lehnwörtern (Kelch, Kreuz) die Stammform zugrunde liegt, die hd. *lins ergeben hätte. Heimischer Ursprung (wie bei Bohne und Erbse) ist sachlich unwahrscheinlich (Hoops 1905 Waldb. und Kulturpfl. 462). So gelangt man zu der Vermutung, Linse stamme mit lat. lens und aslaw. lęšta (aus *lentja) aus der gleichen unbekannten Quelle«. Etwa die gleiche Meinung vertreten Hermann Paul und Weigand. Die Grundbed. des Hülsenfruchtnames dürfte sein »die Glatte, Polierte« entspr. ideur. *li (glätten, glatt), das bspw. im Gr. einerseits zu gr. lītos (glatt, schlicht), līs (glatte oder schlichte Leinwand) und anderseits zu gr. linen (Lein, Flachs, Leinwand) führte. Nun ist es zwar richtig, dass aus einem zu erschließendem *lentja nach Germ. und dt. Lautgesetzen der Hülsenfruchtnamen nicht entstanden sein kann, wohl aber infolge der nichtgerm. Lautverschiebung t>s, wobei hinsichtlich des Ablautes e>i auf ähnliche Formen verwiesen werden kann. Tatsächlich steigt erst in dt. Zeit aus einer Grundsprache der Name auf zu ahd. linsi, mhd. linse, ist also ein Lehnwort aus (nun allerdings nicht dem späteren Md., sondern) dem Fal.-Ital. als lat. lens (Linse).

**linschen** (liͤns/chən – Zahlw.) bisschen, wenig. »gib mir noch ein lins/chen, bisschen Mehl – warte noch ein linschen«, bisschen. – Es ist wohl unmöglich, den Ausdruck mit irgendeinem anderen Wort als der Hülsenfrucht Linse in Verbindung zu bringen. Da unter Solon das gr. Getreidemaß Choinix (1,094 Liter) dem Wert einer Drachme gleichgesetzt wurde und als Grundlage der Währung galt, dürfen wir wohl in »einem Linschen« das kleinste urzeitl. Mengenmaß zu sehen haben, das schließlich bildlich auf die Zeit übertragen wurde.

**Lipf** (lîpf – M.) Bestätigung eines Dienstvertrages. – Das der Rechtssprache zugehörende Wort ist nur belegt md. līph, das von Oskar Schade zur Bed. Leib gestellt wird. Da dieses Wort jedoch im Germ. belegt ist ags. an. līf, im Dt. ahd. līb, mhd. līp(b) in der Bed. (Leben, Körper), ist eine ahd. Lautverschiebung p>pf unmöglich. Das Wort kann deshalb nur als vorgerm. *līp (bleiben, anhaften, kleben) in germ. Zeit aus einer nichtgerm. Grundsprache aufgestiegen sein, um sich weiterzuentwickeln p>pf. Das geht auch hervor aus lett. lipt (sich anschmiegen, sich anschmeißen, anhangen) und Zubehör.

**Loch** (loch – N.) Loch, Grab. – Das schon im Germ. belegte Wort ist mit den Mitteln der germ. Lautgesetze nicht ins Vorgerm. zu verfolgen, die nichtgerm.-ideur. Lautverschiebung r>l verweist auf lit. rákti, lett. rakt (graben), lett. rakums (das Gegrabene), lit. rakštis (Grab) lit. rakinti (fesseln, einlochen, verschließen), zu denen »Loch« eine Ablautform bildet. Da bereits lit. luõkyti (Eisloch zum Zwecke des Fischens aufschlagen) belegt ist, dürfte »Loch« nur ein sehr frühes Lehnwort aus dem Nichtgerm.-Ideur. sein. *einlochen* (īnlochən – V.) gefangen setzen, einsperren. Früher dienten auch Erdlöcher als Gefängnis; darauf weist der Ausdruck: er hat ihn vor das Loch geschoben = ihn als schuldig hingestellt.

**Löcke** (lekk – F.) geringwertige Schafwolle. *Kammlöcke* (kåmmlekk – F.) kurzsträhniger Abfall beim Wolle kämmen. – Die Bed. des Wortes ist »löcherig Lockeres« im Gegensatz zum glatten Vlies der fest zusammenhängenden Schafwolle. Das Wort ist weder im Germ. noch Dt. belegt und kann weder zu nhd. Locke aus ideur. *luk (ziehen, biegen, krümmen), noch zum erst in nhd. Zeit aus einer Grundsprache aufgestiegenen nhd. locker (unfest zusammenhängend) gestellt werden, da beide Wörter nicht genau die Sache treffen.

**Löffel** (läffəl – M.) urspr. aus Holz gearbeitetes Schöpfgerät mit langem Stiel. – Das Wort ist belegt mhd. leffel, ahd. leffil, as. lepil, nd.nl. lepel, fehlt aber in anderen ideur. Sprachen. Gmdt. hat das »e« zu »ö« verbösert, was eine Deutung erschwert. Kaspar Stieler hat 1691 noch die Schreibung Leffel. Das gsp. läffəl führt auf »a« als Ausgangslaut. Die Etymologie verwechselt das Essgerät mit dem menschlichen Tun und setzt deshalb die Wurzel germ. *lap (trinken, lecken) an. Geht man auf gr. mystilē (ausgehöhlte und statt des Löffels gebrauchte Brotrinde) zurück, dann kommt man zur Grundbed. »aushöhlen« zu ideur. *lep (abschälen) entsprechend gr. lístron (Löffel), hat also ein nur auf dt. Boden entwickeltes nichtgerm. Wort.

**logen** (logən – V.) das Ziehen der Grenze. – *oblogen* (oblogən – V.) das Grenzziehen. – Das Wort ist weder im Germ. noch im Dt. belegt, es geht auf ideur. *logh (legen, liegen, absondern und trennen) zurück, dazu nur lit. loga (Reihe, Mal, Schicht), ist somit nichtgerm.

**Lopfe** (lopfən – F.) Mengenmaß für fertiggehechelte Flachsfasern: zwei Hamfel ergeben eine Lopfe. Das Wort ist ur-ideur.: gr. lóphos (Haarbüschel), lit. lõpas (Stück, Anzahl), auch lēpene (Klumpen, zusammengeballte Masse), lett. lãpa (große Pfote), und im Germ. nur ags. harluf, harluph, harlufa, harlifa, harlefa (Flachsfasern, Bast, Fasern), in Zusammensetzung also mit har = Fachs.

**Lorber** (lorəwər – M.) harter beerenähnlicher Kot der Ziegen, Rehe, aber auch Hasen und Kaninchen. – Das weder im Dt. noch vorhergehenden Germ. belegte Wort möchte man an ahd. lōrberi, mhd. lōrber (Beere des lōrboumes) stellen, wenn angenommen werden könnte, dass dem bäuerlichen Haushalt der ahd. Zeit die Beeren des Lorbeerbaumes zur Verfügung gestanden hätten. Zugr. liegt ideur. *sleu, *slū (sudeln), mit t-Erweiterung bspw. lat. lutum (Kot), air. loth (Schmutz) und über Lautverschiebung t>s>r gsp. lor(ber). Der zweite Wortteil ist wie in gsp. hi̊mbər (Himbeere) das Wort »Beere«, so dass die Bed. ist: Kotbeere. Handelt es sich um Kotbeeren des Menschen, dann tritt die nichtgerm. Lautverschiebung l>n und r>l ein, so dass diese die Bez. »norbel« haben. Eine Vielheit von zusammengeballten Norbel heißt mit ka-Vorsetzpartikel entsprechend Knerbel.

**Lork** (lork – M.) heutige Bez. für einen »Dreikäsehoch«, früher die Bed. von »kleiner Schmutzfink«, aber in keinem Fall in beschimpfendem Sinn. – Das Wort ist weder im Dt. noch vorhergehendem Germ. belegt, muss ein schon nichtgerm.-ideur. Erbwort sein. Ihm zugr. liegt ideur. *slū, gekürzt zu *lū, *lu (sudeln, beschmutzen). im Balt.-Slaw. lit. laũrė (unordentlicher, schmutziger Mensch), russ. ljuša (Schmutzfink), lit. liaušỹs (unbeholfener, linkischer Mensch, Tölpel). Aus einer Grundsprache ist das Wort aufgestiegen zu schwed. lurk (Tölpel). In der md. Grundsprache ist Ablaut u>o erfolgt, ähnlich dem aus dem Kelt. stammenden air. loth (Schmutz).

**lose** (luəsə – Adj.) locker. »der Teig (für Brot oder Kuchen) ist zu lose«, ist zu locker geworden. – Das Wort in dieser Bed. ist erst nhd., jedoch auch belegt im Germ. an. losna (lose oder locker werden). Es scheint entstanden nach der der ersten Lautverschiebungsreihe (t>p)k>s aus der Grundbed. »locker« und müsste nach diesem Wort erklärbar sein. Nach Kluge/Mitzka ist »locker« erst in frnhd. Zeit »aufgestiegen«, was nicht richtig ist, denn es ist bereits mhd. lucke, lücke (locker, nicht fest zusammenhängend) belegt.

**Lostage** (luəsdoag – M.) Merktag. – Dem Wort liegt ein ideur. *qlu (festhaken) zugrunde, in den balt. Sprachen lit. kliúti (haken bleiben), lett. kl'utas (Schicksal). Im Germ. ist das Verb Ausdruck des Opferns: ags. hlēotan, an. hljōta und im Dt. ahd. hliozzan, mhd. liezen (erlosen, erlangen, wahrsagen) – got. hlauts (Erbschaft, Los), an. hlaut und as. hlōt (Opferanteil der Götter, Opferblut, Los), ags. hlot und an. hlutr (Anteil, Los) und im Dt. ahd. hloz, mhd. loz (Werfen des Loses, Auslosung, Verlosung, Los, Erbteilung). Nach Weigand ist Los ein »Mittel (mit einem Zeichen versehenes, auf den Zufall hin geworfenes und wieder aufgenommenes, später nur gezogenes Stäbchen) zur Schicksalsbefragung, zur Erforschung des Götterwillens, der Zukunft, dann durch Schicksalsbefragung Angefallenes, ein zugefallenes Recht, Erbteilung«.

**lotsch** (låtschj – Adj.) latschig, fade; got. lats (lässig, träge) aus ideur. *lad (lassen) und wurde vom menschlichen Tun auf die Eigenschaft übertragen.

**lumm** (lůmm – Adj.) locker, schlaff, matt (vom Teig, auch vom Kraut gesagt). Einen Weg zur Deutung zeigen schweiz. luem, lüem (matt, schlaff, weich), bayr. luemig, luemicht (kraftlos, schlapp), vorarlberg. luom (kraftlos, schlapp, weich), denn sie führen unmittelbar auf mhd. lüeme und damit das gleichzeit. md. lūme aus ahd. luomi, lōmi (matt, nachgiebig, weich – freundlich, mild), ahd. luomīg (kraftlos, schlaff – still und sanft). Damit erweist sich dieses auch in anderen dt. Landschaften bekannte Wort, wie auch DWB VI.1289 als Ablaut zur Wortfamilie »lahm« aus ideur. *lem (brechen).

**Lumpen** (lůmpən – F.) dafür früher nur gsp. lůindən = zerrissenes Zeugstück oder Fetzen. – Das erst spmhd. Zeit aufsteigende Wort mhd. lumpe kann bisher nicht erklärt werden. Es liegt ein ideur. *lūp (zerbrechen, beschädigen) vor, das in den balt. Sprachen außerordentlich weit verbreitet ist, so lit. lùpatos (Lumpen), lett. lupata (Fetzen, Lappen; lumpige Person, Lump) und Zubehör. Das Grundsprachenwort ist lediglich eine nasalierte Form.

**lunzen** (lůinzən – V.) zwar noch blinzeln, aber schon ein wenig schlafen. – *Lunzchen* (lůinzchən – N.) Schläfchen. – *lunzelunze* (lůinzəlůinzə – N.) Aufforderung an die Kleinstkinder, einzuschlafen. – Das Wort steigt erst in mhd. Zeit auf: mhd. lunzen (leicht schlummern), lunz (Schläfrigkeit, Säumen), lunzelot (sanft geöffnet). Zugr. liegt ein ideur. ra (ruhen, sich behagen), dem auch das Wort Rast (Ruhe, Verweilen) zugehört und ablautend Rüste (Ruhe). Auch das Wort Ruhe (arbeits- und bewegungsloses, ungestörtes Sein) geht in seinen Urspr. auf ideur. *ra (ruhen, sich behagen) zurück. In den balt. Sprachen, zu denen die wthür. Grundsprache engste Verbindungen hat, ergibt es nasaliert lit. rãmas (Ruhe), romà (Ruhe, Sanftmut, Stille), rìmti (ruhig werden), lett. ramtiês (sich beruhigen) und dazu ablautend und lautverschoben r>l unser lunzen aus vermutlich *lumtsen. Es darf angenommen werden, dass eine Wortform mit Vorsetzpartikel ga- wie sie in ags. grunnettan (schnarchend schlafen, grunzen) vorliegt, mit eingewirkt hat, denn gsp. grůinzən bedeutet soviel wie »schnarchend schlafen«, während gsp. lůinzən den leichten Schlaf meint.

**Luppentuch** (luppəntůch – N.) großes Umschlagtuch, in dem die Kleinstkinder ins Freie getragen werden. Das Wort entstammt einem ideur. *lubh (zu tun gewohnt sein, pflegen), daraus im Germ. got. lubjaleisei (Arzneikunde, Zauberei), ags. lyb (Behexung, Zaubertrank), an. lyf (Heilkraut, heilkräftiger Pflanzensaft), und im Dt. ahd. luppi, mhd lüppe (stark wirkender Pflanzensaft) – ahd. luppōn, mhd. luppen, lüppen (heilen, vergiften). Das Luppentuch könnte deshalb auch als Gesundheitstuch bezeichnet werden.

**Luschchen** (luschən – N.) kleines, nur wenig wärmendes Ofenfeuer. Das nirgends schriftlich belegte Wort ist vorgerm.-ideur. aus ideur. *lug (leuchten), in der Bed. »ein kleines Leuchten« zu gr. lŷchnos (Licht, Leuchte, Fackel) und Zubehör.



# M

**Mal** (mōl – M.) Freiplatz im Kinderspiel – *Malschatz* (mōlschåtz) Geschenk des Bräutigams an die Braut. Das Wort ist germ., vgl. got. mathl (Versammlungsplatz, Markt), mathljan (öffentlich reden), ags. maedhel (Versammlung), māl, moēl (Rechtssache) an. māl (Rede) und Zubehör, nhd. Gemahl, vermählen.

**malchen** (mālchən – Adv.) bisschen, wenig, eine Kleinigkeit. »hole einmal ein malchen, bisschen Salz«. »hast (du) denn ein malchen, bisschen Zeit?« Das nirgends belegte Wort ist nichtgerm. zu ideur. *(s)mel (geringfügig, klein sein), das im Germ.-Dt. zur Bed. »schmal« geführt hat. In den balt. Sprachen entspr. ihm lit. malkas, lett. màlks (Schluck), das jedoch keinerlei Zus. mit »Milch« hat.

**mandeln** (mānəln – V.) 15 Gerstengarben auf dem Felde übereinanderlegen. – Nach Hermann Hirt ist die Herkunft des Wortes unbekannt, nach Hermann Paul sei es urverwandt mit lat. manus (Hand). Richtig ist wohl die Verbindung des Wortes mit ideur. *am (fassen, zusammenfassen), dem auch das gleichwertige ideur. *ma, *me, *amē (mähen, ernten) zuzurechnen ist. Das geht auch daraus hervor, dass die Erweiterung des Wurzelwortes zu ags. mand die Bedeutung »Garbe« hat und schließlich im 13. Jh. aus einer nfrz. Grundsprache mlat. mandala (fünfzehn Stück) aufsteigt, so dass in Mandel (fünfzehn Stück) wohl ein bereits urzeitliches Zahlwort gesehen werden darf, jedoch zuerst nur hinsichtlich des Getreides. Heute spricht man auch von einer Mandel Eier, ja sogar einer Mandel Käse.

**mank** (månk – Präp.) dazwischen, darunter; »tue ein bisschen Wermut mank, zwischen das Fressen, damit sie das Feuer nicht kriegen!« – darmank (drmånk – Präp.) dazwischen, darunter. »wenn die Lämmerchen (Lämmer) darmank, dazwischen sind, dann gehen die Schafe von alleine langsamer.« – Die Präposition geht auf ideur. *menq (kneten) zurück, daraus in den balt. Sprachen lit. mànkyti (weiche Masse kneten), lett. meñeis (Mischmasch, durcheinandergemischter Schweinefraß) und Zubehör, alle in der erweiterten Bed. »mengen, mischen«. Im Germ. liegt nur vor ags. on gemong, im Dt. as. an. gimang (zwischen, darunter), dann wieder md. manc, mang (zwischen, dazwischen). Während in den Substantiven gsp. gəmångkorn (Gemangkorn), gsp. mëngərlı̊ng (Mengerling = Gerste und Hafer) die Lautverschiebung k>g wirksam geworden ist, unterblieb sie in gsp. månk, drmånk. – In nd. darmank, gsp. drmånk (dazwischen, darunter) ist die in der Grundsprache sehr häufige alte Form des Adverbs des Ortes »da«, nämlich »dar«, noch hinzugetreten, entsprechend skr. tàrhi (damals), im Germ. mit kurzem Selbstlaut got. thar, afries. ther (da), mit langem Selbstlaut ags. thær und im Dt. ahd. dār, as. thār, mhd. dār, dā (da, dort; wo).

**manschen** (måinschənon – V.) spielerisch im Wasser mit den Händen herumarbeiten. Auch manche Arbeit setzt ein »Manschen« im Wasser voraus, was als unangenehm empfunden wird. – Dazu Manschen, Gemansche, Manscherei. – *Manschfutter* (måinschfůttər – N.) aus Weizenkleie oder Haferschrot, die vorher in Wasser eingeweicht wurden, mit Häcksel vermischtes Pferdefutter. – Das Wort steigt erstmalig 1524 aus einer Grundsprache auf und ist weder im Mhd., Ahd. oder Germ. belegt. Die Etymologie nimmt lautmalenden Ursprung an, was sachlich falsch ist. Es ist ein urzeitliches Wort zu ideur. *mu (besudeln) entsprechend gr. mydáō (naß sein, durchnässt, triefend), aber ablautend zu ideur. *ma (besudeln mit Wasser) entspr. lat. māno (fließen, rinnen, triefen) wohl vermischt mit lat. manus (Hand), weil sachlich gesehen ein »manschen« stets mit der Hand erfolgt.

**mären** (marən – V.) bummelig arbeiten, auch bedächtig und endlos reden. – Dazu *Mären, Gemäre, Märerei, Märpeter* – Das 1429 erstmalig im Schrifttum auftauchende Wort wird bisher kaum behandelt. Weigand stellt es mit Heyne zu Märte, der es aus lat. merenda (Vesperbrot, Zwischenmahlzeit) entstanden annimmt, mit dem es aber nichts zu tun hat. Es ist unverändert das Wurzelwort ideur. *mar (reiben, zermalmen), aus dem sich entwickelt hat gr. marainō (aufreiben, hinschwinden, abnehmen: vergehen, verwelken, versiegen). Noch näher hängt damit zusammen lit. marvà (Mischmasch, alles durcheinander), marmālius (Schwätzer, Plapperer), zu beachten ist, dass gsp. marən durch den Umlaut nhd. mären »verfeinert« wird, wie es immer wieder feststellbar ist und dass sich aus dem Wurzelwort Bed. entwickelt haben, die anderen Sprachen unbekannt sind.

**Mark** (mårk – F.) Grenze, Grenzgebiet. – Das Wort ist germ., was auch mit der Besiedelung übereinstimmt. Germanen überlagerten um 250 v. Ztr. die nichtgerm.-ideur. Vorbevölkerung Wthür., und damit machte sich eine Ausweitung und klare Trennung der verschiedenen Gemarkungen erforderlich. Dem entspricht auch im Germ. got. marka (Grenze), ags. meare (Grenze, Landgebiet), an. mrk (Wald) und im Dt. ahd. marka, mhd. marke (Grenze, Grenzgebiet).

**Märte** (martən – F.) nur noch enthalten in der früheren Bierkaltschale »Biermärte«. – Das Wort hat sich aus der Klostersprache bis heute erhalten, wo es entspr. lat. merenda das Vesperbrot, die Zwischenmahlzeit zwischen Mittag- und Abendbrot bezeichnete. Es wurde entlehnt als ahd. merāta, merōd, mered, daraus mhd. Merāte, mer(ō)t, merōd.

Die bodenständige Bez. war Sumbrot ... Marte in der Bed. »Mischmasch«, maren (im Schmutz herumwühlen) usw. gehören nicht hierher.

**Mäßchen** (mēßchən – N.) Getreidemaß, je nach Land zwischen anderhalb bis fast vier Liter umfassend. Vier Mäßchen ergeben eine Metze. Ein Mäßchen Roggen im Gewicht von etwa fünf Pfund war unter der Bez. »ënn mēßchən schōt = ein Mäßchen Schoot« der Naturallohn für den Kuhhirten, wenn er ein Rind oder eine Kuh hatte »rᵉingərn = rindern«, hatte decken lassen. – Wie Metze entstammt auch Mäßchen einem vorgerm. *med. (messen, abmessen, zuteilen), daraus im Germ. got. mitar (messen), ags. metan, an. meta (abschätzen) und im Dt. as. mëtan, ahd. mëẓẓan, mhd. mëẓẓen (messen) – daraus ags. mitta (ein Trockenmaß), im Dt. ahd. mëzzo, mhd. mëtze (Metze), daraus gsp. mēßchən als »kleine Metze«, jedoch weiterverschoben tt>ss, während in Metse (Metze) die vorhergehende nichtgerm. Lautverschiebung tt>ts wirksam geworden ist.

**Matz** (måts – M.) Gemeinde-Eber. Die Tierbezeichnung wird allgemein mit Matthias, dessen Koseform Matz, in Verb. gebracht, mit dem er nicht das Geringste zu tun haben kann. Deshalb stellen wir gsp. måts als dingwörtliche s-Erweiterung zu ideur. *mat, *mas (sinnlich erregt sein, etwas erstreben), daraus bspw. gr. mastropỳs (Kuppler), mateẏō (Verlangen tragen, aufsuchen), lit. masẽnis (Verführer, Verlocker), maušis (brünstiges stößiges Tier). Auch lat. mācero (körperlich entkräften, abmergeln) und Zubehör entstammt der gleichen Wortwurzel. Die Tierbezeichnung »Matz« ist mit den balt., gr., lat. Belegen urverwandt, hat sich aber unmittelbar aus ideur. *mat, *mas (sinnlich erregt sein, etwas erstreben) selbstständig entwickelt. Nun wird auch verständlich, weshalb der Bauer die Schweine mit dem Ruf »måts kůmm! måts kůmm! = Matz komm! Matz komm« anlockt, und weshalb in der Kindersprache jedes kleine Schwein den Kosenamen »matschən = Matzchen« trägt. Das Tadelwort »Dreckmatz« hat mit dem Schweinenamen nichts zu tun.

**Matte** (måttən – F.) zu Klümpchen zusammengeronnene Kaseïnteilchen und Fetttröpfchen der angewärmten Sauermilch ohne die Molke. Aus ihr werden alle Käsesorten bereitet. – Die Etymologen stellen das Wort zu Matte (Decke aus Binsen, Stroh usw.), das als phön.-pun. Lehnwort erkannt wurde. Sie übersehen jedoch, dass lautverschoben tt>ts das Wort gr. *matsa (maza = zu Käse geronnene Milch) und abermals lautverschoben tt>ts>ss lat. massa (zu Käse geronnene Milch) ergab und daraus erst bildlich davon übertragen zu Masse (große Menge von etwas, etwa Metalle, Chaos) wurde. Dem Wort liegt ideur. *mat(h) zugrunde, das kauen, beißen in der Bedeutung »Speise, Nahrung« bedeutet. Zugleich zeigt die gegebene Zusammenstellung, dass es sich um ein Wort handelt, das noch gleicherweise urtümlich in Wthür. gilt, etwas jünger im Gr. und noch jünger im Lat. auftaucht, der Ausgangspunkt also Mitteldeutschland gewesen ist. Wenn in Othür. gsp. måts gilt entsprechend gr. *matsa, dann wird abermals der gleiche Laut- und Bed.rhythmus in Mitteldeutschland und in Griechenland erkennbar.

**Mauke** (maukə – F.) Fußkrankheit. – Da das Wort erstmalig als mhd. mūche (eine den Fuß lähmende Krankheit der Pferde) belegt ist, nimmt die Etymologie die Grundbed. »morsch, matt, weich« und Entlehnung aus dem Nd. (»mit nd. k«) an. In Wirklichkeit ist es ein nichtgerm. Wort zu ideur. *(s)meuk (schlüpfrig sein, sich ausschleimen), dazu toch. A mok (alt), toch. B mauk (ablassen, nachlassen), lit. smùkti (in Verfall geraten, Haare ausfallen). Die unmittelbare Wortbildung aus dem Wurzelwort ist demnach nur in der wthür. Grundsprache erfolgt.

**Maul** (mūl – N.) Mund, Kuss. Da Wort kann bisher nicht etymologisiert werden, da die nichtgerm.-ideur. Lautverschiebungen noch unbekannt sind. Zugr. liegt ideur. *mad

M

(zumessen), daraus schon urzeitl. ablautend lit. mùte (Maul, Mund), lett. mute (Maul, Kuss), mutite (Mäulchen, Küsschen), im Germ. got. *mūlō, an. mūli (Maul, Schnauze), im Dt. ahd. mūla, mhd. mūl (Maul). Das Wort ist weder lautmalend, noch eine Lehnübersetzung aus dem Lat., wie Kluge/Götze annehmen, da das lett. mutite (Mäulchen, Küsschen) diese Annahme als falsch erweist. Zwischen den balt. und germ. Belegen liegt die nichtgerm.-ideur. Lautverschiebung t>s, s>r, r>l.

**meckern** (mĕkkərn – V.) klagendes Blöken der Ziege. Bildlich: Unzufriedenheit ausdrückendes Geschimpfe. »er hat immer etwas zu meckern«, er hat immer etwas zu nörgeln. – Das Wort ist lautmalend, aber merkwürdigerweise nur belegt skr. mēkas (Bock), makaka (Tiername, eigentlich »blökend«), armen. mak'i (Schaf), gr. mēkas (Ziege), lat. ablautend miccire (meckern, vom Ziegenbock), lit. mekciòti (meckern, blöken), tsch. mekati, poln. miekać (meckern, blöken). Völlig verständlich steigt das Wort erst in dt. Zeit auf zu mhd. mëcke (Ziegenbock), mëckatzen (meckern).

**meeken** (mēkən – V.) in Nässe, vor allem bei regnerischem Wetter in Erde arbeiten. Im übertr. Sinne wird auch das Spielen der Kinder in nassem Schmutz und Schlamm »meeken« bezeichnet. – Dazu *Gemeke, Meekerei, Meekwetter* (Mēkwattər – N.) feuchtkaltes Wetter, bei dem trotz der knetigen Erde Feldarbeit zu leisten ist. Das weder im Dt. noch Germ. belegte Wort dieser Lautform entstammt unmittelbar ideur. *meigh (trüben) entsprechend skr. meghá, awest. maēya (Wolke), armen. mēg (Nebel) und bereits ablautend gr. omíchlē (Nebel, Gewölk, dicke Luft, Dunst), tsch. mži, russ. mžit (es nieselt oder fällt feiner Regen, Sprühregen, es fällt Nebel), lit. miglà (Nebel), lett. migluôt (fein regnen, nebeln). Unserm Grundsprachenwort liegt also wie im Gr. die schon urzeitliche Lautverschiebung bh>k(ch) zugrunde. Dabei scheint ideur. *migh (Urin), dazu nur im Germ. ags. mīgan, an. mīga (pissen), eingewirkt zu haben. Dazu muss angeführt werden, dass gsp. mēkən (langsam arbeiten), mēksən (liederlich arbeiten) keineswegs zur gleichen Wortfamilie gehört, sondern zu gmd. machen (gestalten, zurichten; etwas tun).

M

**Meerrettich** (márrettch – M.) Gewürzwurzel, Cochlearia armoracia L. Kluge/Götze meinen, »An der Herleitung von ahd. meri ist kein Zweifel, das bedeutet aber ›Meer‹, nicht ›Sumpf‹ (wie die Deutung von Hoops, Beiträge 23, 559 voraussetzt). Vielleicht weist der Name auf die Heimat der unser Gebiet urspr. fremden Cochlearia armoracia an einer fernen Küste«. Hermann Paul deutet den Namen als »›größerer Rettich‹, mit nachträglicher Anlehnung an ›Meer‹«. Weigand erklärt: »wahrscheinlich ›Sumpfrettich‹ von Meer ›Sumpf, Graben‹«. In Wirklichkeit liegt eine ideur. Wurzel zugr., die in der md. Grundsprache zu gsp. maren (im Schmutz herumspielen), martə (unsauberes Durcheinander schmieriger Bestandteile), gəmar (glitschig-nasse Niederung im Laubwalde) sich weiterentwickelt hat: »märe, matsche nicht da(rin) rum!« Entsprechend ist lit. máurus (Entengrün, Wasserlinse), russ. marati (schmieren, sudeln), poln. marać (beschmutzen, sudeln) wohl zur gleichen Wurzel zu stellen. Der Pflanzenname ist wohl als »Sumpfrettich« zu deuten. Es ist daran zu denken, dass ein wideur. *mar im nichtgerm. Inlande nur »Sumpf, moorige Niederung« bedeuten konnte, an den Küsten jedoch die Bed. von ›Meer‹ angenommen haben muss. Die Deutung ist deshalb so schwierig, weil der Pflanzenname erst in dt. Zeit aus einer Grundsprache aufgestiegen ist, während ihn das Germ. nicht kennt: ahd. merirātih, as. merredik, mhd. merretich.

**Meetsche** (mētschən – F.) fratzenhaft verzerrte Gesichtszüge, brummig, verunstalteter Gesichtsausdruck. – Das nirgends belegte Wort gehört zu ahd. mettōd (der Pantomime, sich merkwürdig gebärden), aus dem es durch Lautverschiebung tt>ts/tš entstanden und verschliffen ist. Zugr. liegt ideur. *med (messen, ermessen, bedenken), das bspw. ergab gr. mēdomai (ersinnen, aussinnen; Böses gegen jemand ersinnen) und Zubehör. Vermutlich war die Meetsche urspr. der Name einer Maske.

**melken** (maləkən – V.) Ausgangspunkt ist ideur. *melg (melken), daraus toch. malke (Milch), mālkaut (sie gaben Milch), dem danach unser gsp. maləkən lautlich am nächsten steht.

**mengen** (mengən – V.) mischen, durcheinandermischen.

**mengelieren** (mëngəlīrən – V.) verschiedene Sorten, bes. Getreidearten, miteinander mischen – *mengeliert* (mëngəlīert – Adj.) mischfarbig, etwa die Haare eines alternden Menschen. Auch ein Anzugstoff kann mengeliert sein. – *Mengerling* (mëngərlīng – M.) – Gerste und Hafer auf dem gleichen Acker bestellt, heute oft auch noch mit Pferde- oder Kutzbohnen und Futterwicken durchmischt. *Gemangkorn* (gəmångkorn – N.) Roggen und Weizen zwecks Gewinnung eines weißeren Brotmehles vermischt auf dem gleichen Acker bestellt. – Das in der Bed. »mengen (mischen)« mit der Endung -ieren oft gebrauchte Wort wird als aus dem Md. und Nd. übernommen bezeichnet, entstammt also den entspr. Grundsprachen. Ihm liegt zugr. ideur. *mig (mischen, umrühren), das einerseits über *migh zu nhd. mischen, andererseits nasaliert zu *ing geführt hat, dem Ausgangspunkt von nhd. mengen (mischen, umrühren). Denn wird etwas gemischt, dann verlieren die einzelnen Bestandteile ihre Selbständigkeit; wird etwas gemengt, dann bleiben sie erhalten. Das Wort steigt schon früh aus einer Grundsprache auf zu ags. mengan, im Ahd. fränk. mengan, mhd. mengen (mischen) ags. gemong, as. gimang (Gemenge).

M

**merzen** (mërzən – V.) ausmerzen (ūsmërzən – V.) verteilen. Das Wort wird von Kluge/Götze, Hermann Paul, Weigand fälschlich zum Monat März gestellt. Zugr. liegt ideur. *(s)mer (zuteilen, dazu gr. merízō (zerlegen, verteilen; zuteilen), gr. méros (durch Los zugewiesenes Land, Ackerstück).

**Met** (met – M.) Honigwein. – Das Wort ist gemein-ideur.: skr. mádhu (Honig, süßer Trank), gr. méthu (Wein), lit. midùs (Met), medùs (Honig), air. mid (Met). Im Germ. erscheinen ags. meodu, an. mjodhr, im Dt. ahd. mëtu, mito, mhd. mët(e) (Met).

**Metze** (matsən – F.) Getreidemaß zum Messen der gereinigten Körner. – *abmetzen* (obmatsən – V.) vom Wind- oder Wassermüller als Mahllohn abgenommenes Getreide. – Zugr, liegt ideur. *med. (messen), daraus im Germ. got. mitan, ags. mëtan (abmessen, wofür halten, abschätzen), an. mëta (nach seinem Wert bestimmen, schätzen, abschätzen), und im Dt. ahd. mëȥȥan (messen, abmessen, zumessen, wägen), mhd. mëȥȥen (zuteilen, überprüfen, messen, vergleichend betrachten) – got. mitaths (Getreidemaß), ags. mitta (Trockenmaß), im Dt. ahd. mëzzo, mhd. mëtze. Es muss darauf verwiesen werden, dass bereits gr. médimos (Scheffel, Getreidemaß), lat. modius (Scheffel) belegt sind, diese Körnermaße also anscheinend schon in nichtgerm. Zeit in Mitteldeutschland üblich waren.

**michzig** (mīchzj – Adj.) widerlich bitter oder muffig nach Schimmel, Moder oder Unrat riechen oder schmecken – *michzening* (mīchzənīng – Part.) michzig riechend oder schmeckend. Im Gmdt., Ahd. und Mhd. nicht nachtweisbar, im Germ. jedoch ags. mīgan, an. mīga (pissen), die ideur. *migh (unratig) entstammen. Es ist nicht die germ. Lautverschiebung gh>g wirksam geworden, sondern eine andere im Gr. gh>ch(k). Dazu auch Mist, mistig und Zubehör.

**mischen** (mīschən – V.) prügeln, ununterbrochen schlagen – *aufmischen* (ůffmischən – V.) Zugtiere anregen, aufmuntern durch leichte Schläge. – *Mische* (mīschən – F.) Prügel, Hiebe. Das Wort ist weder im Dt. noch Germ. belegt, denn mit dem ideur. Verb mischen (vermengen, durcheinanderrühren) kann es nicht in Verbindung gebracht werden. Es ist nichtgerm.-ideur., wie aus gr. amýssō (zerkratzen, verwunden), amychē (Hieb, Wunde), noch deutlicher lit. mùšti (schlagen, prügeln, hauen), mūšà (Schläge) und zahlr. Zubehör, mušėnė (Prügelei, Schlägerei) ersichtlich ist. Gsp. ist lediglich die Entrundung u>ü>i wirksam geworden.

**Miste** (Mi̊ste – F.) Misthaufen. Zugr. liegt ideur. *migh (Urin), jedoch nach erfolgter Lautverschiebung gh>st, entspr. im Germ. got. maíhstus (Misthaufen, Kot oder Schmutz; Düngerstätte, Stall). *Mistwetter)* (Mi̊stwattər – N.) nasses Nebelwetter, besonders im Herbst, jedoch ags. mist (Nebel, Finsternis), mistig (nebelig), isl. mistr (dicke nebelartige Luft mit Staubregen). Im Dt. (ahd. mhd. mist = Unrat, Kot, Dünger, Misthaufen) ist diese Bed. nicht mehr erhalten.

**mit** als Präposition, ursprünglich Adverb, bezeichnet »das Verhältnis der Verbindung, der Gemeinschaft, des Zugleichseins«. Es ist belegt mhd. mit(e), ahd mit(i), im Germ. einerseits ags. mid, midh, got. mith, anderseits bereits md. met, nl. mede, met, an. medh, in der heutigen wthür. Grundsprache unverändert gsp. mët. Am nächsten liegt gr. metá (mit, unter, zwischen »hinein«), aus ideur *me (mitten in, mitten hinein). Mit dem Nd., dem älteren Md., dem Anord. hat die wthür. Grundsprache den ideur. Wurzelvokal bis zur Gegenwart erhalten. Dass tatsächlich Verwandtschaft mit gmd. mitte (gleichweite Entfernung von bestimmten Enden) besteht, wie die Sprachwissenschaft annimmt, beweist gsp. »mëttən drmång = mitten darmang (dazwischen), mitten darin« und ähnl. Wendungen. Im übrigen ist die Angleichung ans Gmdt. weitgehend bereits durchgeführt. Im Gmdt. hat sich der ganz eindeutig jüngere Ablaut endgültig durchgesetzt.

M

**Molke** (mů̊ləkən – F.) das sich beim Gerinnen der gesäuerten Milch abscheidende Wasser. Das Wort ist belegt mhd. molken, mulken, aber auch mhd. molchen, mulchen, fehlt nur im Ahd., steht jedoch as. molken und im Germ. nur ags. molcen. Die Etymologen stellen das Wort molken zur Bed. »melken«, so dass Kluge/Mitze erklären können: »Das entspr. mnd. mnl, molken bedeutet ›Käsewasser‹ und ›Milch‹ zugleich. Da zudem der Zusammenhang mit melken außer Frage steht, ist eine Grundbed. ›Gemolkenes‹ anzusetzen und Molken auch der Form nach als subst. Part. aufzufassen«. Erst wenn Sauermilch auf gelindem Feuer erhitzt wird (sie wird »ůffgəštuəßən = aufgestoßen«), wobei sich die Käsestoffe und Fette von der wässerigen Flüssigkeit scheiden, kann von Molke gesprochen werden. Im Agr. ist orós (Molke, Käsewasser) aus ideur. *ser (ablaufen, fließen) belegt, entspr. lat. serum (Molke, Käsewasser). Die Molke ist danach »das Ablaufende, Wegfließende«, und damit ist zu vgl. ideur. *mur (laufen, fließen), das in der Sprache der nichtgerm.-ideur. Vorbevölkerung die Lautverschiebung r>l durchlaufen haben muss, um »aufzusteigen« zu ags. molcen, as. molken (Käsewasser). Voran steht die Tatsache, dass die md. Grundsprache den Wurzelvokal bis zur Gegenwart erhalten hat. Schließlich wird aus mhd. mulchen, molchen ersichtlich, dass dieses Wort bereits in germ. Zeit »aufgestiegen« ist und die »Hoch«dt. Lautverschiebung k>ch durchlaufen hat.

**mordsmäßig** (mordsmäßj – Adj.) übermäßig viel. Bes. wird das Wort gebraucht, wenn ein Schwein »mordsmäßig fett« ist. – Das 1664 erstmalig belegte Wort wird sowohl von Hermann Paul als auch von Weigand zu »Mord, Mörder« gestellt, womit es nichts zu tun hat. Ich stelle es zu gr. mýrios (unermesslich, unendlich, überreichlich, unzählig), so dass die Bed. sein würde »weit über das gewöhnliche Maß hinaus«.

**Mörser** (merschəl – M.) enges Gefäß aus Stein oder Metall, in dem mit einem Stößel etwas Hartes zerstoßen werden kann. – *mörsern* (merschəln – V.) zerstampfen oder zerstoßen mit Hilfe des Stößels im Mörser. – *Mörser* (merschəl – M.) Tabakpfeifenkopf wohl in Erinnerung an die Zeit, als im Mörser der Feuerschwamm durch Stoßen mürbe gemacht wurde. – Das Wort ist belegt mhd. morsar, mörser, morsel, mörsel, ahd. morsari, morsali, mortari, im Germ. ags. mortere, an. mortēr, mortēl und wird als Entlehnung aus lat. mortārium (Mörser) angesehen. Da aber das Germ. und das Dt. weder die Lautverschiebung t>s noch r>l kennen, ist auch an Entstehung unmittelbar aus ideur. *mers (auf>reiben) möglich, denn der Mörser ist schon früh- und urgeschichtl. nachweisbar. Trotzdem ist die Übernahme des scheinbaren Lehnworts lat. mortārium zur Bez. der gleichen Sache möglich.

**Mühle** (mi̊llən – F.) Windmühle als auch Wassermühle. – Das Wort »Mühle« hat die germ. Bezeichnung für die Handmühle verdrängt: mhd. kürn, ahd. churn, quirn(a), as. quërn und im Germ. ags. cweorn, an. kvërn, got. -qaírnus. Es soll aus dem im 4. nachchristl. Jh. bezeugten lat. molīna, besser der Pluralbild. lat. molīnae, aus lat. mola (Mühlstein oder eigentlich »Läufer« der jungsteinzeitl. Handmühle), ins Germ. entlehnt worden sein zu ags. mylen (engl. mill), an. mylna und wohl gleichzeitig ins Dt. zu ags. mūlin, ahd. mūlin, daraus dann mhd. müle, mūl. Wie aber lat. »o« zu germ. »y« oder dt. »u« werden konnte, das ist nicht ersichtlich. Nun begegnet uns auch ein gr. mýlē (Mühle), das auf ideur. *mal, *mel (zerreiben, malmen, mahlen) zurückgeht und urspr. die jungsteinzeitl., bronzezeitl., eisenzeitl. Handmühle meint, die aber auch schon in gr. Zeit mancherlei Verbesserungen erfuhr. Lautlich stimmen gr. mýlē und ags. mylen, an. mylna bis auf das angehängte »n«, das aber im Md. gang und gäbe ist, völlig überein; geschichtliche Überlegungen verbieten jedoch die Annahme, es liege ein Lehnwort aus dem Gr. vor. Aber könnte es nicht ein Wort der von Germanen »hauchdünn« überlagerten nichtgerm.-ideur. Vorbevölkerung gewesen sein und ihr Festhalten am überkommenen Werkwort, das nach ihrer allmählichen Entwicklung in die Grundsprache »aufgestiegen« wäre, liegt ja durchaus nahe. Damit würde aber »Mühle« nur ein scheinbares Lehnwort sein.

**Mulde** (mů̊llən – F.) einer der Länge nach geteilten Walze ähnliches ausgehöhltes Gefäß aus Lindenholz, heute noch in größeren Ausführungen Back-, Mehl-, Fleischtrog. – Das Wort steigt erst in dt. Zeit aus einer nichtgerm. Grundsprache auf und wird auf lat. mulctra (Melkfass, Melkgelte, Melkkübel) zurückgeführt, da dies zu ahd. mulhtra, mhd. mulchter (Melkkübel) und seitdem untergegangen entlehnt worden ist. Kluge/Mitzka erklären: »Das alte Melkgefäß in seiner länglichen Gestalt war dem Mehl- und Backtrog ähnlich«, was aber nirgends belegt ist und auch unmöglich sein würde. Es muss angenommen werden, dass dieses in jedem bäuerlichen Haushalt notwendige Gefäß bodenständig ist und wie Mühle zu ideur. *mel, mal (zerreiben) gestellt werden muss, das aufsteigt zu ahd. muolt(e)ra, mhd. muolte(r), mulde. Der Ablaut a>u zur Unterscheidung ist in der md. Grundsprache immer wieder nachweisbar.

**Mund** s. Rant

**murksen** (morkən – V.) schlecht arbeiten, besonders beim Werkeln. – Das um 1800 aufsteigende nicht erklärbare Wort scheint Nebenform zu dem dinglich gemeinten ideur. *merk (fassen, berühren) zu sein, dem auch Merkmal, merken, Marke (als Grenzzeichen) zugehören. Der Ablaut war wegen des despektierlichen Sinnes notwendig, den dieses Wort annahm. Der weitere Ablaut o>u dürfte um des Abstandgewinnens der Herrensprache von der des »gemeinen Volkes« willen erfolgt sein.

**Mus** (můst – N.) breiartige Masse aus Gekochtem. Sicher ist diese Grundbed. des angeblich nur wgerm. Wortes in ideur. *mat (Speise) zu suchen, dem zur bes. Kennzeichnung der breiartigen Form ein *mut gegenübergestellt wurde entspr. lit. mutiný̃s (Fastensuppe), mutùs (dick›flüssig‹, dicht), mutnùs (›an‹schwellend, dicht, dick), die keinesfalls als »lautmalend« bezeichnet werden können. Es ist nichtgerm.-ideur. Lautverschiebung t>s anzunehmen, so dass das Wort »aufstieg« zu ags. afries., as. mōs (Speise; Essen, Mahlzeit), ahd. afränk. mhd. muos (gekochte, besonders breiartige Speise). In Mitteldeutschland war bis zum Beginn des 20. Jh. das Wort Mus auf Obstmus eingeschränkt. Ein germ. *mati ansetzen, verbieten die balt. Belege.

# N

**nadern** (nadərn – V.) wiederkäuen. »die Kuh scheint krank zu sein, sie nadert nicht«. – Das bekanntere ältere Wort ist ahd. itaruckjan, mhd. itrücken (wiederkäuen = ruckweises Emporkommen der Speise beim Wiederkäuen). Es ist verständlich, dass dieser bäuerliche Fachausdruck nichts mit gsp. nadərn zu tun hat. Dieses geht zurück auf ahd. innādiri, amhd. inādere, das zerlegt werden muss: untrennbare Vorsetzpartikel »in« oder auch »i« (gehen) und ahd. ādara (Ader, Sehne), in der Mehrzahl »Eingeweide«, also eigentlich »gehende Eingeweide« (das i ist abgestoßen worden). In dem Wort gsp. nadərn ist also das Wiederkäuen fälschlich mit den regelmäßigen Verdauungsgeräuschen, die nichts mit dem Wiederkäuen zu tun haben, in eins gesetzt worden.

N

**Napf** (nåpf – M.) Becher, Trinkgeschirr. – Das bekannte Wort ist belegt mhd. napf, ahd. (h)napf, as. hnapp und im Germ. ags. hnœpp, an. hnapper (Becher, Schale) und wird durchweg als verwandt mit Humpen bezeichnet. Lutz Mackensen möchte ein nicht.-ideur. Wort in ihm erkennen. In Wirklichkeit ist es wohl aus zwei nichtgerm. Wörtern zusammengeflossen, die belegt sind in gr. skaphos (Napf, Schale, Becken) und gr. lopas (Napf, Schale, Schüssel), welches Wort nach Lautverschiebung l>n etwa *nopas ergeben hätte.

**narlich** (nārlĭch – Adj.) kümmerlich, in der Entwicklung zurückgeblieben, ärmlich. – Die Meinung, das Wort könne zu ahd. nara, mhd. nare (Nahrung) gehören, ist offensichtlich falsch, da es das genaue Gegenteil bezeichnet. Es gehört zu einem ideur. *nar (eng), daraus gr. nárkē (Zusammenkrampfung, Erstarrung) mit Zubehör, lett. nārót (mit Schrauben zusammenpressen), im Germ. ags. nearu, nearo (eng, zusammengepresst, drückend) und im Dt. nur as. naru, naro (eng).

**Nast** (noast – M.) jeder beliebige, aber dicke Zweig eines Baumes, gleichgültig ob fruchttragend oder nicht. – *Nästchen* (nästchən – N.) kleines Ästchen, kleiner Zweig. – Das Wort wird nur von Weigand gebucht, der es fälschlich als »mit vorgetretenem n aus Ast« erklärt. Diese Meinung, es liege lediglich eine mundartl. Kontamination (Verschmelzung) vor, ist unrichtig, zumal hier das n nur aus dem vierten Fall erklärbar wäre. Vielmehr handelt es sich um ein selbständiges vorgerm.-ideur. Erbwort, wie aus lett. nasta (Last, Tracht, Bürde), lit. našà (Ertrag, Ernte), našùs (fruchtbar, ausgiebig, reichlich), naštùvai (Tragejoch, Schultertuch), letti nāša (Schulterjoch der Wasserträger, Trage, Tracht) ersichtlich ist.

**Nest** (näst – N.) Brutstätte der Vögel, der Insekten usw. Vögel bauen ein Nest allein zum Zwecke der Eiablage. Die Grundbed. muss daher »legen, niederlegen« sein. Die

Etymologie nimmt erschlossenes ideur. *ni-zdos aus ideur. *sed (sitzen, sich setzen) und ideur. *ni (nieder, nieden), sieht damit das Sich-Setzen als das Primäre an. Aber kein Vogel baut ein Nest, um sich darin ausruhen oder schlafen zu können. Flügge gewordene Vögel verlassen das Nest und kehren nie wieder dahin zurück. Kluge/Götze erklären dazu: »aind. nīdá ›Lagerstätte für Tiere: Nest‹, armen. nist ›Lage, Sitz‹, air. net, lat. nīdus (für *nizdos) ›Nest‹ (auffällig gleichbed. lit. lìzdas, aslaw. gnězdo«. Richtig wäre: lit. lìzdas, lett. li(g)zds. lizgs (Vogelnest), dazu lit. palėgỹs (Wochenbett), aber auch gr. léchos (Vogelnest), lat. listera (Nestwurz) entstammen einem ideur. *legh, logh (legen, liegen). Aus dieser Grundbed. ist durch Lautverschiebung l>n die n-Wortform entstanden, im Germ. nur ags. nest, im Dt. ahd. mhd. nëst (Brutstätte der Vögel, auch Säugetiere).

**nieseln** (nīsəln – V.) feinsprühend regnen, nebelartig regnen. – *Nieselwetter* (Nīsəlwattər – N.) diesiges Wetter, bei dem der Nebel feinsprühend tröpfelt. Das erst in nhd. Zeit in der Gemeinsprache aufgetauchte Wort entstammt ideur. *neig (waschen, reinigen), das in Nebenform gr. nizō (waschen, spülen, sich reinigen) getrieben hat. Weder im Dt. noch vorhergehendem Germ. ist es belegt.

**Nischel** (nischəl – M.) Nase, im übertragenen Sinne auch der Vorderteil des Kopfes einschließlich der Haare. – *nischeln* (nischəln – V.) jungen Hund, junge Katze mit der Nase in den Unrat stupsen, um ihnen verständlich zu machen, dass sie ihre Notdurft in der freien Natur zu verrichten haben. – *nischeln* (nischeln – V.) während einer Schneeballschlacht Gesicht mit kaltem Schnee waschen und mit der Nase in den Schnee stoßen. Das Wort entstammt dem gesamtideur. Wort »Nase« als air. nase (Ring), entsprechend der kelt. Sitte, Nasenringe zu tragen. Es wurde ins Dt. entlehnt oder ist aus einer Grundsprache aufgestiegen zu ahd. nuskil, mhd. nüschel (Spange). Auch Stiere wurden mit einem Nasenring oder einer Spange (mhd. nüschel, mundartlich nischəl) versehen, um sie besser lenken zu können. Abgelautet sind nuseln (näseln), sowie gsp. nusseln, nuscheln, knusseln.

**Noß** (nueß – N.) Nutzvieh, vor allem heute Rindvieh, Schaf, deshalb in den dörflichen Akten des 15., 16. Jh. noch Rindsnößer, Schafsnößer. Heute ist das Wort fast ausschließlich Schimpfwort zur Bez. eines hinterlistigen, tückischen Menschen, Hunds, Stiers usw. »so ein noß!« – Das Wort scheint der Urzeit des aufkommenden Privateigentums an den Viehherden zu entstammen, noch enthalten in genießen, Nießbrauch, nützen zu germ. *nut (den Nutzen wovon haben), daraus ags. neàt, an. naut und im Dt. ahd. mhd. noȥ (Nutzvieh jeder Art).

**Not** (nūət – F.) Zustand des Bedrängten, Beschwerung, drückender Mangel, dazu zahlr. Ableitungen. Das Wort ist belegt mhd. ahd. nōt, im Germ. afries. nēd, ags. nēad, nīed, an. naūdh(r), got. naūths aus ideur. *nu, *nau̯, neu̯ (bis zur Erschöpfung abquälen, ermattet zusammensinken). Die Grundsprache führt einen der Wurzelvokale bis zur Gegenwart weiter, hat aber eine Angleichung in Richtung des Afries., Asächs. vorgenommen.

**nuckeln** (nukkəln – Verb) saugen des Kleinstkindes – *Nuckel* (nukkəl – M.) Gummisauger an der Milchflasche. – Das Wort gehört zu einem nichtgerm.-ideur. (was aus der Lautverschiebung p>k ersichtlich wird), das ags. nipele (Brustwarze) ergeben hat. Eine Nebenform hat unser nhd. nippen (in kleinen Schlücken trinken) aus einer Grundsprache aufsteigen lassen.

**nudeln** (nudəln – V.) ein Kind übermäßig füttern, in eine Gans viel hineinstopfen, mästen. – *benudeln* (bənudəln – V.) betrinken, bis zur Bewusstlosigkeit trinken. – Das Wort steigt aus einer Grundsprache erst in frnhd. Zeit auf. Zugr. liegen dürfte ideur. *nu als Vorsilbe mit dem Begriff des Zeitlichen und der Dauer, und lit. dẽl (wegen – um willen), das zu lit. dėti (hineintun, legen, setzen, stellen, säen) gehört, dẽtinti (eine Henne legen machen), lett. dêt (Eier legen). Entspr. bez. lett. nuotal (von damals an) das durch ein ununterbrochenes Mästen erreichende (Fett)Machen einer Gans. Das Wort Nudel (Teigware) dürfte eine sehr junge Bed.übertragung von der Form der Gänsefrecke (Gänsenudel) auf die »Faden«nudeln sein.

**nuppeln** (nuppəl – V.) (spielerisches) saugen, lutschen der Kleinstkinder wie an der mütterlichen Brustwarze. Zugrunde liegt ideur. *khū, nach vorgerm. Lautverschiebung k>h = ideur. *hnu, h-Ausfall und Iterativbildung *nūppel. Vgl. gsp. knůbbən (warzenförmige Erhöhung auf der Haut, entsprechend der Brustwarze), Verkleinerungsform gsp. kni̊bbchən, so dass zu Nuppel ein vorhergehendes ideur. *knubbel angesetzt werden darf, daneben ags. nipele (Brustwarze der Mutter), daraus engl. nipple (Brustwarze, Gummisauger). Ags. nipele, engl. nipple entstammt der gleichen Wurzel wie neuzeitlich gsp. Nuppel (Gummilutscher an der Milchflasche), der als »Ersatz« der mütterlichen Brustwarze zu gelten hat. Da aber der Nuppel/Nuckel eine Erfindung des 20. Jh. ist, muss die Lautverschiebung p>k in der wthür. Grundsprache noch heute produktiv sein. Und in dem (absichtslosen) Bestreben zur klarsten Unterscheidung wird mit gsp. nuppəln das spielerische, mit gsp. nukkəln, das ernsthafte Saugen an der Milchflasche gekennzeichnet.

**nutschen** (nutschən – V.) Zuckersteine lutschen, zersaugen. Das allg. als »lautnachahmend« bezeichnete Wort ist bedeutsam, weil es mit der nichtgerm.-ideur. Lautverschiebung l>n von »lutschen« (saugend im Munde zergehen lassen) und den davon abweichenden Vorgang auf »nutschen« ausgewichen ist. Bedeutsam sind beide Wörter, denen ideur. *sru (fließen, strömen) zugr. liegt und das sich zu gr. réō, réommai (zerfließen, zerfallen, sich auflösen) entwickelt hat, weil sich die bisher unbekannte nichtgerm.-ideur. Lautverschiebung r>l erkennen lässt. Die Vorstufen sind verlorengegangen.

# O

**orzen** (orzən – V.) Futter vergeuden, umbringen, ebenso Speise vergeuden und Reste zurücklassen. – *Georztes* (gəorztəs – N.) neben der Krippe liegendes vergeudetes Futter; auf dem Teller verbliebene Reste. – *Georze* (gəorzə – N.) Substantiv als Bez. des Übriglassens von Speise. »dås gəorz ëss bī n mōdə = das Georze ist bei ihm Mode«. – *Orzerei* (orzəreï – F.) Ausdruck des Zorns mit Strafandrohung. – Das nur ags. orettan (verderben, besudeln) belegte Wort ist gebildet aus der untrennbaren Vorsetzpartikel ur- (von… weg) und ideur. *ed (essen), gsp. orzən (eigentlich *ortsen) also in der Bed. »vom Essen weg«, dieses *ortsen nach erfolgter nichtgerm.-ideur. Lautverschiebung tt>ts. Das von Oskar Schade hierzu gestellte mhd. urëʓ (übel werden) gehört nicht in diesen Zus., sondern zu »ewwərassən = überessen« oder richtiger noch »ewwərfrassən = überfressen«. Daran ändert auch nichts, dass in anderen von Oskar Schade angeführten Grundsprachen beide Begriffe in Weiterentwicklung von mhd. urëʓ ineinandergelaufen sind.

# P

**paischen** (paischən – V.) Roggengarben vor dem Einwerfen in den Bansen schütteln, schlagen. Das Wort ist weder im Dt. noch im Germ. bekannt. Im Balt. entsprechen ihm lit. paisýti (Grannen abschlagen, enthülsen), lett. pàisît (Garben schütteln). Es ist damit ein nichtgerm.-ideur. Wort, lediglich mit Weiterentwicklung s>sch. Zugrunde liegt ideur. *pei (stoßen).

**Palatschinke** (kålätschən – F.) Kuchen aus Hefeteig mit aufgestrichenem Apfelmus und nochmals darübergelegter Hefeteigdecke. – Palatschinke ist die österr. Bez. des gefüllten »Eierkuchens«. Ähnlich wie Hermann Paul erklären Kluge/Götze: »Lat. placenta ›Kuchen‹ ergibt rumän. placinta ›Mehlspeise‹. Daraus wird mag. palacsinta, weil das Mag. im Anlaut nur einfachen Kons. kennt. Aus dem Mag. stammen kleinruss. palačynta und österr. Palatschinken ...« Gsp. Kalatsche ist nach der nur in der nichtgerm.-ideur. Grundsprache verbreiteten Lautverschiebung p>k das gleiche Wort wie gr. paláthē (Marmelade von Nüssen, Feigen und anderen Früchten, die zu einem festen Kuchen zusammengedrückt waren). Damit wird auch das bisher unerklärbare gr. Wort deutbar aus ideur. *pal, *pol (Brei anrühren, zu Mehl zerreiben), das unser md. Küchenwort Faansen (Reibstein, Reibeisen) nach Lautverschiebung p>f und l>n ergeben hat. Damit muss aus kålätschən/paláthē mit völlig gleicher Vokalstellung und Betonung geschlossen werden, dass das agr. Wort einstmals auch im Md. gegolten hat – und erweist sich ein angebl. Lehnwort aus dem Lat. in Wirklichkeit als Erbwort der nichtgerm.-ideur. Vorbevölkerung.

**Pamps** (påmps – M.) übermäßig dicke Suppe. – Die Vermutung Weigands, das Wort sei lautmalend, trifft nicht zu, denn wir begegnen lit. pam̃pti (aufschwellen, sich aufblähen, aufdunsen), lett. pampulis (etwas Aufgedunsenes, Dickes), pampt (schwellen, aufdunsen) und großes Zubehör. Es liegt demnach ein nichtgerm. Wort vor.

**Pansen** (pånsən – M.) Magenteil der Wiederkäuer, der vermutlich von der Urbed. des Wortes Bansen abgeleitet worden ist.

**pappen** (pappən – V.) Kleinstkinder mit Brei füttern. – *Papp* (papp – M.) = Brei. – *Pappe* (papen– F.) Mund in abfälligem Sinne, ähnlich dem Ausdruck »Bre/igoschən (Breigosche) oder Mûspappən (Muspappe). »geh weg, sonst kriegst du eine (einen Schlag) vor die Pappe, den Mund!« – Das kindliche Lallwort ist über zahlreiche mitteleurop. Sprachen verbreitet. Vgl. lit. pãpas (Brustwarze), lett. pãpiņa (Happen), poln. papać (essen), papka (Kinderbrei), lat. pappare (essen), pappa (Kinderbrei).

**Patsch** (påtsch – M.) Hand, nur in der Kindersprache gebräuchlich, auch Patschhändchen. – *patschen* (påtschən – V.) mit Händen oder Füßen schallend schlagen. *påtschnass* (påtschnåss – Adj.) so vom Regen durchweicht, dass die Kleider an den Körper klatschen. – Das lautmalende Wort steigt erst im 16. Jh. aus einer Grundsprache auf. Da daneben stehen lit. páukš (klatsch!), pauškinti (knallen, klatschen), lett. paũkkšêt (schallend knallen) mit jeweiligem Zubehör, muss das Wort dem nichtgerm.-ideur. Bereich zugerechnet werden.

**Patse** (patsə – F.) Hündin. – Das Wort ist nichtgerm. und weder im Germ. noch Dt. belegt, steigt jedoch aus einer Grundsprache im 15. Jh. auf als nhd. Petze (Hündin). Es liegt zugrunde ideur. *potis (selbst), daraus lit. patì (Gattin, Ehefrau), patẽlė, patélka (Tierweibchen), lett. pats (Ehemann, Gatte). apreuß. waispattin (Frau).

**pelzen** s. belzen

**pelzig** (pëlzj – Adj.) holzig. – Zu diesem Adjektiv sagt Hermann Paul: »... in dem Sinne ›rauh für das Gefühl‹ gebraucht«. Da er das Wort jedoch zu Pelz (Haarfell) stellt, muss diese Aussage als falsch bezeichnet werden. Ähnliche Zus. sieht Weigand, fügt jedoch klarer hinzu »pelzicht, pelzig, adj., 1691 bei Stieler pelzicht, 1678 b. Krämer pelzig ›holzig‹«. In Wirklichkeit hat das Wort nicht das Geringste mit dem »Pelz« zu tun. Um zu einer Klärung zu kommen, untersuchen wir das Gr. und finden dort gr. hachylos (pelzig, von Früchten), das zu gr. hachnē (Spreu) gehört. Im Balt. steht dafür lit. pēlūs (Spreu), lett. pęlus, apreuß. pelwo (Spreu, Kaff) und Zubehör, lit. pelaĩnis (minderwertig, schlecht), plènìs (dünnes Häutchen, Membrane). Zugr. liegt ideur. *(s)p(h)el (spalten, absplittern, abreißen), so dass nichtgerm. Ursprung gesichert ist. Dass dies tatsächlich der Fall ist, geht aus der Tatsache hervor, dass nach germ. Lautverschiebung p>f daraus got. filleins (ledern) wurde.

**pfeffern** (faffərn – V.) heftig schlagen, werfen, schmeißen. Weder Hermann Paul, noch Kluge/Mitzka gehen auf das noch allgemeingültige Wort ein, obwohl es noch immer heißt: »er hat ihm eine (einen Schlag) gefeffert« – »er hat seine Sachen hingefeffert«. – Das Wort hat nichts mit dem Gewürz Pfeffer zu tun, vielmehr handelt es sich um ein nichtgerm.-ideur. Wort, das in abgeschwächter Form noch in lit. pãpyti (schlagen) vorliegt und dort als ein Scherzwort gilt.

**Pferd** s. Hüpferd

**Pferch** (fërəch – M.) Hordenumzäunung zur Aufnahme von Vieh. – *einpferchen* (īnfërchən – V.) einhorden. – Das bisher nur dürftig etymologisierte Wort wird verhältnismäßig spät schriftlich nachweisbar: ags. pearroe (Gehege) und im Deutschen ahd. pfarrih, mhd. pferrich (Hordenumzäunung). Die Meinung von Kluge/Götze, das Wort könnte auf kirchlich »Pfarre« zurückgehen, sofern dieses die Grundbed. »Bezirk« hätte, trifft keineswegs zu. Vielmehr liegt ein nichtgerm. Wort vor aus ideur. *bharg, *bhrag (einzwängen, drängen, stopfen), hierzu gr. phràgma (Umzäunung, Zaun, Hecke), phràssō (umzäunen, umfrieden, verwahren, einschließen), sowie ohne Metathese jedoch mit r-Ausfall gr. dryphakton (hölzerner Verschlag, Gehege). In einer zu erschließenden Form *barg (bergen, in Sicherheit bringen) muss das Wort so früh ins Nichtgerm. entlehnt worden sein, dass es die Lautverschiebung b>p und g>k mitmachen konnte, wie aus ags. pearros (Gehege) ersichtlich ist. Von hier aus erfolgte gesetzmäßig die ahd. Lautverschiebung p>h und k>ch als ahd. pfarrih (Gehege).

**Pflock** s. Kammrück

**Pflug** s. Hakepflug

**Pfosten** s. Fust

**Pfote** (fuətən – F.) der in Zehen gespaltene Fuß der Tiere. – *Pfötchen* (fiətchən – N. Plural: fiətərchən) kleiner Fuß der Tiere; Hunde geben Pfötchen. – Das Wort steigt erst in frnhd. Zeit aus einer Grundsprache auf. Es ist zu ideur. *pot (letztes Glied) zu stellen, bereits in den balt. Sprachen lautverschoben t>s in lit. posnagà (Huf der Huftiere; in verächtlichem Sinne: Hand oder Fuß des Menschen). In diesem lit. Wort bedeutet der erste Wortteil »letztes Glied« und der zweite Wortteil »Nagel«, ist also nicht mehr wie im dt. »Pfote« alleine wortbildend, so dass letzteres älter ist. Da es die Zweite oder ahd. Lautverschiebung p>pf mitgemacht hat, muss es *vorher* bereits ins Ahd. aufgestiegen sein.

**Pfrocken** (pfrokkən – M.) besonders gut genährtes Kind oder auch Jungtier. Die Bed. ist »Brocken« als Nebenform zu brechen. Es ist bedeutsam, dass ideur. *bhreg (brechen) wie im Gr. die Verschiebung bh>ph mitgemacht hat, zumal es in der wthür. Grundsprache sprachlich kein »pf« gibt.

**pfrumpfen** (pfrůmpən – V.) ein Kind nudeln, übermäßig mit Brot, Kuchen oder dicken Gemüsesuppen ernähren. – *Pfrumpf* (pfrůmpf – M.) dicke Suppe von Gemüse, Hülsenfrüchten und anderen Zutaten. – *pfrumpfen* (pfrůmpfən – V.) ein Loch, etwa in einer Wand, mit aller Gewalt zustopfen, also eine bildliche Übertragung. – Die Grundbed. des Wortes ist »drücken, stoßen, drängen«, dem in den balt. Sprachen lit. bruĩkšti (hineinstecken, hineinschieben) und mit Nasal lit. brùnklis (Knebel) entspricht. Im Dt. ist das Wort nicht belegt. Da jedoch eine schwed. Grundsprache primpa (unmäßig essen und trinken) enthält, dazu nd. prumpsen, prampen, prammen (dick stopfen, fressen), ist die einheimische Herkunft gesichert.

**Pfütze** (fi̊tzən – F.) Jauche – *pfützen* (fi̊tsen – V.) leicht und sprühend regnen. Die Etymologie sieht in Pfütze ein Lehnwort aus lat. pūteūs (Brunnen), was jedoch falsch sein muss, da die Sache falsch ist. Zugr. liegt wohl ideur. *pū (faulend, stinkend), daraus skr. pūtis (faul, stinkend), gr. pȳtho (faulen machen, vermodern), lat. pūtis (verwest, in Fäulnis übergegangen) und vor allem lit. pūti (faulen, vermodern, verwesen), puzras (etwas Verfaultes, Mist oder Dünger), pūznis (Fauliges, Eiterndes) und großes Zubehör. Eine Bodenvertiefung mit wenig Regenwasser ist erst dann eine Pfütze, wenn das Wasser zu stinken beginnt, sonst eine Lache (s. dort). Aus einer Grundsprache steigt das Wort erst in dt. Zeit auf: ahd. phūzzi, phūzza, mhd. bütze, pfütze (Jauche, Pfütze). Eine zweite Wortreihe in der Bed. »Brunnen« ist hiervon streng zu trennen.

P

**Pickel** (Spitzhacke) s. Bickel

**picken** (pi̊kkən – V.) Schnabelstöße des im Ei gewachsenen Gippchens zum Öffnen der Schale; mit dem Schnabel nach Nahrung stoßen und diese aufnehmen. – Richtig erklären Kluge/Mitzka die Entwicklung des Wortes rückwärts: »mhd. bicken ›stechen‹, ahd. (ana)bickan, mnd. pĕcken, mnl. pecken, picken, nnl. pikken ›hauen‹, mengl. pikken, engl. pick ›stechen, auslesen‹, anordn. pikka, schwed. picka, dän. pikke«. Nur stimmt die Weiterführung »zur Interj. pick, die Schall und Tun des Vogelschnabels nachahmt« keineswegs, denn zugr. liegt ein ideur. *bhig aus lautverschobenem dh>bh in dhigh (stechend berühren, stechen). Diese Lautverschiebung war bereits in der Wurzelperiode des Ideur. produktiv.

**piepen** (pīpən – V.) schwache Töne hören lassen, besonders die noch in den Eiern befindlichen Küken, Jungvögel kurze Zeit vor dem Ausschlüpfen. Auch die Töne in frühester Jugend werden noch immer mit »piepen« bezeichnet. – *Piepvogel* (pīppfailchən – Piepvögelchen) – kindliche Bez. des Vogels, oft auch in der Doppelung »Pieppiep«. Dabei ist unklar, ob die Bez. nach den feinen Tönen entstanden ist oder eine Doppelung Piep*Vogel vorliegt. – Die Etymologie erklärt das Wort, das erstmalig frühnhd. pypen als lautmalend belegt, also aus einer Grundsprache aufgestiegen ist. Wenn zugl. festgestellt wird, dass belegt sind gr. pippízein, lit. pypiù, dann führen diese zusammen mit md. pīpən auf nichtgerm. lat. pip(i)are, tschech. pípati auf venet. Ursprung. Beide Völker waren in Urzeiten nächstbenachbart. Den Zufall für diese Lautgleichheit verantwortlich zu machen, ist nicht möglich. Übrigens bezeichnet lit. pyplȳs den »Piepser« und ebenso den Schreihals.

**plaidern** (plaidər – V.) durch Verwendung der Zugluft den Leinsamen von der Spreu sondern. – *Plauder* (plaidər – F.) verbesserte Getreidereinigungsmaschine. – Das Wort ist nur in den balto-slaw. Sprachen und in unserer Grundsprache vertreten. Einem ideur. Wurzelwort *pleu (schwimmen, fliegen) entstammt lit. pláuti (spülen, schwenken) und daraus sowohl plaujóti (hoch in der Luft schweben) als auch plaũkti (durch die Luft dahinfahren, getragen werden). Im Germ. steht zu ags. blāwen und im Dt. ahd. blāen, plāen, mhd. blæjen, blæwen, blæn (blasen, wehen; blähen) nur das Mittelwort ahd. ziblāit (blasen oder wehen machend), das zu gsp. plaidern geführt haben kann.

**Pläne** (plänə – F.) Ebene ohne irgendwelche Huppel im sonst hügelreichen Gelände. »draußen auf der kleinen Ebene innerhalb des hügeligen Geländes«. *Plan* (plån – M.) einzelnes Ackerstück. – Da gleichbed. daneben das dt. »Gleichen« steht, handelt es sich hier um ein Lehnwort, das bes. durch die Katasterämter weit verbreitet worden ist. Zugr. liegt lat. plānus (eben), plānum (Ebene, Fläche), übernommen aus frz. plaine (Ebene, Fläche, Flachland, ebener Platz) – Im 18. Jh. Plan entnommen aus frz. plan (Grundriss einer Bodenfläche).

**Platte** s. Blatte

**Platz** (plåtz – M.) Nebenbezeichnung für den beiderseits abgeplatteten Röhrenkietz oder Röhrenkuchen. – *Plätzchen* (platzchən – N.) flaches Küchelchen aus Mürbteig. – Da das Wort (Markt)Platz aus dem Lat. entlehnt wurde, kommt die Etymologie hinsichtlich dieses Wortes zu keiner sachgerechten Erklärung. Kluge/Mitzka schreiben: »Im 14. Jh. tritt thür. platzbęcke m. ›Fladenbäcker‹ auf, noch jünger sind *Platz, Plätzchen* ›dünner Kuchen‹« (Zs. f. d. Wortf. 11,200; Wick 72). Bei einer Entlehnung aus lat. placenta ›Kuchen‹ wäre höheres Alter zu erwarten; ein slaw. Fremdwort (man hat an poln. placek m. ›flacher Kuchen‹ gedacht, das vielmehr aus dem Dt. stammt) wäre schwerlich so weit nach Süden und Westen gedrungen wie Platz. So ist dies wohl aus der Hauptbed. abgezweigt (wie auch *Fleck* landschaftl. beide Bed. vereinigt). Dazu stimmt die stete Bedeutung der flachen Form«. Der Etymologie ist nicht bewusst geworden, dass sie in urgerm. flado (Fladen), germ.-lautverschoben aus ideur. *plat(h) (ausbreiten), den unwiderlegbaren Beweis dafür hat, dass Platz, Plätzchen vorausliegen – nur eben nichtgerm. in diesem Falle. Legen wir die erarbeiten ethnischen Zusammenhänge unseren weiteren Überlegungen zugrunde, dann begegnen uns gr. pláthanon (Brett auf dem der Kuchen bereitet wird), nach Lautverschiebung t>(p)k gr. plakoỹs (Kuchen), lit. plotìnē (plattgedrücktes Gebäck; Plätzchen), paplótis (flaches Fladenbrot, Fladen), lett. plācenis (flacher Kuchen). Aus diesen Belegen ist ersichtlich, dass der Plat(s) schon in der Jüngeren Steinzeit vor nun mehr als viertausend Jahren ähnlich wie heute gebacken worden sein muss.

**Pluderwind** (Pluddərwe/ind – M.) in Stößen einmal von dieser, dann wieder von anderer Seite wehender Wind. In dem erst in frnhd. Zeit auftauchendem Wort Pluderhose (sich bauschende, sich blähende Hose) steckt das gleiche Wort. – *pludernig* (pluddərnig – Part.) im Gmdt. ungebräuchliches Mittelwort, das ein ununterbrochenes außerhalb des eigenen Willens gelegenen Geschehen bez.: »der Wind geht so pluderig«, dann regnet es meistens kurz darauf. – *plaidern* (plaidərn mit der »Windfege« die Getreidekörner säubern. – Das Wort ist nichtgerm.-ideur., entstanden aus ideur. *pleu (schwimmen, fliegen), wie aus lett. pluderêt (flattern, schwärmen, wackeln) deutlich hervorgeht; es hat damit keinerlei germ. Lautverschiebung durchlaufen. Die Meinung Schwers, dieses balt. Wort entstamme nd. fluddern (flattern, mit den Flügeln schlagen), widerlegt wruß. blud (flatteriger böser Geist). Am nächsten kommt ihm nach germ. Lautverschiebung aengl. floterian, engl. to flutter (flattern, fliegen).

**Podaile** (pódailən – F.) Sicht, Schau, »Präsentierbrett«. – *Pódaile* (pódailən – F.) Hölzchen am Sprenkel (šprĩnkəl – M.), der aus einer Haselnußgerte und einem Zwirnsfaden gefertigten Vogelstellerschlinge. – Das Wort findet sich gleichwertig nur in den balt. Sprachen: lit. podẽlis (Gestell zum Aufbewahren von Gegenständen, Präsentierteller, Servierbrett, Aufbewahrungsort) und gehört noch heute zum täglichen Sprachschatz. In der md. Grundsprache hat sich »pó (unter)« mit einem Wort verbunden, das sich in den balt. Sprachen zu lit. dailẽ (Kunstwerk), dailùs (schön, anmutig), lett. dàil'š (zierlich, nett, schön, anmutig) entwickelt hat. Da lit. dáilinti (was roh oder rauh war glatt machen, polieren, nett und hübsch machen) auf ein absichtsvolles »Schönmachen« verweist, darf angenommen werden, dass schon jene frühe Zeit, in der engste Beziehungen zwischen den Menschen Mitteldeutschlands und den balt. Völkern bestanden, ein bes. kunstvoll gearbeitetes »Schaubrett« kannte, auf dem man den Reichtum an Tontöpfen oder Gerät aus Holz, Stroh, Binsen, etc. den Besuchern vorstellte, mit dem man die Stube schmückte.

**pökeln** (pēkəln – V.) Einsalzen von Fleisch, heute nur noch der Schweineknochen. – Das erstmalig 1414 nd. peckel belegte Wort entspr. mhd. bechenvleisch (Salzfleisch des Schweines), ein nicht auf mhd. bache (Schinken, geräucherte Speckseite) zu beziehendes Wort, sondern auf den Begriff des Pökelns, denn ungepökelter Speck oder Schinken ist ungenießbar. Ich führe das Wort zurück auf *pag (festmachen, haltbar machen), das bspw. zu gr. pḗgȳmi (hart oder starr machen; gerinnen oder gefrieren machen; Haltbarkeit bekommen) und Zubehör führte. Das Wort ist offensichtlich germ.

**poltern** (bůldərn – V.) geheimnisvolles und unheimliches Rumoren, das den Glauben an einen Poltergeist (bůldərgaist) hat entstehen lassen – auch im Wassertopf (und anderswo) beim Kochen bullern, rumoren, rumpeln. Das Wort steigt erst im Mhd. des 15. Jh. als boldern, boldern auf. 1517 pūlternacht. Es scheint nichtgerm.-ideur. zu sein, da ihm ein ideur. *beld (schlagen) zugr. liegt, in den balt. Sprachen lit. bildẽti (poltern, rumpeln, dröhnen, donnern), bildesȳs (Pochen, Gepolter), baldà, bàldyti (lärmendes Auftreten), air. buille (Schlag). Die von Kluge/Götze versuchte Anlehnung des Wortes an »bollern, bullern« erweist sich als unrichtig, da die Nebenbez. des Poltergeistes als »Klopfgeist« unmissverständlich auf die Herkunft des Wortes aus ideur. *beld (schlagen) verweist.

**preschen** (prëschən – V.) rennen, besonders mit einem Wagen. »der prescht noch einmal ins Feld, und es regnet gleich«. – *fortpreschen* (fůrtprëschən – V.) fortjagen, so etwa fremde Hühner aus dem gerade bestellten Höfchen. – Die Bed. des Wortes ist »rasch laufen machen«. Weigand, Hermann Paul, Lutz Mackensen, Kluge/Mitzka möchten das Wort zu gmdt. birschen (jagen) stellen, das aus frz. berser entlehnt, jedoch dunkler Herkunft sei. »preschen« soll durch Metathese entstanden sein. Es gehört vielmehr zu ideur. *tres (unruhiges Hin- und Herlaufen) aus der Verschiebungsreihe t>p>k>s entsprechend lit. tresoti (vortraben, vorlaufen), tresnoti (kleintraben), partresnoti (antraben der Pferde, Menschen), lett. trešu (bewegen), tresêt (hin und her jagen), hierzu wohl auch gr. trocházō (laufen, rennen), trochós (Wagenrad), trōcháō (laufen) und Zubehör. Das nichtgerm. Wort ist demnach nach Lautverschiebung t>p entstanden, die im Balt. nicht wirksam wurde.

**pressen** (prassən – V.) etwas mit Gewalt zusammendrücken – *Presse* (Prass – F.) Werkzeug zum Saftauspressen, auch Kelter genannt. Das Wort entstammt mlat. pressa, daraus ahd. prëssa, mhd. (wīn)prëssa (Kelter).

**priede** (priədə – Adj.) unrein im Geschmack: mit Bei- oder Nachgeschmack. – Das nirgends schriftlich belegte Wort ist nichtgerm.-ideur. Es ist nur zu vergl. mit lit. prìedėlis (Zutat, Zusatz, Beilage, Anhängsel). Der zweite Wortteil gehört zu lit. dëti, pridëti (dazulegen, hinzutun).

**pusten** (pūstən – V.) stark blasen. – Das Wort steigt erst in nhd. Zeit aus einer Grundsprache auf, ist aber keineswegs nd., wenn es auch zuerst in Norddeutschland belegt ist, sondern nichtgerm.-ideur., wie die balt. Sprachen beweisen: lit. pūstas (wehen, blasen), lett. pùst (blasen, hauchen, wehen) und zahlreiches Zubehör. Zugr. liegt ideur. *pū (anschwellen) und nicht mit Kluge/Mitzka ideur. *bu, *bhu (aufblasen).

**Puter** (putər – M.) Truthahn, entspr. ist die Pute (putə – F.) das Truthuhn. – Zu diesem Namen erklären Kluge/Mitzka: »Auch Puter ist nd. (zuerst bei G. Lauterbeck 1559 Regentenbuch 39): es gehört zu nd. puteren ›schnell und undeutlich plaudern‹«. Der Name ist jedoch nichtgerm. zu lit. pùtė (Huhn) aus der Basis ideur. *pu (anschwellen, aufblähen), wozu auch im Germ. got. fugls (Vogel), gehört.

**Putthühnchen** (putthi̊nchən – N.) Kosewort für ein Küken oder ein ausgewachsenes Huhn. Bildlich: ein nicht für voll angesehenes Mädchen. Beide Bez. sind deshalb bedeutsam, weil der nicht gebräuchliche Lockruf putt! putt! (dafür: trut! trut!) bekannt ist. Das Wort ist nichtgerm. aus ideur. *pu (anschwellen machen, sich aufplustern), dazu lit. putýtis (Küchlein; Kosewort), lett. putns (Vogel), lit. pùtė (Huhn). Das Wort ist weder lautmalend, wie Hermann Paul und Kluge/Götze meinen, noch nd. Es ist vielmehr das nichtgerm. Wort, so dass putt! putt! nichts anderes als »Huhn! Huhn!« bedeutet und in Puttküchen/Putthühnchen das nichtgerm. mit dem germ. Wort gekoppelt worden ist. Das muss bereits bei Überlagerung der nordwestdt. Vorbevölkerung um 250 v. Ztr. durch Germanen erfolgt sein, während Putthühnchen erst 1568 schriftdt. wurde.



# Q

**Quanten** (kwåntən – Plur.) schwere Arbeitsschuhe, im übertr. Sinne auch die Füße, etwa »hebe die quanten«, die Füße. Im Sommer spricht der Bauer in abfälligem Sinne von Schweißquanten. – Das nirgends schriftlich belegte Wort gehört zu gmd. Want (Fausthandschuhe), das nach Kluge/Mitzka »ein uraltes Wort der seefahrenden Germanen« sein soll, was jedoch beides nicht stimmt. Fest steht, dass es keine außerdt. Entsprechungen hat und deshalb als Neuschöpfung angesehen werden muss. Kluge/Mitzka's Vermutung, Bedas Zeugnis vom Beginn des 8. Jh. lege Entlehnung aus dem Kelt. nahe, wird von ihnen selbst in Zweifel gezogen, da Ansatzpunkte fehlen. Ebenso führen die Hinweise auf das merow. Lat. aus der Mitte des 7. Jh. mit »wantos« – daraus entlehnt afrz. wanz, frz. gant, ital. guanto, span. port. guante – und an. vöttr nicht weiter. Die Meinung, finn. vanttu, vantus (Wollhandschuh) sei aus dem Germ. entlehnt, muss eingeschränkt werden auf an. vöttr oder gar erst schwed. vante. Nehmen wir Bedas Zeugnis aus dem Beginn des 8., das merow. Lat. aus der Mitte des 7. Jh. und die Tatsache, dass sowohl das Anord. als auch das Afrz. ins letzte Drittel der ahd. Zeit (500 bis 1050) gehören, dann kann Wante nicht mehr ein germ., sondern muss ein ahd. Wort sein. Das beweist auch gsp. kwåntən (schwere Arbeitsschuhe), denn es ist zusammengesetzt aus der unbetonten untrennbaren Vorsetzpartikel ka-, ke-, ki-, co- entsprechend lat. co-, com-, con-, cum- (mit, zusammen) und dem Wort Wante

(Fausthandschuh). Diese Vorsetzpartikel ka- usw. steigt einzig und allein in ahd. Zeit auf und steht scheinbar unvermittelt und nichtdazugehörig neben den germ.-dt. Vorsetzpartikeln got. ga-, as. ge-, gi-, ahd. ga-, ge-, gi-, mhd. ge-, die alle das Zusammensein, Zusammengehören usw. bezeichnen. Quanten (schwere Arbeitsschuhe) glichen im Gegensatz zu den gsp. båstənə (Bastene, Bastschuhe) – zwar urzeitl. weitgehend den Wanten, konnten jedoch nicht wie diese notfalls auch einzeln getragen werden, sondern als *ka-wanten unabdingbar zusammengehörend. Zur Etymologie des Wortes Wante erklären Kluge/Mitzka: »Der üblichen Herleitung von ›winden‹ steht entgegen, daß sie germ. nd (nicht nt) voraussetzen würde; auch werden die Wanten der Vorzeit nie als die Hände umwindende Lappen geschildert. Der Waltharius (vor 930) V. 1426 kennt hirschlederne« Wanten. Aber zu deuten vermögen auch sie das Wort nicht; dabei hätte sie schwed.-gsp. vatte, norw. vaatt (Fausthandschuh) auf das im 17. Jh. untergegangene gmd. Wat (Kleidungsstück) führen müssen, das einem ideur. *u̯edh (weben) entstammt. Im Gegensatz zu dem unter Gewerje (schlechtes Kleidungsstück) besprochenen Wort, das allen Anschein nach bis in die Zeit der Bekleidung mit Fellen zurückreicht, stellt Wat ein Kleidungsstück gleich welcher Art aus gewebtem Stoff dar. Das Wort ist germ.-dt. in der Grundbedeutung »Gewebtes«, im Germ. ags. wæd, an. vādh und im Dt. ahd. mhd. wāt (Stück Zeug), ahd. gawāti, mhd. gewæte (Kleidung). Als seit dem 4. Jh. auch die germ. Krieger sich gegen Verwundungen zu schützen versuchten, was schließlich im Mittelalter zu den bekannten Panzerhemden führte, für sie aber ebenfalls ahd. mhd. wāt (Rüstung) galt, drang für die gewebte Kleidung im 11. Jh. die nasal. Lautform mhd. badagiwant (Badekleid), untarwanth (Unterkleid) durch, um schließlich in unsern Wörtern Gewand, Gewandhaus, Gewandballen usw. die nichtnasal. Wortform zu verdrängen; sie ging endgültig im 17. Jh. im Gmdt. unter. Von der md. Grundsprache war aber erkannt worden, dass es ihr Bestreben von jeher gewesen ist, das Gemeinte klar und unmissverständlich wiederzugeben, was auch durch Nasal. erreicht werden konnte. Sie schuf deshalb neben ahd. wāt (Kleidung) schon in ahd. Zeit das nasal. ahd. want (Neben-Bekleidungsstück, Fausthandschuh). Dass diese Nasal. von der nichtgerm.-ideur. Vorbevölkerung ausgegangen ist, beweist nun unwiderlegbar *ka-wanten (Quanten). Die Wörter Gewand usw. haben also nichts mit »wenden« zu tun, wie Kluge/Mitzka erklären, sondern sind »das Gewebte« ... Erneut zeigt sich, dass die germ.-dt. Wortform untergegangen, die nichtgerm.-ideur. der Vorbevölkerung sich jedoch durchgesetzt hat. s. auch Gewerje.

**quatschen** (kwåtschən – V.) überfließen lassen durch ungeschicktes Bewegen. Wer Wasser in ein größeres Gefäß umgießt und sich ungeschickt benimmt, quatscht leicht Wasser daneben. – Das nirgends belegte Wort scheint zu ideur. *kla (tönen, schallen) zu gehören entspr. gr. klāzō oder richtiger klátsō (rauschen, klirren; schallen usw.), auf das möglicherweise ahd. quāt (Kot, Schmutz) und Zubehör eingewirkt hat. Das Wort würde wohl in die Familie »platschen, klatschen, quatschen« gehören, keineswegs aber lautmalend sein. Auf gr. katachein (beschütten, herabgießen, übergießen) soll verwiesen werden.

**quatt** (kwått – Adj.) vollsaftig. Das weder im Dt. noch voranliegendem Germ. belegte Wort schließt unmittelbar an ideur. *kew, ku (schwellen, stark sein) an, dazu nur skr. çváyate (er wird stark), çvátràs (kräftig), çàvas (Kraft).

**Quern** (kwarn – F.) Mühle, noch enthalten in Flurnamen, so bspw. in Kleine Quern und die Stridquern. Das Wort ist rein-germ.-dt. zu mhd. kürn, ahd. churn, quirn(a), as. quërn und im Germ. ags. cweorn, an. kvërn (daraus schwed. kvarn), got. qaírns (steinerne Handmühle, später Wasser- oder Windmühle) aus ideur. *qu̯er (schwer).

Der Gleichklang gsp./schwed. kwarn lässt urnord. Zuzug gegen 150 n.Ztr. im md. Landschaftsraum vermuten.

**quieken** (kwīkən – V.) durchdringendes Schreien der Schweine. – Die Etymologie ist der Meinung, das lautmalende Wort sei vom Nd. ausgegangen, weil es zum ersten Mal 1522 in Hildesheim belegt ist, doch taucht es 1666 als quieksen auch in Böhmen auf. Dabei ist das Quieken der Schweine klar belegt lit. kvýkti, lett. kvīkt (quieken) und umfangreiches Zubehör, aber auch gr. koīzein (quieken, grunzen), poln. kwikaī (quieken). Das Wort ist demnach nichtgerm.-ideur.

# R

**Rabanchen** (råbånəchən – Plur.) Eingeweide der Wiederkäuer (die Eingeweide der Schweine heißen »üsschnead = Ausschnitt«). – Das nirgends belegte Wort scheint alt zu sein. Es kann nur bezogen werden auf skr. rabh (umfassen, das die Eingeweide umfassende Knochenwerk, Bauch). Noch heute bezeichnen wir mit »Bauch« sowohl das äußere Erscheinungsbild als auch sein Inneres. Die essbaren Eingeweide werden auch als »Lappen« bezeichnet.

**raffen** s. rappen

**Rahm** (ruom – M.) fette Absonderung der sauren Milch, Sahne in sauren (früher) oder süßen (vielfach heute) Zustand. – Das Wort ist nur belegt mhd. (milch-)roum, mnd. rōm(e), nl. room, im Germ. ags. rēam, isl. rjōmi. Das Wort wird als urverwandt zu awest. roayna (Butter) mpers. npers. rōyan (›ausgelassene‹ Butter) gestellt. Vgl. jedoch gr. páchos (Rahm, dicker Brei) aus ideur. *bhag (fest, stark sein). Deshalb wenden wir uns zu ideur. *qru (hart sein oder machen; gerinnen) und finden mit m-Erweiterung ein germ. verschobenes k>h nichtbelegtes *hrum, daraus md. gsp. ruəm, das dem Wurzelwort lautlich am nächsten steht.

**ragen** in die Höhe ragen oder starren. Zugrunde liegt ideur. *ker, *kar, *kra nach Lautverschiebung k>h vgl. ags. ōferhrāēgan (überragen), im Dt. ahd. hragēn, mhd. ragen (starr, hervorstehen, mhd. rac (straff). Die md. Grundsprache hat stattdessen *buutzen* (būtsən – Adj.) herausstrecken, über das Maß hinausragen. »die letzte Garbe, der Ast buutzt zu weit heraus!« – Das weder im Dt. noch Germ., aber auch in keiner anderen ideur. Sprache nachweisbare Wort schließt unmittelbar an ideur. *bhū (sein, werden, entstehen, erzeugen) an, nach Lautverschiebung bh>f gr. phutón (Baum, Strauch, Gewächs, Pflanze als das Hinausragende) und Zubehör, und selbst schon im Gr. entrundet y>i in gr. phītyō (erzeugen), phītýma (Spross, Sprössling).

**Raiber** (raibər – M.) Wasserschößling oder Wildling an Obstbäumen, der an einem veredelten Baum in den unveredelten, »wilden«, zurückschlägt. Derartige Wasserschößlinge stehen niemals allein, sondern bilden meistens eine dichtgedrängte Menge nebeneinander. – Man möchte das Wort deuten als den Schößling, der sich an den fruchttragenden Ästen »reibt«, was jedoch aus sprachlichen Gründen unmöglich ist, oder auch als den »Räuber«, der den anderen Ästen Licht und Nahrung raube, was schon eher denkbar sein würde. Zugr. liegt wohl ein ideur. *kre, *krai (dicht nebeneinander), in der eigentlichen Urform nur noch apreuß. craysi (Halm des Getreides), lat. crēber (dicht oder dick nebeneinanderstehend), crēbresco (sich vermehren und überhandnehmen) zu cresco (hervorwachsen, an Wachstum zunehmen) und creo (Emporgewachsenes, Schößling). Die Grundbed. würde urspr. gewesen sein »Schößling, Reis« und nach der Erfindung des Botens, Pfropfens eingeengt auf »Wasserschoß, Wildling«.

**raide** (raidə – Adj.) fertig, eine Arbeit oder Aufgabe abgeschlossen haben, damit bereit zu neuer Arbeit. Daneben steht der stabreimartige stöhnende Ausruf »ich bin rief (völlig erschöpft) und raide (körperlich »fertig«)« entspr. dem gmsp. »ich bin fix und fertig (habe mich überanstrengt, bin ganz und gar erschöpft)«. Das zu. gsp. raiwen (im Todeskampf liegen) gehörende, jedoch eine starke Bed.abwertung aufweisende gsp. rīf kehrt völlig widersinnig verdeutscht im Ausdruck »ich bin reif fürs Bett« wieder und zielt auf den Begriff »ernten« hin, was jedoch in der Grundsprache »riff« lauten würde. Heinz Küpper meint sogar »reif adj. verrückt« sei euphemistisch verkürzt aus »reif für das Irrenhaus 20 Jh.« Dem gmdt. reif/reif steht damit das sehr viel aussagestärkere grundsprachige rīf/riff gegenüber. – Es ist zu verweisen auf mhd. reiden, reiten (bereit machen), reite, ahd. reiti (fertig, geschickt), im Germ. an. (g)reidhr (bereit; einfach, klar), ags. geræde (fertig; geschickt, bedingt), engl. allright, got. garaiths (angeordnet) aus ideur. *rēi (zur Eile antreiben, drängen). Näher dem Grundsprachenwort dürfte jedoch lett. raids (bereit, fertig) stehen, worauf vorerst lediglich verwiesen werden soll. Das im DWB hierzu gestellte »Hofreite« bez. einen abgeschlossenen Hofraum im Gegensatz zur urspr. offenen »Miste«, wo nur zufällig auch »Zubereitungen zur Arbeit« getroffen werden, gehört also nicht in diesen Zusammenhang.

**raien** (raiən – V.) seitens des Ganserts die Gans umtanzen, sie anschließend »treten« und begatten. – Das nirgends belegte Wort wird meistens als »einen Reigen (gsp. rain) aufführen« verstanden, obgleich dieses »Tanzen« ja die Sache überhaupt nicht trifft. Klarheit gibt wieder das Balt. Dort ergibt sich aus ideur. *rēi (stoßen, schnell fließen) lit. raislųotis (brünstig, läufig sein), raistas (Brunstzeit), und das unverstanden gebliebene, aus einer Grundsprache ins Dt. aufgestiegene ahd. reino (Zulassung des männl. Tieres zur Begattung), das die Nebenform mhd. Renner (Beschälhengst) hervorgebracht hat. Als bedeutsam hat zu gelten, dass gsp. rai(en) sich unmittelbar an ideur. rēi (stoßen, schnell fließen) anschließt, während im Balt. entspr. Worterweiterungen erforderlich waren: das verweist auf die Herkunft des Wortguts aus dem md. Nichtgerm.

R

**Rain** (rain – M.) Grasstreifen zwischen zwei Äckern. Das Wort ist im Nichtgerm.-Ideur. noch nicht belegt. In einer kelt. Sprache liegt vor ir. roen (Weg, Durchbruch), erst aufgestiegen im Germ. zu an. rein (grasbewachsener Erdstreifen als Grenze zwischen Äckern) und im Dt. ahd. mhd. rein (erhabener Grasstreifen als Ackergrenze). *Rainfarn* (rainfårn – M.) Chrysanthemun (Tanacetum) vulgare L. Sein Name ist eigentlich ahd. reinfano, mhd. rein(e)vane (Grenzfahne), nämlich »die auf dem Rain wachsende, ihres hohen Wuchses wegen als Grenzzeichen angesehene« Pflanze. Wegen der farnkrautähnlichen Blätter wurde der Name im 15. Jh. volksetymol. in »Rainfarn« umgedeutet.

**rainschade** (rainschoadə – Adj.) »ewigschade«, jammerschade. Vor allem wird das Wort als Ausdruck des Bedauerns im Zus. mit dem Ableben eines zu großen Hoffnungen berechtigten jungen Menschen gebraucht. Nhd. rein (sauber, schmutz- und fleckenlos, sittlich untadelhaft) dürfte nicht zugr. liegen, wir finden auch keinen entspr. Beleg, weder im Mhd. noch im Ahd. Dagegen treffen wir auf as. reginscatho (Hauptschädiger, eigentlich; durch göttlichen Ratschluss Schädiger) aus Gen. plur. as. reginō (Beschlüsse der ratenden göttlichen Gewalten, Schicksalsschluss) und im Germ. nur Mehrzahl an. regin (die ratschlagenden und beschlussfassenden göttlichen Gewalten), got. ragin (Rat, Ratschluss, Meinung). Im Dt. finden wir das gleiche Wort nur als ersten Teil von Zusammensetzungen besonders in Eigennamen, wo es dann vielfach die md. Verschleifung g>j>i durchlaufen hat, so in ahd. Reginhart, Ragin-, Reinhart, mhd. Reinhart; ahd. Reginald, Ragin-, Reginhold gekürzt zu Rain-, Reinald, Rainold, Reinold. Zwar hat gsp. rainschoadə gleichfalls diese Entwicklung genommen, setzt aber unmittelbar as. reginscatho fort, zu dem es zusätzlich ein Eigenschaftswort gebildet hat. Es gehört seiner Bed. nach zum ahd./as. Zeitraum 500 bis 1050.

**Raisel** (raisəl – N.) Zusammengeschnürtes, Gebundenes, Bund, Tabakblätter, Buschbohnen, Zwiebeln. – Ausgangsform ist ideur. *vart/*vrith (binden), das im Germ./Dt. weitverzweigte Formen entwickelt hat: ags. vrīdhan, an. vrīdha (winden, umwindend verbinden usw.), im Dt. rīdan, mhd. rīden (winden, umwindend binden; drehen) und zahlr. Zubehör. Es ist die germ. Lautverschiebung t>d wirksam geworden. In den balt. Sprachen entwickelt sich aus dem gleichen Wurzelwort nach erfolgter nichtgerm.-ideur. Lautverschiebung t>s (und balt. s>š) lit. rìšti (binden, knoten, knüpfen), rišà (Verbindung, Band) und schließlich entspr. gsp. raisəl lit. raĩštis (Band, Schnur), raĩšas (Binde, Wickel; Strick, Schnur).

**raiwen** (raiwən – V.) im Todeskampf liegen. Das Wort hat im Gmdt. keinerlei Gleichung, denn es ist unmöglich, es mit nhd. reihen (drehen, wenden; den Reigen tanzen) in eins zu setzen. Ebenso wenig ist mhd. rēwen (auf die Bahre legen, als Leiche schmücken) oder auch mhd. raehe (steif durch Krankheit) heranzuziehen, obgleich beide Belege dem gsp. raiwən bedeutungsmäßig nahekommen; denn letzteres wird stets nur in Beziehung zum Todeskampf gebraucht, zudem hätte mhd. rewen ein nicht vorhandenes gsp. *riewən ergeben müssen. Da nach dem Volksglauben das Krīdəwißchən (Steinkauz oder Kommit, Athene noctua Scop., der »Totenvogel«) nur während des Raiwens eines Menschen sein klagendes »Komm mit!« hören lässt, nicht aber mehr nach erfolgtem Hinscheiden, darf Zus. mit got. hraivadūbō (Turteltaube als Totenvogel. Schade I, 422/3), der Toteneule des Langobardenvolkes vermutet werden. Zu dem nur belegten Subst. hat die Grundsprache das Verb »raiwən« entwickelt und aus germ. Zeit bis zur Gegenwart treu bewahrt ... Vom Got. bis zur Gegenwart begegnen uns die jüngeren germ. Belege ags. hrāv, hræv, hrā (Körper, Leichnam, Begräbnis), an. hræ (Leichnam) und im Dt. as. hrēu, hrēo, ahd. hrēo, ahd. mhd. rē (Leichnam; Tod, Mord; Totenbahre, Begräbnis), mhd. rēwen (auf die Bahre legen, als Leiche schmücken), ræhe (steif durch Krankheit), nhd. Rehe (Entzündung, Huflederkrankheit unserer Haustiere). Je näher zur Gegenwart, desto mehr ist die urälteste Bed. des Wortes abgeschwächt worden, während sie in der Grundsprache nach fast 2.000 Jahren noch immer die gleiche ist.

**ramdösig** (råmdēsi̯j – Adj.) benommenen Geistes, besonders nach tiefem Nachmittagsschlaf, noch denkunfähig. – Das nur von Weigand als »sehr dumm« aufgeführte und deshalb falsch als »dumm wie ein Schaf« erklärte Wort geht an der Sache vorbei. Der zweite Wortteil wird sachlich unrichtig zu ahd. tūsīg (töricht) gestellt und als nd. bez., was beides nicht stimmt. Aus der Kontam. ist zu erkennen, dass der zweite Wortteil sich aus ideur. *dheu̯(es) (atmen usw.) entwickelt hat, dem zugleich entnommen werden kann, dass die Grundsprache den ideur. Wurzelvokal bis zur Gegenwart erhalten hat, während ags. dysig (betäubt), gmd. dösig eine angeblich »gehobene« Lautform entwickelt. Die balt. Sprachen haben eine umfangreiche Wortfamilie aus diesem Wurzelwort entwickelt. Der erste Wortteil ist unverändert ideur. *ram (ruhen), so dass als Bed. anzusetzen ist »schlaftrunken«.

**rammeln** (råmməln – V.) begatten, ist jedoch auch obszön gebräuchlich. – Da das Wort vorliegt aslaw. ramĕnū (ungestüm, schnell), jedoch im Got. nicht belegt ist, kann nichtgerm. Ursprung angenommen werden, im Germ. nur ags. ram, rom (Schafbock), an. rammr (kräftig, stark) und im Dt. ahd. rammalōn, mhd. rammeln (sich begatten).

**Rammler** (råmmlər – M.) männliches Kaninchen. – Der Name steigt erst in dt. Zeit aus einer Grundsprache auf zu ahd. rammalōn, daraus mhd. rammeln (sich begatten), rammeler (Widder während der Brunstzeit), nhd. Rammler (männliches Kaninchen) und kann deshalb bisher nicht etymologisiert werden. Zugr. liegt ideur. *sum, *sam (zusammen), daraus bspw. gr. symmeigȳmi (sich begatten), symmeigysthai (rammeln der Hasen), nach vorgerm. Lautverschiebung s>r in der Ablautform *ram (zusammen, sich begatten).

**Ramselbutter** (råmsəlbůttər – F.) Bärlauchbutter. – Das mhd. und ahd. nicht belegte Wort findet sich mnd. ramese, ags. hramse, hramesa. Im Nichtgerm. sind belegt lit. kermùšė (wilder Knoblauch), russ. čeremša, poln. trzemucha (Bärenlauch), gr. krémnon, krómnon (Zwiebelart), ir. crem (Knoblauch).

**Ramsack** (råmsåkk – M.) Pansenmagen der Wiederkäuer, der vierfünftel des Wiederkäuermagens einnimmt. – Das nirgends belegte Wort hat die Bed. »Raum, geräumig«, mhd. ahd. as. ags. an. got. rūm (Raum, Lagerstätte). Tatsächlich ist der Pansen oder Ramsack die »Lagerstätte« des Futters, bevor es wiedergekäut wird. Dazu nhd. geräumig, mhd. (ge)rūm, ahd. rūmi und im Germ. ags. rūm, an. rūmr, got. rūms. Die md. Grundsprache hat zur besseren Unterscheidung des Raumbegriffs den Ablaut u>a geschaffen. Die Bez. Ramskopf (Pferd) und Ramsnase (Schafbock) gehören nicht in diesen Zus.

**Ranft** (rånəft – M.) großes Brotstück mit Rinde, besonders das Endstück. – Das Wort ist belegt mhd. ranft, ahd. ramft und wird zu Rand, Rahmen als nächstverwandt gestellt. Nimmt man das Gr. zu Hilfe, dann ergibt sich die wirkliche Bedeutung: gr. tómos (Ranft, Brotschnitte, abgeschnittenes Stück) und Zubehör zu ideur. *tem (schneiden). Anzuschließen ist an lit. kremtù (kauen, beißen, nagen), lett. kramsît (mit den Zähnen zerteilen, bröckeln), russ. kroma (Brotschnitte, Ranft) aus ideur. *(s)krē (schneiden). Das Wort ist nach Lautverschiebung k>h germ., jedoch erst in ahd. Zeit schriftsprachig geworden, so dass der h-Anlaut nicht mehr vorliegt. Die Grundbed. ist »das Abgeschnittene«.

R

**Rant** (rånt – M.) Mund im herabsetzenden Sinne, halt den Rant!« schweige endlich, schwatze nicht ununterbrochen. – Das nirgends belegte Wort ist nach Endzelin ein urbalt. (wir müssen sagen) ideur. *rant (kerben) entsprechend lit. rañtas (Kimme, Kerbe), lett. rantît (hackend jedes Wort deutlich aussprechen, vorlesen) und ablautend lit. renčiù (eifrig und ununterbrochen erzählen), réntauti (wie ein Alter reden, bedächtig gleichsam mit einer Axt die Worte abhacken). gsp. rånt heißt also gewissermaßen »das Gekerbte – der Mund« und ist nichts anderes als die Substantivierung des Wurzelwortes. Die unzureichend erklärten balt. Belege werden nur bei Vgl. mit dem md. Erbwort verständlich. Es war urzeitl. offensichtlich die Benennung des Mundes, die erst dann den herabsetzenden Sinn erhielt, als es sich bei Beliebtwerden des wohl als »vornehmer« empfundenen Wortes »mūl – Maul« auf ihn zurückzog. – *Lant* (lånt – M.) »den Rant aufreißen«, schimpfen, Krach schlagen. Das nur durch Lautverschiebung r>l erklärbare Wort beweist zugleich die Richtigkeit der vorgetragenen Deutung des Wortes Rant. Es bezeugt damit zugleich, dass die balt. Belege aus einer mit dem md. gleichen Wortwurzel entwickelt worden sind.

**ranzen** (rånzən – V.) »sich begatten von Hunden und vierfüßigen Raubtieren« (Kluge/Mitzka). Sie meinen, dieses erst im 17. Jh. aus einer Grundsprache aufgestiegene Wort müsse wohl zu mhd. ranken, ranzen (sich hin und her bewegen) gestellt werden. Dabei müsste schon die Tatsache, dass dieses Wort nur für vierfüßige Raubtiere und Hunde gilt, bedenklich stimmen; es kann kaum jungzeitlich sein. Das Gr. hat gr. kaprãn, kapriãn, kaprizein, kaprõzein – alles weidmännische Ausdrücke zum Ranzen, Begatten des zur Niederjagd gehörenden Haarraubwildes. Der erste Wortteil ist ideur. *kap (fassen, greifen, in sich aufnehmen und aufgenommen halten), dem vollinhaltlich das Sexualwort gsp. kappen entspricht. Der zweite Wortteil liegt in Weiterentwicklung vor in gr. rainõ (ausgießen), ranis (Tropfen). Auch in gr. kàpros (Keiler, wildes Schwein) dürfte dieser zweite Wortteil abgewandelt wiederkehren. Damit ist »ranzen« eines der ältesten Sexualworte, das nur für Hund und vierfüßige Raubtiere gegolten hat und noch heute gilt.

**rappen** (råppən – V.) sich beeilen. Aufforderung zu rascherer Arbeit, zum Forteilen. »rappe, beeile dich, dass du fertig wirst«. Quält ein Kind bei einer Arbeit, dann wird dieser Wunsch schließlich erfüllt mit der Aufforderung »rapp dich zum Teufel!« – Das grundsprachige Wort ist im Dt. unbekannt. Kluge/Götze und Weigand stellen ältere Belege zu nhd. raffen (geschwind ergreifend an sich nehmen), mit denen sie nur bedingt etwas zu tun haben. Zugr. liegt ein ideur. *qwerp, qwrap (sich hin und her wenden, sich drehen), dazu gr. karpalimos (schnell, hurtig, flink, behende, eilig) aus gr. karpós (Handwurzel als Stelle, wo die Hand sich dreht). Nach bereits urzeitl. Metathese *qwerp>qwrap und ebenso vorgerm.-ideur. Lautverschiebung k>h entspr. qwrap>hrap ist das Wort entlehnt ins Germ. zu an. hrapa (beeilen, eilfertig sein) und weitergebildet zu schwed. rapp, dän. rap (schnell, hurtig). Im Dt. entstammt einer anderen Entlehnung mnd, rapp (eilig, schnell, geschwind). Das Wort gsp. rappen hat nichts mit mhd. raspen, rapsen (eilig zusammenraffen) zu tun, das wie nhd. raffen zu einem ideur. *srep (raffen, zusammenpacken) gehört, nicht jedoch zu ideur. *qwerp>qwrap>hrap (sich drehen).

**rappen** (råppən – V.) etwas aufraffen, zusammenfassen, vom Erdboden aufheben. – Zugr. liegt ideur. *srep (raffen, packen), daraus gr. arpázõ (raffen, an sich reißen), lat. rapere (raffen, an sich reißen, rauben), näher der Bed. des Grundsprachenwortes lit. répti (zusammenraffen, umfassen, umschließen), aprépti (umfassen). Im Germ. ist das Wort in dieser Bed. nicht belegt, denn an. hrapa (beeilen, eilfertig sein) gehört zu »sich rappen«. Das gsp. rappen steigt erst in dt. Zeit aus einer Grundsprache auf zu ahd. raspõn, mhd. raspen (eilig zusammenraffen), aber dieses ahd. raspõn steht nicht für *rafsõn, sondern ist in der nichtgerm.-ideur. Lautverschiebungsreihe t>p>k>s weitergeführt, so dass ein ahd. raspõn anzusetzen ist. Nebenher muss eine germ.-dt. Lautverschiebungsreihe pp>ff gelaufen sein, die erst zu mhd. raffen (geschwind ergreifend aufraffen) schriftdt. wird. Die Grundsprache führt die ideur. pp-Form bis heute weiter.

**Räps** (rëps – N.) einhenkeliger Tontopf. – *altes Räps* in abfälligem Sinne. Bezeichnung einer törichten, dummen und ungeschickten Frau. – *Räpskuchen* (rëpsku$_x$ən – M.) Milchgeschmink. – Der nirgends belegte Topfname hat die Bed. »das Fassende« oder auch »das Umfassende«; er steigt erst im Dt. aus einer Grundsprache auf. Als Nebenform ist das bisher nicht etymologisierbare mhd. hirnrëbe, ahd. rëba (Hirnschale, das Gehirn umfassende Knochenbildung) belegt. Im Nichtgerm., der md. Grundsprache nächstverwandten Balt. ist belegt lit. rëpti (zusammenraffen, umfassen, umschließen).

**rappeln** (råppəln – V.) klappern wie wenn Steine gegen die inneren Wände eines Tongefäßes geworfen werden. – *rappeldürr* (råppəlderr – Adj.) so dürr sein, dass man meint, die Eingeweide klappern zu hören. – Das Wort gehört weder zu »sich rappen (sich beeilen)« noch zu »rappen (zusammenraffen)«. Zugr. liegt ideur. *sqer (springen, hüpfen), daraus gr. kradãõ (erschüttern, zittern machen), bes. aber lett. skrabêt (rasseln, kratzen, rascheln), lit. krabždéti (leise rascheln), krapstỳti (scharren, kratzen), lett. kra-

R

pu (Geräusch das beim Hämmern des Spechts entsteht). Das Wort ist nicht nd. und kann auch nicht zu den oben genannten Wörtern gestellt werden. Die Lautverschiebung pp>ff wie mhd. raffeln (lärmen, klappern, schelten) hat die Grundsprache nicht mitgemacht.

**rasaunen** (råsūnən – V.) lärmen, toben, herumrasen. Der Matz rasaunt (tobt, ist unruhig im Koben). – *Rasauner* (råsūnər – M.) Lärmmacher. Bes. werden Schweine, aber auch Pferde so benannt. Zugr. liegt ideur. *ras, *ros (dagegen anrennen, rasen), daraus gr. erōē (Andrang). Im Germ. dringt das Wort unverschoben aus einer Grundsprache als ags. rāssettan (wüten, toben), ræsan (anstürmen, angreifen, stürzen) ræs (Angriff, Ansturm) an. rās (Lauf, Rennen, Eile, Sturz), im Dt. erst wieder mhd. rasen (toben). Lautverschoben s>r erscheint das gleiche Wort lat. rōrārius, mit dem die jugendlichen, leicht bewaffneten Soldaten bez. wurden, die vor der Schlacht den Feind lärmend und tobend angriffen. Die Ausweitung zu gsp. råsūnən ist mhd. sich rasūnen erstmalig belegt. Weigand erklärt: »wohl zunächst ›mit Lärm‹, zurückgehend auf prov. rasonar, razonar ›überlagernd ordnen‹. Anders Schröder: Streckformen 74«.

**Rasch** (råsch – M.) leichter Wollstoff. Nachweislich der urkundlichen Belege ist der Stoff nach der nfrz. Stadt Arras benannt, die viele Jahrzehnte lang ganz Europa mit ihm versorgte. Nach 1370 wurde er auch in Deutschland nachgewebt und arreis, später arras genannt, frühnhd. rasch. Die Meinung, das Wort sei inzw. untergegangen, trifft nicht zu.

**ratschen** (råtschən – V.) einen Riss in Stoff reißen. »Oh weh, jetzt hat es geratscht!« – *ritschratsch* (rītschråtsch – Interj.) mutwillig einen Stoff zerreißen. – *Raatsch* (råtsch – M.) Riss in einem Stoff. – Das in der Gmspr. nur als Ausrufewort ritschratsch! gebrauchte Wort hat mit Ratsche, ratschen (Rassel, klappern) und Zubehör nichts zu tun. Man könnte es zu ideur. *rei (ritzen, reißen) stellen, doch ist eher an ideur. *u̯raq (reißen, brechen) entsprechend gr. ràkos (zerfetztes Gewand, zerrissenes Kleid) aus noch älterem ideur. *u̯rat zu denken, das als jüngere Wortform in Wrack erhalten ist.

**Ratz** (råts – M.) nicht allzu fettes Schwein. – *Ratzchen* (rātschən – N.) nicht gerade ein Kümmerer, aber als Schlachtschwein noch zu jung oder zu knapp gefüttert. – Das in dieser Bed. nirgends belegte Wort gehört zu ideur. *vrad, germ. *vrat (reißen), daraus im Germ. nur an. rōta, ags. vrōtan, afries. wrœten (wühlen, die Erde aufwühlen) daraus nl. wroeter (Wühler). Im Dt. hat sich die Ausgangsform zur Bed. »Rüssel« weiterentwickelt. Unsere Schweinebez. hat demnach die Bed. »der Wühler«, und außerdem sind die Beziehungen zum Anord. erkennbar.

**Rechen** (rachən – M.) bäuerliches und gärtnerisches Werkzeug mit Zinken zum Zusammenraffen. Das Wort ist belegt mhd. rëche, ahd. rëhho und im Germ. ags. raca, an. reka (Harke) zu ahd. rëhhan, im Germ. an. raka, got. rikan (zusammenscharren, häufen). Die Etymologen stellen das Wort übereinstimmend zu ideur. *reg, *rog und vergl. es mit lat. rogus (Scheiterhaufen), gr. rogós (Scheuer) ohne eine befriedigende Erklärung für diese merkwürdigen Vergleiche geben zu können. Die nichtgerm.-ideur. Lautverschiebung p>k führt zu gsp. rappən (etwas zusammenscharren, mit beiden Händen zusammenfassen) aus ideur. *srep (packen, raffen) entspr. gr. arpázō (raffen, an sich reißen), lat. rapere (raffen, an sich reißen, aufraffen), lit. rëpti (»zusammen«raffen, umfassen) und Zubehör. Da die Etymologie auch gsp. råppən, gmd. raffen (etwas zusammenscharren) nach germ. Lautgesetzen zu etymologisieren versucht, erkennt sie nicht den Zus. mit »rechen« (zusammenharken), meint »in den urverwandten Sprachen fehlen genau vergleichbare Bildungen« und entwickelt das Wort fälschlich aus ideur. *(s)ker (schneiden). Aus ideur. *srep entwickeln sich demnach nach Lautverschiebung p>k die angeführten Belege, dazu aber auch got. rikan, an. raka, afries. reka mit den Bed. »raffen, zusammenraffen«, was dem Zweck des Arbeitsgerätes entspricht, und auch ahd. rëhhan, mhd. rëchen. Die Bed. des Wortes ist von seiner »Geburt« bis zur Gegenwart unverändert die gleiche, und aus den germ. Belegen ags. raca, an. reka (Harke) könnte man sogar auf den Zeitpunkt der Erfindung des Werkzeuges schließen, wenn nicht gr. arpágē (Rechen) und besonders gmd. Karst (Harke) zur Vorsicht gemahnen würden. Aber die wthür. Grundsprache kennt keine Nebenbez. von Harke, Rechen, die auf den Zeitpunkt der Erfindung schließen ließe. Sprachgeschichtlich ist bedeutsam, dass die nichtgerm.-ideur. Lautverschiebung p>k bereits erfolgt war, als das Wort ins Germ./Dt. eindrang – und da sie sowohl im Germ. als auch im Dt. unbekannt ist, muss also das Wort aus dem nichtgerm. Ideur. Md. entlehnt worden sein. Als Zeitpunkt ist anzusetzen: *nach* abgeschlossener germ. Lautverschiebung, also zwischen etwa 500 v. Ztr. und 500 n. Ztr. in »gemeingerm.« Zeit.

**Rehe** (rēhə – F.) Entzündung der Huflederhaut des Pferdes. – Das Wort, erstmalig im 14. Jh. als mhd. rœhe (Gliedersteifheit der Pferde) belegt, ist letzter Ausläufer des Wortes gsp. raiwen (mit dem Tode ringen). Es gehört nicht mit Weigand zu mhd. rac (straff, steif) oder mhd. riech (scharf, bitter, rauh lautend), sondern zu mhd. rē, ahd. hrēo und im Germ. got. *hraiv, ags. hrāv, an. hræ (Leichnam, Tod; Mord), zu dem es eine abgeschwächte Nebenform ist, entstammend ideur. *qreu, *qru (gerinnen, hart machen) entsprechend bspw. lett. kreve (geronnenes Blut, Borke auf Wunden, Schorf), air. kravis (rohes Fleisch) und zahlreichen anderen Belegen. Das Wort ist germ., wenn auch erst spät belegt.

**reichen** (raichən – V.) zureichen, hinaufgeben, von einem Punkt bis zum andern sich erstrecken. – *Reichgabel* (raichgåwwəl – F.) zweizinkige Gabel mit langem Stiel zum Hinaufheben von Klee, Heu, Stroh oder Getreidegarben. – Dem Wort liegt ein ideur. *raǵ (sich strecken) zugrunde, daraus skr. ṛñĝê (ich strecke mich), air. rīạgaim (strecke), lit. ráižytis (sich recken) und im Germ. ags. racan, im Dt. ahd. reihhan, reichōn, mhd. reichen (sich erstrecken, sich ausdehnen, darbieten). Das Wort ist eine Nebenform zu »sich recken«.

**reif** (riff – Adj.) in Ausformung und Wachstum abgeschlossen, so dass die Ernte erfolgen kann. – Das Wort ist belegt mhd. rīfe, ahd. rīfi, as. rīpi und im Germ. ags. rīpe (reif), dazu ags. ripan (ernten), norw. ripa (pflücken). Das Wort wird aus ideur. *rei (ritzen, reißen) entwickelt, richtiger ist wohl ideur. *u̯rip (drehen) in Anlehnung an got. gavrisqan (Frucht bringen), das zwar auf das menschliche Leben bezogen ist, aber grundsätzlich doch das gleiche meint.

**Reifchen** (raiftchən – N.) der Reif, die Rinde des wagenradgroßen Kuchens. – Das Wort ist belegt mhd. ahd. reif (ringförmiges Band), im Germ. ags. rāp (Seil), an. reip (Seil, Tau), got. skaudaraip (Schuhriemen). »Weiter hinaus fehlen sichere Beziehungen« (Kluge/Mitzka). – Wenn die Ergebnisse der Grundsprachenforschung zu Rate gezogen werden, stoßen wir auf lit. kreipti (wenden, kehren; richten, lenken), lett. kraiptît (krümmen, verziehen) aus ideur. *qrep (biegen, drehen), das nach nichtgerm.-ideur. Lautverschiebung p>k ergeben hat gr. kríkos (Reifen, Ring; Armband, Halskette). Da die germ. Lautverschiebung k>h nicht nachweisbar ist, muss bereits die nichtgerm.-ideur. Lautverschiebung k>h wirksam gewesen sein, bevor das Wort aus dem Nichtgerm. ins Germ. entlehnt worden ist.

**Reisig** (rīs – N.) Astwerk. – Das Wort war bisher nur unbefriedigend zu etymologisieren. Es entstammt einem ideur. *(s)ker (schneiden, ausbreiten, trennen) daraus im Balt. kerě̃žas (niedriger Baum mit ausladendem Astwerk), kerě̃ti (in die Äste schießen, in die Breite wachsen), lett. cę̧rs (Strauchwerk, Staude), lit. kìrna (niedriges Gestrüpp), preuß. kirno (Strauch), im Germ. ganz richtig ags. hrīs (Zweig), an. hrīs (Gebüsch) und im Dt. ahd. mhd. rīs (Reisig, Zweig) – ahd. rīsahi, mhd. rīsech (Reisig).

**Renner** (rënnər – M.) Beschälhengst, Springhengst. – Dies ist Ablautform zu rinnen (stoßen) und weist damit auf den Zeugungsvorgang, das Decken hin. Es ist wegen der Ausgangsform ags. krindan, an. hrinda (stoßen) germ., aber in der Gmsp. in der Urbed. untergegangen. In der Übergangssprache floss das überhaupt nicht mit ihm verwandte Wort »rennen (laufen, davoneilen)« dafür ein, was Weigand dazu verleitete, mhd. renner (Springhengst, Beschälhengst) irrtümlich zu mhd. rennen, ahd. rennan, as. rennjan (rasch laufen machen, rasch reiten, davonsprengen) zu stellen statt richtig zu ags. hrindan, an. hrinda (stoßen, soviel wie: begatten).

**ribbeln** (rewwəln – V.) die Haut, die Wäsche tüchtig und nachhaltig reiben. – *Ribbelchen* (rewwələrchən – F.) Suppe mit Stückchen zerriebenen Teigs. Zugr. scheint ein ideur. *rif (reiben) zu liegen, im Germ. nur an. rīfa (zerreißen, auseinanderreißen), im Dt. ahd. rīban, mhd. rīben (reiben, reibend drehen und wenden). Grundsprachig ribbeln (rewwəln) ist Iterativ zu reiben. In mhd. Zeit waren mhd. rīber (Badeknecht) und rīberin (Bademagd) Helfer im Bad, die das Abreiben besorgten. Mhd. rībīsen (*Reibeisen*) ist gsp. noch immer rībīsən.

**riebisch** (riəbsch – Adj.) rauh, weil ausgetrocknet, ausgedörrt; nur vom Brot gesagt. – Das Wort in dieser Bedeutung ist ahd. entsprechend ahd. hriupi (rauh), im Germ. ags. hreóf, an. hriufr (rauh, uneben, holperig) als Nebenform zu mhd. ruf, ahd. ruf, hruf (rauhe Oberfläche, Schorf, Grind; Blatter, Aussatz). Am nächsten verwandt ist lit. kraupùs (rauh, uneben, struppig), krùpti (schorfig, grindig) und Zubehör.

**Ried** (rīd – N.) sumpfiger Flurteil – Das Wort ist in keiner anderen ideur. Sprache nachweisbar. Im Germ.-ideur. erscheint es als ags. hrēod, im Dt. als as. hriod, ahd. hriot, mhd. riet (Schilfrohr), so dass ein vorausgehendes ideur. *kreu̯dho angenommen werden muss. Ein Ried ist eine sumpfige Gegend, in der Riedgräser in großer Anzahl wuchsen.

**Riedel** (rīdəl – N.) einige wenige Stroh- oder auch Grashalme, die zum Umwinden, Zusammenbinden verwendet werden. – Zugr. liegt ideur. *u̯er (drehen, wenden), daraus im Germ. ags. vrīdhan (winden, umwindend verbinden), an. rīdha (winden, drehen, knüpfen, einknüpfen, flechten) und im Dt. ahd. rīdan, mhd. rīden (umwindend binden) – ahd. ridil (Haarband, Kopfband, Haarnadel, Faden), mhd. ridel (Haarnadel, Faden) ... Das im Gmdt. nicht mehr übliche Wort steht in engster Verbindung zu Raisel. Die gleiche Entwicklung liegt in lit. ridà (Rolle), ridéti (»herunter«rollen), ridénti (zusammenrollen, rollen lassen) und Zubehör vor.

**Riefe** (rīfən – F.) Längsrille im Beet oder Acker zum Einstreuen von Samen, ebenso wird der Scheitel als Riefe bezeichnet. – Nach Kluge/Mitzka ist das Wort aus dem Nd. entlehnt, und »außergermanische Verwandte sind nicht gesichert«. Ebenso nehmen Hermann Paul und Weigand Entlehnung aus dem Nd. an, und Weigand stellt das Wort zu nhd. reiben. In Wirklichkeit liegt ein nichtgerm.-ideur. Wort vor, das in den balt. Sprachen außerordentlich zahlreiche Nebenzweige getrieben hat: lit. rievę̄ (Rille, Riefe, Streif, Strieme), rievė́ti (rillen, riefen, Striemen verursachen), lett. riêva (Furche, Schramme, Ritze im Holz), rīva (erhöhter Streifen, Ackerrain). Aus einer nichtgerm.

Grundsprache ist das Wort im Germ. zu ags. gerīflian (mit Riefen versehen), aufgestiegen an. rifa (Ritz, Schlitz, Spalte), während es ahd. mhd. nicht belegt ist, um erst in jüngster Zeit aus einer Grundsprache wieder aufzusteigen zu nhd. Riefe.

**Riester** (rı̊stər – M.) vom Pflugkörper schräg nach hinten oben gerichtete eiserne Stäbe mit hölzernen Handgriffen zum Halten und Führen des Pfluges, neuerdings Sterz genannt. – Die Vermutung Weigands, das Wort sei gleichbedeutend mit Reute (Hacke zum Ausreuten) ist unzutreffend. Zugr. liegt ideur. *rēg (emporrecken, gerade richten), mit dem die Aufgabe der Pflugriester klar gekennzeichnet wird, entspr. lett. riêzt (emporstrecken), lit. rêžinti (emporheben), lat. regere (richten, lenken). Im Germ. ist belegt ags. rēost (Holz in dem das Pflugeisen steckt), im Dt. ahd. riostra, riostar, mhd. riester, riestere (Pflugsterz), das ist die starr schräg nach hintenoben gerichtete Handhabe des Pfluges, um ihn richten und lenken zu können.

**Riete** (rītən – F.) Schaber zum Säubern des Pfluges während des Ackerns, ein urzeitliches bäuerliches Werkzeug. Es ist nichtgerm.-ideur. wie kslaw. ryti, russ. rytb (graben, wühlen), tschech. rydlo (Grabstichel) entnommen werden kann. Im Germ. ist das Wort nicht belegt, steigt aber aus einer Grundsprache ins Dt. auf als ahd. riuti, mhd. riute (ausgereutetes Land) – mhd. riutil (Werkzeug zum Abschaben der sich anhängenden Erde) – ahd. riutan, mhd. riuten (urbar machen), mhd. rieten (vernichten, ausrotten). Im Gmdt. erscheint das Wort als reuten, roden. Grundbed. aller dieser Wörter ist »herausreißen«, nämlich noch vorhandene Wurzeln, woraus sich ergibt, dass nhd. reuten, roden eine Verflachung der eigentlichen Bed. darstellt.

**Rietfaß** (rītfåß – N.) aus Holz geschnitzter köcherartiger Behälter für den Wetzstein. – Das Wort ist zwar nirgends belegt, entstammt aber der gleichen Wurzel wie gsp. rīdel, dem zugehört ags. vridha (Reif, Ring), dazu unbelegt ahd. *rīta (Reif, Gurt, Gürtel). Das Rietfass ist danach das am Gürtel zu tragende Fass, woraus zu schließen ist, dass auch im Md. ein *rīt (Gürtel) bestanden hat. Es mag hier noch verwiesen werden auf gr. rȳtér (Riemen, Seil, Strang) aus ideur. *wrū (ziehen)

R

**Rind** s. rinnen

**Rinde** (rı̊ngən – F.) äußere Hülle des Brotes, Umhüllung des Baumes. – Das Wort ist belegt mhd. rinde, rinte, ahd. rinda, rinta, im Germ. nur ags. rind(e) (Kruste, Borke, Brotkruste). Das weiter herangezogene an. rind (Streifen) gehört nicht in diesen Zusammenhang. Bei den Belegen hess. runde, runge (Wundschorf), els. rund, runge, schweiz. runde, runge (Käserinde) geht die Etymologie rein sprachgesetzlich vor und klärt nicht die Sache »Rinde«, weshalb sie ideur. *rendh (zerreißen) als Wurzelwort ansetzt und fragen muss, wen denn die Rinde zerreiße. Nach Oskar Schade hatten Weigand und Leo völlig recht, als sie ein got. *rundum, *rundans (umfassen, umrunden) voraussetzten, denn tatsächlich ist ja die Rinde gleich welcher Art »das Umrundende«. Das Wort Rinde wäre damit ein durchaus germ.-dt. Wort nach Entrundung u>ü>i.

**Rinken** (rı̊nkən – M.) in einem Glos der Zugkette angebrachter Ring zum Befestigen der Zugkette im Sellscheit; Ring in der Mitte der Wagenstange zum »Anlegen« der Nebenkuh mittels eines Lederriemens; Nasenring des Ochsen. – Das Wort in der Bed. »Ringförmiges« gilt als eine nur dt. Ableitung: ahd. rinka, mhd. rinke (Schnalle, Spange). Tatsächlich verweist gsp. krı̊ngəl (ringförmiges Mürbgebäck; Ring aus Weidenruten geflochten, mit dem der Schäfer die Hürde am Hürdenpfahl befestigt) auf nichtgerm.-ideur. Herkunft dieser Nebenform zu »Ring«, die – allerdings mit germ. Lautverschiebung g>k – erst in dt. Zeit aus einer Grundsprache aufgestiegen ist. Zugr. liegt ideur. * krengho (Ring), daraus aslaw. krąglu (rund), umbr. cringatro (Schulterband), die unmittelbar aus einer Grundsprache erst in dt. Zeit aufsteigen zu ahd. rinka, mhd. rinke (Rinken).

**rinnen** (r̊innən – V.) stoßen. – In der Gegenwartssprache ist das Wort unbekannt; aber auch im Mhd. und vorhergehenden Ahd. ist es nicht belegt. Im Germ. ags. hrindan, an. hrinda (stoßen), denen gsp. r̊innən beizugesellen ist. Diese beiden Verben haben sich in Anlehnung an ein erschlossenes germ. *hrindhiz (Hornvieh) als Ausgangspunkt von nhd. Rind (Kuh) gebildet, entstanden durch Metathese aus ideur. *ker (in die Höhe ragen); daneben got. haúrn, ags. an. horn (Horn), so dass das Wort Rind eigentlich »das Gehörnte« bedeutet. Deshalb r̊innən (stoßen) in der Grundsprache auch nur Ochse oder Kuh, sofern man sich nicht selbst »gər̊ûnn (gestoßen)« hat, während Ziegen und Schafe und deren Böcke den Menschen (gsp.) štutsən (stoßen). Schon im Ahd. ist das Wort in Vergessenheit geraten. In der Umgangssprache floss das überhaupt nicht mit ihm verwandte Wort »rennen (laufen, davoneilen)« dafür ein. Die Deutung der Runeninschrift auf dem Speerblatt von Dahmsdorf/Mark, wie sie von Fritz Stroh wiedergegeben wird, nämlich »rannja = Anrenner« ist unrichtig. Das Wort »rannja« bedeutet in Wirklichkeit nichts weiter als »Stößer (Stoßwaffe, Speer, Spieß)«. Unstimmend ist auch Hermann Pauls Gleichsetzung von »rennen und stechen« oder auch »einem den Speer durch den Leib rennen« mit unserm gmdt. »rennen (rasch laufen)«. Richtig ergibt sich »r̊inn ůn štach (stoßen und stechen)« und weiterhin »durch den Leib rennen (durch den Leib stoßen)«. Der Rennplatz (Turnierplatz) galt ursprünglich dem Speerstoßen (Turnier), nicht aber dem Wettlauf.

**Rispe** (r̊ispən – F.) sich schwingende büschelartige Pflanze. Nach Hermann Paul »ein nur deutsches Wort« dazu ahd. hrispahi (Gesträuch), dazu dann mhd. rispe (Gezweig, Gesträuch), rispeln (gekräuselt), rispen (kräuseln). Kluge/Mitzka stellen deshalb das Wort zu lat. crispus (kraus, maserig, runzelig), während Weigand auch eine Nebenform zu mhd. respen, ahd. hrespan (rupfen, raffen, einlesen und zusammenbinden) für möglich hält. Es ist eher anzunehmen, dass dieses Wort der Lautverschiebung k>h unterworfen gewesen ist, wozu der Bachname Hispelbach/Rispelbach einen Hinweis gibt, da ihm ein ideur. *kras aus *keras (in die Höhe ragen) zugrunde liegt entspr. gr. kórthys (Ährenbündel), kórymbos (Blütentraube), lit. kerkutē (Traubenbüschel). Der zweite Wortteil von Rispel/Hispelbach ist unverändert ideur. *pel (schütteln, schwingen), wie bspw. in gr. pelemízō (schwingen, hin und her biegen, in Bewegung versetzen). Der Rispelbach ist dasjenige Gewässer, an dem »in die Höhe ragende, sich schwingende büschelartige Pflanzen« wachsen, eben Rispenschilf, nämlich die rispentragenden Phragmitesarten Gemeines Schilfrohr, Teichrohr und Ried. Sprachgeschichtlich ist bedeutsam, dass neben Rispelbach der gleiche Bachname Hispelbach steht. Das aber bedeutet, dass aus richtigem *kruspel sich sowohl ein *hruspel und daraus entrundet *rispel als auch nach r-Ausfall ein *hispel zu bilden vermochte. Das verweist einerseits in die Zeit der ideur. (nicht Germ.!) Lautverschiebung k>h *vor* 2200 v. Ztr.

**Riste** auch Reiste (rhstən – F.) Mengenmaß für fertiggehechelte Flachsfasern: sechs Lopfen ergeben eine Riste. – Dem Wort liegt eine ur-ideur. Wurzel *u̯er (drehen, winden, binden) zugrunde, dass in der vorliegenden Wortform im Lit. eine Unzahl von Nebenzweigen getrieben hat, die vielfach mit Webarbeiten in Beziehung gesetzt sind: rìšti (binden, knoten, knüpfen), raĩštis (Band, Schnur), ryšulȳs (Packen, Bündel, Ballen), lett. rist (binden). Im Germ. ist diese Lautform nicht belegt, aber im Dt. steigt aus einer »Grundsprache« auf mhd. riste (oben zusammengedrehter Büschel fertiggehechelten Flachses).

**Rocken** (rokkəl – M.) die Gesamtheit des am Hinterteil des Spinnrades im »Galgen« steckenden Rockelstockes, ebenfalls kurz »Rockel« genannt, und des »angefärbten (umgelegten)« Flachses oder der Flachsdocke. – *Rockelband* (rokkəlbänd – N.) – Das Wort ist mit einem ideur. *varg (zusammendrängen, um etwas herumdrehen) in Verbindung zu bringen. Daraus bildete sich im Wgerm. ags. *rocca, an. rokkr und im Dt. ahd. rocco, roccho, rocho, mhd. rocke (Rocken), was eigentlich »das sich drehende oder gedrehte, das drängend bewegte Spinngerät« bedeutet. Das Wort geht demnach auf das alte Spinnen mit der Spindel (also ohne Rad oder »Lauf«) und dem Spinnwirtel zurück. In Rockel statt Rocken wird die vorgerm. Lautverschiebung l>n deutlich, die sich in die Gmsp. eingeschlichen hat.

**roden** s. Riete

**Röhrenkuchen** (riərənků$_{x}$ən – M.) in der Ofenröhre gebackener flacher Kuchen. – Das Wort »Rohr« steigt erst in dt. Zeit aus einer Grundsprache auf und kann deshalb bisher nicht etymologisiert werden: ahd., mhd. rōr. Ob got. raus (Schilfstengel entsprechend gr. kálamys) hierhergestellt werden kann, ist fraglich. Denn sachlich ist Rohr/ Röhricht etwas völlig anderes als ›Ofenröhre‹. Diese ist eher zu vergl. mit ideur. *reu (auf-, herausreißen, aufwühlen) entspr. skr. rilo (Mund), toch. A. ru (öffnen), lat. ruere (aufreißen, wühlen, scharren), lit. rūsas (›Kartoffel‹grube). Aus dem urzeitl. Ofen mit nur einem Abzug musste ein Loch herausgewühlt werden, um eine Röhre zu bekommen.

**Röste** (riəstən oft auch riəsən – F.) Wasserlauf zum Mürbemachen des Flachses. *rösten* (riəstən – V.) mürbe oder faulen machen. Die Bez. gehört zur Familie des Wortes »rot«, im Lit. raudà (Röte, rote Farbe), im Lett. raũds (rot, rötlich, hellbraun), daraus lit. raudëti (rotbraun, rötlich werden), rũsti (rostig werden, verfaulen). Im Germ. entwickelt sich aus der gleichen ideur. Wortgrundlage ags. rotjan (faulen), an. rota (faul werden) und im Dt. as. rotōn (von Fäulnis verzehrt werden), ahd. rōz̧ēn, roz̧ən, mhd. rōz̧en, roz̧en (faulen, in Fäulnis übergehen, verrotten).

R

**Rübe** (růmən – F.) fleischige essbare Wurzel. Da der Anbau bis in die Jüngere Steinzeit zurückgeht, muss vorgerm.-ideur. Herkunft vermutet werden. Kluge/Mitzka »Verdacht der Entlehnung (wie bei Hanf) liegt nahe«. Von der Tatsache, dass lautgesetzlich ahd. ruoba, mhd. ruobe, rüebe zu nhd. Rübe geworden, es in der md. Grundsprache jedoch unterblieben ist (nämlich ruben – gespr. rů̄mən), dann ist Ausgangspunkt »u«, bereits im Gr. entrundet zu »i« in gr. riza aus *ritsa (essbare Wurzel), woraus nach der nichtgerm.-ideur. Lautverschiebung t>p hätte werden müssen gr. *rupsa/ *ripsa. Die essbare Wurzel der Jäger/Fischer/Sammler-Zeit kann einzig und allein *rupa genannt worden sein, danach würde dann für die gezüchteten Abarten das gleiche Wort in Ablautform verwendet worden sein, nämlich gr. raphanē (weiße Rübe, Rettich), raphanos (Rettich), lat. rāpa, rāpum, aslaw. rěpa, russ. repa, poln. rzepa, lit. rópė (weiße Rübe), im Dt. dann ahd. rāba, mhd. rābe mit wenigen Nachklängen in sdt. Grundsprachen. Dass diese lautgesetzliche Entwicklung t>p (im Dt. dann germ. p>b) richtig ist, ergibt sich am Weiterschleifen p>k in lett. rācenis (weiße Rübe), womit also nicht mit Endzelin eine Kontamination gesehen werden darf ... Wir stehen also wieder vor der Erkenntnis, dass die Schnurkeramiker den Namen für die essbare Wurzel (*rup) durch weite Teile Europas getragen haben.

**rübsch** s. rüpsch

**Rüde** (reddən – F.) männlicher Hund. – Diese Hundebezeichnung erscheint im Germ. als ags. hryththa, ryththa und im Dt. ahd. hrudio, rud(i)o, mhd. rude, rüde. Nach Kluge/Götze ist »die Vorgeschichte des germanischen Wortes dunkel«, nach Weigand sei die »Herkunft dunkel«, Hermann Paul und auch Kluge/Mitzka halten Verwandtschaft mit lat. rutilus (rötlich) für möglich. Lutz Mackensen spricht sogar von der »rötlichen Rüde«, wozu nicht die geringste Veranlassung besteht. Es dürfte vielmehr zugr. liegen ideur. *qret (stark und hart sein), dazu gr. äol. krétos (Stärke, Kraft, Gewalt), gr. kratistos (stärkster, kräftigster), das unmittelbar zu ags. hryththa, ahd. hrudio zu führen vermag, am unmittelbarsten anschließend an ideur. *qret jedoch über die Germ. und ahd. Lautverschiebung gsp. reddən. Das Wort Rüde bedeutet danach nichts anderes als »der Starke, Kraftvolle«.

**Ruhe** s. lunzen

**rühren** (rı̊ͤrən – Verb) – Das Wort ist belegt mhd. rüeren, ahd. hruoren, im Germanischen as. hrōrian, ags. hrœren, an. hrōra (in Bewegung setzen). – Das Wort wird mit »mischen, kochen und braten« in Verbindung gebracht. Da aber offensichtlich urzeitl. das Stampfen (der Getreidekörner zu Brei) und Stoßen den Ausgangspunkt des Wortes gegeben hat, dürfte eher damit zu vergleichen sein gr. kroỳō (stampfen, stoßen, rühren) und Zubehör, lit. krùšti (zerstampfen, zerstoßen) und Zubehör aus ideur. *krus (stoßen), denn rühren ist tatsächlich eine stampfende oder stoßende Bewegung. Die Lautverschiebung s>r ist germ.

**Rumpel** (růmpəl – F.) zwei oder drei konisch zugeschnittene Bretter mit Seitenbrettern rechts und links, die vom Wagen zum Kellerloch gelegt werden, um Runkeln oder Kartoffeln hineinrollen zu lassen, deshalb neuerdings oft auch »Rolle« genannt. – *Rumpel* (růmpəl – F.) etwa 40 cm breites, 80 cm langes Waschbrett mit aufgelegtem geriffeltem Blech, auf dem die Wäsche zur Beseitigung des Schmutzes »gerumpelt«, das heißt so gerieben wird, dass es einen dunklen Ton gibt. – *rumpeln* (růmpəln – V.) nasse Wäsche auf der Rumpel reiben, bildlich auch: ein Kind, besonders das Gesicht, so lange mit dem Waschlappen reiben (auch ribbeln, rebbeln), bis es sauber ist. Hierzu nicht »Rumpelkammer« und »Gerümpel«, da diese Wörter anderer Herkunft sind. – Das Wort steigt erst in dt. Zeit aus einer Grundsprache auf zu mhd. rumpeln (lärmen, poltern, geräuschvoll fallen). Vermutlich ist das Wort zu lit. rūmtil (heftig ungestümes, dumpf dröhnendes Tun, stampfen) zu stellen.

**Runge** (růngən – F.) auf den Achsen aufsitzender Teil des Leiterwagens zum Halten der beiderseitigen Wagenleitern. – *Rungenstock* (růngštokk – M.) Verbindungsbalken zwischen den beiden Schrägen der Runge. Er besteht aus dem Rungstockklotz und den beiden eingezapften Schrägen, die »Hoche« (Schräghochgestellte). – Das Wort wird im Germ. mit got. hrugga (Stab) verglichen, was jedoch nicht zu stimmen braucht, da eine Runge ja etwas völlig anderes ist. Dagegen ist ags. hrung (Teil des Wagens) zweifellos ein Vorläufer dieses Wortes, unbedingt jedoch ahd. runga, mhd. runge (auf den Achsen aufsitzender Balken mit zwei Schrägen zum Halten der Wagenbretter oder -leitern). Es muss deshalb von der Aufgabe der Wagenrunge ausgegangen werden: sie hat den Wagenkasten zu »umrunden«, so dass erst ein Wagen im heutigen Sinne entsteht. Nur liegt eine schon sehr frühe Dissimilation nd, nt> ng vor. Schon in nhd. Rinde steckt der Begriff des »Umrundens« (ags. rind – ahd. rinta, mhd. rinde, mnl. runde). Von dieser Sicht aus liegt dem Wort ein ideur. *(vu)rut/*(vi)rit mit der Bed. »umwindend binden« zugr., im Balt. die nichtnasal. lit. rùtulas (etwas Rundes wie eine Kugel), lett. rutulis (rundes Stück Holz), lit. ritìnis (Scheibe, Kreis), lett. ritenis (rund Zusammengerolltes), sowie nasal. lit. rentinỹs (Einfassung aus Balken, Brunnenschacht), rantas (Jahresring an den Hörnern der Kühe) und Zubehör. Da innigste Beziehung der md. Grundsprache

R

zum Balt. besteht, muss der Begriff des »Rundseins« schon als urzeitlich angenomnen werden, besonders in nhd. Runge, bereits sehr früh dissimiliert nd>ng.

**Rungs** (růngs – M.) dickes Brotstück; Vilmar, 333: Runke(n). Es kann zwar ein Brotranft, braucht dies aber durchaus nicht zu sein. Wird das Endstück ausdrücklich gewünscht, dann spricht man vom Knust oder auch vom Knüstchen. Im Md. dissimiliert in zahlreichen Fällen nd, nt zu ng, bspw. Linde/lĩngən, unten/ůngən. Um den Ausdruck Rinde geht es bei dem Wort Rungs, in der volkstümlichen Bed., in der es auch im Gmspr. oft genug heißt »gib mir eine Rinde«, was jedoch keineswegs ein Stück Rinde bezeichnen soll, sondern ein möglichst dickes Brotstück. Wenn Weigand und Leo (nach Oskar Schade) mhd. rinde, rinte, ahd. rinda, rinta, ags. rind (Brotrinde) einem vorauszusetzenden got. *rundum, *rundans (umfassen, umrunden) entsprossen annehmen, dann bestätigt dies die wthür. Grundsprache, sobald die Dissimilation berücksichtigt wird. Diese Dissimilation ist auch in mhd. runge, ahd. runga, im Germ. ags. hrung, got. hrugga (Runge des Wagens) bereits wirksam geworden, denn dieses Werkstück bedeutet, dass der auf der Wagenachse aufsitzende Rungenstock den Wagenkasten »umrundet«, was allerdings nur im ags. Beleg deutlich wird. Bez. »dar růngs« (M.) ein großes »deï růngsən« (F.) ein übermäßig großes, so »dås rĩngschən (N.) ein unerwartet kleines Stück Brot, und zwar nur Brot und nichts anderes! – *rungsen* (růngsən – V.) rupfend schneiden, jedoch nur hinsichtlich des Brotes. Dieser Ausdruck könnte bis in jene Zeit zurückreichen, da man scharfschneidende Messer noch nicht kannte, man ein Brot nur rungsen, nicht aber im neuzeitlichen Sinne schneiden konnte.

**Runks** (růnks – M.) vierschrötiger und plumper Kerl, ungehobelter und grober Mensch; »das Wort ist in diesem Sinne in Norddeutschland überall verbreitet« (DWB VIII 1521). – *runksen* (růnksən – V.) rücksichtslos und gemein spielen, bes. Fußball. Das aus lat. runcāre (jäten, rupfen, mähen), runco (Jäthacke) entwickelte mlat. runcārius (Arbeiter mit der Hacke) ist als ein vermutlich echtes Lehnwort ins Deut. übernommen worden und erscheint frühnhd. runckes, runcus (Grobian, ungeschliffener Kerl). Irregeführt durch das Schülerlatein des 15. Jh., werden überhaupt nicht vorhandene sprachliche Beziehungen zum ähnlich klingenden »Rungs« hergestellt, der ein »Brotranft« sein soll, was jedoch sachlich falsch ist. Die gleicherweise von Kluge/Götze, Lutz Mackensen, Hermann Paul, Weigand vorgenommene Gleichsetz. der völlig verschiedenen ideur. Wurzeln entstammenden Wörter Runks (Lehnwort aus dem Lat.) und Rungs (germ.-dt. Erbwort) macht deutlich, dass in zahlreichen Fällen ohne gewissenhafteste Berücks. volkskundl. Sachverhalte irrtümliche Etymologien unausbleiblich sind.

R

**Rüpel** (riəpəl – M.) grober, ungeschliffener Mensch, mit dem durchweg die Vorstellung körperlicher Kraft und Stärke verbunden ist. – *Rüpel* (riëpəl – M.) überaus schweres, kräftiges Schwein. – Das Wort wird als Koseform ahd. Rūpilo, Rūpo des Personennamens Ruprecht erklärt. Tatsächlich liegt ein Wort zugr., das in lat. rupex (roher, ungebildeter Mensch, Klotz) aus lat. rūpi (vor Fülle bersten; zerbrechen) vorliegt. Da Entlehnung nicht nachweisbar ist, dürfte es ein Wort der Fal.-Ital. aus etwa 1200 v. Ztr. sein, die auch sonst in der Vogtei Dorla vom Sprachlichen her erkennbar werden.

**rüpsch** (riəpch – Adv.) rauh, ausgetrocknet, ausgedörrt; nur vom Brot gesagt. – Das Wort entspricht lautlich nur unbedeutend abgeschliffen ahd. hriupī (rauh, uneben) entspr. lit. kraupùs (rauh, uneben), krùpti (schorfig, grindig), lett. krupt (grindig, zusammenschrumpfen, bersten), mit s-Vorschlag lit. skrábinti (»Brot« rösten, bräunen), skràbti (eine dünne Kruste ansetzen, sich mit einer solchen überziehen; geröstet und braun werden usw.), skrébinti (trocknen, dörren, rösten), skrebùtis (geröstetes »Weiß«brot, Toast), kymr. crawen (Kruste) aus ideur. *qra (hart sein oder werden) und nicht ideur.

*(s)qer (abtrennen, schneiden, zerschneiden). Es ist zu beachten, dass eine Nebenbed., die in lit. kraúpa (Grind) vorliegt, sich ordnungsgemäß im Germ. zu ags. hrēof, an. hrjūfr (aussätzig), an. hrufa (Schorf) und im Dt. zu ahd. hruf, ruf (Kruste einer Wunde) entwickelt hat, in der md. Grundsprache jedoch keine Spuren hinterließ, während sie auch gr. eschára (Schorf auf einer Wunde) belegt ist. Das Grundsprachenwort weist die gleiche Bed.entwicklung wie die genannten balt. Belege auf, worauf aufmerksam gemacht werden muss.

# S

**säen** (se/iwə – V.) mit der Hand, neuerdings mit der Drillmaschine den Samen ausstreuen. – Zugr. liegt ideur. *sēi (säen, fallen lassen), daraus lit. sēju, lett. s,ju, aslaw. sěja (säen). Im Germ. sind belegt. got. saian, ags. sāwan, an. sā und im Dt. as. sāian, ahd. sāen, mhd. sæjen, sæn (säen).

**Salz** (sālz – N.) scharf schmeckendes Mineral Chlornatrium. – *Salzmeste (*sālzmēstən F.) kleines Gefäß, in dem das kostbare Salz auf dem Tisch »zugemessen« wurde. Das Wort Salz ist belegt mhd. ahd. salz, im Germ. as. an. got. salt, ags. sealt, im Außergerm. lat. sāl, lett. sāls, apreuß. sal, air. salann, akslaw. russ. sol, poln. sól (Salz), lit. sólymas (Salzlake), toch. A sāle, toch. B sālyi (Salz). Daneben gibt es eine s-lose Wortform: gr. hals (Salz), die mdt. Halsstraße (Salzstraße) mit den vorgerm.-ideur. Ortsnamen Halsbrücke, im einstigen kleinas. Hethiterland der Halys, Hall in Tirol, Schwäbisch Hall, Halle/Saale, Hallein, Hallstatt, Hallungen, in den kelt. Sprachen kymr. halen, akorn. haloin (Salz). Es wird ein Wechsel s>h angenommen, der aber sonst nicht nachweisbar ist. Eher dürfte das Wort Salz in seinen verschiedenen Lautformen den Satemspr. entstammen. Dann würden die h-Lautformen kentumspr. sein und ein ideur. *kal voraussetzen, durch die vorgerm.-ideur. Lautverschiebung k>h vor 2200 v. Ztr. entstanden.

**sämig** (sāmi̯j – Adj.) gedickt, vom dünnflüssigen in den fast schleimartigen Zustand übergegangen. – Das bisher nicht etymologisierbare Wort wird von Hermann Paul und Weigand als nd. Nebenform zu seimig betrachtet, das ebenfalls nicht zufriedenstellend etymologisiert zu werden vermag. In Wirklichkeit liegt ein nichtgerm.-ideur. Wort vor aus ideur. *tū, *teu̯e (schwellen), dazu lit. tuméti (gerinnen, dickflüssig werden), patuméti (Flüssiges sich ein wenig verdicken), tumẽ (dick Zusammengekochtes, Dickflüssiges), lett. tumêt (schleimig, dick werden), tumîgs (dickflüssig), tume (Suppe aus Weizenmehl, Buttergrütze, sogenannte Grundsuppe). Da ahd. tumīg (verschmitzt, schlau, verschlagen) usw. daneben stand, wich die nichtgerm. Grundsprache durch Lautverschiebung t>s und Vokalverschiebung u>a auf gsp. samig aus, woraus sich dann das verderbte nhd. sämig ergab.

**sammen** (såmmən – V.) Zusammenrechen der Gras-, Klee-, Getreideschwaden zu Gelegen. – Das Wort ist die Urform zum Begriff »sammeln«, doch nicht von diesem abgeleitet. Das ergibt sich aus aind. samanā (zusammen), gr. sama (zusammen, gemeinschaftlich), samaxa (vierräderiger Wagen; eigentlich »zusammen mit den Achsen«), samē (Eimer; eigentlich »Gefäß zum Sammeln«), samalla (Garbe: »das Gesammelte«) und Zubehör. Im Germ. sind gleichbed. ags. samnian, an. samna (sammeln), im Dt. ahd. samanōn und durch Dissimilation entstanden mhd. samelen (sammeln). Got. sama, an. samr, im Dt. ahd. samo (derselbe) sollten nicht zum Begriff des »Sammelns«

gestellt werden, weil sprachgesetzlich diese Möglichkeit besteht. Ganz offensichtlich liegt ein nichtgerm.-ideur. Wort vor, das allerdings früh ins Germ./Dt. aufgestiegen ist.

**Sau** (sůiwə – F.) weibliches nichtverschnittenes Schwein, von dem Ferkel zu erwarten sind. – *Sauenschwein* (sůiwənschwīn N.) weibliches Ferkel, auch Jungsau. – *einsauen* (īnsůiwən – V.) sich beschmutzen. – Das Wort »Sau« ist im Got. nicht belegt. In den übrigen germ. Mundarten ags. sū, an. sȳr, im Dt. as. ahd. mhd. sū; die flektierende Wortform ahd. sūwi, mhd. siuwe hat sich in gsp. sůiwə bis heute erhalten. Fehlt ein Wort im Got., dann darf vermutet werden, dass es sich um ein in ahd. Zeit aus einer nichtgerm.-ideur. Sprache aufgestiegenes Wort handelt, das unmittelbar aus einem Wurzelwort gebildet wurde. Dieses Wurzelwort ist nach allg. Meinung ideur. *sū, nach Kluge/Mitzka »ursprünglich ›su-Macher‹: ...der Naturlaut, von dem der Tiername ausgeht«. Niemals kann aber das Grunzen einer Sau als »su-su-su« verstanden werden. Irregeführt war man durch skr. sū-karà (Eber), was keineswegs »sū-Macher« bedeutet, sondern »der Gebären-Macher«! Daher ist der Ausgangspunkt des Wortes ideur. *sū (gebären) und der Sau-Name heißt eigentlich »die (Viel)-Gebärende«. Da die Sau das überhaupt einzige Haus-Säugetier ist, das bis sechzehn und mehr lebende Junge zur Welt bringt, war dies der Grund, das Tier nach dieser Eigenart zu benennen. Es stimmt auch nicht, dass das Wort Sau nach Kluge/Mitzka »mit *Schwein* der einzige Name des Tiers ist, der außereuropäische Beziehungen hat«. Denn bereits gr. sȳ́s, ȳ́s, lat. sūs (Sau: Schwein, sogar Wildschwein gleich welchen Geschlechts) mischen die Begriffe durcheinander. Und air. socc, alb. thi, awest. hu, skr. sūkarà (Eber, »der Gebären-Macher«) haben mit dem Sau-Namen nichts zu tun, dürfen zum Etymologisieren nur bedingt herangezogen werden. Nur im Nichtgerm. und Germ.-Dt. gilt der Name »Sau« für das weibliche Schwein.

**Sauer** (sūr – N.) Mittagessen aus Innereien. Kluge/Mitzka erklären, der Wortbegriff gehe »vom käsig gerinnenden, schleimig-nassen Widrigkeiten« aus. Da jedoch zu keiner Zeit derartiger Schmutz genossen worden sein kann, ist eher auf gr. oxýs (sauer, herb; bitter...scharf, spitz) aus *oksus zu verweisen, zumal eine Nebenfamilie das »sauere Aufstoßen«, aber auch »Essig, säuerliches Getränk; Krätzer« entwickelt hat.

S

**Sauerkraut** (sūrkrūt – N.) Vom Gemeinen oder Großen Sauerampfer, Rumex acetosa L., zogen bereits die Bandkeramiker vor etwa 6.000 Jahren ihr Salz aus, wenn sie es nicht aus Salzsole gewinnen konnten. Außerdem wurden die Blätter und Stängel, mit solchen anderer Wildkräuter vermischt, in Tontöpfen eingesäuert: in welcher Weise dieses nichtgerm.-ideur. Wort sūrkrūt auf die ideur. Sprachen eingewirkt hat, ergibt sich aus wallon. sural (Sauerampfer), lit. sūras, lett. sūrs (salzig, sauer), sorb. syry, tschech. syrý (roh, unzubereitet) und großes Zubehör.

**saugen** (suggən – V.) Milch mit dem Munde aus der mütterlichen Brust herausziehen. Ein Füllen »suggt«, während ein Kind in der Iterativform »suggelt«. – *Säuger* (sēgər – M.) das noch saugende Füllen ist ein Seeger, während das Kalb ein Sokalb und das Kleinstkind ein »suggki̊ngchən = Saugkindchen« ist. – Das scheinbar so eindeutig etymologisierte Wort steigt erst in ahd. Zeit aus einer Grundsprache auf (ags. sūgan, an. sūga sind gleichalt oder sogar jünger) zu ahd. as. sūgan, daraus mhd. sūgen (saugen) und setzt sprachgesetzlich eine k-Form voraus, entstanden aus ideur. *seu (Feuchtes: Saft ausdrücken, schlürfen). Aber lat. sūcus bedeutet Saft und lett. sùkt das Saugen von Blutegeln und niemals von Säugetieren oder Menschen. Da lat. sūgere, kymr. sugno (saugen) belegt sind, muss das Wort entweder dem Fal.-Ital. oder dem Kelt. und damit der nichtgerm.-ideur. Vorbevölkerung entstammen. Es ist ein nicht-verschobenes ideur. Erbwort.

**Schäbe** (scheamən – F.) vierkantige Leitersprosse (auch am Leiterwagen), im Gegensatz zur runden Spale. – Das in dieser Bedeutung nirgends belegte Wort gehört zur Wortfamilie »Schaft« (Speer, Lanze, Stab usw.), das mit Kluge/Mitzka keineswegs zu ideur. *skabh (schaben, kratzen) gehört, sondern aus ideur. *skāp, *skīp (stützen, stemmen) sich entwickelt hat entsprechend gr. skapton (Stab; Stock als Stütze oder Halt), skēptō (stützen, fest aufstemmen). Die Schäbe hat die beiden Leiterbäume zu stützen. Während in Schaft eine t-Erweiterung eingetreten ist, fehlt sie in gsp. scheamən (Schäbe).

**Schäbe** (scheamn – F.) im Gmdt. Schebe, Schäbe: holzige Splitter, die beim Flachshaarbereiten abfallen. Sie waren ein wichtiges Baumaterial, denn als im Fachwerk noch getüncht wurde, verhüteten sie – innig mit Lehm vermischt – das Rissigwerden der frisch getünchten Wände. Im Winter wurden sie zum Streuen der vereisten Wege genutzt. Zugr. liegt eine ideur. Wurzel *skeip (Splitter), daraus im Lit. skȳpata (kleines Stückchen, Bröckelchen, Splitter), lett. šķipsis (ein Weniges). Im Germ. ist das Wort nicht belegt, steigt aber in dt. Zeit aus einer Grundsprache auf einerseits als ahd. skivero, mhd. schifere, schëvere (Splitter, bes. Steinsplitter), anderseits aber als ahd. āchambi, mhd. ākamp, ākambe (Abfall beim Flachsschwingen, beim Wollekämmen).

**Schaf** (schōf – N.) Herdentier Obis L. aus der Gattung der Caprovinae. – *Schafbock* (schōfbokk – M.) unverschnittenes männliches Tier. *Schäfer* (schafər – M.) Betreuer einer Schafherde. – *Schafkälte* (schōfki̊ll – N.) Temperaturrückgang im Juni. – *Schafleder* (schōfladdər – N.) dünnes Leder, das zur Herstellung von Handschuhen, Lederpantoffeln, als Futter und in der Buchbinderei verwendet wird, jedoch leicht einreißt, so dass bildlich gesagt wird, »er reißt aus (flieht) wie Schafleder«. *Schafstall* (schōfštåll – M.) – *Schafwäsche* (schōfwäsch – F.) – *dummes Schaf* (důmməs schōf – N.) nicht allzu ernstgemeintes Schimpfwort. – *schwarzes Schaf* (schwårzəs schōf – N.) aus der Art der Familie geschlagener Mensch. – *Schafeuter* (schōfittər – M.) essbarer Porenpilz Polyporus ovinus Fr., nach der Form und dem Aussehen so genannt. – *Schafgarbe* (schōfgårmən – F.) Gränsing oder Gemeine Schafgarbe, Achillea millefolium L. – *Schafschnäuzchen* (schōfschnīßchən – N.) früher beliebter Süßapfel, dem Schnäuzchen eines Schafes ähnelnd. – Nach Kluge/Mitzka behauptet Edward Schröder in dem bis heute ungedeuteten Tiernamen »ein Zeugnis des Fortschritts, den die Schafzucht bei den Westgermanen früh gemacht hat«. Der Tiername tritt zuerst auf ags. scēap, afries. skēp und im Dt. as. scāp, ahd. scāf, mhd. schāf (Schaf). Im Ideur. hat allgemein *ovis (Schaf) gegolten, belegt im Germ. durch got. awistr (Schafstall), awēthi (Schafherde), ags. eowu (Mutterschaf), im Dt. ahd. ou (Mutterschaf), ëwist (Schafstall), aber auch diese urspr. Bez. ist nicht erklärbar. Völlig naturgemäß liegt ideur. *skep (bedecken) zugrunde, das aus einer nichtgerm. Grundsprache lautgetreu aufsteigt zu afries. skēp, ags. scēap (Schaf). In den ideur. Sprachen stehen daneben gr. skepàō (decken, bedecken, einhüllen), sképē (Decke, Kleidung) und Zubehör. Bedeutsam ist, dass die Grundsprache unmittelbar an die von der Wissenschaft erschlossenen Wurzelwörter heranreicht. Nachdem die Wolle das wichtigste Erzeugnis der Schafhaltung geworden war, wurde das Zeitwort »skep« dingwörtlich gebraucht in der Bedeutung »das Bedeckte, das Eingehüllte«.

**Schaffen** (schåffən – M.) eiserner Tiegel, Bratpfanne. Nur aus Erzählungen ist noch bekannt, dass der Schaffen früher aus Ton gebrannt war. – Im Gegensatz zum Schaff, das aus Holz hergestellt ist mit der Grundbed. »schnitzend gestalten«, ist das Wort Schaffen unmittelbar aus ideur. *skabh (schaben, kratzen) entwickelt entsprechend gr. skaphis, skaphos (Napf, Schale, Becken). Im Gr. gilt die Verschiebung bh>ph, im Nichtgerm. bh>f, im Germ. jedoch bh>b, weshalb das Wort nichtgerm. sein muss.

**schäkern** (schēkərn – V.) auf ehrbare Weise mit Mädchen scherzen. – Das Wort steigt erstmalig 1711 aus einer Grundsprache ins Gmdt. auf, weshalb es nicht gedeutet werden kann. Kluge/Götze, Hermann Paul und Weigand nehmen Entlehnung aus hebr. schēquer (Lüge) an, Lutz Mackensen legt ihm hebr. šikkēr (täuschen) zugrunde. Vgl. dazu *Schäks* (schēks – M.) Schrägschlag beim Ballspiel (bålls – N.) aus dem Spielfelde hinaus, der ungültig ist, was den allseitigen Ruf »schēks! schēks!« zur Folge hat. – *Schäks* (schēks – M., im Hess. nach v. Pfister 244, Schekert) ungeschickter, unbeholfener und linkischer Mensch, bes. schlechter Tänzer. – *Schäksen* (schēksən – N.) regelwidriges Tanzen. – *Geschäks* (gəschēks – N.) Missbilligung ausdrückendes Substantiv – *schäksen* (schēksən – V.) tölpelhaft, linkisch oder unanständig den Mädchen schöntun. – *schäkern* (schēkərn V.) auf ehrbare Weise mit den Mädchen scherzen. Die vorstehenden einer wthür. Grundsprache entnommenen Belege lassen eindeutig erkennen, dass es sich um ein dt.-germ. Erbwort handeln muss, das im Mhd. nicht mehr nachweisbar ist, jedoch als ahd. scachōn (umherschweifen), as. scacan (weggehen, sich entfernen, entfliehen), dementsprechend auch as. elljor skōc (er ist anderswohin gegangen: er ist gestorben), im Germ. an. skaka (schwingen, schütteln), ags. scacan (wegstürzen, entfliehen) zu ideur. *skak (geschehen) vorliegt. Der Schrägschlag beim Ballspiel ist über das Spielfeld hinaus »anderswohin gegangen«, und der linkische und ungeschickte Mensch handelt allenthalben entgegen dem Gewohnten und Erwarteten. Die Bez. für sein linkisches, ungeschicktes und oft törichtes »schēksən« oder auch das ehrenhafte »schēkərn« ist dann 1711 als »schäkern« aufgestiegen, umgelautet a>ä vermutlich aus einer noch urtümlicheren Grundsprache als der hier bearbeiteten.

**schälen** (schealən – V.) nach dem Räumen das Stoppelfeld ganz flach ackern. – Das bäuerliche Wort ist weder im Germ. noch Dt. belegt, es entstammt einem ideur. *skel (spalten), ist vermutlich zu gr. skállō (scharren, graben, hacken) zu stellen, zumal dem gr. makella (Schaufel, Hacke, Spaten) unser Schälpflug gegenübersteht. Es könnte ein altes Erbwort vorliegen, das als ahd. scolla, mhd. scholle (Rasenstück, Erdscholle) ins Dt. aufgestiegen wäre.

S

**Schalk** s. Knecht

**Schalle** (schallən – F.) glöckchenähnliches Werkzeug des Metzgers zum Abschorpsen oder Abkratzen der Borke vom Schwein. – Ohne Kenntnis der Grundsprache würde das Wort schon wegen der Form dieses Schlachtgeräts zu Schelle (Glöckchen) gestellt. Es gehört jedoch zu ideur. sqal (spalten, zuhauen, stoßen) entsprechend gr. skállō (scharren; graben, hacken), was auch durch frz. écailler (abschuppen) aus gleicher Wurzel bewiesen wird. Mit »schallen = schellen« hat das Wort nichts zu tun.

**Schapf** (schapf – M.) bes. großes Stück. Wer beim Essen einen Schapf macht, hat ein bes. großes Stück Fleisch erwischt. Die Grundbed. ist demnach keineswegs »schaffen, erschaffen, hervorbringen«, sondern entsprechend gr. káptō (schnappen, erschnappen, schlucken), lat. capere (nehmen, fassen, aufnehmen) und für die Schäpfkelle lat. capis (mit Henkel versehene Schale) skr. kapatī (zwei Handvoll) im Gegenteil »nehmen, aufnehmen«. Damit ist auszugehen von ideur. *kap (fassen, ergreifen) entsprechend gr. kápē (kleiner Bissen, Futterkrippe) – *Schäpfkelle* (schäpfkëllən – F.) verbösert zu Schöpfkelle, kleines Gefäß mit Stiel zum Herausnehmen der Suppe.

**Schar** (schoar – F.) am Pflugkörper befestigtes unter der Erde gehendes Pflugeisen, das die Aufgabe hat, die Erde zu durchschneiden, zu heben und nach rechts umzuwenden. – Das Wort wird allg. zu nhd. scheren (kahlschneiden) gestellt. Aber die Schar schert nicht, sondern zerschneidet die Erde. Deshalb liegt unmittelbar zugr. ideur.

*sqer (zerschneiden, abtrennen), im Ideur. nur ir. scaraim (trenne), alb. haȓ (jäte aus). Im Germ. sind hierzu nur bedingt zu stellen ags. scëran, sceoran, an. skëra (schneiden), im Dt. nicht ahd. scëran (scheren), sondern ahd. skërran, mhd. schërren (schaben, kratzen), dazu scara, scaro, mhd. schar (die Erde durchschneidendes Pflugeisen), mhd. phluocschar (Pflugschar). Es könnte eingewendet werden, dass die eiserne Pflugschar erst im 13. Jh. erfunden worden ist; aber die hölzernen Pflüge sind aus härtestem Holz gewählt worden, wie unschwer aus lett. skärpît (Erde aufwerfen, scharren, kratzen) geschlossen werden kann.

**schaudern** (schūddərn – V.) schaudern, »eine Gänsehaut bekommen«, (zu germ. *hūdh = Haut). Das erst in ahd. Zeit aus einer Grundsprache »aufgestiegene« Wort ahd. scūtisōn (schaudern), scūtisōd (das Zittern, Beben) ist wieder untergegangen und kann daher keine Nebenform oder »stammverwandt« (Kluge/Mitzka) von schütten, schütteln sein, sondern führt unmittelbar ideur. *(s)keut (bedecken) fort oder verschiebt nichtgerm.-ideur. *kūth (bedecken) k>s. Vgl. mengl. schūdderen, engl. shudder (schaudern).

**Schauer** (schūr – F.) schnell kommender und vorüberziehender Platzregen. Das Kennzeichen der Schūr ist das Schmutzigwerden des zu bearbeitenden Landes. – Das Wort wird aus ideur. Entsprechungen entwickelt, die Winde oder Himmelsrichtungen bedeuten. Da jedoch eine Schūr oft ohne stärkere Windeinflüsse auftritt, kann unmöglich ein solcher Ursprung des Wortes angenommen werden. Ich verweise dafür auf lit. čiurlỹs (Wasserstrahl), čiùrti (schmutzig werden), lett. čurêt (mit Geräusch fließen), čuȓga (Regenbach), dazu auch lit. čiùrti (schmutzig werden; infolge Naßwerdens). skr. cúrak (Wasserstrahl), poln. ciurkai (sprudeln, rinnen) und Zubehör. Stimmen diese Gleichungen, dann ist das Wort nicht an got. skūra windis (Sturmwind) anzuschließen, sondern steigt aus einer Grundsprache erst in dt. Zeit auf zu ags. an. skūr und im Dt. as. ahd. skūr, mhd. schūr (Platzregen). Das gsp. schūr führt zumindest die mhd. Lautform bis in die Gegenwart weiter.

S

**Schauer** (schūr – F.) Obdach, Schutz vor einem Unwetter. Bei der Feldarbeit muss oft genug »Schūr« gesucht werden, sei es unter einem Baum, einer Brücke und sonst wo. – Das in zahlr. ideur. Sprachen weiterentwickelte Wort entstammt ideur. *sku (bedecken, beschützen), in den balt. Sprachen lit. skūrà (das bedeckende Fell auf dem tierischen Körper, auch abgezogen), lett. skura (Hülle, Haut, Hülse, Schale). Im Germ. ist das Wort nicht belegt, steigt aber aus einer Grundsprache in dt. Zeit auf zu ahd. scūr, mhd. schūr (vor Wind und Wetter geschützter Ort, Wetterdach).

**schaukeln** (schūkkəln – V.) hin und her bewegen (bei Luther schückeln) – *Schauckel* (schūkkəl – F.) Sitz zum schwebenden Hin- und Herbewegen. Daneben gmd. und mhd. schūpfen (in schaukelnder Bewegung sein), mhd. schūpf (Schwung, schaukelnde Bewegung), ahd. scūpfa (Schaukelbrett, Wippe), das ein germ. *scūp voraussetzt. Dazu sind zu vergl. lit. šùpulis (Hängewiege), šupótis (sich schauckeln) und Zubehör, lett. šũpulis (Wiege), šũpât (schaukeln, wiegen) und Zubehör. Eine Entlehnung aus diesen Sprachen ist unmöglich, wie der älteren balt. Lautform lit. šùpti (schaukeln, wiegeln), supỹklės (Schaukel, Wiege) aus ideur. *sup (schaukeln, wiegen) zu entnehmen ist. Eine Überleitung ins Germ. hätte ein germ. *scuf oder auch *scub ergeben müssen, aus denen sich aber nie ahd. schupfa ergeben hätte. Es kann deshalb nur ein nichtgerm.-ideur. *scūpa ins Germ. aufgestiegen sein, um die Lautverschiebung p>pf mitzumachen. Nun gibt es jedoch in »schaukeln« eine Wortform mit inlautendem -k- und daneben sind belegt mhd. schoc, schocke (Schauckel), ahd. scoc, ags. scogko (schaukelnde Bewegung). Aus ahd. scūpfa kann sie nicht abgeleitet sein, da das Germ. eine

Lautverschiebung p>k nicht kennt. Ich habe sie jedoch immer wieder im Nichtgerm. und auch im Balt. (mehrfach auch an Beispielen in diesem Verzeichnis) nachgewiesen. Mit mhd. schoc, schocken geht die ablautende Wortform unter und das md. schūkkel des md. Luther gewinnt die Oberhand, um neuzeitlich auch das nach germ.-dt. Lautgesetzen weiterentwickelte aus ideur. *scūp stammende gmd. schūpfen zu verdrängen.

**Schaum** (schūm – M.) sich auf einer bewegten Flüssigkeit bildende Menge von Bläschen. – *Schaumlöffel* (schūmläffəl – M.) schöpflöffelgroße Kelle mit Löchern, um den Saft in den Kessel zurücklaufen zu lassen. – *Schaumkuchen* (schūmků$_x$ən – M.) mit Weizenmehl und sauberen Schaumteilen gebackener Kuchen. – *abschäumen* (obschīmən – V.) mit dem Schaumlöffel während des Kochens von der (Rüben)Saftoberfläche den Schaum abnehmen. – Die Grundbedeutung »Bedeckendes« aus ideur. *skeu (bedecken) ist von der Etymologie richtig erkannt. Die md. Grundsprache führt unmittelbar mhd. schūm, ahd. scūm, im Germ. an. skūm (Schaum) fort. Aber aus gleicher Wurzel ist auch gebildet gr. kymaninein (Schäumen des Meeres) aus der Nebenform ideur. *qu (bedecken).

**Scheete** (schētən – F.) in Bundform zusammengepresstes Roggenstroh, das zu Strohseilen verarbeitet wird. Das nirgends belegte Wort wird volksetymol. als »Schütte« bezeichnet, weshalb auch Weigand erklärt: »Bündel ausgedroschenen, vorher zum Ausdreschen hingeschütteten langen Strohes. 1562 b. Mathesius Sav. 159a, in den Fastnachtsp. des 15. Jh. 346, 28 schütt F.« Eine ähnliche Erklärung gibt Hermann Paul. Aber eine Scheete ist *nicht* das Hingeschüttete, sondern ein festverschnürtes Bund gleichlanger Roggenhalme. Es muss deshalb zu gr. schéto, schétō (das Standhaltende, Festigkeit und Haltbarkeit) gestellt werden.

**Scheffel** (schëffəl – M.) Hohlmaß für Getreide zu vier Metzen. – Oft werden Schaff und Scheffel durcheinandergewürfelt, die allerdings beide ein Hohlmaß darstellen. Nhd. Schaff ist germ. zu mhd. schaf, ahd. scaf und im Germ. as. skap, an. skeppa (ein Maß) aus ideur. *skab (schnitzend gestalten). Dagegen ist nhd. Scheffel belegt mhd. scheffel, ahd. sceffil und als solches erst in dieser Zeit aus einer Grundsprache aufgestiegen entspr. gr. skáphos (Scheffel; ausgehöhlter Körper, Wanne, Trog, Mulde; Napf, Becken) aus ideur. *skabh (schaben, kratzen). Das auslautende -bh wurde nur im Nichtgerm.-Ideur. zu »f«, nicht aber im Germ.

**scheib** (schaib – Adj.) seitwärts geneigt, schief. Das Wort wird als md., nd. bezeichnet, ist aber nichts anderes als die Grundform ideur. *skaip (schief), in den balt. Sprachen verkürzt zu lett. šķibs (schief), šķiebt (schief neigen, kippen) und Zubehör. In den germ. Sprachen der Urform näherstehend an skeifr, daneben ags. scāf (schief). Im Ahd. ist das Wort nicht belegt, jedoch wieder mhd. schief, frühnhd. scheif (schief, verkehrt).

**Scheit** (schīt – N.) ohne Beiwort: etwa ein Meter langes herausgespaltenes Stück Buchenholz. – *Kreckscheit* (krëkkschīt – N.) großes »Scheit« am Kuh- oder Pferdewagen. – *Waagscheit* (wōgschīt – N.) – *Sellscheit* (sëllschīt – N.) kleines »Scheit«, an jedem Wagen zwei, die beiderseits am Waagscheit hängen. – Zugr. liegt ideur. *ski (scheiden) mit d-Erweiterung, dazu gr. schìza (Holzscheit), lit. skiedarà (Span, Splitter), lett. skaîda (Holzspan) – lit. skiẽtas (Querbalken der Egge), lett. šķiets (Balken). Im Germ. entspr. dem Wort ags. scīd, an. skīdh und im Dt. ahd. scīt, mhd. schīt (Scheit, abgespaltenes Holzstück). Man setze gsp. schīt neben gr. schìza aus *schìtsa, um nicht mehr an der nichtgerm.-ideur. Herkunft dieses Wortes zu zweifeln.

**Schemel** (schëmməl – M.) niedriger Stuhl ohne Lehne. – Das Wort ist im Germ. unbekannt und steigt erst in dt. Zeit auf zu ahd. scamal, schāmel, mhd. schamel; es wird als

Lehnwort aus lat. scamellum (Bänkchen) angesehen. Da aber vorliegen lett. kamans (dickes Balkenende), lit. kamienas (Stamm), poln. komel (Knorren) aus ideur. *kamp (krümmen) und rohe Holzblöcke, Knorren, die wohl der Ausgangspunkt aller Schemel gewesen sind, fragt es sich, ob wirklich ein Lehnwort vorliegt oder ein Erbwort aus jungsteinzeitl. Vergangenheit, lediglich innerhalb der nichtgerm. Lautverschiebungsreihe t>p>k>s weiterentwickelt.

**Scherbaum** (schiərbåim – M.) Garnbaum am Webstuhl. – *anscheren* (oanschiərən – V.) anderer Ausdruck für »andrehen« – *Anschier* (oanschiər – N.) ältere Bez. für die Gesamtheit der Längsfäden eines künftigen Webstücks. Untersucht man das überlieferte dt. und vorhergehende germ. Wortgut, dann ergibt sich zwar eine Fülle von sinnähnlichen Nebenzweigen, jedoch nicht einen einzigen wirklich zutreffenden Wortbeleg. Die balt. Sprachen haben jedoch völlig sinngleiche Bez.: lit. skiẽtas, lett. šķiets (Weberkamm), lit. skiemuõ (Öffnung zwischen zwei Streifen der Kette, wo das Schiffchen mit dem Faden durchgeht, Längsfädenbündel beim Weben), lit. skíemenys (Weberfaden, Scher- oder Webergänge, dünne Latten am Webstuhl zum Auseinanderhalten der Längsfäden), skiemenūoti (beim Weben das »Fach« öffnen und schließen), lett. šķiemene (Zwischenraum, welchen das Weberschiffchen durchfliegt), šķiemeņe (Scheidung der Längsfäden). Alle diese Wörter sind Weiterbildungen aus ideur. *skai-, skī- (voneinander trennen, scheiden). Sie weisen teilweise noch das urzeitliche »t« auf, anderseits haben sie die zweite nichtgerm.-ideur. Lautverschiebung durchlaufen t>s (nicht belegt), s>r (unser »Schiərbåim«), r>l (nicht belegt), l>n oder m (skiemuõ und Nebenformen). Daraus ist ersichtlich, dass ein nichtgerm.-ideur. Wort die Grundlage zu »Schiərbåim, oanschiərən, Oanschiər« bildet.

**Scherbe** (schërmən – F.) kleiner oder größerer Splitter eines zerbrochenen Gefäßes. – *Scherbe* (schërmən – F.) Kopf als Hinweis, dass die Hirnschale erschlagener Feinde als Trinkgefäß verwendet wurde. – Das Wort ist nichtgerm.-ideur. Ursprungs, aus ideur. *sker (schneiden), dazu lett. šķērpele (Scherbe), abg. čr,p (Scherbe), russ. čerep (Schale, Hirnschädel), apreuß. kerpetis (Hirnschädel). Ins Dt. steigt das Wort erst auf ahd. scirbi, scirpi, mhd. schirbe, schërbe (Stück eines zerbrochenen irdenen Gefäßes, irdenes Geschirr; Hirnschale).

**scherbeln** (schërbəln – V.) den Regeln zuwider tanzen. – Das Wort kann offensichtlich nicht eine Nebenform zu Scherbe (Stück eines zerbrochenen Gefäßes) sein. Tatsächlich ist von ideur. *sqerd (tanzen, springen, sich schwingen, sich drehen) auszugehen entsprechend gr. skaírō (tanzen, hüpfen, springen), skirtáō (unbändig und ausgelassen sein; tanzen, hüpfen, springen), skírtēma (Tanz, Sprung, schneller Schritt), kórdax (unzüchtiger Tanz) und Zubehör. Es ist die nichtgerm.-ideur. Lautverschiebung d>b eingetreten.

**schibbern** (schiwwərn – V.) in Scheibchen schneiden. – *Schibber* (schiwwər – F.) Kartoffelscheibchen, in der Ofenröhre ohne weitere Unterlage gebacken. – Das Wort ist Iterativ zu ideur. *skeip (schneiden, trennen) entsprechend mhd. schībe, ahd. scība, im Germ. afries. skīve, an. skīfa (Scheibe), im Nichtgerm.-Ideur. lit. skiẽpti (trennen), skiẽbti (Brot in Scheiben dünn schneiden) und Zubehör. Es ist zweifelhaft, ob gr. skipōn (abgespaltener Ast, Stock), lat. scīpio (Stab) hierher zu rechnen sind.

**schicken** (schi͡kkən – V.) in der Bed.: schaffen, leisten, arbeiten, ein ständig verwendetes Wort: »du hast hier nichts zu schicken, zu schaffen, trolle dich (also)! verschwinde!« – »ich habe noch allerlei zu schicken«, zu leisten. – Da das im Dt. zahlreiche Nebenzweige getriebene und bedeutungsschwere Wort nicht vor dem 12. Jh. belegt ist, mhd.

schicken (ins Werk setzen – später auch: abordnen, senden), meinen Kluge/Götze, das Wort fehle außerhalb des Dt. Sie und Hermann Paul sehen in ihm ein nd. Wort, obwohl der s-Anlaut nur in Md.- und Oberdt. zum sch-Anlaut werden kann. Es scheint ein aus der Grundsprache der nichtgerm.-ideur. Vorbevölkerung erst im 12. Jh. ins Gmdt. aufgestiegene Wort zu sein, dem ideur. *siq (die Hand nach etwas ausstrecken, hinlangen) zugrunde liegt, gr. sikō (hingelangen, erreichen, angemessen und schicklich, in die Hände geraten), dazu ablautend lit. sèkti (nachfolgen, nach jemandem spüren, nachahmen), lett. sekt (vonstattengehen, gelingen) und Zubehör, air. sechithir (folgt). Offensichtlich ist das der Grundsprache zuzuschreibende Wort der urspr. Bed. näher als jeder der vorgenannten Sprachzweige. Das Wort geschehen, zu dem Kluge/Götze, Hermann Paul, Weigand schicken rechnen, ist nur ein weitab liegender Nebenzweig aus gleicher Wurzel.

**schier** (schiər – Adj.) rein, unvermischt. Fleisch ist schier, wenn keine Knochen daran sind, gleicherweise Speck ohne mageres Fleisch, Fett ohne sonstige Zutaten. – Das Wort in dieser Bed. wird bisher nur unvollkommen erklärt. Es ist weder im Mhd. noch Ahd. belegt, jedoch md. schīr, as. skīr, skīri (rein, unvermischt, lauter; hell ›von Flüssigkeiten‹), im Germ. ags. scīr, an. skīrr (rein, lauter; hell, glänzend). Der Beleg got. skeirs (klar; deutlich) ist nur eine Nebenform und kann deshalb nicht verglichen werden. Dagegen ist zu verweisen auf aslaw. štiru (unvermischt, rein), poln. szczéry (lauter, rein, unverfälscht), lit. skìrti (trennen, scheiden). Der germ. Volksstamm der Skiren waren die Unvermischten im Gegensatz zu den Bastarnen. Daraus ergibt sich, dass das Wort nicht auf ideur. *(s)ker (schneiden) zurückzuführen ist, sondern als eine r-Erweiterung auf ideur. skī (gedämpft schimmern).

**schillen** (schi̊llən – V.) – Geschirr ausspülen. Dem Wort liegt ein ideur. *ski (scheiden, trennen) zugrunde, abg. čestiti (reinigen), lit. skíesti (voneinander trennen, scheiden) und über die Lautverschiebungen t>s, s>r, r>l an. skilja (trennen, scheiden), das jedoch ein mehr geistiges Tun bezeichnet, völlig in der Bed. unser »schillen (spülen, Trennen des Garns von der Säure)« mit zahlr. weiteren Nebenformen.

S

**schimmelich** (schëmməli̊ng – Part.) mit Schimmelstippen oder Schimmelputzen übersät. In der Gmspr. unbekanntes Mittelwort. »der Obstkuchen usw. ist schon ganz schimmeligt«, mit Schimmelputzen übersät. – *Schimmelstippen* (schëmməštibbən – M.) verschiedene Arten von Schimmelpilzen. – Das zur Bed. »schimmern, scheinen« gestellte Wort Schimmel ist vermutlich falsch gedeutet. Es gehört wohl zu dem nicht erklärbaren balt. Wort lit. kémpė (Baum-, Bade-, Wasserschwamm; Zunder oder Feuerschwamm; Schimmel, Kahm) und dieses entsprechend gr. eyrṓs (Schimmel, Moder) aus ideur. *wer (bedecken, verhüllen) zum nichtnasal. ideur. *(s)kep (bedecken) entsprechend gr. skepáō (bedecken, decken). Schimmel wäre danach »das Bedeckende«, das zwar schimmern kann, es aber nicht muss, da es ja auch bläulich-grauen Schimmel gibt.

**schinden** (schi̊ngən – N.) anstrengen, abmühen, ununterbrochen arbeiten. – *Schinden* (schi̊ngən – N.) Anstrengung, Mühe, Plackerei. – *Geschinde* (gəschi̊ng – N.) eine Überdruss erzeugende Mühsal. – *Schinderei* (schi̊ngəreï – F.) am häufigsten gebrauchte Wortform, die nicht nur Widerspruch andeutet, sondern auch deren Abhilfe fordert. *Schinder* (schi̊ngər – M.) wer Überbürdung oder Überarbeitung erzwingt, heute vielfach jedoch nur scherzhaft gemeint: »du bist ein alter Schinder«. – Obgleich die vorstehende Bed. im gesamten dt. Sprachgebiet verbreitet ist, geht die Etymologie nicht auf sie ein, sondern nur in der Bed. »die Haut abziehen«, wozu Hermann Paul erklärt: »Häufig uneigentlich = ›plagen, aussaugen‹«. In Wirklichkeit ist das Wort nicht einmal von fernher mit der Bed. »die Haut abziehen« zu vergleichen, sondern ist ein nichtgerm.-ideur. Wort, das erst jungzeitlich aus einer Grundsprache ins Gmdt. aufgestiegen ist. Zugr. liegt ideur. *pen (sich mühen, Mangel haben), das bspw. ergab gr. pénomai (sich mühen, arbeiten, geschäftig sein), ponéō (sich anstrengen, sich abmühen; gequält und gepeinigt werden usw.), pónos (Mühe, Anstrengung, Strapaze; Beschwerde und Pein, Mühsal, Drangsal usw.) und Zubehör. Ausgehend vom gleichen Wurzelwort ideur. *pen muss sich innerhalb der nichtgerm.-ideur. Lautverschiebungsreihe t>p>k>s ein *sen, *sken (sich mühen) entwickelt haben, das schließlich aus der Grundsprache ablautend und mit t-Erweiterung aufstieg zu ahd. scintan (anstrengen, abmühen, ununterbrochen arbeiten). Das ist das nur durch Lautverschiebungen getrennte Wort, das im Agr. die gleiche Bedeutung wie die heutige Wortfamilie gsp. schinden hat.

**Schinder** (schiͤngər – M.) Abdecker, der verendeten Tiere. – *Schindersknecht* (schiͤngərsknācht – M.) ursprünglich Gehilfe des Schinders, heute: Junge oder junger Bursche, der die Erfüllung eines Wunsches durch ständiges Schmeicheln und Bedrängen herauszu»schinden« versteht. – *Schindluder* (schiͤngəludər – N.) Frau oder junges Mädchen, die sich durch rohes Benehmen unbeliebt machen. – *Schindanger* (schiͤngångər – M.) Scharrplatz. – Die Meinung, dem Wort liege ideur. skénto zugrunde, ist wohl unrichtig, denn das »Schinden« war ursprünglich nichts anderes, als das Ablösen der Haut vom Fleisch, weshalb auf ideur. *skhid (spalten, trennen, voneinander scheiden) zurückgegangen werden muss. Ihm entspricht skr. chinàtti (er spaltet), gr. katas-kénē (er töte), awest. skənda (Zerspaltung, Zerstörung), in den balt. Sprachen lett. šķīt (abrinden), lit. skìnti (ein Waldstück völlig kahl schlagen). Ins Dt. steigt das Wort aus einer Grundsprache auf, von hier gleichzeitig zu an. skinn (Haut) als ganz offensichtliche Ableitung, im Dt. selbst as. biscindian (abrinden), ahd. scintan, mhd. schinden (enthäuten, schälen und erst hiervon abgeleitet: misshandeln, quälen). Ideur. *skhid ist also nasaliert worden.

**schirren** (schërrən – V.) Zugtiere einspannen in Kummet oder Joch mit Zubehör aus Ketten und (oder) Riemen. – *anschirren* (oanschërrən – V.) Tätigkeit des Einspannens der Zugtiere. – *Geschirr* (gəschërr – N.) = Kummet oder Joch der Zugtiere mit Riemen- und Kettenzeug. Bildliche Übertragungen: *anschirren* (oanschërrən – V.) ankleiden, besonders schlecht anziehen. »wie hast (du) dich wieder einmal angeschirrt (liederlich gekleidet)?« – *Geschirr* (gəschërr – N.) schlecht sitzender Anzug, liederlich geschneidertes Kleid. – Das Wort ist im Germ. nicht belegt. Im Dt. tritt es erstmalig auf als ahd. satalgischirri, mhd. geschirre (Bespannung) und kann deshalb nicht etymologisiert werden. Kluge/Götze und Hermann Paul nehmen Zus. mit ahd. scëran (schneiden) an, während Weigand das Wort zur Bed. »scharren« stellen möchte. In Wirklichkeit liegt ein satemspr. Wort vor zu ideur. * qert (knüpfen, flechten) aus ideur. *qer (biegen), entspr. toch. A, B kärk (binden), toch. B kerketu (Band, Fessel), gr. kýrtos (Binsengeflecht). Wenn es richtig ist, dass opreuß. šere (schirren, Pferde anspannen) ins Balt. entlehnt worden ist zu lit. šerentėlės (Zaumzeug mit Gebiss), širauti (anschirren, schirren die Pferde), dann liegt ein bereits gravettienzeitliches satemspr. Wort vor, zumal lit. šerdĕkšnis (Spannnagel am Wagen, Wagenbolzen), aus russ. serdečnik satemspr. ist. Die Bed. »Werkzeug jeder Art; Gesamtheit der Gefäße« hat hiermit nichts zu tun, sondern entstammt der Bed. »Scherbe«.

**schlachten** (schlå$_x$tən – V.) schlagend und anschließend stechend töten. Geschlachtet werden nur Haustiere, so dass erst mit Beginn der bäuerlichen Wirtschaftsweise vor etwa sechstausend Jahren dieser Brauch aufkam. – *Schlächter* (schlachtər – M.) ungebräuchliche Bezeichnung, dafür »matzgər«. – Ausgangspunkt der etymol. Überlegungen ist die Bed. schlagen, da im nichtgerm.-germ. Raum nach dem Wortschatz zu urteilen jedes Schlachttier vorher durch Schlag betäubt worden ist.

**Schlabber-, Schlapper-, Schlackermilch** (schlawwər = schlåkkərmëləch – F.) geronnene Milch. – Der Bed. von »gerinnen« ist nur nahezukommen, wenn als Grundbed. »sich zusammenziehen, einschrumpfen« erkannt wird, denn belegt sind nur mhd. lab. lap (Mittel zum Gerinnenmachen), lib(b)eren, mnd. leveren (gerinnen »machen«), ahd. kāsiluppa, ags. (cīes)lybb (Lab). Weiter rückwärts versagen bisher alle Deutungsversuche. Ich führe das Wort zurück auf ideur. *qrebh (schrumpfen), daraus nach k-Ausfall lit. raũpas, (Blatter, Pocke), nach Lautverschiebung p>k lit. raũkas (Runzel, Falte), lat. rūga (Runzel), dazu lit. ràugas (Säure, Sauerteig), lett. raûgs (Sauerteig, Hefe, Hefepilz), apreuß. (Lab) und Zubehör. Unserm Wort liegen demnach die nichtgerm.-ideur. Lautverschiebungen r>l und g>b zugrunde. Dazu noch lit. klèkti (gerinnen).

**schlacken** (schlåkkən – V.) regnen und schneien mit ungutem Winde zu gleicher Zeit. – *Schlackwetter* (schlåkkwattər – N.) ungesundes Wetter, bei dem Schnee und Regen gleichzeitig fallen. – Weigand möchte das Wort zu ahd. mhd. slach (schlaff, welk) und asächs. slak (stumpf), mnd. slak (schlaff, schwach), ags. sloec, sleak (schlaff sein), anord. slakna (schlaff sein) stellen, Hermann Paul wohl zu mnd. slak (schlaff, schwach), obwohl ein heftiges Schlackwetter das genaue Gegenteil von »schlaff, schwach« ist. In Wirklichkeit ist es ein nichtgerm.-ideur. Wort, das erst nach erfolgter Lautverschiebung p>k 1642 in die Schriftsprache eingedrungen ist. Das ergibt sich unwiderlegbar aus den balt. Sprachen: lit. šlãpdraba, šlãpdriba (mit Regen vermischtes Schneien), šlãpdribis (nasser, flüssiger Schnee), lett. slapdrankis (mit Regen vermischter Schnee, Schlackwetter). Dass auch in den balt. Sprachen die Lautverschiebung p>k wirksam geworden ist, ergibt sich aus lit. šlãkas (Tropfen), šlakéti (tröpfeln, triefen), lett. slaka (Tropfen) und zahlreichem Zubehör. Aus dem Slaw. sei verwiesen auf russ. sljakoto (Regen mit nassem Schnee). Das Wort gsp. schlåkkən darf nicht gleichgesetzt werden mit gsp. schlåkkən (schlenkern) und es ist auch nicht nd.

**Schlamper** (schlampər – M.) wässeriger Schlamm, tiefgründiger Schmutz. – Das Wort erscheint erstmalig in md. Quellen im 14. Jh. als md. slam (weicher nasser Bodensatz), so dass auf ideur. *(s)lam (schlaff; herabhängen) geschlossen wird. Bei Berücksichtigung der nichtgerm.-ideur. Lautverschiebungsreihe t>p>k>s mit der Verschiebung k>s ist ein diesem md. slam ein vorausgehendes *klam anzunehmen und dann lit. klampà (sumpfiges, morastiges Erdreich, Morast, Sumpfland), klampùs (morastig, sumpfig) und Zubehör. Der Bed.gleichklang klampà/schlamper stützt die Richtigkeit dieser Deutung. Dass im Lit. die Verschiebung k>s wirksam geworden ist, beweist das bisher nicht erklärbare lit. šlam̃štas (Unrat, Kehricht), szlamstas (vom Wasser zusammengespülte Rückstände) und Zubehör. Freilich ist die Wurzel vorerst nicht auffindbar, doch steht fest, dass es sich bei unserm Wort um ein solches nichtgerm.-ideur. Herkunft handelt.

**schlappen** (schlåppən – V.) mit Gier fressen, wie man es von Schweinen kennt, im tadelnden Sinne auch auf Menschen bezogen. – Das Wort ist nicht lautmalend, wie Kluge/Mitzka annehmen, sondern entstammt ideur. *(s)lap (lecken, schlappen), daraus bspw. skr. hlàpnuti (schnappen), bg. lapan (fresse, schlinge), poln. chlapac (gierig sein), lit. lapénti, lapòti (Fressen hinunterschlingen; von Schweinen gesagt), im Germ. dän. slappa (schlürfen), gr. làptein (schlappen, mit hohler Zunge lecken und saufen wie es die Tiere tun). Als bedeutsam ist auf die Lautverschiebung p>k in den balt. Sprachen hinzuweisen, die auch lit. làkti (schlappen der Hunde und Katzen), laktùvis (wer das Essen schlappt wie ein Hund oder eine Katze), lett. lakt (schlappen, leckend und schlürfend fressen) und Zubehör kennen. Die weitere Meinung Kluge/Mitzkas, md. schlappen entstamme nd. schlabbern, ist unrichtig; es liegt ein nichtgerm. Erbwort vor.

**Schlappohr** (schlåppuər – N.) schlaff herunterhängendes Ohr. Bildlich hat dasjenige Kind »Schlappohren«, das nicht hören und gehorchen will. – Das Wort in der Bed. »schlaff, kraftlos« gehört zu ideur. *slab (schwach), daraus aslaw. slabŭ (schlaff, schwach, lässig), lit. slãbnas (schwach, kraftlos), lett. slãbt, slãbu (schlaff werden, zusammenfallen). Daneben finden sich im Balt. gleichbed. ablautende Formen wie lit. slõbti (schwach werden), slõbnas (schwach, kraftlos). Im Germ. erscheinen ordnungsgemäß an. slàpr (träger Mensch), slapa (schlaff herabhängen), im Dt. ebenfalls ordnungsgemäß ahd. slaph (schlaff, kraftlos, träge), slaphēn, slaffən, mhd. slaphen, slaffen (schlaff sein oder werden), sowie die entschärften Nebenformen ahd. mhd. slaf(ff) in der Bedeutung »kraftlos, träge«. Die Lautstufe gsp. schlåpp(uərn) statt nhd. schlaff kann keineswegs als nd. angesehen werden: vielmehr hat sich in der Grundsprache die germ. Lautform bis heute erhalten.

**Schleeren** (schlērən – V.) schlecht mit der Getreidesense mähen. – *Schleeren* (schlērən – N.) schlichthin das ungleichmäßige Mähen des Getreides mit der Sense. – *Geschleere* (gəschlēr – N.) ein Missbilligung über ungleichmäßiges Mähen ausdrückendes Substantiv. – *Schleere* (schlērən – F.) Spur im jungen Getreide, die meistens 8 bis 10 cm breit ist, wobei die Halme schräg abgeschnitten und die Stoppeln geschwärzt sind. – *schleeren* (schlerən – V.) so unvorsichtig durch junges Getreide, Klee, Gras laufen, dass eine Spur bleibt – *abschleeren* (abschlērən – V.) Grenze vor der Mahd zwischen zu nebeneinanderliegenden Wiesenstücken durch Fußstapfen kennzeichnen. – *Schleere* (schlērən – F.) auf der Hoferaite oder auf der Miste (zwei verschiedene Dinge!) entstandene Strohhalmspur zwischen Scheune und Stall. – Das Wort ist in der vorstehenden urzeitl. Bed. im Gmdt. unbekannt, auch im Mhd.- und Ahd. nicht belegt. Im Germ. jedoch an. slera, slöra (mähen, das Getreide »schlagen«; einen Vertrag abschließen), dem unser gsp. schlērən ganz offensichtlich zugerechnet werden muss. Das lässt auf Landnahme ur-altnordischer Germanensippen in Wthür. schließen. Weiterhin wird erkennbar, dass dieses Wort einer Zeit entstammt, als das Getreide nicht gemäht, nicht »gehauen« und ebenfalls nicht gesichelt wurde, sondern jeder »Schleerer« eine Fußbreite oder »Schleere« in Arbeit nahm, indem er lediglich die Ähren abschnitt und die Halme auf dem Acker stehen ließ. Die Wörter »schlurren, Schlorre, Schlorpe« werden von Weigand fälschlich als lautnachahmend bezeichnet, ebenso wenig sind sie, was Hermann Paul annimmt, »norddeutsch«. Wenn aus einer Grundsprache das Wort als nhd. schlieren (Streifen aufweisen, Spuren hinterlassen) aufsteigt und in der Gesteinskunde, der Glasfabrikation, der Strömungstechnik usw. verwendet wird, dann ist die Meinung der Mundartforschung von einer angeblichen »Vokalsenkung« widerlegt: denn im Gegenteil wurde das Grundsprachenwort als nicht »vornehm« genug empfunden und diese unsinnige Ablautform dafür eingesetzt. Damit aber kommt nhd. schlieren in Widerstreit mit gsp. schlīᵉrən (schlüpfrig machen: der Weber »schlīᵉrt« die Gesamtheit der Längsfäden, den ānschiər oder die »Kette«, zuerst mit Schlichte und dann nochmals mit Speck), das zur Bed. »Schleim« als Nebenform zu setzen ist. Da dieses nhd. schlieren zusätzlich in die Grundsprache abgesunken ist, kennt sie aussagestark und bildkräftig gsp. schlīrən/-schlīᵉrən im Gegensatz zum verwässerten nhd. schlieren/schlieren.

**Schlegel** (schleajəl – M.) keulenartiges Schlagwerkzeug aus Holz. – Der zum Begriff »schlagen« gehörende Gerätename wird von Kluge/Götze zu einem ideur. *sleg(h) (schlagen) gestellt, weil air. sliggim (ich schlage) belegt ist, im übrigen habe germ.

S

*slah, slag aus angeblich nichtgerm. *slak »außerhalb des Germ. keine sichere Entsprechung«. – Zugr. liegt jedoch ideur. *plāg (schlagen), das im Nichtgerm. die Lautverschiebung p>k>s (sch) durchlaufen hat, *bevor* es aus einer Grundsprache ins Germ. entlehnt worden ist zu got. slahan, ags. slēan, ahd. slahan, mhd. slahen (schlagen).

**Schleife** (schlaifən – F.) Art Wagen ohne Räder zum Fortbewegen von Lasten, noch heute zum Wegschleifen schwerer Baumstämme verwendet. – Das Wort steigt erst in dt. Zeit aus einer Grundsprache auf als ahd. sleifā, mhd. sleife (gleitendes Fahrzeug), so dass vorgerm.-ideur. Herkunft vermutet werden darf. Das ergibt sich auch daraus, dass ideur. *sleu/*slei aus ideur. *kleu/*klei (gleiten, rutschen) eine außerordentliche Vielfalt von Wortsippen im Balt. entwickelt haben, so lett. slìece (Schlittenschleife) und slaika (Art Schlitten mit nicht vorn aufwärtsgebogenen Schleifenden) aus noch nicht erkannter Lautverschiebung p>k, sowie mit gh-Erweiterung lett. služât (längs der Erde ziehen, rutschen, glitschen), litt. šliùžas (Steinschleife aus zwei durch ein Querholz untereinander verbundene Bäumen, deren eines Ende auf der Wagenachse liegt und das andere auf der Erde schleift, also eine verbesserte »Schleife«), und zahlr. Weiterentwicklungen. Schleife bedeutet eigentlich »Gleitwagen« oder auch »Rutschwagen«, anders gesagt »rutschendes Fahrzeug«.

**Schleifkanne** (schlaifkånn – F.) etwa 80 cm hohe Holzkanne mit Deckel, die mit zwei oder drei Metallreifen zusammengehalten wird und zwei Tragehenkel besitzt. Verwendet wird sie nur für Bier. Nach der Volksmeinung rührt die Bez. daher, dass ein Mann die Schleifkanne nicht zu tragen vermag und sie deshalb von zwei geschleppt oder geschleift werden muss. Es ist eher an eine unmittelbare Weiterentwicklung aus ideur. *(s)leib (ausgießen, netzen) zu denken entsprechend gr. leibō (als Trankopfer ausgießen, spenden usw.). Die Schleifkanne könnte dann die vorchristliche Opferkanne gewesen sein, die bei Trankopfern verwendet wurde.

**schleudern** (schluddərn – V.) schlenkern, in schnellendem Schwung mit der »Schludder = Schleuder« einen Stein entsprechend fortwerfen. Im übertr. Sinne »schluddert« im Winter bei glatten Wegen der Schlitten oder Wagen. Der Hausmetzger »schluddert« die mit Blutwurst gefüllten dünnsten Schweinedärme mehrfach herum und bereitet auf diese Weise die für Kinder bestimmten »Schlenkerschleifchen«. Seit dem ersten Drittel des 20. Jh. werden die Kartoffeln mit der von Pferden gezogenen »Schleuder« aus den Reihen »ūsgəschluddərt = ausgeschleudert«. – *Schleuder* (schluddər – F.) Kinderspielzeug zum Fortschwingen eines Steines. – Die Etymologie spricht von »dunkler Herkunft«. Legt man ideur. *slad/ *sland (gleiten) zugrunde, dann muss in den balt. Sprachen festgestellt werden, dass wie auch in der wthür. Grundsprache einfacher Lautstamm und nasalierte Form stets gleichbedeutend sind. Luther hat ahd. slengira, mhd. slenker (Schleuder), ahd. slingā, mhd. slinge (Schleuder) und Zubehör durch das ihm vertrautere nichtnasalierte spätmhd. sluder (Schleuder) ersetzt.

**schlieren** (schlearən – V.) den Anschier, die »Kette« oder die Gesamtheit der Längsfäden am Webstuhl, beiderseits zuerst mit Schlichte und dann nochmals mit Speck einreiben, um sie schlüpferig zu machen. – Zugr. liegt ein ideur. *sli-, slei- (gleiten, schlüpfen), das in den balt. Sprachen zahlreiche Nebenzweige getrieben hat; lit. sliaũkti (mit dem Besen leicht obenhin wischen). Im Germ. ist das Wort nicht belegt, steigt jedoch im Dt. aus der nichtgerm. betonten Grundsprache auf als mhd. sliere, slier (schmierige, klebrige Masse), gleichen Stammes mit ags. an. slīm (Schleim, Schlamm), im Dt. ahd. slīmen (glatt machen, von anklebenden fremden Bestandteilen reinigen, blank schleifen), mhd. slīm (glatte zähe klebrige Masse, Schleim, schmierige Bestandteile).

**schloßen** (schluəßen – V.) hageln. Es heißt dann, »s schluəßt = es schloßt«, es hagelt. – *Schloße* (Schluəßən – F.) Hagelkorn, sie auch in ihrer Gesamtheit. Die Meinung Hermann Pauls, das Wort Schloße hinge mit »schleudern« und »schlottern« zusammen, entbehrt jeder Grundlage. Ebenso wenig kann Kluge/Mitzka zugestimmt werden, wenn sie das Schloßen als einen »schlaffen (Niederschlag)« bezeichnen. Dem Wort liegt ideur. *sqel (spalten, zerschlagen: nämlich große Eisklötze) zugr., entspr. gr. chalaza (Schloße, Hagelkorn), chalazáō (es hageln lassen, hageln). Es ist weder im Germ. noch Ahd. belegt, sondern steigt erst auf zu mhd. slōȥe, slōȥ (Hagelkorn), im Laufe der Jahrtausende entsprechend zusammengezogen. Wenn Kluge/Mitzka das Wort Hagel in Beziehung zu gr. káchlēx (Kiesel, Steinchen) setzen, dann fragt sich, weshalb Schloße die Grundbed. »schlaffer (Niederschlag)« haben soll, da es ja nur eine andere Bez. für den gleichen Naturvorgang ist.

**Schlot** s. schluttern

**Schlufter** (schlůftər – M.) grabenartige Vertiefung innerhalb eines Ackerstückes, im Gegensatz dazu die Lache als flache Ausbeulung des Geländes, sowie die Delle als noch flachere und oft kaum erkennbare Eintiefung. – Das Wort, nur in der Nebenbed. mhd. sluft (Schlucht) belegt, wird nur von Hermann Paul und Weigand besprochen und übereinstimmend zum Zeitwort schliefen und damit zur Bed. »schlüpfen« gestellt. Wieder ist das Wort vom Sprachgesetzlichen her etymologisiert, obgleich es nur vom Sachlichen aus erklärt werden kann. In Wirklichkeit liegt das auf der Verschiebungslinie t>p/p>k/k>s lautverschobene Wort Kluft zugr., das jedoch keineswegs satemspr. Herkunft ist, sondern dem kentumspr. Kluft durch Lautverschiebung k>s entstammt. Diese nichtsatemspr. Lautverschiebung ist in der md. Grundsprache mehrfach nachweisbar, besonders in den balt. Sprachen stark vertreten. Zugr. liegt ideur. *glubh (spalten), daraus gr. gluphō (aushöhlen), gluphis (Kerbe), daraus im Germ. ags. clēofan, an. kljūfa (spalten) und im Dt. ahd. mhd. kluft (Spalte, Felsenriss, Höhle). *Dieser* Zeit, die den Übergang von der Zweifelderwirtschaft zur Dreifelderwirtschaft bringt und die erste Binnensiedlung herbeiführt, muss die Lautverschiebung k>s angehören. Vorher war nur einwandfreies Gelände landwirtschaftlich genutzt worden.

**schluttern** (schluttərn – V.) spindeln oder hochschießen und dadurch wertlos werden. »dein Birnbaum hat geschluttert«, hat langaufgeschossene Wildlinge (Raiber) ausgetrieben. – *schluttern* (schluttərn – V.) zu rasch gewachsen, spindeldürr geworden. – *Schlutte* (schlůttən – F.) saftiges hohles Blatt der Zwiebel. – *Langer Schluttig* (långər schlůttj – M.) lang »aufgeschossener« Mensch mit linkischem Wesen. – *Schluttchen* (schlůlttchən – N.) die durch den Pilz Taphrina pruna hervorgerufene Missbildung der Zwetsche. – Das Wort ist weder im Dt. noch vorhergehendem Germ. belegt, im Kelt. ein erschlossenes *slattā, daraus ir. slat, kymr. llath (Rute), der vermuteten Urform von nhd. Latte. Damit stimmt überein, dass die Grundsprachen auf eine Nebenform ausweichen, wenn eine Sache ähnlicher Bedeutung eintritt: danach wäre »Schlatte, Schlutte« auf »etwas langes hochgeschossenes Hohles« übertragen worden, während das gleiche Wort nach s-Ausfall die ursprüngliche Bed. der Bez. weiterführt (kelt. *slattā = Rute, nhd. Latte = rutenähnlich geschnittener schmaler Holzstab). Aus swdt. Grundsprachen ist überliefert gsp. schlotten (Schilfrohr), das aus einer von ihr aufstieg zu mhd. slāte (Schilfrohr) und völlig gleichbed. ahd. mhd. slāte (Schornstein: das lang aufgeschossene »Hohle, Schlot«.

**Schmand** (schmånd – M.) Milchrahm, Sahne. – Das nur unvollkommen etymologisierte Wort ist das gleiche wie Schmalz, schmelzen (auslassen, zergehen lassen, fließen machen) aus ideur. *(s)meld, *(s)mald als Wurzelerweiterung aus ideur. *mel, *smald (weich sein, zerreiben) nach nichtgerm.-ideur. Lautverschiebung l>n. Es steigt in dieser Lautform erstmalig aus einer Grundsprache auf 1425 nd. smant (Rahm, Sahne), ist jedoch weder nd., noch (Weigand) aus einer slaw. Sprache entlehnt, sondern bodenständig.

**Schmauche** (schmauchən – F.) Prügel mit einer langen Rute. – *schmauchen* (schmauchən – F.) – Die Wortsippe ist weder im Dt. noch im vorhergehenden Germ. belegt, denn mit nhd. schmauchen (Tabak rauchen) kann sie nicht in Verbindung gebracht werden. In den balt. Sprachen lit. šmaĩkštis (dünne geschmeidige Rute, Gerte), šmáukšt (schnellen Hieb mit der Peitsche bzw. Ausrufewort), dazu lit. smŭgis (plötzlicher Hieb, Schlag), smūgiŭoti (Schläge, Hiebe) als k-Erweiterung zu ideur. *smēi, *smi (streichen, schmieren). Dazu auch Schmuchte (schmŭchtən – F.) biegsame Rute oder Schwuppe zum Verprügeln. Wie nahe wir noch immer dem Ideur. stehen, ist dem Ausdruck »ich schmier dir eine = ich klebe dir eine (Backenstreich)!« zu entnehmen. Das Wort kann nur entspr. dem balt. Beleg in germ. Zeit aus der Grundsprache »aufgestiegen« sein, um – wenn auch nirgends belegt – die »Hoch«-dt. Lautverschiebung k>-ch mitzumachen. Es muss sich deshalb ergeben haben germ. *schmauk/ahd. *schmauch. Die Diphthongierung ist als schon urzeitlich anzunehmen. Wieder ist auf die enge sprachliche Beziehung der md. Grundsprache zum Balt. zu verweisen.

**schmieren** s. Schmauche

**Schmiss** (schmiͤß – M.) schmucker Anzug oder Kleid. – *Schmeß* (schmëß – M.) eng anliegender dicker Mantel. – *schmessen* (schmëssən – V.) durch Anzug oder Kleid schmücken. »Er hat sich in Gala geschmissen«. – Es ist naheliegend, dass in diesem Grundsprachenwort die Bed. »schmeißen, werfen« gesehen wird, womit es jedoch nichts zu tun haben kann. Es entstammt einem ideur. *smuk (schmücken, zieren), daraus im Germ. ags. smocc, an. smokkr (Kleid ohne oder mit kurzen Ärmeln), im Dt. nur ahd. smocko (Unterkleid, Hemd). Das Grundsprachenwort ist durch Lautverschiebung k>s entstanden. Deshalb ist auch erst gmd. Schmuck nicht Intensitiv zu »schmiegen«, wie Kluge/Mitzka erklären, sondern ein nicht verschobenes Wort der nichtgerm.-ideur. Vorbevölkerung. In Schmiß ist die Entrundung u>ü>i eingetreten, in Schmeß wurde zur klaren Kennzeichnung des Gemeinten (Mantel) der Ablaut wirksam.

**Schmitzse** (schmiͤtsən – F.) an den Peitschenriemen gebundener und einige Male geknoteter dünner Faden, der das Knallen verursacht. – *schmitzen* (schmiͤtsən – V.) jemand so mit der Peitsche schlagen, dass ihn genau die Schmitze trifft. Auch das Zugvieh wird durch »anschmitzen« zu rascherem Gehen angeregt. Mit der Schmitze das Gesicht eines Menschen treffen, ergibt einen blutunterlaufenen Streifen. Das hat zur bildlichen Übertragung geführt: einen Schmitz machen bedeutet »einen Strich machen«. Soll aus einem Baumstamm ein vierkantiger Balken ausgehauen werden, dann wird mit der rotgefärbten Schnur die Richtlinie geschmitzt. – *Schmitze* (schmiͤtsən – F.) langes und recht schmales Ackerstück. – *Schmitze* (schmiͤtsən – F.) lang hochgeschossenes und dürres Mädchen. – Das in dieser Bed. erst als mhd. smitzen (mit Ruten streichen, geißeln) aus einer Grundsprache »aufgestiegene« Wort wollte Weigand mit mehreren anderen nicht hierher gehörenden Belegen als Intensivbildung zu »schmeißen« verstehen, verwies aber gleichzeitig auf mhd. smicke (Rute). Bei dieser Erklärung ist es bis heute geblieben, nur dass Kluge/Mitzka gmd. schmitzen (»mit Ruten« schlagen) zu mhd. smicke (Rute) in Beziehung setzen, jedoch in gmd. schmitzen (beschmutzen) ein Intensitv zu »schmeißen« sehen wollen. In der wthür. Grundsprache wird mit diesem Wort etwas Schlankes, übermäßig Langgestrecktes ausgedrückt. Das beweist auch das Balt. in lett. smidrs (schlank, geschmeidig, guten Wuchses), smuídrinat (schlank machen), lit. smýdras (Spargel als das schlank »Emporschießende«) aus ideur. *smidh (schauk)... Im Balt. ist die d-Erweiterung nur in wenigen Beispielen belegt, während hauptsächlich die g-Erweiterung gilt, so dass bereits eine urzeitliche Lautverschiebung g>d angenommen werden muss. Aus ideur. *smigh (schlank) hat sich ergeben lett. šmiga (Rute zum Schlagen), lit. smigsóti (aus etwas emporragen, herausstarren), smeigenà (Spieß, Speer, Pike), smaigà (lange dünne Stange), smaígtis (Stock, Stab zum Anbinden der Pflanzen) und großes Zubehör. Das Wort gmd. schmiegen (geschmeidig biegen, sich anschmiegen) ist hierzu eine Ableitung.

**schmitzen** (schmītsən – V.) Schafe mit Hausmarken versehen. – Ausgangswurzel des Wortes ist ideur. *smi, smēi (streichen, schmieren), im germ. got. bismeitan (bestreichen, beschmieren), ags. smītan, agries. smīta (schmieren, beflecken), ags. smittian (besudeln) und im Dt. ahd. bismizzan (beschmutzen) – ags. smitta (Fleck), ahd. mhd. smiz (kurzer leichter Strich zum Anmerken; entstellender Flecken). Von außergerm. Belegen sei besonders auf gr. smōdix (Strieme) verwiesen.

**schnattern** (schnåttərn – V.) der Gänse und Enten. Da das Wort erstmalig mhd. snateren (schnattern) aus einer Grundsprache aufsteigt, bezeichnet es die Etymologie als lautmalend, was jedoch nur bedingt zutrifft. Ausgangswurzel ist ideur. *kla (tönen, schallen), dazu gr. klàzein aus *klàtsein (schnattern, schreien, krächzen) und dieses aus t-Erweiterung ideur. *klat (schnattern). Der erste Laut ist in der nichtgerm. Lautverschiebungsreihe t>p>k>s und der zweite in der vorgerm. Lautverschiebungsreihe t>s>r>l>n verschoben worden, also kl>sn/schn.

**Schnaūze** s. schnūsen

**Schnepfe** (schnapfən – F.) Kannenausguss, auch Laufvogel Scolopacidae. Dazu mhd. snëpfa, im Germ. an. snīpa, as. sneppa, mnd. snippe, mengl. snīpe zur Grundbed. »Schnabel«. Dazu im Balt. lit. snãpas (Schnabel der Vögel, Tülle, Kannenausguss), snapẽlis (dasselbe) aus ideur. *qnēi, *qnō (zerbeißen, schaben, kratzen).

S

**Schnerpfel** (schnerpfəl – M.) das mit Wurstband zusammengezogene Wurstende, ebenso das Sackende. – Das weder im Dt. noch Germ. belegte Wort hat die Grundbed. »Zusammengeschnürtes« zu Schnur, am nächstliegend mhd. snërfen, ahd. snërfan und im Germ. an. snarpr, got. snarpjan (zusammenziehen, zusammenziehend machen; messend verringern.) Die Wurzel ist ideur. (s)ner (drehen, winden).

**schnorpsen** (schnorpsən – V.) knackend Äpfel essen, (Tiere schnorpsen Runkeln). – *Schnorpsen* (schnorpsən – V.) das knackende Essen von Äpfeln bezeichnend. – Geschnorpse (gəschnorpsə – N.) ein Widerwillen hervorrufendes überlautes »Knacken« des Obstes. – *Schnorpserei* (schnorpsərei – F.) das ein Verbot nach sich ziehende knirschende Essen der Äpfel. – Das Wort ist weder im Dt. noch vorhergehenden Germ. belegt. DWB führt auf md. schnurpen (in etwas Sprödes, Frisches beißen, dass es knarrt und knirscht), das eine Weiterbildung zu »schnarren« sei: »daraus weitergebildet schnarfen. Daraus weitergebildet schnarpfen, schnurpen, schnarpsen (der Laut, der beim Durchbeißen eines Knorpels entsteht). Nicht zu got. snarpjan, mhd. snërfen«. Diese Deutung kann nicht befriedigen, denn es muss im Wort auch die Grundbed. »Zerlegen, Zerteilen« enthalten sein. Ideur. *qnō (zerbeißen, schaben, kratzen) ist die Grundform für die Wörter nhd. knabbern, (geräuschvoll nagen), narpeln (nagend mit wiederholtem Krachen zerbeißen), ablautend nhd. knupper (laut an etwas Hartem nagen) und ähnlichen, doch wohl die kentumspr. Wurzel, der – wenn auch in Satemspr. nirgends belegt – eine uralte satemspr. Wurzel ideur. *snō (zerbeißen, schaben, kratzen) gegenübergestellt werden muss.

**schnorren** (schnorrən – V.) betteln. Das angeblich der Gaunersprache entstammende Wort hat durchaus keine abfällige Bedeutung, wenn es heißt: die Kinder haben sich etwas zum Fest zusammengeholt; auch die Pfingstburschen haben von den Mädchen Eier gescchnorrt, zusammengetragen. *Schnorrer* (schnorrər – M.) Bettler – *Schnorre* (schnorrən – F.) lustige Erzählung. – Das Wort erweist sich als nichtgerm.-ideur. zu ideur. *qsneu (reiben, kratzen, schaben) in der Bed. »etwas herauskratzen«, eben »betteln«. Das geht aus gr. chnoázō (einen leichten Anflug von Bart bekommen) deutlich hervor, denn das nichtetymologisierbare Wort nhd. Schnurrbart gehört zur gleichen Wortfamilie.

**Schnucke** (schnukkən – F.) habgieriges Leckermaul. *schnuckeln* (schnukkəln – V.) ständig Leckereien lutschen. – *Schnuckelchen* (schnukkəlchən – N.) gutgenährtes Kind, aber auch gutgenährtes Stück Jungvieh. – *Heidschnucke* (haidschnukkən – F.) genügsame, mit geringwertiger Nahrung vorliebnehmende Schafart. – Die Wortfamilie ist zwar lautmalend, vergleicht sich aber unmittelbar sowohl mit der p- als auch der lautverschobenen k-Form balt. Wörter, so lit. šnipas (Schnauze), šnipųti (mit der Schnauze wühlen), šniukštinėti (schnuppernd schnusen und schlendern). Dass die Wortfamilie zu dieser außerordentlich umfangreichen balt. gehört, ergibt sich aus der Nebenbez. Heideschnicke, Heideschnacke. Denn sie führen zu ags. snīean (kriechen), an. snikinn (habgierig) und daraus isl. snīkja (betteln der Hunde), snīkjur (Bettelei), snīkjugestr (Schmarotzer), schwed. snikas (geizen, knausern), snikenhet (Geiz, Habsucht), nur ist die Entrundung u>i eingetreten, während die md. Grundsprache die volle Lautform enthält. Kluge/Mitzkas Meinung, das Wort Schnucke sei zu nd. snukke(r)n (schluchzen) zu stellen, ist weder sachlich noch wortgeschichtlich richtig. Die gesamte lautmalende Wortfamilie ist vielmehr nichtgerm. und von dorther in die Germ. Sprachen eingedrungen.

**schnusen** (schnusən – V.) wählerisch aus dem Futter die Leckerbissen heraussuchen. – *schnusen* (schnusən – V.) überall nach etwas Leckerem herumstöbern, so auch in fremden Gärten sich das wohlschmeckendste Obst suchen. – *Leckerschnußen* (lakkərschnußən – M.) Leckermaul, hier »schnußen« also stellvertretend für »Mund, Maul«. – *Schnuße* (schnußən – männl. Geschlechts) als Schimpfwort: Maul. Kuh und Schwein dagegen haben einen Schnußen (und hier nicht Schimpfwort). – *Schnießchen* (schnißchən – N.) Mäulchen, aber nicht als Schimpfwort: »das Schnäuzchen geht wieder«, er oder sie kann (etwa nach längerer Krankheit) wieder sprechen. – Da das Wort Schnauze erst im 16. Jh. auftritt und zur Erklärung nur nd. snute (Schnauze) vorliegt, bleibt die Deutung offen. Zugr. liegt ideur. *knā, *knē, *knō (zerbeißen, schaben, kratzen), weiterentwickelt in der Lautverschiebungsreihe t>p>k>s zu ideur. *snā und wie etwa gsp. knabbern zu gsp. knuppern entspr. ablautend zu ideur. *snū (zerbeißen, schaben, kratzen). Eine ähnliche Entwicklung weisen auf lit. knablỹs (Schnabel) und lit. snãpas (Schnabel). »Dem t von nd. snūte sollte mhd. ȥ, nhd. ß entsprechen« (Kluge/Götze), da nhd. Schnauze eigentlich *Schnautse geschrieben werden müsste, entstanden aus *Schnautte. Das ist in den md. Belegen tatsächlich der Fall, da gsp. schnußən (Schnauze) vorliegt, während gsp. schnusən (im eigentlichen Sinne: mit der Schnauze die Leckerbissen ausfindig machen) zu »s« entschärft worden ist, was der Eigenart des Nichtgerm. entspricht .Das Wort Schnußen ist nicht nd., sondern md. und ist durch die oberdt. Diphthongierung schließlich zu nhd. Schnauze geworden.

**schnuppen** (schnuppən – V.) das verkohlte Ende des Dochtes einer Kerze, des Zogelichts, der Ölfunsel, der Petroleumlampe abnehmen. – *Schnuppe* (schnuppən – F.) verkohltes Endstück des Dochtes. – *Schnuppschere* (schnuppschiərən – F.) scherenförmiges Werkzeug zum Abnehmen der Schnuppe, jedoch mit quergestellten Schenkeln. – *Schnuppenkopf* (schnuppənkopf – M.) Kosewort, das einen kleinen Jungen mit närrischen Überlegungen, prahlerischen Redereien ohne realen Hintergrund meint. – *Alte Schnuppe* (ālə schnuppən – F.) Spottbezeichnung einer Frau, die nutzloses Zeug redet. – Das erst in gmdt. Zeit aus einer Grundsprache aufgestiegene Wort wird als aus dem Nd. stammend und gleichbedeutend mit »schnäuzen« bezeichnet. Es ist vielmehr lautgleich mit lit. šnŷpiù (ein Licht putzen, kneifen), lett. šniêpt (einklemmen), lit. šnyplé (Lichtputzschere), die aber keinesfalls mit Ernst Fraenkel als lautmalend anzusehen sind. Vielmehr kennen die balt. Sprachen genau wie die md. Grundsprachen die Schärfung s>š, aber auch die Lautverschiebung k>š, weshalb diese Wortfamilie auf die älteren Formen lit. knyplės (Lichtputzschere), lett. knīpêt (kneifen, zwicken) zurückgeht. Sie aber vergleicht sich mit gr. knáō (abkratzen, schaben) aus ideur. *qnēi, *qnō (schaben, kratzen), sowie mit md.-gsp. knuppərn (mit den Fingernägeln etwas ausklauben)… Das Nebeneinander beider Lautformen im Balt., sowie die Lautgleichheit der s-Wortform mit dem md.-grundsprachigen scheint zu bestätigen, dass die Lautverschiebung k>s,š um 1500 v. Ztr. produktiv wurde, als durch die »Lausitzer Kultur« Verbindung zwischen Mitteldeutschland und den balt. Ländern wieder hergestellt war.

**schnurren** (schnorrən – V.) ununterbrochen dumpf und zitternd tönen besonders vom sausenden Drehen des Spinnrads, aber auch dem Wohlbehagen ausdrückenden »Spinnen« der Katze gebraucht. – Dieses erstmalig als mhd. snurren (rauschen, sausen) aufgestiegene Wort wird als lautmalend bezeichnet und zur lautmalenden Wurzel ideur. *sner, *snur (knurren, knarren) gestellt. Das stimmt zwar, doch ist es nichtgerm. aus ideur. *(s)knut (schnurren, knurren) entsprechend gr. knyzéomai aus *(s)knutséomai (knurren, winseln, wimmern) und Zubehör, balt.-lautverschoben t>s>r lit. niurnëti (schnurren, knurren), lett. nuřkstêt (schnurren, knurren), nauras (Katzenschnurren) und Zubehör.

**schoi! schoi!** (schoi! schoi! – Interj.) Scheuchruf, wenn Schweine sich wieder in die Koben zurückbegeben sollen. – Mundartforschung und Sprachwissenschaft würden den Scheuchruf zweifellos mit dem in der Grundsprache völlig unbekannten Wort »scheuchen« in Verbindung bringen. Es gehört zu ideur. *kej, *koi (wohnen, liegen), dazu gr. koimàō (Tiere ins Lager bringen). Unser Scheuchruf hat keinerlei Suffix, ist jedoch über die nichtgm. Lautverschiebung (t>p)k>s,š weiterverschoben worden.

**Schoot** (schōt – M.) Naturallohn des Kuhhirten für jede vom Ochsen gedeckte Kuh. Ein »mēs/chən schōt – Mäßchen Schoot« entspricht etwa fünf Pfund Roggen. – Dem Wort liegt ideur. *skid (scheiden, spalten, trennen) zugr., das sich in den balt. Sprachen außerordentlich verzweigt hat, dazu lit. skaitỳti, lett. skàitît (zählen). Im Germ. haben sich daraus entwickelt ags. sceot (Rechnung, Zeche), an. skot (Abgabe) in der Bed. »schießen, zuschießen« entsprechend ags. scēotan, an. skjōta (beisteuern, Geld zuschießen). Im Dt. ist das Wort nur belegt mhd. schoz̧ (Steuer, Abgabe). Die Mundartforschung meint, in gsp. schōt läge eine Entlehnung aus dem Nd. vor; in Wirklichkeit war das Wort bereits »versteinert« in »mēs/chən schōt«, bevor die Lautverschiebung t>s wirksam wurde. Denn auch Schoß (Steuer) ist bekannt, vor allem in der Amtsbezeichnung Schoßmeier (Steuereinnehmer).

**Schootkarre** (schōtkårrən – F.) einräderige Kastenkarre zum Wegfahren von Erde, Sand, Schutt, Mist. Die gleiche einräderige Karre ohne Kasten, jedoch mit einem aus Latten gezimmerten »Bock« heißt Schubkarre oder Schiebekarre. – Der Bed. des Wortes ist nur beizukommen, wenn berücksichtigt wird, dass noch zu Beginn des 20. Jh. der Gemeindekuhhirte im Schootkarren seinen Schoot (bestehend aus Getreide), also seinen Schoß oder die Naturalien-Entlohnung, von den Bauern abholte. Der Lautform entspr. steht fest, dass das Wort nicht dt. (mhd. schoʒ = Abgabe, Steuer) ist, sondern zu nl. schot, ags. sceot (Zeche, Rechnung) gehört, die zur Bed. »schießen« gerechnet werden. Es ist eher an ein ideur. *kew, *ku (hohl sein; schwellen) mit t-Erweiterung zu denken; denn diesem Wurzelwort entstammen gr. koilos (zu Gefäßen oder Geschirr verarbeitet), aber auch gr. kotýlē (Napf, Becher, Schälchen) als Maß für trockene und flüssige Dinge, lat. cotula (kleines Gefäß als Maß). Gsp. schōt hätte dann die Verschiebung k>s,sch durchlaufen.

**schöpfen**, einerseits in der Bed. »zum Dasein bringen, bewirken, schaffen«, anderseits »eine Flüssigkeit woraus entnehmen«. Kluge/Mitzka erklären dazu: »Got. gaskapjan, anord. skepja ›schaffen‹ ergibt mit westgerm. Kons.-Doppelung ags. scieppan, afries. skeppa, mnl. sceppen, asächs. skeppian, ahd. scepfen, mhd. schepfen, schuof, geschaffen. Hier erfolgt Spaltung in zwei verschiedene Zeitwörter. Einerseits wird zu schuof, geschaffen ein neues, regelmäßiges Präs. schaffen ›creare‹ gebildet, worauf ahd. scaffōn ›bewirken‹ (s. schaffen) einwirkt. Anderseits wird zu schepfen ein schw. Prät. und Part. der Bedeutung ›haurire‹ gebildet...« Die grundsprachige Lautform schapfən, schöpfən beweist, dass hier zwei völlig unvereinbare Wörter ineinander gemixt worden sind. Denn nur das Wort Schöpfer gehört zur Bed. »schaffen, erschaffen, hervorbringen«, und das ist germ. Ursprungs. Aber das gemeindt. Wort »schöpfen«, verbösert aus »schäpfen« (etwas aus einem Gefäß, aus einem Schapf, herausschöpfen) aus ideur. *kap (fassen, ergreifen), entspr. gr. kápē (kleiner Bissen, Futterkrippe) ist offensichtlich in germ. Zeit aus einer md. nichtgerm. Grundsprache »aufgestiegen«, um danach die »Hoch«dt. Lautverschiebung pp>pf mitzumachen. Bei den unvereinbaren zwei Bed. des Wortes »schöpfen« behilft sich die Etymologie mit »Spaltung in zwei verschiedene Zeitwörter«, wo in Wirklichkeit eine nichtgerm.-ideur. sprachliche Unterschicht erkannt worden ist.

**Schöppe** (schipp – M.) in der germ. Gerichtsverhandlung »der das Recht schaffende« Vgl. schöpfen.

**Schöps** (schîpsən – M.) Schlachtschaf gleichgültig welchen Geschlechts. – Dem Tiernamen liegt ideur. *(s)kep, *(s)kop (schneiden, beschneiden) zugrunde, daraus kslaw. skopiti (verschneiden), lit, skobà (Gedärme), abg. skopiez (Verschnittener), tsch. skobec (verschnittener Schafbock). Im Germ. ist das Wort nicht belegt; es erscheint erstmalig mhd. schöp(e)tz, schöpeʒ (verschnittener Schafbock). Die Etymologie nimmt Entlehnung aus dem Slaw. an. Dagegen spricht gsp. schîpsən, das nicht wie die slaw. Belege auf ideur. *(s)kop, sondern auf ideur. *(s)kep zurückgeht, weshalb das Wort wohl nichtgerm. ist, das dann durch germ. hamola ersetzt wurde. Es bez. nicht mehr den beschnittenen Schafbock, sondern das Schlachtschaf beiderlei Geschlechts.

**schorben** (schorbən – V.) schneiden, nämlich ein Krauthait zu Fäden für das Sauerkrautbereiten. – *Schorbekraut* (schorbəkrūt – N.) urspr. mit dem Messer in Fäden zerschnittenes Kraut für das Sauerkraut bereiten. Dieses anderwärts auch Zettelkraut genannte Verfahren behielt den Namen auch nach der Erfindung des Krauthobels. – Das nicht mehr gebräuchliche Wort ist belegt mhd. scharben, ahd. scarbōn, im Germ. jedoch unbekannt. Es ist zu vergl. mit lett. skripste (Hohleisen zum Löffelschneiden), skripàt (einritzen, schrammen, kratzen), lat. scrūpus (spitziger Stein), scorpiōnis, gr. sckorpíos (Skorpion) und großem Zubehör aus ideur. *(s)sker (schneiden). Das Wort ist germ. p>b.

**schorpsen** (schorpsən – V.) Rost von Eisen abkratzen; hartgewordenen Schmutz von einem Brett abschaben. – *Geschorpse* (gəschorpsə – N.) Unwillen infolge des den Ohren wehtuenden Knirschens bezeichnender Ausdruck. – *Schorpserei* (schorpsəre/i – F.) zu erzwingende Einstellung des knirschenden, kreischenden Schorpsens meinender Ausdruck. – Das weitgehend unbekannte Wort gehört zu ideur. *skarp, *skrap (kratzen, schaben), zu dem es ablautet, dazu gr. skárīphos (Stift zum Einkratzen, Kritzeln). Im Germ. entspricht ihm nur ags. sceorpan (schrappen), während im Dt. sich die Nebenbed. »schürfen« daraus entwickelt hat, die jedoch keineswegs den gleichen Aussagewert besitzt. Weiter verbreitet ist das bereits in urideur. Zeit durch Metathese entstandene ideur. *skrap (kratzen, schaben), daraus lett. skrapt (schaben, kratzen, schrapen), skrabêt (kratzen, knirschend nagen), lit. skrébēti (rascheln), russ. skrobàti (schaben, kratzen). Im Germ. ist das Wort belegt ags. screpan (schrapen, kratzen), an. skrapa (kratzen), ist im Dt. unbekannt, steigt aber in nhd. Zeit aus einer Grundsprache wieder auf als nhd. schrappen (mit festem Druck schaben, kratzen, scharren).

**Schoss** (schoss – M.) die meistens aus Naturalien bestehenden Steuern an die Lehnsträger des Mittelalters. – Das Wort entstammt einem ideur. *skut (schießen), daraus im Germ. ags. scēotan, an. akgōta (Geld zuschießen, etwas beisteuern), sowie ags. sceot, shot (Rechnung, Zeche), im Dt. nur mhd. schoz (Steuer, Abgabe).

**schotten** (schottən – V.) das Hackern, flockig werden angesäuerter Milch beim Eingießen in den Kaffee. Das mhd. schotte, ahd. scotto belegte Wort bezeichnet in anderen Landschaften des dt. Sprachgebiets den wässrigen Rückstand der nochmals gekochten und mit Milchessig versetzten Molke, in Schwaben und Bayern und Österreich sogar die Matte. Infolgedessen kann das Wort nicht etymologisiert werden. Geht man vom Md. aus, dann ist gsp. schottən unmittelbar nach nichtgerm.-ideur. Lautverschiebung k>s aus ideur. *(s)kut (rütteln) entstanden.

S

**schrapfen** (schråpfən – V.) die junge Saat im Frühling mit der Sichel kürzen, um sie am Wachstum zu hindern. – Das Wort in dieser Bed. entstammt einem ideur. *skrab (schaben, kratzen), dazu im Balt. lett. skrabinât (benagen). Im Germ. ist nur belegt ags. screpan (kratzen), das jedoch eine andere Bedeutung hat. Im Dt. ist die merkwürdige Form ahd. skrëvōn (unterbrechen, hemmen, verhindern; wegnehmen) belegt, dann erst wieder spätmhd. schrapfen, schraffen (schröpfen), frühnhd. schröpfen (Saat vor dem Schießen in Halme an den Spitzen mit der Sichel kürzen; die Wiesen nachsicheln).

**schrappen** s. schorpsen

**schroh** (schrō – Adj.) mager, rappeldürr, nur noch Haut und Knochen. »ich habe kein Futter mehr, meine Kühe sind schon ganz schroh«. – Ein Vergleich mit lit. skròbla (abgezehrter, ausgetrockneter Mensch) verweist das Wort in die älteste nichtgerm. Zeit. Während in den balt. Sprachen noch zahlreiche Nebenformen in gleicher oder ähnlicher Bed. vorhanden sind, wie etwa lit. skrùbis (vertrocknetes Geschöpf, Tier oder Mensch), fehlen sie in anderen Sprachen fast völlig. Man möchte noch vergleichen gr. chrō (Haut und Fleisch darunter), im Germ. an. skrā (getrocknete Tierhaut), wenn sie auch nur von fernher an die Urbedeutung gsp. schroh erinnern als doch wohl der ältesten Wortform.

**Schrot** (schruət– N.) grobgemahlenes Getreide. – *schroten* (schruətən – V.) Getreide gleich welcher Art grob mahlen. Auch Mäuse schroten, wenn sie an einen Getreidehaufen geraten. – *Schrotsäge* (schruətsain – F.) die grobe Sägespäne erzeugt. – Das Wort wurde zwar bearbeitet, jedoch die verschiedensten Bed. wurden dabei durcheinander geworfen, so dass keinerlei Klarheit über die tatsächliche Herkunft gewonnen wird. Geschrotet wurde früher durch Stampfen der Körner in einem Holzzylinder. Entspr. ist beim Etymologisieren vom Begriff des Stampfens auszugehen. Tatsächlich liegt zugr. ideur. *(s)kreut (stampfen, klopfen)... daraus in der nichtgerm.-ideur. Lautverschiebungsreihe t>s>r>l>n ideur. *krus (stampfen, schlagen) in lit. krùšti (zerstampfen, zerstoßen), kruštìnė (Brei aus Gerstengrütze, nämlich aus »Zerstoßenem«) mit Zubehör. In der nichtgerm.-ideur. Lautverschiebungsreihe t>p>k>s bildete sich aus ideur. *(s)kreut (stampfen, klopfen) bspw. lett. skrupata (ein Krümchen), russ. krupa (Grütze, Graupen), krupnyj (grobkörnig), lit. kruopà (Grützkorn), kruõpos (Grütze) aus wruss. krupa. Im Nichtgerm. schob sich das ideur. *(s) kreut (stampfen, klopfen) in der Lautverschiebungsreihe t>p>k>s weiter zu gsp. schruət (»Zerstampftes«), um aus einer Grundsprache 1595 erstmalig aufzusteigen zu nhd. Schrot (grobgemahlenes Getreide), Sämtliche außerdem aufgeführten Belege haben mit dem Getreideschrot nichts zu tun.

**Schubkarre** (schubbkårrən – M.) einrädrige Karre zum Fahren kleiner Mengen Gras oder Klee, aber auch zum Fortbringen einzelner gefüllter Säcke. Die Schubkarre besteht aus einem Rad, dem »Bock« und zwei nach hinten auslaufenden Handhaben, die in Handgriffen enden. Die Handhaben heißen »Bäume (baimə)«. – Das zur Bed. von »schieben« gehörende Wort setzt unmittelbar nichtgerm. *skubh (stoßen, in stoßende Bewegung setzen) fort, während es im Germ. weitergeführt ist zu got. afskiuban (verstoßen), ags. scūfan, an. skūfa, skyfa und im Dt. ahd. scioban, mhd. schieben (schieben). Im Wort Schubkarre ist die Bed. »stoßend bewegen« erhalten geblieben, neben dem – ebenfalls weiterentwickelt – gsp. schuwən (schieben) steht. s. auch Schootkarre.

**schuften** (schuftən – V.) angestrengt und übermäßig viel arbeiten. – Schufter (schuftər – M.) übertrieben fleißiger Arbeiter. – *Geschufte* (geschuftə – N.) ein Überdruss erzeugendes schweres Arbeiten-Müssen. *Schufterei* (schuftəre/i – F.) Widerwillen gegen übermäßige Arbeit bezeichnender Ausdruck. – Das in Md. weitverbreitete Wort gehört keineswegs mit Hermann Paul zu nd. schuft (Vierteltagewerk) noch zu odt. verschuften (beim Lehrer verpetzen). Richtig ist Weigands Meinung, dass es wahrscheinlich zu nhd. schieben zu stellen sei, nur ist die Trennung bereits im nichtgerm. erfolgt. Denn nichtgerm. skubh (stoßen) entwickelt im Germ. zum Begriff des Schiebens im heutigen Sinn, in den balt. Sprachen jedoch zum wesentlich näherliegenden Begriff des Antreibens, Sichsputens bei einer Arbeit: lit. skùbinti (zur Eile antreiben, beschleunigen), skubùs (fleißig, emsig), lett. skubinât (antreiben, aufmuntern; sich beeilen). Daneben ergibt sich eine zweite mögliche Entwicklungsreihe. Einem ideur. *skap (graben, hacken) als dem Urbegriff des bäuerlichen »Schaffens« zur Zeit des jungsteinzeitl. Hackbaus mag ein ablautendes *skup (graben, hacken) als Bezeichnung des »übermäßigen Schaffens« gegenübergestellt worden sein.

S

**Schupf**, schupfen, Schubs, s. schaukeln

**schuppen** (schuppən – V.) sich besonders in heißer Sommerzeit den Rücken kratzen, juckenden Schmutz abzuschaben. Das Wort gehört zu schaben, nicht jedoch zu »Schäbe (gsp. scheamən)«, was Weigand für möglich hält. – Zugr. liegt ideur. *skap (schaben, kratzen), daraus im Balt. lit. skapóti (schaben, schnitzen) und Zubehör, im Germ. got. skaban, ags. sceafan, an. skafa, sowie im Dt. ahd. scaban, mhd. schaben (schaben) – in ablautender Form ahd. scuobbā, scuopā, mhd. schuope, schuop (Schuppe auf dem Kopf, Fischschuppe) – dazu mhd. schuppen, schuopen (schuppen, abschuppen). Der Hund »schåppt« sich, wenn er sich seinen Körper an einem Baum, einer Säule reibt.

**schürgen** (scherjən – V.) mit Mühe und Anstrengung arbeiten, sich über Gebühr anstrengen. – *schürgen* (scherjən – V.) mit Anstrengung schieben, fortstoßen – *Schürgen* (scherjən – N.) Mühsal, Anstrengung. – Dazu Geschürge, Schürgerei. – *herumschürgen* (rîmscherjən – V.) Stühle und Tische auf dem Fußboden hin und her ziehen. – *würgen und schürgen* (werjən ůn scherjən – V.) ununterbrochen tätig sein, eine Doppelung der gleichen Vorstellung. – Das bisher nicht erklärte Wort steigt aus einer Grundsprache zu ahd. scurgan, daraus mhd. schürgen (stoßen, schieben, treiben, hinabstürzen) auf und wird, in Verkennung der eigentlichen Bed., zu schüren (durch rühren besser brennen machen) gestellt, mit dem es nichts zu tun hat. Zugr. liegt ideur. *ergh (regen, sich regen), daraus bspw. gr. hergon (Werk, obliegende Arbeit; Beschäftigung, Tätigkeit), ergázomai (arbeiten, tätig sein, vor allem Ackerbau treiben), ergasíā (Arbeit, Tätigkeit, insbesondere Feldarbeit usw.). Mit w-Vorschlag ergab sich ideur. *werg (wirken, schaffen), dem auch nhd. Werk, werken entstammt. Im Nichtgerm. entstand aus ideur. *ergh (regen, sich regen) mit s,š – Vorschlag ideur. *scherg (wirken, schaffen), dem das Grundsprachenwort unmittelbar entstammt. Es zeigt sich, dass gsp. schergen, scherjen die nichtgerm.-ideur. Bez. für »arbeiten« im weitesten Sinne ist. Zum anderen ist erkennbar, dass beim Aufsteigen des Wortes in die Sprache der Herrenschicht diese um des größeren Abstandes ihrer Sprechweise von der »Sprache des gemeinen Volkes« den Ablaut eu,ü wirksam werden ließ und nur eine Nebenbed. (stoßen, schieben) des Arbeitens übernommen wurde. Dadurch verwischen sich die Zusammenhänge, und man vermag ohne Zuhilfenahme der grundsprachigen Lautform das Wort nicht zu erklären.

**Schüssel** (schîssəl – F.) rundes oder langrundes Geschirr. Das Wort soll spätestens im 6. Jh. aus volkslat. scūtūla (kleine flache Schüssel), scutella (Trinkschale) als Modewort ins Germ. aufgenommen worden sein. Da diese Wörter jedoch auf lat. scūtum (lederner Schild) zurückgeführt werden sollen, dürfte die Entlehnung ungewiss sein. Wir haben mhd. schüʒʒel(e), ahd. scuʒʒila, as. scūtala, und im Germ. ags. scutel (Schüssel), an. skutill (kleiner Tisch, Tischblatt). Das Wort gehört zur Grundbed. »schütten« aus ideur. *skūt (rütteln) und könnte damit auch bodenständig sein, auch wenn es die Lautverschiebung tt>ss durchlaufen hat, während sie im mhd. schüt(t)en, ahd. skutten (schütteln, erschüttern), as. skuddian (mit Schwung ausgießen) ausgeblieben ist. Die Kuchenschüssel ist ein Brett, auf das der Kuchen »geschossen« oder »geschüttet (Scheetkuchen!)« wird; entspr. ist eine Schüssel ein Napf oder eine Schale zum »Einschütten« von Speisen, Getränken oder auch nur Flüssigkeiten.

**Schutz** (schůtz – M.) Eindämmung von fließendem Wasser. – Die Meinung Kluge/Mitzkas und in Andeutung auch Hermann Pauls, das Wort hätte mit »schützen, beschützen« etwas zu tun, dürfte unrichtig sein. Beide Wörter müssen auseinandergehalten werden. Zugr. liegt ideur. *(s)ku, (s)keu (schwellen), daraus in den balt. Sprachen lit. šūtis (Haufen Steine, Holz usw.). Im Germ. ist das Wort nicht belegt. Ins Dt. steigt es aus einer Grundsprache auf zu mhd. schüt(e) (Erdaufschüttung), schützen (eindämmen, umdämmen). Das Wort ist nichtgerm.

**schwabben** (schwåbbən – V.) schwankend an oder über den Rand des Eimers schlagen (vom Wasser oder auch einer anderen Flüssigkeit gesagt). – schwabbeln (schwåbbəln – V.) Iterativ hierzu, angewendet auf einen dicken und fetten Bauch, ein Doppelkinn. – Das erstmalig am Ende des 15. Jh. als schwaplen auftauchende Wort ist b-Erweiterung von ideur. *su̯ei (schwingen, lebhaft bewegen) entspr. lett. svaipīt (peitschen) und der g-Erweiterung in lit. swaĩgti (taumeln, schwanken usw.) und zahlreichem Zubehör.

**schwallig** (schwållĭ̊j – Adj.) nicht durchgebacken, schwer verdaulich (nur vom Brot gesagt). Dem auch im Germ./Dt. belegten Wort liegt »schwer« zugrunde, das erst im Dt. diese Bed. annimmt, während lit. swḗrti (etwas wägen) und Zubehör schon urzeitlich sie nachweist. Im Dt. mhd. swaere, swaer, ahd. swāre, swarī, as. ahd. swār (schwer, drückend, lästig; schmerzend), mhd. swaren, ahd. swāran (Beschwerde verursachen). Hierzu hat die Grundsprache durch Lautverschiebung r>l schwallig (Beschwerde verursachend) gebildet.

**schwansgrün** (schwānsgrĭ̊n – Adj.) kränklich grüne Gesichtsfarbe. – Das nirgends belegte Wort ist nichtgerm. zu ideur. *kēw, *kaw (brennen), daraus bpsw. lit. kaĩpti (schwindelig werden, kränkeln, siechen), daraus als Verstärkung lit. kvaĩkti (betäubt, benommen werden) und nasaliert lit. kvañkti (aufdunsen, schwer atmen, röcheln) mit der Wurzel *kvank, die nach nichtgerm.-ideur. Lautverschiebung k>s zu *swans/ schwans- sich weiterentwickelte. Es ist also ein Grün, das ein Kranksein andeutet.

**schwebbeln** (schwēbbəln – V.) sich schwankend bewegen, von Nebel und Dunst gesagt. »Es schwebbelt der Nebel wie der Dunst in der Waschküche«. – *schwebbelning* (schwēbbəlnĭ̊ng – Part.) nicht mehr gebräuchliches, in der Grundsprache aber weit verbreitetes Mittelwort, die Luft ist nämlich so heiß, dass sie flirrend in Bewegung ist. – Das Wort ist Iterativ zu »schweben« aus ideur. *suei, *su̯oi (biegen, schwingen) daraus bspw. lett. svaîpīt (peitschen). Das Wort steigt erst in dt. Zeit auf zu ahd. swēbēn, mhd. swēben (sich in der Luft oder auf dem Wasser hin und her bewegen.)

**Schwein** (schwīn – N.) Hausschwein, in der Jägerei Wildschwein. Diese Tierbezeichnung bedeutet nicht »das von der Sau Abstammende, das junge Schwein« (Kluge/ Götze), und ebenso wenig ist es aus »idg. sū ›Sau‹ mittels Endung -īn, lat. -īnus, also eig. ›was zum Schwein gehört‹« (Weigand) entstanden. Das gleiche wird mit anderen Worten von Kluge/Mitzka gesagt: »... führen auf germ. *swīna-, idg. *s(u)wīno-, eine adj. Bildung zum lautmalenden germ. idg. sū(w)-(s. Sau), der aslaw. svinŭ, lat. suīnus, gr. hȳinos ›schweinern‹ entsprechen. Die Endung -īno bezeichnet ursprünglich die Zugehörigkeit, bei Tiernamen das Junge von Tieren«. Der Tiername »Schwein« entstammt jedoch ideur. *su̯ei, *su̯oi (umherschweifen), hat damit in Urzeiten keinerlei Beziehung zum Hausschwein, sondern nur zum Europäischen Wildschwein, Sus scrofa L. Wildschweine kennen im Gegensatz zu allem anderen jagdbaren Wild keine festen Standorte, sondern wühlen in der einen Nacht hier, in der nächsten weit entfernt die Erde auf. Richtig bezeichnet aslaw. svinŭ (schweinern) ursprünglich nur das Fleisch vom Wildschwein. Das Wort Schwein in seiner urspr. Bed. scheint nur im md. Nichtgerm. gegolten zu haben, vermutlich als Lehnwort mit ihm in apreuß. swintian (Schwein) (da inzwischen dort ausgestorben) nur im Aslaw. Was die Etymologie sonst mit diesem Tiernamen in Zusammenhang bringt, gehört weder der Lautform noch der Herkunft wegen hierher. Die n-Erweiterung – eine wesentlich jüngere Wortbildung – in got. swein, ags. swīn, an. svīn und im Deutschen wieder as. ahd. mhd. swīn (Schwein) kann nur als Lehnwort aus dem Nichtgerm. verstanden werden, denn sonst würden die Begriffe für Wildschwein und Hausschwein nicht so verhängnisvoll ineinanderfließen. Kluge/Mitzka erklären, »Die Substantivierung haben auch das Aslaw. bei svinija, das Apreuß. swintian ›Schwein‹ vollzogen. Sie lag nahe, weil von den Schlachttieren das Schwein am jüngsten sterben muß«. Damit haben sie zwar die Unvereinbarkeit ihrer Etymologien erkannt, sind sich aber der wirklichen sprachgesetzlichen Zusammenhänge nicht bewusst geworden. Vgl. auch Hŭibeschwein.

**schwenken** (schwēnkən – V.) schwingend bewegen; durch schwingend bewegte Flüssigkeit ein Gefäß reinigen. – *Schwenker* (schwēnkər – M.) schwarzer Gehrock, aber

S

mit belustigendem Unterton, weil er beim Gehen in schwingende Bewegung geriet. – Zugr. liegt ein ideur. *su̯em *su̯en (sich hin und her bewegen), das in den balt. Sprachen mehrere Nebenzweige getrieben hat. Im Germ. entsprechen dieser Bed. got. afswaggwjan (schwankend machen), ags. swengan (schwingen), jedoch als Nebenzweige zu »schwingen«. Die eigentliche Grundlage dieses Wortes ist in einem lett. svempt (hin und her schwankend gehen) zu suchen, das in den Grundsprachen nach nichtgerm.-ideur. Lautverschiebung p>k erst auftaucht in dt. Zeit zu ahd. mhd. swënken (schwingend bewegen).

**schwingen** (schwi̊ngən – V.) schlagen, geißeln, prügeln. – Zugrunde liegt dem Wort ein ideur. *su̯ei (schlagen, schleudern, schwenken), enthaltenim nichtnasal. lit. skìesti (werfen, schleudern; schlagen, einhauen), siaũsti (schlagen, prügeln, werfen) das auch die Bed. »worfeln, schwingen« hat. Im Germ. ist es belegt ags. swincan (sich abmühen), got. svaggvjan (schwingen machen) und im Dt. as. ahd. swingan, mhd. swingen (schwingend werfen, schwingend schlagen, schleudern) – ahd. swingā, swinkā, mhd. swinge (Flachs- oder Hanfschwinge, Futterschwinge, ganz allgemein Schwinge). – *Schwingstock* (schwi̊ngštokk – M.) Seitenteil eines völlig aus Holz bestehenden Arbeitsgerätes zur Flachshaarbereitung.

**schwinsen** (schwinsən – V.) liederlich arbeiten. – *Schwinsen* (schwinsən – N.) Substantiv, das eine unordentliche Arbeit meint. – *Geschwinse* (gəschwinsə – N.) ein Widerwillen erzeugendes unordentliches Arbeiten. *verschwinsen* (vərschwinsən – V.) verhunzen, eigentlich »verhundsen«: eine Sache so liederlich verrichten, dass sie gänzlich unbrauchbar wird. Diese Verdeutschung »verhunzen« beweist, dass die gesamte Wortfamilie nichts mit Bez. zu tun haben kann, die vom Namen des Borstentieres Schwein abgeleitet worden ist. – *Schwinsarbeit* (schwinsarbait – F.) richtig verdeutscht: Hundearbeit. Eine Tätigkeit, die viel Mühe und Sorgen bereitet und doch nur wenig Gewinn erbringt. – *Schwinshund* (schwinshůind – m.) eigentlich »Hundhund«, wird falsch verdeutscht: Schweinehund. Ein übles Schimpfwort. – *Schwinsjunge* (schwinsjůng – M.) richtig verdeutscht bei Ayrer Dram. 1631,21 im Jahre 1598 mit »Hundtsjung«, heute: Hundejunge. – *Schwinskerl* (schwinskarl – M.) Schimpfwort, das nicht in die Gmspr. aufgenommen worden ist. – *Schwinsleben* (schinslabən – N.) richtig verdeutscht: Hundeleben. – *Schwinsmensch* Schwinsmensch (schwinsmënsch – N.) übelstes Schimpfwort in der Bed. »Dirne, Hure«. – *Schwinspriester* (schwinsprīstər – M.) Verächtlichmachung eines Menschen, aber kein wirkliches Schimpfwort. – *Schwinstier* (schinsdi̊r – N.) bitterböses Schimpfwort, das aber nicht in die Gmspr. übergegangen ist. – *Schwinswetter* (schwinswattər – N.) richtig als Hundewetter verdeutscht. – Das hier durchgängig in negativer Bedeutung noch heute in der md. Grundsprache verwendete »schwins« dürfte ein satemspr. Lehnwort entsprechend lit. švĩnis (»Hund« als Schimpfwort) Nebenform von lit. šũo (Hund) aus ideur. *švūn sein, um den kultisch verehrten Hund (s. auch dort) nicht zu verunglimpfen.

**Schwulst** (schwůlst – F.) Mühe, Plage. Die hat ihren Schwulst bei den fünf Kindern! ihre Mühe und Not, um fertig zu werden. Das zu schwellen gehörende Wort kann in der vorliegenden Bed. nicht erklärt werden. Es gehört zu einer vorerst nicht erkennbaren Verwandtschaft zu gr. skỳllō, skylmós (sich plagen, sich abnützen, Unruhe, Qual).

**Sech** (sech – M.) das vor der Pflugschar eingelassene und den Erdboden bereits aufreißende Pflugmesser. – Die Forschung sieht eine Entlehnung aus *seca, *secum, rückgebildet aus lat. secāre (schneiden), was als recht merkwürdig gelten muss. Es soll vor Abschluss der »Hoch«-dt. Lautverschiebung k>ch eingedrungen sein zu ahd. sëh, sëhh, daraus mhd. sëch (Pflugmesser, eigentlich »Schneider«). Aber das Wort wird wohl eher aus einer nichtgerm.-ideur. Sprache ins Dt. aufgestiegen sein, da der Sech bereits im kelt. späten La-Tène nachgewiesen ist, aber ausgerechnet nicht bei den urzeitlichen Römern! Das Wort würde sich dann unmittelbar aus ideur. *sek (schneiden) zum Dingwort *sëk (Pflugmesser) entwickelt haben und als unbelegt ins Germ. aufgestiegen sein, um an der Lautverschiebung k>ch teilzunehmen und als ahd. sëch (Pflugmesser) schriftdt. zu werden, etwa entspr. dem unbestritten Germ. mhd. ahd. sahs (Messer, kurzes messerartiges Schwert zu Hieb und Stich), im Germ. ags. seax, an. sax (einschneidiges Schwert). Möglicherweise liegt in ags. secg (einschneidiges Schwert) der gleiche Ausgangspunkt vor wie in ahd. sëhh (einschneidiges Pflugmesser), nur ist die Vokalverschiebung e>ë eingetreten, die aber bemerkenswerterweise in gsp. sech nicht mehr gegeben ist. Für diese Deutung spricht auch der Verbreitungsweg von Sache und Wort: er strahlte vom kelt. Süddeutschland, Schweiz, Elsass, nördliche Alpen, Österreich aus und überstrahlte nur das Mittelgebirge.

**Sech** (sech – M.) Freund, Freundchen (im warnenden Sinn). Zugrunde liegt ideur. seq (folgen), as. segg, im Germ. an seggr, ags. secg (Mann, Geselle, Gefolgsmann), lat. sequī (folgen) wegen der Verschiebung k>ch muss das Wort einem »aufgestiegenen« *sek, daraus ahd. *sech zugewiesen werden.

**Sechter** (sechtər – M.) hölzernes Gestell zur Laugenherstellung. – Die Etymologen kennen durchweg nur das Hohlmaß, dessen Name aus lat. sextārius entslehnt ist. Kluge/Mitzka erklären »Ein anderes Wort ist alem. Sechter ›Sieb‹ zu seihen«. Aber ihre Erklärungist unklar, weil sie es zu völlig unzureichenden ideur. Gleichungen stellen. Das Wort Sechter ist nichtgerm.-ideur. entsprechend lit. tĕkšti (Dickflüssiges triefen), tikšëti (tropfen, tröpfeln, sickern) und Zubehör aus ideur. *tek. (zerfließen, schmelzen).

**Seele** (siəl – F.) – *Selenholz* (siələnhåilz – N.) Holz der Hecken- oder Hundsbeere, Lonicera xylosteium L. – Der Name, von Münchhausen aus anderen Landschaften als Sellenholz, von Heppe als Sellholz, auch Söllholz nachgewiesen, gehört zu ideur. *swel (glühen), daraus gr. sélas (Glanz, Schein, Schimmer), selagéō (glänzen, strahlen), lit. sėlenà (dünnes Häutchen eines Getreidekorns). Die Bed. ist »der Schein«, vielleicht noch richtiger »das Durchsichtige«. Der Glanz der Rinde wurde auf den ganzen Strauch übertragen. Selenholz ist demnach »das glänzende Holz«. Auch das Häutchen im unteren Teil des Federkiels wird volksetymol. als »Seele« gedeutet. Damit ist erwiesen, dass auch in unserer Sprache einstmals der Glanz als »sélas« bez. worden ist. – Während das Wort unterging, hat es sich in der »versteinerten« Form Selenholz bis heute erhalten.

**seichen** (saichən – V.) harnen, Urin ablassen (aber nur der Erwachsenen, der Tiere). – Zugr. liegt ideur. *siq (harnen). daraus aslaw. sičati (harnen), sìčì (Harn), aber bereits in den balt. Sprachen weitergeführt zu lit. sijòti. lett. sijât (fein regnen). Im Germ. ist das Wort nicht belegt, steigt aber in dt. Zeit auf zu ahd. seihhen, mhd. seichen (harnen).

**seifern** (saiwərn – V.) Speichel aus dem Mund fließen lassen. – *Seifer* (saiwər – M.) Geifer, ausfließender Speichel. – *Seiferlätzchen* (saiwərlatzchən – N.) das den Kleinkindern vorgebundene Lätzchen. – Das Wort entstammt einem ideur. *sē(i) (fließen, tröpfeln), das in den balt. Sprachen sich zu lit. seilẽ (Speichel, Geifer), seĩlius (Geiferer), seilõëius (sich mit Speichel benetzendes Kind), lett. saîlas (Speichel, Geifer) entwickelt hat. Aus einer Grundsprache steigt es erst um 1400 auf: ahd. seivar, spätmhd. saifer (Schaum) – mhd. seifern (geifern).

**seihen** (saiən – V.) Flüssigkeit durch ein Sieb laufen lassen. – *Seihlappen* (sailåppən – M.) Seihtuch aus Leinen. – Das Wort ist belegt mhd. sīhen, ahd. sīhan, im Germ. ags.

S

sīon, an. sīa. Es entstammt einem ideur. *seiq, *siq (fließen lassen, ausgießen) nach Germ. Lautverschiebung k>h, weshalb nhd. seigen keinesfalls einen grammatischen Wechsel darstellt, sondern unmittelbar aus ideur. *seiq nach Verschiebung k>g entstanden ist, ebenso ist nhd. seichen (harnen) unmittelbar aus ideur. *seiq durch germ. Verschiebung k>ch entstanden.

**Seimhonig** (hůnəgsaim – M.) aus den Waben im Zeidentopf herausgeflossener (also nichtgeschleuderter) Honig, eigentlich »Honigsaft«. – Das Wort steigt erst spät aus einer Grundsprache auf und kann deshalb nicht etymologisiert werden: im Germ. nur an. (hunangs)seimr, im Dt. as. sēm, ahd. (honang)seim, mhd. (honec)seim (dickflüssiger Honig, wie er aus der Wabe fließt). Honig war in altheidnischer Zeit eines der beliebtesten Opfer, so dass von dieser Tatsache ausgegangen werden muss. Es liegt zugr. ideur. *gheu (gießen, opfern), daraus bspw. gr. cheỹma (Weiheguss, Spende), aber auch gr. chỹmós (Saft, Brühe; Extrakt). Da auch im Md. urzeitlich die Verschiebung gh>ch nachweisbar ist (so Süßkuchen»jütte« aus ideur. *gheu), muss ein nichtgerm. *cheum/cheim angesetzt werden, dass wie Christus/Kristus usw. sich zu *keum/keim weiterentwickelte. Damit aber geriet das Wort in die nichtgerm. Lautverschiebungsreihe t>p>k>s und wurde wegen der Nachbarschaft zu kein, keiner vorgerm. saim. Das dürfte die ungekünsteltste Deutung sein.

**Sellscheit** (sëllschīt – N.) kleines »Scheit« am Vorderteil des zweispännigen Wagens mit Haken an beiden Enden, in die entweder die Seile oder die Ketten der Zugtiere eingehängt werden. – Zugr. liegt ein ideur. *si (binden), im Germ. an. sili, seli (Siele) und im Dt. ahd. silo, mhd. sil (Riemenwerk des Zugviehs). Das Wort Sellscheit stammt aus einer Zeit, als es noch keine Zugketten gab.

**Semse** (sëmsə – F.) Knopfbinse, Juncus conglomeratus L., und Flatterbinse, Juncus effusus L., beide unmittelbar an feuchten Gräben und Sümpfen. – Das Wort ist nirgends belegt. Es dürfte unmittelbar an ideur. *sem (zusammen) anschließen entsprechend lit. sémti (mit Schöpfgefäß schöpfen), semtùkas (kleiner Schöpfer) und Zubehör und damit den Werkstoff bezeichnen, mit dem zur Zeit der jungsteinzeitl. Kugelamphorenkultur die »Binsenkeramik« hergestellt wurde.



**Sense** s. Sisse

**Sick!** (sikk! – Interj.) im Treiberruf des Schäfers. – *Sick* (sikk – F.) Weibchen des Kaninchens, weiblicher Stubenvogel. – Das Wort »Sick« wird gewöhnlich mit dem persönlichen Fürwort »sie« in Verbindung gebracht. So erklären Kluge/Mitzka: »Schon das Mhd. kennt ein subst. Pron. *ein sie* ›Weib(chen)‹ mit der obd. Verkl. *siel*... die in frühhd. *Sielein* n. (so H. Sachs) fortlebt. Die md. Entsprechung *Siechen* ist schriftsprachlich nicht zu rechtem Leben gekommen, zurückgedrängt durch nd. *sīke*, das in der Weidmannssprache seit Beginn des 18. Jh. allgemein für ›Vogelweibchen‹ gilt ...« In Wirklichkeit hat das Wort weder mit dem persönlichen Fürwort »sie« etwas zu tun, noch ist es nd. sondern nichtgerm., das erst in jüngster Vergangenheit aus einer einstens nichtgerm.-ideur. Grundsprache ins Gmdt. aufgestiegen ist. Zugr. liegt ideur. *teq (erzeugen) daraus gr. tiktō (erzeugen, gebären), tiktousa (Mutter) tékos (Kind; Tierjunges), tòkos (Nachkommenschaft; Tierjunges, Brut) und Zubehör. Durch Weiterschleifen in der nichtgerm. Lautverschiebungsreihe t>s>r>l>n>b entsteht aus ideur. *teq ordnungsgemäß bei gleichzeitiger gesetzmäßiger Verschiebung e>i unser gsp. sikk (Sick, Sicke), ebenso nhd. Ricke (weibliches Reh). Die Bed. des Wortes ist »Muttertier«. Wenn man beachtet, dass in der md. Grundsprache das ideur. Wurzelwort substantiviert worden ist, *ohne* als Hilfsmittel ein Suffix (wie schon im Agr. erforderlich) anzuhängen, dann dürften Schlüsse über Wesen und Bed. dieser md. Grundsprache leicht sein. Es sollte ferner auf die Bed.gleichheit im Agr. und im heutigen Md. gesehen werden. Die Lautverschiebung t>s konnte vorerst auf ca. 1500 v. Ztr. eingeengt werden.

**Sichel** (si̊chəl – F.) halbmondförmiges Schneidewerkzeug mit innerer Schneide. – *sicheln* (si̊chəln – V.) mit der Sichel kleine Mengen abgeschnittenes Gras als Grünfutter schneiden. – Von der Sprachforschung wird der Name als Lehnwort aus dem Lat. angesehen, weil es im äußersten Süden Italiens, in Kampanien, zuerst belegt ist als lat. secula (Sichel). Aber bereits beim Pflugmesser, dem Sech, wird das gleiche behauptet, obgleich es das späte La Tène-Zeitalter der Kelten kennt, aber ausgerechnet Rom nicht. Nun ist die Sichel das älteste Erntemesser, das unmittelbar aus den jungsteinzeitl. Formen sich weiterentwickelt hat, also auch in der Bez. sich irgendwie an lat. secare (schneiden, zerschneiden), aber ebenso an lit. sékti (schneiden, eingraben), sy̌kis (Hieb, Schlag), ja selbst ahd. mhd. sahs (kurzes messerartiges Schwert) anschließen lassen muss. Das Erntemesser kann sich danach ebenso an bodenständige Vorformen anschließen. Das ist umso eher anzunehmen, da das Germ. got. giltha (Sichel) kannte, das untergegangen ist zu einer Zeit, als die germ. Herren alle Erntearbeiten von ihren nichtgerm. ideur. Knechten erledigen ließen. Der Gerätenamen erscheint als ags. sicol und gleichzeitig entspr. lautverschoben ahd. sihhila, daraus später mhd. sichel.

**Siecher** (si̊chər – M.) Bornstange. – Der Bauer versteht unter dem Siecher fälschlich den »Sucher«, aber sein Sinn ist ja vor allem das Herausholen des verlorengegangenen Eimers aus dem Brunnen. Das Wort ist weder im Nhd., Mhd., Ahd. noch Germ. nachweisbar. Im Balt. treffen wir auf lit. siekti (nach etwas langen, etwas zu erreichen suchen), prisìekti (erreichen können), sàikioti (nach etwas langen, nach etwas reichen) wohl aus ideur. *sēi (binden). Zu diesem noch heute gebräuchlichen balt. Zeitwort hat die md. Grundsprache ein Dingwort in der Bed. »der Heraufholer« gebildet. Es muss ins Germ. aufgestiegen sein, um die »Hoch«dt. Lautverschiebung k>ch mitmachen zu können.

**Siede** (sēdən – F.) Teil der Viehfütterung, bestehend aus warmem Wasser mit aufgestreuter Kleie, Spreu und zerstoßenen oder gemahlenen Runkeln. In abfälligem Sinne wird das Wort auch gebraucht zur Bez. eines unappetitlich zubereiteten Mittagessens. – Das Wort ist germ.-dt. in der Bed. »sieden, kochen«, entstammend ideur. *seut (sieden) dazu neben vielen Nebenformen lit. šutẽklis (dicker Brei aus einem Gemisch von Kartoffeln, Hafer usw.). Im Germ. entspricht dem Wort got. sauths (Opfertier), an. saudhr (Schaf) – ags. sēodhan, an. sjōda und im Dt. ahd. siodan, mnd. sēden, mhd. sieden (sieden, kochen). Die Mundartforschung sieht in gsp. sēdən eine neuzeitliche Vokalsenkung, während in Wirklichkeit die as. Lautform sich, da »versteinert«, bis heute erhalten hat. Das macht deutlich, dass bereits die Angelsachsen diese Fütterung gekannt haben müssen, sie also bis gegen 350 n. Ztr. zurückgeht.

**Sieme** (sīmən – F.) Seil, Band, Schnur, Wäscheleine. – *Lenksieme* (lěnksiemən – F.) Lenkseil. – *Siemchen* (sīmchən – N.) jede Art von Schnur, Bindegarn. – Zugr. liegt ideur. *si (binden, straffziehen), daraus gr. imás (lederner Riemen, Zügel, Lenkseil), imoniá (Brunnenseil), im Germ. ags. sīma, an. sīmi (Band), im Dt. nur as. sīmo (Schnur, Band).

**Sisse** (si̊ssən – F.) Sense im Gegensatz zu Sichel, mit der das reife Getreide oder auch Klee und Gras gemäht werden. Sie ist das Werkzeug zum Dörren des Abgemähten. – Den Gerätenamen Sissen wie mnl. seisene (Sense) auf as. sĕgisna zurückzuführen, würde einen g-Ausfall bedeuten, weshalb diese Deutung falsch sein dürfte. Da ideur. *sek (schneiden) erarbeitet werden konnte, dem auch unser Gerätename Sisse ent-

S

stammt, kann nur an eine Lautverschiebung in der nichtgerm.-ideur. Reihe t>p>k>s gedacht werden – und das ergibt ohne die geringste Schwierigkeit das heute im Md. weitverbreitete Wort.

**soden** (sōdən – V.) geweiftes Garn kochen. Das Wort gehört zur Familie »sieden, Sud, Absud«, setzt jedoch offensichtlich die germ. Lautgestalt fort: ags. sēȯdan, seȧdh, suden, soden, an. siodha, sȳdh, saudh, sudhum, sodhinn. In gleicher Lautung erscheint mhd. sōt, nhd. Sodbrennen, das einen Geschmack ähnlich dem widerlich salzig-säuerlichen Geruch beim Soden des Garns bez. Aus dieser Sicht ergibt sich die Weiterentwicklung der germ. Wortformen ins Dt. – ahd. siodan, mhd. sieden (kochen, sieden) als ein Nebenzweig, der in der Grundsprache ebenfalls seine Entspr. hat: də sēdən (die Siede, das eingesottene Viehfutter).

**Sottel** (sottəl – F.) früheres Ackermaß, sechzig Quadratruthen umfassend, also ein halber Acker (dieser: 120 Quadratruthen) oder ein Drittel Morgen (dieser: 180 Quadratruthen). – *Sottling* (sottlı̊ng – M.) ein Mehrfaches eines Sottels, wohl aus drei Sotteln bestehend. – Das Wort entstammt einem ideur. *sā (säen, ausstreuen), daraus im Germ. got. sēths, ags. sād (Saat, Same), an. sādh (Saatgetreide) und im Dt. ahd. mhd. sāt (Saatfeld, aufgegangenes Ausgesätes) – und dann mhd. sātel, sātele (Ackermaß, das je nach Landschaft verschiedene Größe hatte). Zum Unterschied zum mhd. mascul. Dingwort ist unser gsp. Sottel fem. Geschlechts.

**spachteln** (špåchtəln – V.) mit Wohlbehagen schmausen, verspachteln (verspachtəln – V.) etwas bis auf den letzten Rest aufessen. Die Gmspr. kennt nur das Werkzeug Spachtel, Spatel, dessen Name über das Lat. aus dem Gr. entlehnt zu sein scheint. Vgl. jedoch heth. sphāyate (er wird fett), išpai, Pl.3. išpiianzi (sich satt essen), gr. spataláō (üppig leben, schwelgen, prassen), lat. spatule (Schwelgerei, Üppigkeit) gsp. spachtəln, die lautgesetzlich und bed.gleich mit den heth. Belegen übereinstimmen und nicht mit dem Werkzeugnamen Spachtel (mit Hermann Paul) gleichgesetzt werden können. Spachtel kann auch nicht mit Weigand zu nhd. Spake (Handgriff, Speiche) gestellt und ebenso nicht mit Kluge/Mitzka als erst in nhd. Zeit aus einer Lautverschiebung t>ch entstanden sein. Beide Bez. haben, wie gr. spatháō (vergeuden, verzetteln, vertun) als Grundlage zu gr. spataláō (üppig leben, schwelgen, prassen) entnommen werden kann, überhaupt nichts miteinander gemein. In der »Spachtel« müssen wir deshalb ein bereits ideur. aus etwa 1800 v. Ztr. stammendes Speisegerät erkennen, das erst in nhd. Zeit die heute übliche Bedeutungsabwertung in »flaches meißelförmiges Werkzeug zum Verstreichen von Farbe, Zement usw.« erfahren hat.

**Spale** (špoalən – F.) Sprosse aus Holz, auf der man aufwärtssteigen kann. – *Leiterspale* (lëttəršpoalən – F.) runde Leitersprossen im Gegensatz zu der die Leiterbäume zusammenhaltenden Schäbe. – Das Wort für dieses urspr. nur bäuerliche Gerät ist nirgends belegt. Es setzt unmittelbar auf ideur. *sp(h)el (abspalten) an in der Bed. »Abgespaltenes«, hat aber die germ.-dt. t-Erweiterung nicht mitgemacht. Es liegt der gleiche Vorgang vor wie in gsp. hālən (halten). Zu vergl. ist nur mit gr. sphélas (Scheit), und nach nichtgerm.-ideur. Lautverschiebung p>k lit. skalá (Holzspan in Art einer Leiste).

**Span** (špoan – M., Mehrzahl špiənə) Zitze, Brustwarze der Sau. – *Spanferkel* (špoanfikkəl – N.) noch saugendes oder erst kürzlich abgesetztes Fickel, am Spieß gebraten oder auch geröstet. – Die Sprachwissenschaft belegt mhd. spevarch, spünneverhelīn, ahd. spenfarah, spunnifarah (Spanferkel) zu mhd. spen, spune, spünne, ahd. spunni und im zeitgleichen oder sogar jüngeren Germ. ags. spane, an. speni. (weibl. Brustwarze u. ä.), muss aber dabei auf die merkwürdigerweise gleichlautenden balt. Belege lit. spenỹs

(Brustwarze, Zitze am Euter), lett. spenis (Zäpfchen über der Zunge), apreuß. spenis (Zitze) verweisen. Oskar Schade meint als Grundbed. »woran gezogen oder gesaugt wird« annehmen zu können. Franz Harder setzt Span mit »Muttermilch« gleich, weil auch mhd. spen (Muttermilch) vorliegt. Edwin Wilke und Kluge/Götze nehmen Verwandtschaft mit ahd. spanan in der Bed. »locken« an. Hermann Paul vermutet wegen air. sine (Zitze) Wurzelverwandtschaft mit dem angeblich nichtgerm. Wort Senn(e) (Hirt, der das Vieh auf den Almen hütet und die Milchwirtschaft besorgt). Schließlich sehen auch Kluge/Mitzka lautliche Beziehungen zu Senn und »spannen« und setzen ein vorausliegendes *speno (Zitze) an, womit jedoch auch nichts gewonnen ist. Die sprachgeschichtlich unwiderlegbar älteren Belege gr. sténion, skr. stánas, awest. fštāna (Zitze, auch weibl. Brust) entstammen nach nichtgerm. Lautverschiebung t>p apreuß. spenis, lit. spenȳs (Zitze), im Germ. ags. spane, an. spėni. einem ideur. *sthā (stehen). Die weibl. Brust ist das vom Körper Ab»stehende«, und noch mehr sind es die Zitzen.

**Spanskittel** (špoanskëttəl – M.) leinener Arbeitskittel, der mit einem Ledergürtel oder auch mit einem Strohbund gehalten wird. Nach Hans Naumann wurde er im ersten Drittel des 19. Jh. neu aus Frankreich eingeführt, weshalb er am Niederrhein »Brabanter Kittel«, in der Schweiz »Welschhembli« hieß, in Md. wird er als »spoanskettəl = spanischer Kittel« gedeutet.

**Spaten** (špoatən – M.) flaches und breites Werkzeug zum Graben, deshalb durchweg als »groabəschīt = Grabscheit« bezeichnet. – Wenn es richtig ist, das Wort mit toch. pāt (pflügen), pate (Ackerbau) in Verbindung zu bringen, dann wäre damit zumindest mittelbar der Beweis erbracht, dass der Beginn des Ackerbaus Hackbau, Grabbau gewesen ist. Das Werkzeugwort erscheint gr. spathē (hölzernes Blatt, Ruder, Schwert) spatháō (Spaten), im Germ. ags. spada und im Dt. as. spado, mhd. spat(e) (Grabscheit). Eine Entlehnung aus dem Nd. wird heute nicht mehr angenommen.

**Speck** (špakk – M.) Fettschicht des Schweins. Die Forschung sieht mit Kluge/Mitzka die nächsten außergerm. Verwandten in skr. sphiuk, sphigi (Hinterbacke, Hüfte) aus ideur. *spī (sich ausdehnen) in Bed. »dick, fett werden, schwellen«. Von gsp. špakk (Speck) aus vergleicht man eher mit skr. pīvasphāka (von Fett strotzend), gr. pachýs (fett, feist; dick, dicht, geronnen) und kommt zu einem ideur. *(s)bhagh (fest, stark) als Ausgangswurzel. Von der Sprache der dienstbar gemachten nichtgerm.-ideur. Vorbevölkerung in die Herrensprache »aufgestiegen«, wurde der als vornehmer empfundene Ablaut wirksam und ergab ags. spic, an. spik und im Deutschen ahd. spek, mhd. spëc. Das Germ. kennt nur die Lautverschiebungen bh>b und gh>g, während beim Worte Speck wie im Gr. die Lautverschiebungen bh>p(ph) und gh>k(ch) wirksam wurden, womit die engsten sprachlichen (und damit auch urzeitlich ethnischen) Beziehungen zwischen Altthüringen und Altgriechenland erkennbar werden. Dass die vorgetragene Deutung richtig ist, ergibt sich aus dem aus einer anderen Wurzel entwickelten as. baco, mnl. bake(n) (Speckseite), ahd. bahho, mhd. backe, (ars)backe (Speckseite, Schinken) das entlehnt wurde zu frz. bacon (Speck) und daraus engl. bacon.

**Speiche** s. Spiel

**speien** (špítsən – V.) spucken, speien. – *Spucke* (špitsən – M.) Zugr. liegt ideur. *(s)piŭ, speie, sputze, dazu gr. pytízō (ich spucke), ptýalon (Speichel) lit. spiáuti (speien, spucken) und im Germ. nur an spȳta (speien).

**Speil** (špail – M.) dünnes und kurzes Stäbchen, das hinter denn Schnerpfel gesteckt wird, damit schwere Wurst nicht durch das Wurstband abrutscht. Bei der Herstellung des Zogelichts hielt ein Speil den Docht an der Unterseite straff. – Das Wort steigt erst

S

in nhd. Zeit auf und wird von Weigand als »Span, Keil« gedeutet, was nur unvollkommen stimmt. Es ist die diphthongierte Form von mhd. spīle (dünner Stab), aber wohl unter Einfluss eines schon vorhandenen nichtgerm.-ideur. Wortes entspr. lett. spaile (an einem Ende gespaltener Stecken zum Einklemmen), spailes (Werkzeuge zum Fangen von Tieren), lit. spylióti (klemmen), slylióti (mit Speilen sperren). Die Grundbed. ist »sperren« zu ideur. *sper (Stange, Speer, Sparren).

**Spiel** (špīl – M.) etwa zwölf bis 15 mm starker Rundstab aus Eschenholz am Sensengestell. – Das selbstverständlich erst mit Erfindung der Sense gebildete Wort gehört zu ideur. *spi (spitz sein), das mit r-Erweiterung *Spiere* (Rundholz als Rahe), mit k-Erweiterung etwa *Speiche* (im Rad), mit l-Erweiterung besonders zahlreiche balt. Wörter ergeben hat, so lit. spylỹs (Dorn, hölzerner Nagel, Stachel, Speil). lett. spîlêt (klemmen, spannen), im Dt. Spier, Speil, etwa an. spila (dünnes und schmales Holzstück), mhd. spīle (dünner Stab, Spieß) usw. Auch die einzinkige Gabel des Hausschlachters ist eine Spiele.

**Spiele** (špīlən – F.) einzinkige Gabel des Hausschlachters, eigentlich »Nadel«, zum Stechen der im Kessel kochenden Blasenwürste, auch am Sensengestell sind Spiele erforderlich, doch sind sie anderer Art. – Das weder im Dt. noch vorhergehendem Germ. belegte Wort kann nur zu lit. spilgà, lett. spilka (Stecknadel) gestellt wer, die aus dem Poln. stammen. Es ist jedoch urspr. aus ideur. *spi (spitz sein) aus der nichtgerm.-ideur. Lautverschiebungsreihe t>s>r>l>n – nämlich spit(s)/Spieß/Spier/Spiele/Spiene (Pflock) entstanden.

**spill** (špi̊ll – Adj.) spindelig hochgeschossen. Wenn Obstbäume zu dicht gepflanzt sind, dann wachsen die jüngsten spill, das heißt sie »schießen« hoch und streben dem Licht entgegen. – *spillig* (špi̊llij – Adj.) Eigenschaftswort in der gleichen Bedeutung. – *Spille* (špi̊llən – F.) spindelig hochgewachsenes dürres Mädchen; kein Schimpfwort, sondern bloße Feststellung. Das Wort gehört zu ideur. *spi (spitz), das über *spit und *spis und *spir zu *spil die weiteste Verzweigung durchgemacht hat. Deshalb kann auch »spindeln« nicht die Grundlage zu »spill« sein, sondern gerade umgekehrt. In den balt.-slaw. Sprachen entsprechen Laut und Bedeutung lit. spylỹs (Stachel, Dorn), spyà (Schilfrohr), špilkà (Stecknadel). Ins Dt. steigt das Wort erst in mhd. Zeit auf als mhd. spīl (Spitze), spille (Spindel).

**spinnen** (špi̊nnən – V.) Fasern aus Flachs (oder auch Wolle) zu einem Faden ziehen oder drehen. Die urspr. Bez. für spinnen war vermutlich *farwen, *farben, *farpen. Unter »Gespinst« wurde deutlich, dass ein ideur. *pend, *spend die Grundbed. »spannen, dehnen« hat, lit. spéndžiu (spannen, mittels Spannen stellen, legen), lit. pìnti (flechten, winden). Das Wort »spinnen« ist im ideur. Raum jünger als »*farwen, *farben, *farpen« für dieses Werken. s. auch anfärben

**Spiß** (špi̊ß – M.) leichtsäbelförmige, etwa 10 cm voneinander leitersprossenartig nebeneinandergestellte Holzspieße an der Fruchtsense. – *spissen* (špi̊ssən – V.) stechen. – Zugr. liegt ideur. *spi (spitz) mit t-Erweiterung, in den balt. Sprachen lit. spìtė (Nadel, Griffel), spitnà (Dorn an der Schnalle), entlehnt aus einer nichtgerm.-ideur. Sprache ins Germ. ags. spitu, ins Dt. jedoch erst aufgestiegen nach erfolgter Lautverschiebung t>s als ahd. spizzen (auf den Bratspieß stecken), ahd. mhd. spiz (Bratspieß), mhd. spizzel (kleiner Bratspieß) und Zubehör. Die i-Dehnung zu Spieß (Geweihende des Wildes) ist erst nhd.

**splissen** (špli̊ssən – V.) aufsplittern, besonders des Holzes. – *Spliss* (špli̊ss – M.) flachkeilförmiges Holz- oder Eisenstück, das zwischen den das Sensenblatt und den Sensen-

S

baum umschließenden Rinken, dem Kopfstück einer Axt oder eines Hammers eingeschlagen wird, um beide fest miteinander zu verbinden. – Das bisher nicht erklärbare Wort ist das gleiche wie gsp. *Spreißel* (Holzsplitter), so dass eine Lautverschiebung r>l erkennbar wird. Dieses hat in den balt. Sprachen sowohl in nichtnasalierter als auch nasalierter Form eine Unmenge von Nebenzweigen getrieben, die alle auf die Wurzel ideur. *sprēu(d), *sprōu(d), *spru(d) in der Bed. »gewaltsam in einen engen Zwischenraum pressen« zurückgehen, woraus erkenntlich wird, dass die Urbed. vom Dingwort ausgegangen sein muss. Ins Dt. steigt das Wort erst nach erfolgter Lautverschiebung r>l auf und zwar afries. splīta, mnd. plīten (spalten), aber erst nach obdt. Diphthongierung i>ei schließlich nhd. spleißen (in Stückchen spalten). Der Urspr. des Wortes ist demnach nichtgerm.-ideur.

**Spreißel** (špraißəl – M.) etwa zehn Zentimeter langer streichholzdünner Holzspan zum Anzünden des Zogelichts, der Ölfunzel, der Petroleumlampe oder der Tabakpfeife verwendet. – *Spreißel* (špreißəl – M.) Holzsplitter, Holzschlitter. – Das im Gmdt. nur noch selten verwendete Wort ist belegt mhd. sprīȥel, ahd. sprīȥal (Holzspan, Holzsplitter). Im Germ. ist das Wort nicht belegt. Die Etymologie verweist auf Splitter, hat aber nicht festgestellt, dass dies nichtgerm.-ideur.-lautverschoben r>l aus ideur. *sprit (›auseinander‹sprengen) in der Bed. »auseinanderspalten« ist.

**spreizen** (spraitsən – V.) Beine auseinanderbreiten – *Spreize* (spraitsən – F.) Stütze, Sperrholz, Querholz. – Kluge/Mitzka stellen das Wort zu »sprießen«, mit dem es jedoch nichts zu tun hat. Es entstammt ideur. *sprēŭ(d)t (sperren), das in den balt. Sprachen sowohl nichtnasaliert als auch nasaliert außerordentlich produktiv gewesen ist, so lit. spraũdùklis (Spannknebel), lett. sprūslis (Sperrholz) – lit. spàustis (Spannstock, Sperrute), lett. spraids (Sperrholz), spraislis (Stütze, Querholz zum Auseinandersperren der Beine eines geschlachteten Tieres) und zahlr. Zubehör. Im Germ. ist das Wort nicht belegt, steigt jedoch aus einer Grundsprache auf zu ahd. spriūȥan, mhd. spriūȥen, spriūzen (stemmen, stürzen, sich ausdehnen machen) – mhd. spriūȥ (Stützbalken). Das Wort ist demnach vorgerm.

**Sprenkel** (špriͤnkəl – M.) Vogelfalle. Die Meinung, das Wort sei nd. entsprechend ags. sprincel (geflochtener Korb), ahd. sprinka, mhd. sprinke (Falle), ist unrichtig. Die Bez. ist nichtgerm. entsprechend lit. spreñgti (gewaltsam in einen engen Zwischenraum pressen), sprénglis (Spannstock), lett. spranga (Klemme) und Zubehör. Es ist aber ein auf md. Boden erfundenes Jagdgerät.

**sprockig** (šprokkjt – Adj.) zu rasch und deshalb mit lockerer ungleichmäßiger Faserung gewachsenes Holz, das deshalb leicht bricht. – sprock (šprokk – Adj.) brüchig, zerbrechlich, spröde. – Auf das erst in nhd. Zeit aus einer Grundsprache aufgestiegene Wort geht nur Weigand ein, der es in Anlehnung an mnd. sprock (dürres leicht zerbrechliches Reisig) als Entlehnung aus dem Nd. ansieht und es zum Stamm »sprechen« stellt, was beides unrichtig ist. Den balt. Belegen ist zu entnehmen, dass es sich um ein nichtgerm.-ideur. Wort handelt: lit. sprógti (bersten, platzen, zerspringen; einen Spalt oder Riss bekommen), lett. sprâgt (bersten, platzen) und großes Zubehör. Zugr. liegt ideur. *sprōgh (sich hastig bewegen), das aus der nasalierten Ablautform ideur. *sprenghe (sich hastig bewegen) im Germ.-Dt. die Wortfamilie »springen« ergeben hat.

**stäbbeln** (štäbbəln – V.) sich sträuben (nötigen lassen), vor- oder emporstrecken – *Stäbbel* (štäbbəl – F.) Stütze. Dem Wort liegt ideur. *steb(h), *step(h) = steif zugrunde, in den balt. Sprachen lit. stãbas (Pfosten, Säule), lett. stabs (Pfosten, Pfahl, Säule, Pfeiler), lit. stāpas (Stützpfahl, -pfosten), staìnti (steifen, steif machen), sowie nach Lautverschiebung p>k lett. staklis (zackiger Pfahl, gabelförmiger Ast), plur.-lett. stakles (Gerüst, Stützen), apreuß. stacle (Wäschestütze). Im Germ. haben die gleiche oder ähnliche Bed. ags. staef, an. stafr (Stock, Stütze) und im Dt. ahd. mhd. stap (langes glattes Holz) – ahd. stabēn (starr sein, machen). – Das Grundsprachenwort steht dem Balt. näher als den germ./dt. Belegen.

**stainsen** (štainsən – V.) mit Gewalt vertreiben – *fortstainsen* (fůrtštainsən – V.) mit Schimpf und Schande davonjagen. – *Stains* (štains – F.) Ärger und Verdruss wegen jemand haben. – Das Wort ist schriftlich nirgends belegt. Weigand führt ein »stenzen« (jemand wozu treiben) auf, das er zu rotw. »stenzen (jemand wozu treiben)« stellt. Weiter führt die md. Grundsprache mit »s stīmt (es ist Schneetreiben)«, das zu an. štīm (Mühe, Anstrengung) gestellt werden muss. Dies ist wieder eines Stammes mit md. steim (Gewühl, Getümmel mit Anstrengung und Ringen).

**Staiper** (štaipər – M.) Herumtreiber, nur noch in der Bezeichnung »ālər štaipər = alter Staiper« für jemand, der Abend für Abend ausgeht und sehr spät nach Hause kommt. – *fortstaipern* (fůrtštaipərn – V.) laufen machen, davonjagen. Hühner im Grabegarten werden mit lautem Schreien fort- oder auch hinausgestaipert. – Das nirgends schriftlich belegte Wort ist nichtgerm. aus ideur. *steigh (gehen, steigen) nach der nichtgerm. Lautverschiebung g>b zu erschließendes Wurzelwort ideur. *steibh (gehen machen, steigen machen). Belege dafür sind lit. staigà (plötzlich, unerwartet), staĩgínti (beschleunigen), lett. staĩgulis (Herumtreiber, Unsteter) – lit. steĩgti (es eilig haben, sich davonhasten), lett. stèigt (eilen, beschleunigen) und lautverschoben g>d lett. stèidzinât (rasch gehen machen, zur Eile antreiben) und Zubehör.

**Staket** (štåkētən – F.) einzelne Latte des Lattenzauns, weibl. Geschlechts. Als Gesamtheit in der Bed. »Lattenzaun« ist das Wort jedoch sächl. Geschlechts: dås štåkēt – Das einem ideur. *stha (stehen) entstammende Wort hat so viele Nebenzweige getrieben, dass dieses aus ital. stacchetta (Pfahlwerk, Palisade) entlehnte Kriegswort, das selbst wieder als ital. stacca (Pfahl) aus dem Germ. stammt, nur als »scheinbares Lehnwort« angesehen werden darf. Am nächsten kommt ihm gsp. »štakkəl« als Bez. der im Lehm-Fachwerkhaus gitterartig nebeneinanderstehenden Holzstäbe, die gewissermaßen ein Staket innerhalb der »Fächer« bilden (Fachsteckel!).



**staksen** (štåksən – V.) stechend über etwas hinausragen. – *Staks* (štåks – M.) eigensinniger, rücksichtsloser Mensch. – Zugr. liegt ideur. *sthā (stehen), dazu in den balt. Sprachen lit. stāklė (Stemmleiste am Leiterwagen), staktà (Zaunpfahl, -pfosten) und Zubehör, im Germ. got. stakeins (Stecken, Aufstecken), ags. staca (Pfahl), an. stjaki (Pfosten). Entweder aus bodenständigem (balt.) oder weiterentwickelt aus dem Germ. entstammt gsp. staksen, da im Dt. diese Form untergegangen ist, dafür ahd. mhd. stecken (stechend festhalten).

**Stauche** (štu$_{x}$ən – F.) zum Trocknen hohl und spitz aufgestellte Mengen Flachs, Klee oder Getreide (nicht aber Heu oder Gras). – *stauchen* (štu$_{x}$ən – V.) eine gewisse Menge harter oder starker Halme auf dem Boden aufstoßen und mit den Spitzen zusammendrücken. Das Wort entstammt einem ideur. *stha (stehen), ist in der vorliegenden Form aber nur belegt lit. stūgti (in die Höhe stehen) und im Dt. aus einer nichtgerm.-ideur. Grundsprache erst im Nhd. diphthongiert aufgestiegen.

**Staupe** (štaupən – F.) starker, aber rasch vorüberziehender Regen, fast nur in der Sommerzeit. – Die dt. Wörter Staupe, stäupen usw. haben nichts mit gsp. štaupə zu tun. Es ist ein nichtgerm.-ideur. Wort, das nur gr. stázō aus *státsō (herabströmen, tröpfeln, träufeln) belegt ist. Unser gsp. štaupən entstammt der nichtgerm.-ideur. Lautverschiebungsreihe t>p>k>s. Allerdings stellt im Gr. »z« eigentlich ein »ts« dar.

**Steckel** (štakkəl – M.) kurzer Stab zum Aufhängen der Würste. – Das Wort in der Bed. »Stecken, Stab« ist belegt mhd. stëcke, ahd. stëcko und im Germ. an. stikka, ags. staca. Unser gsp. štakkəl ist jedoch weder Stecken noch Stab, weshalb zur Unterscheidung die Lautverschiebung l>n auf vorhergehende ältere Bedeutung verweisen muss. Tatsächlich treffen wir auf lit. stãkle (Holzgabel im Keitelhahn zum Aufstellen des Netzbaumes), staktà (Zaunpfahl), lett. stakle (gabelförmiger Ast, zackiger Pfahl), stakles (Stützen, Gerüst), apreuß. stacle (Stütze ›beim Hause‹) aus ideur. *sthā (stehen). Tatsächlich sind unsere Wurststeckel solche Stecken, die beiderseits im Rauchloch in einer eingekerbten Rille eingestützt werden. Das Wort ist, wie auch schon die grundsprachige Lautform beweist, vorgerm.-ideur. Mit dem Begriff des »Stechens« hat das Wort nichts zu tun.

**steetseln** (štētsəln – V.) etwas umständlich hinstellen oder aufbauen. – *Steetselei* (štētsəleï – F.) etwas umständlich durcheinander Aufgestelltes. – Das Wort ist eine der zahlreichen Weiterentwicklungen aus ideur. *ste(h)ā (stehen). Es kommt in seiner Lautung am nächsten den germ.-dt. Belegen zum Wort nhd. Stätte, in seiner Bed. aber den balt. Gleichungen lit. statýti (›auf-, hin‹stellen; umherstellen, anders›wohin‹ stellen), statyklà (Platz, wo etwas auf- oder hingestellt wird), lett. statît (hinstellen, einsetzen) und Zubehör. Das Suffix -seln zeigt die Abwertung des urspr. Wortsinnes an.

**steibern** (štaibeərn – V.) bei windigem oder gar stürmischem Wetter schneien. – *Steiberwetter* (šaibərwattər – N.) Schneegestöber, Schneefall bei stürmischem Wetter. – Das in dieser Bed. nicht belegte Wort würde zur Familie »Staub« gesttellt werden, zumal Adelung 1780 stöbern und Stöberwetter belegt, das Weigand als Iterativform zu nd. stöbern, stöven (stieben) annimmt. Die Entwicklung der wthür. Grundsprache aus der Wurzelperiode lässt jedoch eher eine Iterativform zu ideur. *steib, stib(h) (verdichten, fest werden) vermuten, wie nach gr. stibē (gefrorener Tau, Reif) vermutet werden muss.

S

**Stempel** (štampfəl – M.) Stütze an der Kelter, mit deren Hilfe das Pressgut zusammengedrückt wird. Auch eine Säule unter der Torfahrt zur nachträglichen Stützung des oberen Geschosses ist ein »štampfəl = Stempel«). – Das erst in nhd. Zeit aus einer Grundsprache aufgestiegene Wort wird als nd. bezeichnet und zur Grundbed. »stampfen« gestellt, was beides falsch ist. Es ist, was schon auf -pf- in der Grundsprache zu beweisen vermag, ein nicht schriftspr. gewordenes Wort germ. Ursprungs in der Bed. »stützen, ›dagegen‹stemmen«. Mit dem Wort ist zu vergl. skr. stabha (Pfosten, Pfeiler), stàmbhate (stützen, hemmen, anhalten, feste Stellung verleihen), stambhana (Befestigen, Kräftigen, Hemmen), lit. stambëti (stämmiger, größer, gröber werden), stambus (groß, schwer, stark ›von Wuchs‹), lett. stàmbans (gefallener ›gebrochener‹ Baum, Baumstumpf) und Zubehör.

**Sterz** (šterz – M.) vom Pflugskörper schräg nach hinten oben gerichtete Handhaben, um diesen halten und führen zu können – Eine andere Bez. ist Riester. Weigand möchte in diesem Wort die Grundbed. »starr, steif« sehen, während Kluge/Götze an Zusammenhang mit gr. stórthē (Zinke, Zacke) oder auch nhd. stürzen denken. Tatsächlich liegt ideur. *ster (erstarren) zugr., jedoch erweitert im Gr. zu stērizō (sich stützen, sich stemmen), im Balt. zu lit. sterežiótis (sich stemmen, sich anstrengen). Tatsächlich konnte der urzeitliche Pflug nur durch Aufstemmen des Körpers in den Erdboden eingedrückt werden. Darauf verweist auch die Bez. *Bornsterze.* Zusammenhang mit dem Sterz der

Tiere (so Kluge/ Mitzka) ist völlig unmöglich. In der Bed. Pflugsterz taucht das Wort aus einer Grundsprache erst in nhd. Zeit auf.

**Sterze** (sterzən – F.) Umfassung – *Bornsterze* (bornsterzən – F.) Das ist eine hölzerne, urspr. nur kniehohe Umfassung des gegrabenen Brunnens, auf die sich der Wasserholer beim Schöpfen des mit der Hand eingetauchten Eimers stützte. Dieses Wort, das weder mit dem Pflugsterz zu vergleichen ist, noch mit nhd. stürzen (fallen), entstammt ideur. *ster (starr) mit t-Erweiterung, entsprechend lit. stérti (wie eine Bildsäule dastehen), lett. stersk (Wagenrunge).

**Stiel** (šteal – M.) Handhabe eines Werkzeugs: Zwischenstück zwischen Blatt, Blüte, Frucht einer Pflanze und deren Ansatz. – Da die heutige Lautform sich erst in dt. Zeit bildet zu ahd. mhd. *stil (Handhabe; Pflanzenstiel), vermutet die Sprachwissenschaft Entlehnung aus lat. stilus (Pfahl mit Haken, Stängel, Stamm). Sie wird an dieser Vermutung jedoch wieder irre, da im Germ. belegt sind ags. ste(o)la, nnl. steel (Stiel, Stängel). Das gsp. šteal verweist auf gr. steleós (Stiel), steleón (Axtstiel usw.) und sichert damit dieses als bodenständig nichtgerm.-ideur.

**stiffern** (štiffərn – V.) stützen. – *Stiffer* (štiffər – M.) Stütze – Das Wort entstammt einem ideur. *stū (stützen, stehen, starren), das in fast allen ideur. Sprachen zahlreiche Zweige getrieben hat, am umfangreichsten in den balt.: lit. stipinas (senkrechte Strebe), stpŷnė (Stelze), lett. stpęns (Stütze der Schlittensohle). Im Germ. erscheint ags. stīpere (Stütze, Pfahl), also ohne Lautverschiebung p>f, so dass Entlehnung aus einer nichtgerm.-ideur. Grundsprache vorliegt. Die md. Grundsprache hat dagegen diese Verschiebung p>f durchlaufen, was darauf deutet, dass dieses Wort auch im Germ. vorhanden gewesen sein muss, wenn auch nicht belegt. Im Dt. steigt es auf mhd. stiūwer (stützen).

**Stippe** (štibbən – M.) nur noch erhalten in Schimmelstippen – *stippig* (štibbj – Adj.) mit Stockflecken. Im Duden wird das Wort zu »steppen« gestellt und auf ideur. *stip, *stib (Stecken) zurückgeführt. Zugr. liegt jedoch ideur. *stig (stechen), entsprechend gr. stīgma (Stich, Punkt, Tüpfel), stigmē (Punkt, Pünktchen, Tüpfelchen). Im Wort ist die nichtgerm.-ideur. Lautverschiebung g>b wirksam geworden. In der Gmspr. wird ungerechtfertigt obdt. b>p eingesetzt.

**Stitz** (štits – M.) Ställchen im Freien ohne Dach, das kunstlos zusammengehämmert worden ist. – Das nirgends belegte Wort gehört zu ideur. *sta (stehen), daraus bspw. skr. sthìtis (Stellung, fester Stand), gr. statòs (im Stalle stehend), im Germ. ags. studu (Pfosten), an. stodh (Stab, Stütze) – an. stydhja und im Dt. ahd. studen (stützen, feststellen), ahd. stuzzen, mhd. stützen (stützen), mhd. stütze (Stütze). Ein Stitz ist etwas formlos Zusammengestelltes, das so befestigt ist, dass sich die Bretter gegenseitig stützen.

**Stietzel** (štitsəl – M.) brotlaibartiger Kuchen. Es ist der gleiche Kuchen, der als mhd. strutzel, strützel belegt ist, den Weigand (sicher falsch) zu »Strauß« stellen möchte. Stietzel ist offensichtlich Verkleinerungsform zu »Stuten«, das ist in einigen Teilen Norddeutschlands ein längliches Weißbrot. Den Namen soll es bekommen haben von mnd. stūt (dicker Teil des Oberschenkels) zu Steiß.

**stopfen** (štopfən – V.) durch Hineinpressen zumachen, durch Zusammenziehen dichtmachen. – *stopfen* (štopfən – V.) etwas füllend in einen Behälter hineinpressen. – Die Meinung, dieses Wort sei in irgendeiner Weise aus dem Lat. entlehnt, ist irrig, denn es handelt sich um ein nichtgerm.-ideur. Erbwort zu ideur. *stup (stopfen, stoßen, dicht machen). Es ist belegt mhd. stopfen, ahd. stopfōn und im Germ. ags. forstoppian (zustopfen, schließen). Dass das Wort vorgerm.-ideur. ist, ergibt sich aus gr. stýphō (stopfen, dicht- oder festmachen, zusammenziehen), styptikòs (verstopfend; das Blut verdickend), styppeion (Flachs- oder Hanfabfall; Wergmenge).

**Strang** (šrång – M.) 20 Gebinde Flachsgarn. Zugr. liegt ein ideur. *strangh, stragh, daraus im Germ. ags. streng, an. strengr (Strick, Riemen), im Dt. ahd. strang, mhd. strange, stranc (Strick, Seil). Da jedoch »Strang« ein Mengenmaß des geweiften Garns ist, besteht eher ein Zus. mit dem nichtnasalierten ablautenden lit. srŭoga, strúoga (Gebinde Garn, Strähne, Büschel). Damit dürfte erneut der Beweis für die nichtgerm. Herkunft dieses Werkwortes der Flachsbereitung gegeben sein.

**streifeln** (štraifəln – V.) etwas Bedecktes entblößen, so dass etwa Hosenbeine oder Rockmäntel am Körper bleiben; umkrempeln, hochschlagen. Wird etwas (Beeren von den Stielen) abgestreifelt, dann verwendet die Grundsprache die Interativform strepfəln, dazu ags. bestrīepan (berauben, plündern), daraus erst mhd. strūpfəln und nd. strūf (entbeerter Ast). – Das Wort ist Iterativ zu »streifen«, das nur unvollkommen erklärt zu werden vermag. Es liegen vor mhd. streifen (streichen, gleiten, ziehen), mhd. strīfe, mnd. strīpe und im Germ. norw. strīpa (Streifen, die etwa durch Farbe gezogenen Striche), im Vorgerm. air. sriab (Streifen). Zugr. liegt nicht ein erschlossenes ideur. *ster (Streifen, Strich), da dies keine weiteren Gleichungen hat, sondern ideur. *streig (streifen, streichen). Es steht noch nicht fest, ob auch eine schon ideur. Lautverschiebung g>b wirksam geworden ist oder ob es auch eine Verschiebung g>f gibt. Das Grundsprachenwort »strepfeln« entstammt anderen Zusammenhängen.

**Streu** (štråiwə – F.) Ausgebreitetes. – Das zur Wurzel ideur. *ster (ausbreiten) gehörende Wort erscheint im Germ. got. gastraujan (mit Decken belegen oder überbreiten), als Substantiv jedoch erst ahd. strawi, strewe (in kistrawi, kastrewi), mhd. ströuwesal (Streu), so dass gsp. štråiwə unmittelbar an die ahd. Belege anschließen dürfte. Vielleicht hat jedoch auch mhd. strouwen, ströuwen (ausbreiten, vereinzelt und breit hinwerfen) mit eingewirkt. Auch Pferde, Kühe, Ziegen und Schafe erhalten eine gsp. štråiwə.

S

**Striegel** (štrējəl – F.) etwa 10×20 cm großes Eisenblech mit etwa zehn der Längsseite nach aufgesetzten eisernen Kämmen und einem Holzgriff ebenfalls an der Längsseite. – Das ideur. Wort (apreuß. strigli = Distel!) ist entlehnt aus lat. strigilis (Schabeisen), daraus ahd. strigil, mhd. *Striegel* (strīͤgəl – F.) Feldmaß = eine halbe Sottel groß. – Matthias Lexner möchte das auch schon in mhd. Zeit belegte Landmaß mhd. strigel, stregel als Lehnwort aus lat. strigilis (Schabeisen) ansehen. Das aber scheint unmöglich zu sein, da strigdýti (einen Pfahl einschlagen) zu lit. sráigas (Pfahl zur Bez. der Wiesengrenze) eher auf nichtgerm.-ideur. Herkunft des Wortes schließen lässt.

**Störrel** (šterrəl – M.) schlechtgewachsener Baum mit spreizig hochragenden Ästen. – *Lichtstörrel* (līchtšterrəl – M.) am Öllämpchen befestigter Draht, mit dessen Hilfe der brennende Docht vor- oder zurückgeschoben wird. – Das zu einem ideur. *star (starr) gehörende Wort erscheint im Germ. als got. andstaŭrran (aufgerichtet jemanden gegenüberstehen), im Dt. ahd. storrēn, mhd. storren (starr emporragen, herausstehen). Im Hinblick auf die Bed. unseres Belegs vergl. in den balt. Sprachen lit. stýroti, lett. stirksóti (kahl dastehen, Bäume nämlich) und im Dt. erst aus einer Grundsprache aufgestiegen zu ahd. storro, mhd. storre (Baumstumpf), demgegenüber das umgelautete gsp. sterrəl nicht nur einen Baumstumpf bezeichnet, sondern einen spillig- oder spindelig gewachsenen Baum in grünendem Zustand.

**Stoß** (štuəß – M.) Ackerstück zwischen zwei Feldwegen (heute nicht mehr berechtigte Bez. aus der Zeit der Dreifelderwirtschaft). – *Stoß* (štuəß M .) heute Bez. für eine zum Raummeter aufgeschichtete Menge Scheite Brennholz. – *Stoß* (štuəeß – M.) Saum am Kleid, an der Hose, der auf den Erdboden aufstößt. Diese Bez, ist jungzeitlich, als die Mode lange bis auf die Erde reichende Kleider vorschrieb. – Das zu »stoßen, zusammenstoßen« gehörende Wort ist aus ideur. *steu, *stu (stoßen) im Balt. belegt, bei Berücksichtigung der Wortsippe ist das Wort als nichtgerm.-ideur. anzusehen, wozu jedoch got. stautan (stoßen, schlagen) *nicht* zu stellen ist. In der vorstehenden Bedeutung steigt das Wort erst im Dt. auf, ahd. mhd. stōʒ (Zusammenstoß) – ahd. stōʒan mhd. stōʒen (sich erstrecken, zusammendrängen).

**Stroh** (štruə – N.) leere Halme des Getreides. – *ein Stroh* (ënn štruə – N.) Gesamtheit der auf der Tenne ausgelegten in einem Arbeitsgang zum Dreschen mit dem Flegel bestimmten Getreidegarben. – Die Meinung, es handele sich um ein gemeingerm. Wort, ist unrichtig. Es ist vielmehr nichtgerm.-ideur. aus ideur. *ster, *stor, *strō (ausbreiten, streuen) und Zubehör. Im Germ. entspricht dem Wort ags. strēaw, an. strā und im Dt. ahd. mhd. strō. Im Got. ist das Wort nicht belegt, so dass Aufstieg des Wortes aus einer Grundsprache in ahd. Zeit angenommen werden darf.

**stürzen** (štertsən – V.) nichtabgetrocknete Tontöpfe zum Abtropfen ins Dipfenbrett stellen. Das Wort hat mit den bisher genannten germanischen Wörtern nichts zu tun. Es gehört deshalb auch nicht entspr. Pflugsterz zur Wurzel ideur. *ster (starr), sondern zur Wurzel ideur. *ster, *stor, *strō (ausbreiten, streuen) entsprechend gr. stērizō aus *stēritsō (stützen, lehnen usw.) und Zubehör, gr. stratós (Lager, das Gelagerte oder Ausgebreitete) und Zubehör, gr. strōtós (hingelegt, ausgebreitet).

**Stutz** (štuts – M.) Stoß mit dem Kopf. – Nur Ziege und Ziegenbock, Schaf und Widder stutzen, während Kuh, Rind oder Kalb rinnen. – Das erst in dt. Zeit aus einer Grundsprache aufsteigende Wort wird als nd. bezeichnet, weil tatsächlich mhd. stutz (Stoß, Anprall) mit der Grundform nl. stutten (aufprallen, zurückprallen) als Nebenform zu got. stautan, an. stauta und as. stōtan (stoßen) gestellt werden kann. Da jedoch ein ideur. *stut (stoßen), lit. šturkuoti (stoßen, Stoß geben) aus poln. szturkać, szturchać (stoßen) belegt ist und darin die nichtgerm.-ideur. Lautverschiebungsreihe t>s>r>l>n wirksam geworden ist, gehört stutzen gsp. štutsən in den vorgerm.-ideur. Sprachraum. In der Lautform gsp. štutsən steigt das Wort in mhd. Zeit aus einer Grundsprache auf zu mhd. stutz (Stoß, Aufprall). »Bockstoßen« auch im Balt. belegt: lett. buôkstîtîas (sich herumstoßen), buōkstît (verheimlichen), lit. bókštavimas (Flucht).

**Sud** (sud – M.) Aufguss von Heilkräutern. Die Wurzel des zu »sieden« gehörenden Wortes ist germ. *suth und damit vorgerm. *sud.

**suggeln** (suggəln – V.) an der Mutterbrust trinken. Auch Malzsteine, Zuckersteine oder Böllchen werden »gesuggəlt«, seltener gelutscht oder früher auch genutscht. – *Suggkindchen* (suggki̊ngchən – N.) das noch an der Mutterbrust sauende Kind, Säugling. – *Suggaime* (sūggaimən – F.) Blutegel. Der erste Wortteil ist gmd. saugen, der zweite liegt in gr. aĩma (Blut) vor. Die Suggaime ist also die Blutsaugerin. – Das Wort suggeln ist Iterativ zu »saugen«. Dieses entstammt einem ideur. *sug (saugen) im Germ. ags. sūga und im Dt. as. ahd. sūgan, mhd. sūgen.

**Sülze** (si̊ltsən – F.) besondere Wurstart, bei der die zugegebene Schwarte das Gallertwerden bewirkt. – Die Etymologie sieht in dem Wort einen Ablaut zu »Salz«, was aber kaum stimmen kann, da diese Wurstart gar nicht übermäßig gesalzen wird. Belegt ist das Wort mhd. sulz(e) ahd. sulza (Sülze), entlehnt jedoch ital. solcio (Gallert, Sülze), afrz. souz, souce, frz. sauce (Tunke, Brühe). Das alles führt auf lit. sùltys (Saft, besonders das Birkenwasser), sultinỹs (Bouillon, Fleisch- oder Gemüsesuppe), sultìngas (saftig) und Zubehör aus ideur. *seu (saftig).

**Sumbrot** (sůmbruət – N.) Dreibrot, Vesper um fünfzehn Uhr, auch Vesperbrot genannt. – Ausgehend vom christlichen Vesperbrot, begegnen wir gr. sýma (Opferbrot, Opferkuchen, besonders Dankopfer) als ältere Form des gleichbedeutenden gr. thýma. Stimmt diese Gleichung, dann bedeutet dies, dass in Mitteldeutschland und in Griechenland in ältesten Zeiten die gleichen Götter verehrt und dieselben Bräuche geübt worden sind. Zu beachten: gr. y = u.

**summern** (sůmmərn – V.) Überanstrengung, völlig erschöpfen oder abmatten. »meine Beine summern«, sie zittern vor Erschöpfung. – *Summern* (sůmmərn – N.) Erschöpftsein, Abgemattetsein. – Das Wort ist weder im Dt. noch vorhergehenden Germ. belegt. Es mit dem lautmalenden »Summen« der Bienen in Verbindung zu bringen, ist unmöglich. Zu vgl. ist es mit lit. sumplas (dünn, mager) und dies mit lit. sim̃plas, sìmplas (kraftlos, schwach), silpnéti (schwach werden), silpùmas (Unfähigkeit, Schwäche, Gebrechen), pasimpléti (schwach werden).

**Sumpf, Im** (in sůmpfə – M.) Flurteil. – Das Wort taucht erst in mhd. Zeit aus einer Grundsprache auf. Es ist außerdem nur belegt gr. somphós (schwammig), somphótēs (Schwammigkeit), das sehr genau den Sumpf bezeichnet, und muss deshalb als nichtgerm.-ideur. angesehen werden.

**suplich** (supliͤch – Adj.) zerzaust, struppig und oft zusätzlich mager und krank (von Hühnern gesagt). – Das sonst nirgends belegte Wort entspricht lautlich völlig lit. suplyksinti, wenn auch in anderer Bedeutung, so doch im Balt. und Md. mit gleichwertiger untrennbarer Vorsetzpartikel su-, der zweite Wortteil entspr. lit. plìkas, lett. pliks (kahl, nackt, entblößt), lit. plìkis (kahlköpfiges, unbehaartes Tier), plìkti (die Haare verlieren, kahlköpfig werden), plifktiͤ (zerzausen) aus ideur. *(s)p(h)el (abreißen, spalten). Wenn auch nirgends belegt, muss doch das Wort in germ. Zeit aus einer Grundsprache »aufgestiegen« sein, da es die »Hoch«dt. Lautverschiebung k>ch mitgemacht hat; aber es ist trotzdem nichtgerm., weil die dann erforderlichen germ. Lautverschiebungen p>f,b und k>g,h fehlen.

# T

**Talkerchen** (tåləkəchən – N.) eine Art Röhrenkuchen, -kietz, -platz aus geringwertigem Weizen- oder früher nur Gerstenmehl, der nur ohne Hefe oder ein anderes Triebmittel gebacken wurde. Das nur in mhd. Zeit aus einer Grundsprache »aufgestiegene«, inzwischen aber wieder untergegangene Wort, mhd. talke (Talkenkorn), heute nicht mehr erklärbar, gehört unmittelbar zu kymr. talch aus urkelt. *talko (zerstampftes Getreide), ist damit aber kein kelt. Wort, sondern hat sich in seiner ursprünglichen Bed. lediglich in einer kelt. Sprache (lautverschoben k>ch) erhalten. Denn lit. talákna (schlechte Grütze, dünnflüssiger Brei) aus wruss. tolokno (in kaltem Wasser zubereitete Speise aus Hafermehl), russ. toloknó (Haferbrei, gestoßenes Hafermehl) aus ideur. *talk (zerstoßen, stampfen, zerschlagen) weist auf indogerm. Herkunft. Das beweist auch die in der md. Grundsprache ablautende Form gsp. duləkən (sitzengebliebener Kuchen, etwa mit Wasserstreifen).

**Tand** (tånd – M.) wertloser Gegenstand, nutzlose Sache, Schmuck. Zugr. liegt lat. tantum (so wenig, so gering), das als Kaufmannswort ins Dt. eindrang: mhd. ûf den tant (auf den Borg), tant (wertloses, auch leeres Geschwätz). Es ist ein echtes Lehnwort. – *tändeln* (důndəln – V.) spielerisch, zeitvergeudend sich mit etwas beschäftigen, Dūindeln (důindəln – N.) spielerisches, oberflächliches Arbeiten.

**Tappe, Tapse** (dåpsən – F.) breiter weicher Tierfuß; auch Spur eines solchen. Dazu *tappen* (plump auftreten, tasten), *täppisch* (ungeschickt, plump), *Taps* (täppischer Mensch), dazu gsp. dåps (Fuß- oder Schuhabdruck), dåpsən (hart oder laut auftreten, trapsen). Zu dem erst mhd. tāpe (Tierpfote, Menschenhand) aus einer Grundsprache »aufgestiegenen« Wort erklärt Weigand »dunkler Herkunft«, und Kluge/Götze meinen »Vorgeschichte dunkel«, während ihm Hermann Paul ebenfalls »unsicherer Herkunft« bescheinigt und es als »schallnachahmend« bezeichnet, da er auch = »Schlag, Klapse« hinzufügt. Kluge/Mitzka ergänzen hierzu: »Nicht völlig überzeugend hat man in Tappe Umgestaltung eines roman. *patta vermutet, das in ital. patta, frz. patte ›Pfote‹ fortlebt. Pfote fehlt in den Gebieten, in denen Tappe gilt«. Gsp. dåpsən, dåppən hat zahlreiche Nebenzweige getrieben. Als gsp. dåpsən (Tapse) werden Fuß- oder auch Schuhabdrücke besonders auf dem Felde, im Grase, auf staubigem Fußboden bezeichnet. »tapse nicht so sehr auf!« ein täppischer Mensch ist »dappsch = täppisch«, ist aber nicht nur ein Taps, sondern in der bildhaften bäuerlichen Sprache ein »dåpps-ins-dȋpfən = Taps-ins-Dipfen« oder noch etwas saftiger ein »dåpps-ins-můst = Taps-ins-Mus«. Geht ein Kranker schweren Schrittes daher, dann heißt es: »er tappt da herum wie ein alter Mann«. – Das bisher nicht erklärbare Wort gehört zu einem ideur. *dep in der Bed. »dickflüssig, schmierig«, dazu lit. dãpas (Überschwemmung), aber bereits im Balt. lautverschoben d>t und p>k in lit. tãkas, lett. taks (Fußsteig, Pfad als das »durch viele Tapsen Entstandene«), unverschoben p>k lit. tapnòti (langsam mit der flachen Hand schlagen; liebkosen, mit den Füßen stampfen), lett. tapât (mit kleinen Schritten schreiten), tapa (Getrampel, Gestampfe). Im Germ. ist das Wort nicht belegt, steigt aber aus einer Grundsprache auf zu mhd. tāpe (Pfote, Tatze), nhd. Tappe (Spur eines breiten Tierfußes oder dieser selbst), tappen (plump auftreten, tasten) – mhd. tœpisch (täppisch, plump). Die Grundsprache hat in der Bed. und im Lautstand die älteste Form bewahrt.

**Taube, Täuberich** (dūbən – F., dubbərt – M.) Girrvögel aus der Ordnung der Hühnervögel, Gyrantes. – Der Name ist belegt mhd. tūbe, ahd. tūba, as. dūba, im Germ. ags. *dūfe, an. dūfa, got. dūbō mit der angeblichen Bed. »die Dunkle«. Weshalb aber dieser Name gewählt worden sein soll, obgleich der Rabe viel dunkler ist, bleibt unverständlich. Entspr. der Eigenart der Tauben sollte man den Namen zu lit. tūpti (Niedersetzen der Vögel), tūpiau (sich niedersetzen; von Vögeln gesagt), tùpt (plötzliches Niedersetzen) tūptelėti (fortgesetzt knicksen und sich niedersetzen), tuptùvai (Stelle wo die Hühner hocken) und Zubehör stellen. Dann wäre das Wort rein germanisch.

**Tisch** s. discheln

**Tod** (dūət – M.) Lebensende. Das Wort hat den verschiedensten Etymologisierungsversuchen unterlegen, ohne dass eine endgültige Klarheit hätte gefunden werden können. Dabei liegt ein vorgerm.-ideur. Kandáōn vor, das zu ideur. dāw, du (brennen, quälen) gehört, dazu aslw. daviti (sticken, würgen), ein Wort aus der Zeit der Brandopfer oder auch der Brandbestattung. Richtig geht es ins Germ. über als got. dauths (tot), dauthus (Tod), ags. dēadh, an. daudhi und im Dt. as. dōth, ahd. tōd, mhd. tōt.

**Töle** (dēlən – F.) Hündin, auch *Deebe* (deawən – F.). Wie die Bez. Deebe für das Muttertier, ist auch Deele vorgerm. Zugr. liegt ebenfalls ideur. *dhe, dhēj (säugen), dazu gr. thaō (säugen), thēlē (Zitze), thēlys (weiblich), lit. dėlē (Blutegel, eigentlich »der Saugende«), lett. dīle (saugendes Kalb). Grundbed. ist also »die Säugende«. Das Grundsprachenwort kommt den ideur. Belegen lautlich am nächsten.

**Topf** (důpf – M.) jede Topfart mit Ausnahme des Tontopfs, vielfach noch heute mit dem erlärenden Beiwort issərnər důpf, Wåssər-, Kåffē-, Schäpfdůpf. – *Dipfen* (di̊pfən – N.) nur der aus gebranntem Ton ist ein Dipfen. – *Dipfen* (di̊pfən – N.) Schimpfname, jedoch nur eine Frau bezeichnend: āləs di̊pfən, důmməs di̊pfən, åləwernəs (albernes) di̊pfən. – *Dipfchen* (di̊pfchən – N.) kleiner Topf, etwa ein Milchtöpfen. – *Dipfchen* (di̊pfchən – N.) in Beziehung zu einem Mädchen gebraucht, das bei kränklichem Aussehen »wi ënn di̊pfchən vůll mīsə = wie ein Dipfchen voll Miese« ist, wobei dieses »Miese« nicht auf Mäuse zielt, sondern auf einen erforderlichen Mischtrank entsprechend lit. mišinỹs (Mischung, Gemisch), lett. misêt (mischen) und ebenso lett. izmist (verzagen, den Mut sinken lassen). – Das Wort ist erstmalig im Glossar der Hildegard von Bingen als »dupfen« belegt. Es wird allgemein zum Stamm germ. *dupf (vertiefen, einsenken) gestellt, was sich jedoch bei Vergleich mit dem ablautenden gr. táphos (Aschenurne) zu gr. tháptō (beerdigen, bestatten) aus ideur. *dhubh (das Eingetiefte, Eingesenkte) als falsch erweist. In den balt. Sprachen ist lit. dubuo (Napf, Schüssel, Becken) zwar eine Neubildung, doch geht sie auf lit. dùbinti (vertiefen, aushöhlen) und damit ebenfalls auf ideur. *dhubh zurück. Der Werdegang des Tontopfes ist genau umgekehrt, wie er aus dem bisherigen Ansatz geschlossen werden müsste. Die urzeitl. Hausfrau und Verfertigerin der Tontöpfe (deshalb werden nur Frauen mit »altes Dipfen« usw. beschimpft) arbeitete von untenher, indem sie (vor Erfindung der Töpferscheibe) einen Tonwulst nach dem andern auflegte, bis sie am oberen Topfrand halt machte. So entstand tatsächlich ein »Eingetieftes«, ein dhubh. Und nun ist bedeutsam, dass dieser Name »dhubh« bereits ins Vorgerm. entlehnt worden sein muss, um zum vorgerm. »dub«, Germ. »tup« und schließlich lautverschoben zum ahd. »dupfen« zu werden. Damit ist zugleich bewiesen, dass bereits in der Jüngeren Steinzeit vor vier- bis sechstausend Jahren dieses Küchengerät »dhubh« genannt worden ist. – *Dipfenanger* (di̊pfənangər – M.) noch heute selbst in wthür. Städten scherzhafte Bez. des Friedhofs. Da die Brandbestattung in Thüringen kaum ein Menschenalter lang üblich ist, muss sich diese Benennung aus der Zeit der Urnenfriedhöfe bis heute erhalten haben.

**trabb** (tråbb – V.) eilen, sich beeilen. Das ständig gebrauchte Ausrufewort wird zeitwörtlich gebraucht: »måch tråbb« = mache trabb«, beeile dich, komm rasch zurück! – *trabbeln* (tråbbəln – V.) trippelnd ununterbrochen auf der gleichen Stelle auftreten. – Das Wort ist Intensitiv zu traben und trabbeln dazu Iterativ. Zugr. liegt ideur. *trep (trippeln, trampeln), dazu gr. trapéō (Trauben austreten, keltern), atrapós (Fußweg, Pfad), lit. trapinéti (mit den Füßen stoßen), trapõsyti (zertreten), apreuß. trapt (treten). In dieser Bed. steigt das Wort erstmalig auf zu as. trabō(ia)n (traben), mhd. draben (in gleichmäßiger Eile gehen oder reiten). Offenbar liegt ein nichtgerm.-ideur. Erbwort vor, so dass keineswegs gesagt werden kann, es entstamme einem Fachwort der Rittersprache.

**trabisch** (treabsch – Adj.) träge, faul, widerspenstig bei der Arbeit, dickfellig – »es ist ein träbischer Hund«, auch gesagt von einem Zugtier, das immer wieder in falscher Richtung geht oder sich auf die Knie niederlässt, um nicht weiterarbeiten zu müssen. – *dicktrabisch* (di̊kktreabsch – Adj.) die gleichen Eigenschaften in erhöhtem Maße habend. Auch ein störriger Mensch kann als »dikktreabsch« bezeichnet werden. – Da ags. treaflīc (beschwerlich, lästig) bereits die Weiterschiebung b>f nachweist, muss gsp. treabsch älter als der ags. Beleg sein. Da ein vorhergehendes *traegsch anzusetzen ist, muss Oskar Schades Vermutung, ags. treaflīc sei möglicherweise lat. tribulāri nachgebildet, falsch sein. Damit ist in gsp. treabsch die Lautverschiebung g>b wirksam geworden. Das führt auf den Zusammenhang mit nhd. träge aus einer Wurzel ideur. *dragh (sich anstrengen), daraus skr. drāghē (sich abmühen, sich anstrengen), zend. dregvañṭ (böse, schlecht), im Germ. ags. trag (unwillig, missmutig, böse, träge), tregjan (Beschwerde bereiten, quälen), an. trego unwillig, widerstrebend, langsam), tregliga (mit Mühe) und im Dt. as. trāg, ahd. trāgi, mhd. træge (langsam zur Tätigkeit, träge).

**trapps!** (tråpps! – Interj.) einmaliges hartes Auftreten bezeichnend, um einen Menschen zu erschrecken. – *trappen* (tråppən – V.) laut und hart auftretend sich fortbewegen. – *trappeln* (tråppəln – V.) wiederholt hintereinander auftreten, wie es oft Kleinkinder sich angewöhnen, wenn sie ihren Willen durchsetzen wollen. – *Getrappel* (gətråppəl – N.) hartes Klopfen der schweren Pferdehufe. – *Trappelei* (tråppəleï – F.) Zornwort, wenn Kinder mit schweren Schuhen herumtoben. – *alte Trappe* (ālə tråppən – F.) Schimpfwort, das eine schwerfällig dahinlatschende alte Frau meint. – *Trappe* (tråppən – F.) Laufvogel, Große Trappe, Otis tarda L., als auch als Zwergtrappe, Otis tetrax L. – Die Meinung von Hermann Paul und Weigand, das Wort sei nd., ist falsch, ebenso die Ansicht, es gehöre als Intensitiv zu nhd. traben. Es ist vielmehr ein nichtgerm.-ideur. Wort zu ideur. *trep (treten), dazu gr. atrapòs (Fußsteig, Pfad), trapéō (Trauben austreten), im Balt. lit. trapinéti (mit den Füßen stoßen), apreuß. trapt (mit den Füßen stampfen), bg. tropam (klopfe, stampfe), tropot (Getrampel) und zahlreiches Zubehör. Aus einer Grundsprache steigt das Wort erst als spätmhd. trappeln auf. Der Name des Laufvogels ist wohl nicht aus dem Slaw. entlehnt, wie Weigand vermutet, Kluge/Mitzka und Hermann Paul als sicher annehmen, sondern als Erbwort zu betrachten.

**Träubel** (driwwəl – M.) Weintraube (winsdriwwəl), aber auch zu einern Büschel zusammengewachsene Kirschen. – *Träubelimg* (driwwəlı̊ng – M.) kleine Traube, vor allem von Johannisbeeren und Kirschen. – Das grundsprachige Wort ist eine Verkleinerung von »Traube«, in Träubeling nochmals verkleinert. Belegt ist das Wort mhd. trūbe, ahd. thrūba, drūba f., jedoch trūbo m. (Traube, Bündel, Büschel), im Germ. jedoch nicht belegt. Man schließt deshalb auf die Grundbed. »Klumpen, Haufen«. Gr. thrýptō (zerbröckeln, locker sein oder werden usw.) aus ideur. *dhrubh (zerbröckeln, zerreiben), und darin liegt die wirkliche Grundbedeutung: im Gegensatz zur zusammenhängenden Frucht ist eine Traube »die in Bröckchen aufgeteilte«. Das Wort muss vorgerm.-ideur. sein, hat sich bodenständig entwickelt aus ideur. *dhrubh (zerbröckeln) und ist in ahd. Zeit ahd. schriftsprachig geworden. Lautlich liegt das Grundsprachenwort, entrundet u>ü>i, der Urform am nächsten.

**trecksen** (trĕkksən – V.) ruckweise unter Anspannung aller Kräfte ziehen (nur im Nebensinn auch schieben, stoßen), um etwas forzubewegen. – *Trĕcksen* (trĕkksən – N.) Substantiv, das ein ruckweises Fortbewegen eines Wagens, einer Walze meint. *Geteckse* (getrĕkksə – N.) ein Überdruss hervorrufendes ruckweises Ziehen. – *Treckserei* (trĕkksəre/i – F.) eine Ablehnung erzeugendes ruckweises Ziehen, Schieben. – Zugr. liegt ideur. *der (ziehen), daraus skr. dhrāji (Zug), russ. dërgati (zerren, reißen, einen Ruck geben), slow. drégatí (stupsen, stoßen). Im Germ. ist das Wort nicht belegt, steigt aber in dt. Zeit aus einer Grundsprache auf zu ahd. trĕhhan, mhd. trĕchen (ruck- oder stoßweise ziehen). Im heutigen Gmdt. ist das Wort untergegangen.

**treiben** (trībən – V.) die Schafherde zum Fortbewegen nötigen ohne Futtersuche zu »halten«. – *treiben lassen* (trībən lōß – V.) ein geackertes Feldstück überlaufen lassen, damit es festgetreten wird. Kluge/Mitzka erklären »Außergerm. Beziehungen sind nicht gesichert«, weshalb Hermann Paul das Wort als »altgerm.« bezeichnet, während Weigand »dazu viell. gäl. drip ›Hast‹ od. lit. dripti ›in dickflüssigen od. breiartigen Stücken fallen, auch vom Schnee‹« stellen möchte. Das Wort ist durchaus ideur., entstammend ideur. *trep (drehen, wenden), gr. trépō (hintreiben, vertreiben), protrépō (hineintreiben; jemand antreiben). Im Germ. erscheint das Wort verschoben e>i in got. dreiban, ags. drīfan, an. drīfa und im Dt. as. drīban, ahd. trīban, mhd. trīben (treiben).

**Trepps** (trĕpps – N.) Dreifuß, ein etwa acht Zentimeter hohes eisernes Gestell. Um Wasser rascher zu kochen, wurde es über das offene Herdfeuer gestellt, darauf der Wassertopf. Wer noch zweifeln sollte, dass die md. Grundsprache unmittelbare Verwandtschaft mit dem Agriech. (und dem Balt.) aufweist, dem ist dieses Wort der ausschlaggebende Beweis. Denn gr. tripoys (dreifüßig, auf drei Füßen) ist zugleich das Wort für den dreifüßigen Kessel aus Bronze oder Eisen zum Kochen. Auf einem Tripus saß die Pythia von Delphi bei der Verkündigung ihrer Weissagungen. Den Germanen war der dreifüßige Kessel heilig. Das Wort Trepps ist nichts anderes als urzeitlich *trepus (Drei-Fuß). Während im Germ. -pus zu -fuß sich wandelte, ist die Urform im md. Nichtgerm. bis heute (wenn auch nicht mehr verstanden) erhalten geblieben, so dass eine Verkürzung *trepus/trepps schließlich Geltung erlangte. Dieses Festhalten an der urzeitlichen Lautform dürfte ganz besonders die Heiligung Trepps/Dreifuß kennzeichnen. Dabei ist noch zu beachten, dass die Lautform des Zahlwortes drei in den unmittelbaren vorgerm.-ideur. Nachfolgesprachen gr. treis (lat. tres), alb. trē (tri), des toch. trē (tri), im Md. gsp. dreï lautet, im Balt. die nichtgerm.-ideur. Lautverschiebung p>k wirksam wurde zu lit. trikójis (Dreifuß).

**tribbern** (triwwərn – V.) bis zur Erschöpfung schwer und angestrengt arbeiten. »der Wagen war zu schwer; wir haben müssen tribbern (uns bis zur Erschöpfung anstrengen müssen), bis (bevor) wir ihn auf dem Berge hatten«. – *tribbern* (triwwərn – V.) jemand bis aufs Blut quälen, um etwas zu erreichen. – Ohne Kenntnis der urgeschichtl. Zusammenhänge würde man das Wort zu treiben stellen, zu dem es jedoch in keiner Weise passen will. Es gehört zu ideur. *ter (reiben), daraus gr. trúō (erschöpfen, ermüden, plagen, aufreiben), trúchō (erschöpfen, entkräften, aufreiben, quälen, peinigen, bedrängen) und entrundet u>i gr. tribō (etwas viel treiben; sich erschöpfen, aufreiben, ermüden).

**trimpern** (trı̊mpərn – V.) bittend drängeln und quälen. Das Wort ist Iterativ zu got. trimpan (drängen, treten), entlehnt aus einer nichtgerm.-ideur. Sprache, dazu ablautend nhd. trampeln.

**Trimpert** (trı̊mpərt M.) ein Mensch, der vor lauter Drucksen, Zögern und Unentschlossenheit keinen Anfang findet. – Das Wort ist weder im Dt. noch vorhergehendem Germ. belegt. Nur got. trimpan (drängen, treten) kann entfernt mit ihm in Beziehung gesetzt werden. In den balt. Sprachen begegnet uns zur Wurzel ideur. *tres (unruhiges Hin- und Herlaufen) lit. trimpterėti (mit den Füßen auf den Boden stampfen), lett. trimdinât (trampeln) neben lett. trimdît (schüchtern machen) und zahlreiches Zubehör.

**trinken** (trinkən – V.) trinken, im Germ. got. drinkan, ags. drincan, an. drekka und im Dt. as. drinkan, ahd. trinkan, mhd, trinken (Flüssigkeit in sich aufnehmen). Nach Kluge/Mitzka seien außergerm. Beziehungen des Wortes »nicht gesichert« und soll den germ. Sprachen »jede ererbte Spur der idg. Wurzel *pō(i)-: *pī- ›trinken‹« fehlen, weshalb von »Trinken« ausgegangen werden muss: poln. trójnik (aus drei Teilen

T

Wasser und einem Teil Honig bestehender Met), daraus lit. trainykas (unser »Trinken«, Trinkmet), das zu lit. tráinioti (abreiben, pressen) aus ideur. *ter, *trē (reiben) zu stellen ist. Das Wort »trinken« muss demnach urspr. das leicht gegorene Getränk aus Gerstenmalz in sich aufnehmen bedeutet haben, danach jedes Aufnehmen von Flüssigkeit, nicht umgekehrt. Das aber bedeutet, dass dieses Wort schon sehr früh aus der Sprache des benachbarten nichtgerm.-ideur. Volkes ins Germ. entlehnt worden sein muss – und damit wird verständlich, dass »die st. Verbalwz. germ. drenk (idg. dhreng) in den verwandten Sprachen nicht nachzuweisen ist« (Kluge/Götze). Die Wurzel von got. drinkan, ags. drincan, an. drekka (trinken) ist überhaupt nicht ideur. *dhreng, sondern *ter, * trē (reiben

**Tribbert** (triwwərt – M.) Nur noch bei älteren Leuten übliche Bez, für einen besonders schweren Schootkarren (Schubkarren). Man wird das Wort zu gmd. treiben, antreiben stellen. Es entstammt jedoch aus ideur. *(s)treig (streichen, streifen), dazu gr. streýgomai (sich abmatten, abquälen, erschöpft werden; sich aufreiben). Bereits im Gr. ist die bisher unbekannte Lautverschiebung g>b wirksam geworden und hat das unerklärbare gr. tríbō (etwas viel treiben; sich um etwas mühen; erschöpfen, aufreiben, ermüden; quälen) ergeben, das aber jenem urzeitlichen Wort entspricht, zu welchem gsp. tribbern die Iterativform bildet. – *Trio* (trio – N.) Aufregung, schlimmes Durcheinander. Nach einer Prügelei oder auch nur einer Auseinandersetzung mit Worten heißt es: »das war aber ein Trio!« eine aufregende und aufreibende Auseinandersetzung, ein unglaubliches Durcheinander. Mit diesem Wort ist bewiesen, dass gr. trýō (aufreiben, erschöpfen, plagen; quälen, peinigen) und Zubehör nicht zu der angenommenen Wurzel ideur. *ter, *trē (reiben, bohren), sondern zur besprochenen Wortfamilie gehört.

**trollen** (drůllərn – V.) nebenher-, fortlaufen »troll dich!« Zugr. liegt ideur. *drā (laufen), daraus skr. drāti (er läuft), das nur in Zusammensetz. übliche gr. didráskō (laufen, entlaufen), dazu gr. drómos (Lauf, Wettlauf), lit. déržti (mit großen Schritten gehen), lett. drāzt (laufen, sich schnell entfernen). Im Germ. ist dieses Wort nicht belegt, steigt aber aus einer Grundsprache zu mhd. trollen (mit kurzen Schritten laufen) auf.

T

**Trott** (trott – M.) Nachlauf – *trotten* (trottən – V.) achtlos, träumerisch gehen – *trotteln* (trottəln – V.) als Interativ zu trotten in verächtlicher Kennzeichnung. Die zu »treten« gehörende Wortfamilie, ahd. trottēn (treten), mhd. trotten (laufen) erhält seine richtige Bed. durch den mittelalterlichen Totentanz, bei dem der weibliche Tanzpartner hinter dem männlichen tanzte. Die Bedeutung ist nicht »schnell laufen«, sondern »hintereinander laufen.«

**trudeln** (trůdəln – V.) in der Bedeutung jämmerlich klagend pfeifen – *Getrudel* (gətrūdəl – N.) jammervolles Gepfeife. – Das Wort gehört zur gleichen Wurzel wie (Hubbe)dreenchen, drı̊nəchən (jammern, wehklagen), nämlich ideur. *dhrū (ertönen lassen) aus ideur. *dhrē (tönen), dazu gr. thrȳlizō (einen Misston, unsichere Töne auf der Kithara hervorbringen).

**trufning** (trufnı̊ng – Part.) apathisch, verdrossen sein infolge aufsteigender Erkrankung. Wenn das Huhn die Darre hat, dann sitzt es trufning herum. Auch ein kranker Mensch sitzt ganz trufning herum. Die nicht mehr gebräuchliche Bildung entstammt einem ideur. *trūp (bohren, reiben, schmerzen), im Gr. nur versachlicht in gr. trūpáō (durchbohren, etwa das Ohrläppchen) und nur in der Grundform gr. teírō (quälen, peinigen, bedrängen, ängstigen) im geistigen Sinn. Im Germ. ist das Wort nur belegt ags. thrōvjan (erdulden, ertragen), im Dt. nur ahd. trūēn, druoēn (belastet sein, beschwert sein), drōa (Todesangst, Geburtsschmerz), im Mhd. in dieser Bed. nicht mehr belegt.

Offensichtlich schließt das Grundsprachenwort unmittelbar an ideur. *trup mit Verschiebung p>f an.

**tummeln** (důmməln – V.) sich beeilen, flink oder rasch laufen. Das zum täglichen Wortschatz gehörende Wort, »důmməl di̊ch = beeile dich«, hat die Grundbed. »sich bewegen«; in der Bed. »herumtollen« ist es ungebräuchlich, weil dafür »dalmen« üblich ist. – Sowohl Kluge/Mitzka als auch Hermann Paul und Weigand möchten in diesem Wort eine Nebenform zu »taumeln« sehen, dem ein ideur. *dhu (schütteln) zugrunde liege. Zu dieser irrigen Meinung sind sie gekommen, weil sie der Deutung ahd. tūmōn, mhd. tūmen (sich drehen) voraussetzen, das die Lautverschiebung d>t durchschritten hat und zum Erkennen der sprachlichen Zus. ungeeignet ist. Legt man gsp. důmməln zugrunde, das bereits vorgerm. Ursprungs ist, dann stößt man auf ein erweitertes ideur. *dhūm (heftig bewegen, herumwirbeln). Nach der nichtgerm.-ideur. Lautverschiebung dh>g diggen aus ideur. *dig = stechend berühren und gsp. gigger = stumpfes Messer zum Stechen findet man gr. gymnàzō (sich tummeln, sich geschickt machen, körperlich anstrengen), das allerdings zu dem seiner Herkunft nach unbekannten gr. gymnòs (nackt, unbekleidet) gestellt wird. Stellen wir daneben gr. gymnasion (Turnplatz, Ringschule), dann haben wir nicht nur sachlich, sondern sogar sprachgesetzlich gsp. Důmməlplåtz, nhd. Tummelplatz.

**tun** (dů – N.) tun, (mit Freude) arbeiten, dazu mhd. ahd. tūon, as. dūan, im Germ. ags. dōn (schaffen, handeln; tun machen) aus ideur. *dhō, dhē (tun, machen, setzen), das im Skr. noch das »mit Freude schaffen« erkennen lässt in dhātr (Schöpfer) dhātri (Amme), dhāman (Wohnstätte). »arbeiten« ist dagegen das mit Mühe, Bedrängnis, Nötigung erfolgende Tun, »dundeln, dūindeln« das nachlässige, spielerische, nicht recht ernst zu nehmende.

**Tüte** s. Dute

# U

**übernabsch** (ewwərnåbsch – Adj.) übermäßig leckerhaft, lüstern wählerisch, wie es oft den Ziegen nachgeredet wird. Aber auch Menschen sind »ewwərnåbsch«, wenn sie an allen Speisen zu mäkeln haben und stets nur die besten Happen heraussuchen. – Übernabsches (ewwərnåbschəs – N.) Leckerhaftes, Feinschmeckerisches. Das Wort ist nichtgerm. In ihm wird die Lautverschiebung l>n wirksam, so dass lit. lãbas (gut), lett. labs (gut, vollkommen), apreuß. labbas (Güte) damit verglichen werden muss. Die auf das Geistige bezogenen Wörter haben bereits im Balt. die Erweiterung auf »Besitz, Reichtum« angenommen und entsprechend auch auf »Getreide, Ware«: im Md. bleibt das Wort im Geistigen, bezieht sich jedoch auf die Wirkung des Besitzenden auf den Menschen: ahd. labōn, laben (erquicken, sich an etwas laben) – ahd. laba, mhd. labe (Labung, Labe, Erquickung). Etwa zur gleichen Zeit steigt ein »waschen« bedeutendes Wort auf, das belegt ist ags. lafian, mnl. laven, as. labon (waschen) und sich mit ahd. labōn, mhd. laben (waschen, erquicken, erfrischen) kreuzt.

**überstenkern** (ewwərštěnkərn – V.) überfüttern, des Guten zu viel tun und etwa Ziegen übermäßig vollfressen lassen. – Es ist naheliegend, dass dieses Wort nichts mit »stänkern, Gestank« zu tun haben kann. Vielmehr liegt zugr. ideur. *stengh (stark sein), nur belegt lit. stengrùs (kompakt, straff, widerstandsfähig, kräftig), lett. stengs (kräftig, stark, prall) und Zubehör. Es ist ein nichtgerm. Wort in der Bed. »übermäßig, mit aller Gewalt kräftig, stark machen wollen«. Da sich im Balt. die Nebenform lit. ténkinti (befriedigen, Genüge leisten) usw. befindet, kann vorerst noch nicht entschieden werden, ob die Verschiebung g>k germ. oder nichtgerm. ist.

# V

**verheemeln** (verhēməln – V.) verderben, verunzieren, ungleichmäßig machen, etwa ein Gartenbeet. – Das Wort ist weder in gleicher Lautung noch Bedeutung im Dt. und vorhergehendem Germ. belegt. Zugr. liegt ideur. *kem (sich mühen), skr. çámī (Werk, Bemühung) gr. kamatos (das mühsam Erarbeitete) kámnō mit Kunst verfertigen, sich etwas mühsam erarbeiten). In gsp. hēməln (mühsam anlegen, kunstvoll verfertigen) ist die Lautverschiebung k>h wirksam geworden – und außerdem sagt die Vorsilbe »ver-« aus, dass nun »mühsam Erarbeitetes« ins Gegenteil verkehrt wird.

**verkolen** (vərkuələn – V.) einem Gutgläubigen etwas weismachen. – *kolen* (kuələn – V.) = unsinniges, törichtes Gerede machen, »red doch keinen Ko(h)l! = er kolt ein albernes Zeug daher«, legt falsches Zeugnis ab. – Dazu Kol, Gekole, Kolerei. – Als »Unsinn schwatzen« ist das Wort erstmalig 1781 belegt, als »Kohl = Unsinn« ist es angeblich 1790 »in gelehrter Aussprache von hallischen Theologen in die deutsche Studentensprache eingeführt« (Kluge/Mitzka). Es soll zu hebr. qōl (Stimme. Rede) zu stellen sein. Da jedoch innigster Zusammenhang der md. Grundsprachen mit dem Balt. und Agr. nachzuweisen ist, sei auf gr. kolōós (Gekreisch, Gezänk, Lärm), kolōáō (kreischen, lärmen), kolakeiā (Lügenkunst, Blendwerk, Schmeichelei), kolakeỳō (täuschen, schmeicheln) wohl zu ideur. *kel (hüllen, verhüllen, verhehlen) verwiesen. Es würde eine Nebenform zu »verkalen = mit verstellter Meinung sagen« sein.

**verschweinsen** (verschwinsən – V.) – *verhunzen* (verhunzən – V.) = vergeuden. Aus balt. švinis (Hund als Schimpfwort) und germ. Hund zu verhundsen ›verhunzen‹. s. schwinsen

V

**verwammsen** s. wemmen

**verwichsen, verwicksen** s. wiegen

**Vesperbrot** s. Sumbrot

**Vetter** (fĕttər – M.) Das bereits ideur. Wort ist aus »Vater« abgeleitet, im Germ. nur ags. faedera, afries. fedrja und im Dt. ahd. fetiro, fatirro, fatureo, mhd. vetere. – Die Nebenform »Gevatter« wird von Erwachsenen als Bez. der Paten ihrer Kinder (oder auch als Mitpaten beim gleichen Kinde) verwendet, die damit in den Grad der nächsten Blutsverwandten aufrücken.

**Vogel** (våll – M.) belegt sind got. fugls, ags. fugol, an. fugl und im Dt. as. fugal, ahd. fogal, mhd. vogel. Die Etymologen können sich nach Kluge/Mitzka nicht entscheiden, ob sie eine Dissimilation aus germ. *flug-la (Flügel) oder *flug (fliegen) ansetzen sollen; sie meinen, das in den angeführten Belegen fehlende -l- wäre bereits vor Aufnahme in die Schriftsprache ausgefallen und auch die Silbe -gel, -gal wäre unklar. Aber germ. *fu setzt ein vorausgehendes ideur. *pu (aufblasen, anschwellen) voraus und germ. *gal ein ideur. *qalā (tönen, rufen) oder auch ein nichtverschobenes ideur. *ghel (tönen). Letzteres findet sich auch in gmd. Nachtigall, der Nachtsängerin. Ein Vogel ist damit das »beim Singen, Krächzen sich aufplusternde Tier«. Dass diese Deutung sprachgesetzlich einwandfrei ist, zeigt sich bei lit. paũkštis (Vogel) aus ideur. *pu.

**Volk** (volək – N.) Volk – *Völkchen* (vȋləkchən). Das Wort wird von lat. vulgus (Volk, große Menge, alle Leute) abgeleitet. Das im Grundsprachigen unbekannte Fremdwort ist unnötig, da sie aussagestarke Lautformen entwickelt hat. So wird beim Betrachten eines Bienenschwarmes von einem »voløk« gesprochen, und von einem »veləkchən« bei besonderer Kleinheit des Schwarmes. Sollen einige wenige fest zusammenhaltende Menschen oder auch eine ganze Familie als minderwertig oder verachtenswert (eben als »gemein und niederträchtig, gewöhnlich«) beschimpft werden, dann heißt es etwa »so ein (erbärmliches, niederträchtiges) Volk!« entsprechend dem fast gleichbedeutenden »suə ënnə sortən = so eine (verfluchte) Sorte!« Bedauernd wird gleicherweise gesagt, »es ist ein armes Völkchen!« Hier also hat die Grundsprache sich Bedeutungsunterschiede geschaffen (die der Mundartforschung kaum bewusst geworden sind), welche die Gmspr. nicht kennt, so dass sie Anleihen aus einer anderen Sprache machen musste und nicht Eigenständiges weiterzuentwickeln vermochte. Da sowohl dem gmspr., dem grundspr. als auch dem Fremdwort vulgär das gleiche ideur. Wurzelwort zugrunde liegt entsprechend mhd. volc, ahd. folc(h), as. folk und im Germ. ags. folc, an. folk (Gesamtheit eines Haufens Menschen; Gesamtheit der Regierten usw.), hätte die Möglichkeit dazu durchaus vorgelegen. Bei dem Ausdruck »ein Pulk Rebhühner (Kette, Volk Rebhühner)« hat die Jägersprache eine entsprechende Entlehnung aus dem Russischen vorgenommen.

**wähnig** (weanȋj – Adj.) an das Schweinefutter gewöhnen. – Das Wort entstammt ideur. *u̯en (erstreben), das zahlreiche Nebenzweige getrieben hat, hier in der nirgends klar belegten Bed. »auffüttern, ernähren« weiterlebt. Es ist unmittelbar anzuschließen an ags. venjan, an. venja (gewöhnen), im Dt. as. wenjan, wennjan, ahd. wenjan, wennan, wenen, mhd. wenen (gewöhnen). Die Grundsprache hat jedoch zu diesem Zeitwort zusätzlich ein Adj. weanȋj (reif zum Gewöhnen, Entwöhnen) entwickelt.

**Waid** (waid – M.) Färberpflanze Isatis tinctorio L. Sowohl gr. isátis wie auch lat. vitrum (Waid, blaue Farbe, Glas) enthalten noch das inlautende »t«, während infolge Lautverschiebung t>d die Pflanze im Germ. got. uuisdil(e), ouisdelem, guisdil, ags. wād, im Dt. dann wieder ahd. mhd. weit (Waid) heißt.

**walken** (wåləkən – V.) nasse als auch bereits getrocknete Wäsche klopfen. *walken* (wåləkən – V.) prügeln mit einem Stock verprügeln. – Dazu Walken, Gewalke, Walkerei. – Die Sprachwissenschaft kennt walken, Walkmühle und meint, die Bed. »prügeln, verprügeln« damit in eins setzen zu können. Kluge/Mitzka erklären, das Wort walken sei »alt stets ein rollendes, walzendes Hin- und Herbewegen«, was aber die Bed. »prügeln« nicht zu erklären vermag. Hermann Paul möchte darin eine »erst durch scherzhafte Übertragung« entstandene Bed. erkennen. Aber bereits in dt. Zeit ist das lautgleiche Wort ahd. walkan, dies zu mhd. walken (prügeln, durchbleuen), ez̦ walken (drauflos arbeiten mit Hauen und Prügeln) aus einer nichtgerm. Grundsprache aufgestiegen. Es liegt zugr. ideur. *alek (wehren, abwehren), daraus gr. walkimos (kampflustig, wehrhaft, tapfer) und Zubehör, russ. swalka, poln. walka (Kampf), walczyć (kämpfen), lett. velce (Rute zum Verprügeln), vilkt (einen Hieb versetzen).

**walzen** (walzərn – V.) mit der hölzernen, heute mit der eisernen Ringelwalze das gepflügte Land vor der Aussaat bearbeiten. – *Walze* (wālzər – F.). Die Walze war bis zum ersten Drittel des 20. Jh. völlig aus Holz; seitdem wird von Pferdebauern auch eine eiserne Ringelwalze verwendet. – Zugr. liegt ideur. *u̯el (wälzen, sich drehen), das in fast allen ideur. Sprachen belegt ist, im Germ. got. walwjan, ags. wealwian, im Dt. ahd. walzan, mhd. walzen (wälzen, sich wälzen) – spätmhd. walze (Walze). Das »z« in den dt. Belegen beweist, dass eine Wurzelerweiterung ideur. *u̯elt, u̯alt (walzen) nebenhergelaufen sein muss entsprechend an. velta (sich wälzen, rollen), volt (Walze, Rolle).

**wammsen**, verwammsen s. wemmen

**Wante** s. Quanten

**wätzen** (wĕtsən – V.) eilig davonrennen »da sind wir aber losgewetzt«. – *Wetzaber* (wĕtzawər – M.) gutmütiges Scheltwort, wenn sich ein Kind auf dem Sofa herumräkelt oder des Morgens das Bett völlig zerwühlt ist. – Da das Wort offensichtlich mit nhd. wetzen (Sense schärfen) nicht gleich sein kann, könnte es ein altes Erbwort sein. Man vergleiche lit. vãz (Spur), lett. veža, vězes (Spur, Geleise), litz, vezti (etwas mittels eines Wagens oder Schlittens befördern, fahren, vazmâ Herumtreiber).

**Weck** (wĕkk – M.) kastenförmiges Stück Butter. – Das Wort ist belegt mhd. wecke, ahd. wecki (keilförmiges Gebäck) und im Germ. ags. wecg, an. veggr (Keil). Man vergleicht mit lit. vàgis (Haken, Zapfen, Keil, Pflock), was germ. Urspr. bedeuten würde, in Wirklichkeit ist mit lit. vekiùoti (schlagen, prügeln) zu vergleichen. Kurzform zu lit. veĩkti (ausführen, arbeiten, machen, tun) wegen des klatschenden Formens, aus ideur. u̯ic, u̯ik (kämpfen, streiten; schaffen). Das Wort ist nichtgerm. Ursprungs.

**weibeln** (waibəln – V.) ununterbrochen aber nicht allzu lebhaft hin und her bewegen (von den Halmen des Korns zur Blütezeit). – Das im Dt. und vorhergeheden Germ. nicht belegte Wort ist nichtgerm.-ideur., wie aus ideur. *wīb (schaukeln), daraus lit. vỹburti (schwingen, wedeln), lett. viebt (sich drehen). Im Germ. hat got. biwaibjan (umwinden) eine Nebenbed., während an. veifa (schwingen, schleudern) und im Dt. ahd. weibōn (schwanken, schweben), zu dem gsp. weibeln als Iterativ aufgefasst werden könnte, wenigstens mittelbar anzuschließen sind.

**weifen** (waifən – V.) mittels der Garnwinde die Garnfäden zusammenfügen. – *Weife* (waifən – N.) Garnwinde, anderwärts auch Haspel genannt. – *Weifholz* (waifhåilz – N.) – Dem Wort liegt ein ideur. *u̯eip (drehen, winden) zugrunde, im Lett. viebt (sich drehen), im Germ. bivaibjan (bewinden), vipja (Kranz) und im Dt. ahd. wīfan, wīfen, mhd. wīfen (winden; windend oder wie windend schwingen), weifen (schwingen machen, haspeln) – mhd. weife (Garnwinde, Haspel).

**Weinranke** (wīmər – M.) – *Weinstock* (wīmərštokk – M.). Das Wort hat entspr. md. wimmen (sich lebhaft bewegen, sich regen) schriftsprachig mhd. wimmeln (sich lebhaft bewegen) ergeben, doch ist davon keine Klärung möglich. Vgl. lit. vim̃burti (schwanken), lett. vim̃bât (hin und herschwenken), vim̃bâtiês (pendeln). Sie sind unmittelbar mit lit. vyìnė, lett. vîte (Ranke) verwandt, wozu auch skr. pavît (Waldrebe, Weinrebe) gehört. Um Verwechslung mit an. vin, mhd. vine, ahd. vinne (Grasplatz, Weide) zu vermeiden, wich die md. Grundsprache auf wīmərn (sich hin und her bewegen, schwanken, pendeln) aus.

**Weisel** (waisəl – F.) Bienenkönigin. Übereinstimmend wird der Name erstmals als ahd. wīso, mhd. wīse als »Führerin« gedeutet entspr. gmd. weisen (zeigen, führen) zur Grundbed. »weise machen« aus ideur. *u̯eid (sehen). Doch sie »führt« den Schwarm

W

selbst bei dessen Ausstoß nicht, was die bes. Spurbienen erledigen, sondern sie muss in jeweils drei bis fünf Jahren Hunderttausende von Eiern ablegen. Das führt zu lit. vaisùs (fruchtbar), vaisýti (fruchtbar machen), lett. vàisla (Zucht durch Fortpflanzung, Begattung), vaislinât (fruchtbar machen) und Zubehör aus ideur. *u̯eis, *u̯is (fruchtbar). Tatsächlich ist die Weisel die *alleinige* »Fruchtbargemachte« eines Bienenvolkes. Gleichzeitig ist zu erkennen, dass hier keine gmdt. Diphthongierung vorliegt, sondern entspr. gsp. waisəl zu md. weis zu lit. vaisàs, lett. vàisla schon ein urzeitliches ideur. *u̯eis anzusetzen ist. Die mhd.-, ahd., germ. Belege haben zwar ebenfalls im Balt. entsprechende Gleichungen, so etwa lit. visti (vermehren, sich fortpflanzen), vislùs (fruchtbar) aus ideur. *u̯is (fruchtbar), sie sind jedoch zugunsten der md. Lautform untergegangen.

**Weizen** (waißən – M.) Getreidefrucht Triticum, in den Urformen Einkorn, Dinkel, Spelz, Emmer oder Amel (unser Flurname Amelung!), die bereits zu Beginn der Jüngeren Steinzeit vor sechstausend Jahren nachweisbar sind. Von ihnen stammt der Gemeine Weizen, Triticum sat. vulgare, als Ausgangspunkt der bedeutendsten Sorten ab. Der Name bedeutet »weißes Mehl«, im Germ. got. hwaitais, ags. hwæte, an. hveiti, im Dt. as. hwēti, ahd. weiz̧i, mhd. weiz̧e (Weizen). gsp. waißən führt nach wie vor die md. Lautform weiter.

**welken** (waləkən – V.) Kraut und Gras welken, wenn ihnen die Feuchtigkeit entzogen wird; welk wird jeder von der Pflanze gelöste Teil, weil der natürliche Verlauf des vegetativen Lebens und damit der Stoffwechsel unterbrochen wird; welk wird vielfach auch die menschliche Haut. – Das Wort ist belegt mhd. wëlken, ahd. (ir)welkēn, während es im Germ. nicht vertreten ist. Kluge/Mitzka erklären: »Urverwandte nur in den baltoslaw. Sprachen: lett. vęlgs ›Feuchtigkeit; feucht‹, velgt ›einweichen, waschen‹, apreuß. welgen ›Schnupfen‹...«, dazu lit. vìlgyti (anfeuchten) und ähnliche baltoslaw. Wörter und schließen auf ein urzeitliches gemeinsames Wurzelwort ideur. *uelg (nass). Das aber ist die genau entgegengesetzte Bedeutung *allen* Welkens! Die Etymologie kommt zu völlig falschen Überlegungen, wenn sie rein sprachgesetzlich vorgeht und die *Sache* nicht bis in die letzte Einzelheit untersucht. – Sie hätte den richtigen Weg gefunden, würde sie erfragt haben, was im Balt. »welken« heißt. Sie wäre auf lit. výsti (welken) und großem Zubehör, lat. viẽscere (verwelken, verschrumpfen) gestoßen, denen im Germ./Dt. entspr. an. wisinn (welk, dürr, schlaff), aengl. wisnian (welken, vertrocknen, schwach werden) und im Dt. ahd. wësanōn (verdorren, verwelken), wësanēn (trocken, faul werden), das schließlich zum heutigen gmdt. verwesen geführt hat. Das Balt. kennt noch lit. vìrkšti (welken, dorren) und ablautend lit. varškė́ (geronnene, zu Matte zusammengeschrumpfte, also »gewelkte« Milch). Diese Wortfamilie kann nicht etymologisiert werden; sie entstammt jedoch ideur. *u̯ergh (würgen, schrumpfen), wobei sich ergibt, dass auch in den balt. Sprachen wie in der md. Grundsprache und im Agr. gh>k zu werden vermag (lit. k = š). Dieser gleiche Ausgangspunkt gilt für das Wort welken, nur ist die nichtgerm.-ideur. Lautverschiebung r>l bereits wirksam gewesen, als das Wort ins Ahd. »aufstieg«.

**wemmen** (wëmmən – V.) mit schwerem Gerät etwas fest und dröhnend einschlagen, einrammen. *Gewemme* (gəwëmmə – N.) mißbilligendes Einrammen. *aufwemmen* (ůffwëmmən – V.) einen Wagen, einen Teller übermäßig beladen – *draufwemmen* (drůffwëmmən – V.) mit aller Kraft draufschlagen oder verprügeln – *einwemmen* (īnwëmmən – V.) einen Nagel, Pfahl mit voller Kraft dröhnend einschlagen – *Wemmert* (wëmmərt – M.) stämmiger, in leiblicher und geistiger Hinsicht zupackender Mann. Das im Gmdt. unbekannte und auch Mhd. und Ahd. nicht belegte Wort, findet sich im Germ. als ags. vēman (rauschend verkündigen), dazu ablautend ags. vōm, vōma

(Geräusch), heofonvōma (Himmelsbrausen am Jüngsten Tag). Auch im hierzu ablautenden *wummern* (wůmmərn) dröhnen, lautschallen wirkt das Unheimliche noch nach. Deshalb ist aber nhd. wimmern (klägliche Laute von sich geben) bzw. Gewimmer keineswegs lautmalend, sondern die über u>ü>i entrundete Form aus gsp. wůmmərn. Das in der Umgangssprache noch weit verbreitete Verb »wammsen«, »verwammsen« dürfte keineswegs mit Hermann Paul, DWB, Vilmar, Küpper und anderen als »den Wams klopfen« zu deuten sein, sondern als Intensivform des aus gsp. wůmmərn ablautenden gsp. wåmmsən (durchprügeln).

**werfen** (warfən – V.) in der Bed. gebären (nur von Tieren gesagt) – *Wurf* (worf – M.) Gesamtheit der mit einem Mal »geworfenen« Ferkel. ... – Das Wort entstammt ideur. *u̯er (drehen, wenden), steigt erst in nhd. Zeit in dieser Bed. auf, muss aber als Viehzüchterwort uralt sein, so dass es möglicherweise nicht zur Bed. »werfen« gehört, sondern vielleicht zu »tragen«.

**Werg** (wārg – N.) der wichtigste Abfall bei der Flachshaarbereitung. – Das Wort scheint eine Nebenform von »Werk« zu sein und meint wohl »Abfall beim Schaffen«. Es ist belegt ahd. āwurihhi (Werg), Nebenform von ahd. wërah, wërach, wërc, mhd. wërch, wërc (Tat, Handlung).

**Werger** (werjər – M.) übermäßig Arbeitender, Schaffender. – *wergen* (werjən – V.) arbeitsam sein, ununterbrochen und pausenlos arbeiten. – Dazu *Gewerge, Wergerei.* – Das in dieser Bed. nirgends belegte und auch nicht bearbeitete Wort wird volksetymol. zu »würgen« gestellt, mit dem es jedoch nichts zu tun hat. Es ist das gleiche Wort wie gsp. scherjən aus ideur. ergh (regen, sich regen), mit w-Vorschlag ideur. *u̯erg (tun, arbeiten), dem auch nhd. werken, Werk entstammt. Die Lautform des md. Grundsprachenwortes ist nichtgerm., jedoch nicht md. wie gsp. scherjən (siehe schürgen).

**Wiegen** (wi͑gən – N.) Erpresstes, Ergattertes – *erwiegen* (ërwi͑əgən – V.) erpressen, sich durch ständiges Drängen, Drängeln etwas verschaffen – *wiəks* (wimmern, winseln, klagen – V.) – *gəwi͑əks* N. (Gejammere) – wiəksəreï – F. (wehleidiges Getue), dazu *Wi͑eken* (wi͑kən – M.) Eiterpfropf – *Wieke* (wi͑kən – F.) Bausch Leinwandfäden zum Verstopfen der Wunde, Scharpie. Zugr. liegen *wīg, *wīk, *waik mit all den Nebenzweigen zur Bez. von Krieg, Kampf, Streit; Gegenwehr, Widersetzlichkeit. Das Wort ist bereits in mhd. Zeit untergegangen und umgangssprachig nur noch als wiksen (prügeln), Wikse (Prügel) erhalten. Wegen der falschen Schreibweise »wichsen, Wichse« stellen Kluge/Mitzka, Hermann Paul, Weigand das Wort zu »Wachs« und bez. gleichzeitig den Lautwandel als nicht erklärbar. Es ist deutlich, dass bereits in diesen grundsprachigen Ausdrücken sich neben einer auf das »Kämpfen« bezugnehmenden Aussage ein das »Erduldenmüssen« meinender Widerstreit einmischt, jedoch sichtlich nur als Gegenform zur eigentlichen Grundbed. In großen Zügen ergibt sich im Germ. got. veihan, ags. vīgan und dann im Dt. ahd. wīgan, wīkan, mhd. wīgen (kämpfen, streiten, Krieg führen) – im Germ. ags. wīg (Kampf, Krieg, Kampftüchtigkeit, Tapferkeit), an. vīg (Kampf, Streit, Totschlag) und im Dt. ahd. wīg, wīk, mhd. wīc (Kampf, Krieg, Schlacht)... Die zweite Wortbed. hat sich nur dürftig weiterentwickelt: im Germ. nur ags. vægan (quälen, peinigen), wozu jedoch auch an. vāgr (Eiter), vægja (eitern) nach Aussage unserer Grundsprache zu rechnen ist (nicht zu an. vëga = in Bewegung sein, wie Oskar Schade meint), und im Dt. as. wēgjan (quälen, peinigen), ahd. weigan, mhd. weigen (belästigen, quälen, misshandeln, plagen) und als Begriff der Gegenwehr nur im Dt. ahd. weigarōn, mhd. weigeren (sich widersetzen, unwillig widerstreben, einem etwas verweigern).

**Wieker** (wi̊kər – M.) eifrig Arbeitender. Das nirgends schriftlich belegte Wort wieken entstammt unmittelbar ideur. *u̯ik (kämpfen, streiten), in gleicher Lautform ist nur belegt lit. vikrúmas (Rührigkeit, Munterkeit, Gesundheit), vỹkdyti (erfüllen, vollbringen, verwirklichen) und Zubehör. Das Wort ist damit nichtgerm.-ideur.

**wienern** (wīnərn – V.) Schuhe solange mit voller Inbrunst wichsen, Metall jeglicher Art andauernd fleißig bearbeiten, bis sie auf Hochglanz gebracht worden sind. – Ich vermute unmittelbaren Zus. mit mhd. winnen, ahd. winnan (sich abmühen und abarbeiten; in heftiger Aufregung sein), as. winnan (sich plagen, durch Tätigkeit erlangen), im Germ. ags. vinnan (sich abarbeiten, abmühen, arbeiten), an. vinna (Arbeit verrichten, bearbeiten, leisten, ausrichten) got. winnan (sich plagen, leiden), wobei die das Kämpferische meinende Nebenbed. unberücksichtigt geblieben sind. Die Bed. wäre dann »gewinnen«, nämlich »durch Anstrengung Hochglanz gewinnen« zu ideur. *vin (wie man es, was man gern hat). Das Wort wäre durchaus germ., jedoch durch die nichtgerm.-ideur. Grundsprache (aus der es erneut »aufgestiegen« wäre) gedehnt wie etwa gsp. līcht (Licht), schnūmən (Schnupfen) usw. Das Wort wienern wäre dann Iterativ zu *winen.

**Wiese** (weasən – F.) Das Wort steigt erst in dt. Zeit aus einer Grundsprache auf: ahd. wisa, mhd. wise. Gleichwertig sind ags. wīsc, as. wīsca (Wiese). Da mit der Wiese stets das dort wuchernde Gras gemeint ist, kann das Wort nicht mit Kluge/Mitzka zu ags. wās (Feuchtigkeit), an. veisa (Pfuhl, stehendes Gewässer) verglichen werden. Es ist unrichtig, wenn Hermann Paul erklärt, es sei ein nur dt. Wort. Denn es ist nichtgerm.-ideur., wie lit. vešéti (üppig wachsen, gedeihen), vešùs (üppig, fett, fruchtbar) entnommen werden kann. Die Grundbed. ist also »die üppig Wuchernde«, nämlich an Gras infolge allerdings der vorhandenen Feuchtigkeit. Dass in diesem Wort tatsächlich nicht auf die vorhandene Nässe, sondern auf den Grasbestand Bezug genommen wird, ergibt sich aus der Tatsache, dass Ländereien oder Teilstücke mit kurzem, nichtabmähbarem Gras niemals Wiese heißen, sondern höchstenfalls »Rasen«, auch Steppe oder Heide. Dass die Ablautform ahd. wisa, mhd. wise irreführt, ergibt sich aus gsp. Weasen, das gleicher Herkunft wie lit. vešéti (üppig wachsen, gedeihen) sein dürfte.

**Wi̊ins** (wi̊ins – F.) Kosename für eine Katze gleich welchen Geschlechts. *Wi̊insəkätzchən* (wi̊insəkatzchən – N.) Doppelung, woraus ersichtlich sein dürfte, dass der Kosename bei der Vorbevölkerung Wi̊ins, bei den sie überlagernden Germanen »Katzchən« hieß. Bedeutsam ist hier der Nachschlag von dunklem und hellen »i«, also: i̊+i. Daraus kann geschlossen werden, dass im ersten »i« eine Entrundung aus »u« vorliegt. Tatsächlich sind belegt lit. puĩšis (scherzhafte Benennung von Kater oder Kietse nach der Farbe, vor allem nach der Beschmutzung durch Ruß) mit dem nasalierten »i« wie in vor gsp. Wi̊ins, lit. puižė (Schmeichelname für eine Katze) entsprechend dem Lockruf lit. pùiž! pùiž! Tatsächlich wird auch in Wthür. die Katze mit wi̊ins! wi̊ins! gelockt. Ob eine bereits balt. Verschiebung b>p vorliegt oder urzeitlich auch eine md. Verschleifung p>w (wie heute b>w) möglich war, kann vorerst nicht festgestellt werden.

**Wikse** (Prügel) s. wiegen

**wilgern** (wi̊ləjərn – V.) wälzend drehen. – *aufwilgern* (ůffwi̊lləjərn – V.) Kuchenteig mit Hilfe eines Wilgerholzes breitwalzen. – Zugr. liegt ideur. *u̯alg (rollend drehen) entsprechend lett. valgs (Schnur, gedrehter Strick). Zu diesem Wurzelwort hat die Grundsprache das Ablautwort gsp. wulgern (Heu oder Klee, grünes Gras zu einem Haufen zusammenrollen), Wulger (übergroße mit beiden Armen zu fassende zusammengerollte Menge Grünfutter, Heu oder Klee) entwickelt, aus dem durch Entrundung über u>ü>i unser Wort gsp. wilgern entstanden ist. Die Entwicklung ist völlig gesetzmäßig, aber nicht über die germ. Lautverschiebung g>k, also ideur. *u̯alg/germ. *walk, sondern unmittelbar aus ideur. *u̯alg weitergeführt. Im Germ. entstand aus diesem germ. *walk bspw. ags. walcian (rollen), an. valka (etwas von Ort zu Ort ziehen), im Dt. ahd. walchan, mhd. walkan (Teig auswalzen, kneten). Hier steht demnach neben dem germ.-dt. Wort unmittelbar herlaufend das Ideur.-Vorgerm. mit völlig gleicher Bed., aber unterschiedlichem Selbstlaut.

**willerig** (wi̊llərįj – Adj.) eklig schmecken. Das Wort wurde nur noch gebraucht, wenn der kochende Saft von Futterrüben oder -runkeln beißend-widerlich schmeckte. – Das in der Gmspr. ungebräuchliche Wort ist belegt. md. willen, mhd. wüllen, ahd. willōn, wullō (Ekel empfinden; Übelsein oder Erbrechen haben) zu ideur. *wel (wälzen) wie gr. willō (herumdrehen, die Augen verdrehend), willigos (Schwindel), welleros (schlecht, böse).

**wimmern** s. wemmen

**Wirtel** (wërtəl – M.) am Tret-Spinnrad eine Scheibe mit Rille für die Antriebsschnur. Das Wort ist ideur. Wurzel *u̯ert (sich drehen), das eine Unzahl von Verzweigungen getrieben hat. In Richtung auf unser Arbeitsgerät haben sich gebildet aslaw. vreteno (Spindel), lat. verticillus (Wirbel an der Spindel). Im Germ. ist das Wort in dieser Bed. nicht belegt, während im Dt. ahd. wirt (gewunden) wenigstens eine Nebenform aufzeigt. Aus einer Grundsprache steigt es dann auf mhd. wirtel (Spinnwirtel). Wie so oft, entspricht die Lautgestalt des Wortes in der Grundsprache noch heute dem Ideur.

**Woks** (woks – M.) unmäßig große Menge. – Zugr. liegt ideur. *vag (an Umfang zunehmen), lett. vâkt (zusammennehmen, ernten, fortschaffen) und Zubehör. Im Germ./ Dt. zersplittern Lautform und Begriff immer mehr: got. vōkrs, ags. vōcor, vōcer, an. ōkr (Ertrag des Bodens, Zuwachs), aber dann im Dt. ahd. wuochar, mhd. woucher (Wucher, Ertrag des Bodens, Zuwachs an Gewinn) – dazu lit. áugti, lett. aûgt (größer werden, wachsen, zunehmen) und im Germ. got. aukan (sich vergrößern, sich mehren, zunehmen), ags. eácan, an. auka (hinzufügen, größer machen, mehr ausmachen als ...) und im Dt. nur ahd. ouhhōn, auhhōn (hinzufügen, vermehren). Es ist offensichtlich, dass gsp. woks den balt. Belegen am nächsten steht, zu denen es eine dingwörtliche Weiterbildung darstellt.

W

**worfen** (worfən – V.) die ausgedroschenen Getreidekörner von der vorderen zur hinteren Schmalwand oder umgekehrt (immer zum stärkeren Luftzug hin) werfen. – *Worfel* (worfəl – F.) hölzerne Worfschaufel – *Worfer* (worfər – M.) der das Worfen besorgende Drescher. – Dem Wort liegt ideur. *ŭerp (drehen, knüpfen) zugrunde, im Balt. bspw. lett. vẽrpt (hin und her drehen, spinnen), vẽrpete (Wasserwirbel, -strudel). lit. verpẽtas (Wirbelwind, Strudel), im Germ. got. waírpati, ags, weorpan, an. vërpa und im Dt. ahd. wërfan. mhd. wërfen (werfen) ahd. wintworfa (Worfschaufel), mhd. worfen, frühnhd. worfeln (Getreide mit der Worfschaufel von der Spreu reinigen).

**wringen** (ri̊ngən – V.) = Wäsche so mit den Händen zusammendrehen, dass alles Wasser ausläuft. – *auswringen* (ūsri̊ngən – V.) dasselbe mit verstärktem Hinweis auf das Herausquetschen des Wassers. – Das in dieser Lautform nur noch im W.- und Ngerm. sehr lebendige Wort ist bereits zu Beginn des Dt. mit w-Ausfall belegt: ahd. hringan, ringan, mhd. ringen (windend drückend bewegen). Die gmdt. Lautform ist dem Nd. nachgebildet, um den Bedeutungsunterschied zu betonen.

**Wrack** s. ratschen

**Wucht** (wucht – F.) übergroße Last, besonders von Gras oder dürrem Holz. – *Wucht* (wucht – F.) Prügel in der Bed. »unmäßig viel«. – Das Wort hat die Bed. »das Gewichtige«, wie auch aus wuchten (wuchtən – V.) etwas Schweres in die Höhe stemmen, hervorgeht. Da jedoch die enge Beziehung unserer Grundsprache mit den balt. Sprachen und dem Gr. nachweisbar ist, könnte das Wort auch unmittelbar aus ideur. *wegh (tragen, bewegen, fahren), skr. vàhati (er trägt), gr. wochos (Fahrzeug, Fuhrwerk) zu gr. ochéō (tragen, getragen werden) stammen, zumal hierher auch zu rechnen ist gr. wochlos (Last, Not, Mühsal, Beschwerde).

**Wulger** (wulləjər – M.) eine übergroße, mit beiden Armen gefasste Menge Heu, Klee, Grünfutter oder Getreidegebröse. – Das Wort gehört zu ideur. *uel (wälzen), das außerordentlich viele Zweige getrieben hat, im Balt. lit. apvalùs (rund), im Germ. in dieser Bed. nicht belegt, im Dt. jedoch ahd. wëlla, mhd. wëlle (walzenförmig zusammengerolltes Bund Stroh oder Reisig). Das Wort scheint einer anderen dt. Grundsprache zu entstammen.

**wummern** s. wemmen

**wüst** (wi̯ist – F.) = durcheinander ungeordnet, sittlich verkommen. – Das Wort ist belegt mhd. wüeste, ahd. wuosti (öde, leer, unbebaut). In einer zweiten Bed. steht daneben »unschön, unsauber; verschwenderisch«. Kluge/Mitzka erklären, dass dies wgerm. Wort mit air. fás, lat. vāstus urverwandt sei. Es liegt jedoch ein nichtgerm. Wort vor aus ideur. *pis (zerstampfen), daraus bspw. lit. pūstélninkas (Verschwender, Prasser), pūstyti (verwüsten, vergeuden, verschwenden), lett. puõsts (Verderben, Unglück, Verwüstung) und großes Zubehör, die zwar alle aus dem Poln. oder dem Weißruss. entlehnt, damit aber venet. Ursprungs sind. Die Frage, ob im Md. »p« zu »w« abgeschwächt werden kann, ist vielfach bewiesen, so bspw. struppelig und gsp. štruwwəli̯ij.

# Z

**Zacken** (zåkkən – N.) dürrer Ast oder Zweig eines Obstbaumes, aber auch hervorstehender Körperteil. – Die Etymologie bezeichnet das Wort als aus dem Nd. entlehnt. In Wirklichkeit liegt ein ideur. *tag (dürr) zugr., in den balt. Sprachen nach der nichtgerm.-ideur. Lautverschiebung t>s, z žãgaras (dürrer Ast oder Zweig), žagarìnė (aus dürren Ästen angefertigter Zaun, Flechtzaun), lett. žagars (dürrer Ast, Rute). Aus einer Grundsprache ist das Wort entlehnt worden zu mnd. tagge (Zweig) und im zweiten Selbstlaut (lautverschoben zu mnd. takke (Zweig, Ast, Zacke), während in unserer md. Grundsprache das Wort die ahd. Lautverschiebung mitgemacht (zåkkən), die urspr. Bed. (dürrer Ast oder Zweig) jedoch beibehalten hat. Dazu: zackig, gezackt, zackern.

**Zalke** (zaləkən – M.) dünner oder leicht zerbrechlicher Zweig eines Baumes; ein stärkerer ist ein Oåst (Ast) und ein ganz starker ein Noåst (Nast, Ast). – Die Urform des Wortes scheint in kslaw. talija (junger Zweig) vorzuliegen. Im Germ. ist die klare Scheidung bereits verloren, denn ags. tëlga. an, tialga (Ast, Zweig) und im Dt. zwëlga, mhd. zëlge (Ast Zweig). Damit stimmt die Bed. des Wortes in der md. Grundsprache mit der des Kslaw. überein, im Germ.-Dt. ist bereits eine Verflachung eingetreten.

**zampeln** (zampəln – V.) hin und her bewegen, ohne dass es gefasst werden kann. Wenn Fäden, mit denen die Roulade zugammengehalten wird, nicht gefasst werden können, dann ist das ein Gezampel. – Das sonst nirgends belegte Wort ist Iterativ zu mhd. md. tampen (hin und her bewegen). Es ist nichtgerm., wie lit. tampýti (durch mehrfaches Ziehen, Zerren, Spannen dehnen; auseinander-, auf-, hochziehen), tamprùs (elastisch, zäh, hartnäckig). Das Wort entstammt ideur. *ten (spannen, dehnen).

**Zaspel** (zåpəl – F.) zehn Gebinde des dicken Werggarns. – Wie aus mhd. zalspinnel, zalspil, zalspille (Garnwinde) ersichtlich, ist die Bez. für das Mengenmaß aus zwei verschiedenen Wörtern zusammengeflossen, ganz abgesehen davon, dass zusätzlich eine Bed.übertragung von der »Spindel, die zehn Gebinde fassen kann« auf die »Gesamtheit von zehn Gebinden« stattgefunden hat. Der zweite Wortteil ist zu Gespinst und spinnen zu stellen. Den ersten Wortteil stellen Kluge/Mitzka und Weigand zu »Zahl« (Garnmaß), das es überhaupt nicht gegeben hat. Es ist vielmehr zu entspr. in der Grundsprache noch heute üblichen »Wůllənzåil (Wollenschwanz, Wollenzagel)« zu stellen, der beim Verspinnen über den Schoß gelegt und nicht, etwa um den Rocken gewunden (angefärbt) wird, in Hessen und Nordfranken zāl, zael (Fransen eines Gewebes, Schwanz).

**Zaun** (zūn – M.) nur die aus Büschen oder Gehölzen bestehende Einfriedigung eines Hofes (Gartens) oder Höfchens (Gärtchens), niemals aber die aus Latten gefertigte. – Das Wort in der Bed. »Einfriedigung« ist kelt. Ursprungs, denn es ist belegt air. dūn (mit Wall und Graben umschlossene Stadt, Burg). In germ. und frnhdt. Zeit waren alle Siedlungen mit Gräben und Wällen umgeben, auf diesen dichte Zäune, deshalb im Germ. ags. tūn (eingefriedigter Ort), an. tūn (eingezäuntes Stück Land, Hofplatz) und im Dt. ahd. mhd. zūn (Zaun jeder Art).

**Zeiseln** (zaisəln – V.) Grummet (auch Wolle) auflockern. Zugr. liegt ideur. *ten (dehnen, strecken), dazu lit. taisýti (bereiten, bessern) und zahlreiche andere nasalierte Belege, im Germ. ags. *tæsan (zupfen, zerpflücken), im Dt. ahd. zeisan, mhd. zeisen, zaisen (Wolle zupfen, zausen). Gsp. zeiseln ist Iterativ dazu.

**Zicke** (zikkən – F.) Ziegenlamm, doch in dieser Form nie gebraucht. *Zickelchen* (zikkəlchən – N.) Ziegenjunges, ein seltenerer Ausdruck. – Zugr. liegt unmittelbar ideur. *dig (stechen), daraus ags. ticcen (junges Böckchen), im Dt. ahd. zickīn, zicchi (junges Ziegenböckchen), Verkleinerungsform mhd. zickelīn. Die Bed. ist »das Stutzende, das Stutzerchen«, wie sie auch heute noch oft genannt werden, keineswegs ist, wie Kluge/Götze meinen, ein ahd. *zëcko (Bock) anzusetzen. Das Wort ist germ.-dt., da es alle erforderlichen Lautverschiebungen durchlaufen hat.

**Ziege** (zeajən – F.) Der Tiername kann nicht zufriedenstellend etymologisiert werden, weshalb der Versuch gemacht wird, ihn als Nebenform von nhd. Zicke zu erklären. Das ist jedoch unmöglich. Dass er vorgerm. sein muss, geht aus lit. cibà, cìbė (Ziege), cibùtė (Ziegenlamm), cibnòti (meckern) hervor. Diese Wörter sind jedoch mit Ernst Fraenkel nicht als lautmalend anzusehen, sondern sie sind entrundet u>ü>i aus ideur. *qubh (biegen, wölben), daraus bspw. skr. kuphanjùs (tanzend), gr. kybistàō (emporschnellen, Kobolz schießen), so dass die Grundbedeutung ist »der Hüpfer, der Springer (Springbock)«, was der Eigenart der Ziege als Gebirgsbewohnerin entspricht. Richtig steigt die Tierbezeichnung aus einer Grundsprache erst in dt. Zeit auf und verdrängt im Germ. *hebbel: ahd. ziga, mhd. zige. Die Lautverschiebung b>g(d) ist beeits vorher durchgeführt gewesen. Bedeutsam ist das Lehnwort nd. zibbe (weibliche Ziege, Schaf, auch Hund oder Hase), in dem diese nichtgerm. Lautverschiebung nicht wirksam wurde – und das die ursprüngliche Bed. verwaschen hat.

**Zinken** (zi̊nkən – M.) der einzelne »Zahn« an der Egge, der Heu-, der Mist-, der Speisegabel. – *Zinken* (zi̊nkən – F.) schwaches Zweigholz. – *Zinken* (zi̊nkən – M.) bes. lange und spitze Nase. – Das Wort taucht erst in dt. Zeit auf: ahd. zinko, mhd. zinke (scharfe Spitze). Im Germ. scheint vorauszugehen ags. tind (Gabelzinke, Stachel), an. tindre (Stachel, Bergzacke), doch eine Lautverschiebung d>k ist vorerst nicht zu erkennen, so dass das Wort aus einer anderen dt. vorgerm. Sprache entlehnt zu sein scheint.

**zockeln** (zokkəln – V.) geruhsam und gemütlich einen Wagen ziehen oder von den Zugtieren ziehen lassen, das Vieh treiben. – Das zur Bed. »ziehen« gehörende Wort ist iterativ zu mhd. zocken (ziehen, zerren, reißen) aus an. toga (ziehen, reißen), ahd. zogōn, zocōn, mhd. zogen (ziehen, zerren, reißen, raufen), md. zogelen, zoglen (ziehen).

**Zogelicht** (zogəli̊cht – N.) das in einer Blechform gegossene aus Schöpsenfett bestehende kerzenartige Licht. – *Zogelicht* (zogəli̊cht – N.) bildlich das Schleim»lichtchen« an der Nase kleiner Kinder. – Das zur Bed. »ziehen« gehörende Dingwort ist ein Beispiel für die Aussagedeutlichkeit der Grundsprache. Denn dieses mhd. zuc, ahd. zug, im Germ. ags. tyge (Zug) entstammt ideur. *duk (ziehen) und heißt ordnungsgemäß gsp. zog. Jedoch der eine Erkrankung verursachende Luftzug, von dem es in der Gmspr. heißt, man habe »einen Zug gekriegt«, entstammt in Wirklichkeit einem ideur. dig (stechen) und wird deshalb von der Grundsprache richtig als »zůg« (zum Unterschied von gsp. zog) bezeichnet, von der Gmspr. aber falsch als ebenfalls Zug.

**Zopf** s. Zotte

**Zotte** (zottəln – F.) Haarlocke im abfälligen Sinn, schlecht gestriegelte Haare der Kühe. – *verzotteln* (vərzottəln – V.) Strick-, Stopf-, Stickgarn verwirren, durcheinanderbringen. – *herumzotteln* (ri̊mzottəln – V.) ziellos und planlos herumlaufen. – *Herumgezottel* (ri̊mgəzottəl – N.) Herumgelaufe. – Das nicht erklärte Wort dürfte sich aus ideur. *dat (teilen) entwickelt haben, daraus gr. dasys (zottig, dichtbehaart) nach Lautverschiebung t>s. Im Germ. ist anzusetzen *tod wie an. toddi (Büschel, Bisschen, Gewicht für Wolle), im Dt. ahd. zot(t)a, mhd. zot(t)e (herabhängende lange Haare). Das herangezogene ahd. zatarrā, zaturrā (Dirne, die im alten Rom nicht wie eine ehrbare Frau gekleidet sein durfte), zatarlīh (dirnenhaft gekleidet) hat nicht diesen Entwicklungsweg genommen, sondern ist erst aus einer Grundsprache ins Ahd. aufgestiegen. Mhd. Zopf entstammt dem gleichen Entwicklungsgang, nur das »t« in ideur. *dat lautverschoben t>p. Die Etymologie sieht in Zopf die Grundbed. »hervorstehendes Ende«, was sachlich falsch ist. Die Zotte ist vielmehr das durch den Kamm geteilte herabhängende, der Zopf das sorgfältig geflochtene Haar.

**Zuber** (zůwər – M.) zweihenkeliges, deckelloses Holzgefäß, aus zwei Wortteilen zusammengefügt. Der erste ist ideur. *du̯ou̯, daraus im Germ. got. twai, twa, ags. *twā, *tū, an. *tveir, *tvau und im Dt. ahd., mhd. zwō, zwā (zwei), der zweite ist ideur. *bher (tragen), germ. *ber (tragen). Die Grundbed. ist demnach »Zwei-Trage« (im Gegensatz zum Eimer, der Ein-Trage).

**zufen** (zūfən – V.) zusammenziehen der Wollfäden bei einem Loch im Strumpf. – Das Wort ist urzeitlich die Bez. für »stopfen« aus ideur. *stubh (dicht machen, stopfen, stoßen) nach s-Ausfall und nichtgerm.-ideur. Lautverschiebung bh>f aus etwa 2000/1800 v. Ztr. und späterer Verschiebung t>z oder auch ts>z. Das will sagen, dass bereits nach 2000 v. Ztr. das Stopfen üblich war. Als sich aus nicht mehr erklärbaren Ursachen das Wort »stopfen« einbürgerte, zog sich das Wort *(s)tuf/zuf auf das schlechte Stopfen zurück.

**Zulp** (zūləp – M.) Lutschbeutel für Kleinstkinder. – *zūləpən* (zulpen – V.) am Lutschbeutel saugen – *zulken* (zūləkən – V.) mit Wohlbehagen an der Mutterbrust saugen. Auch Saufbrüder zūləkən behaglich große Mengen Bier. Nach Weigand ist die Herkunft des Wortes »dunkel«, Kluge/Mitzka sehen (nach Hertel) darin »Abfall des gerechten Flachses; zerrisene, zerlumpte Kleider; verwirrtes Haar«. Vgl. jedoch lit. čiulpai (Knochenmark), čiulpìkas (Lutschbeutel der Kinder aus Leinenresten), čiulpìmas (Saugen, Lutschen, Schlecken), čiùlpt (schmatzend saugen), čiulpti (an der Mutterbrust saugen), lett. čulpt (saugen). Im Grundsprachenwort ist die nichtgerm.-ideur. Lautverschiebung p>k wirksam geworden.

**Zunder** (zůndər – M.) Feuerschwamm, Zunderschwamm, Polyporus fomentarius Fr., der solange geschlagen wurde, bis er weich war und sich leicht entzündete. »s brënnt wī zůndər = es brennt wie Zunder« ist ein noch heute allgemein gebrauchter Ausdruck.

**Zunder** (zůndər – M.) schlechter Webstoff, der leicht reißt. – *herumzundern* (rîmzůnnər – V.) eigentlich von Liebe entzündet sein und sich nach dem andern Geschlecht sehnend herumtreiben. »zundere doch nicht immer so herum!« Dazu *herumzundern, Herumgezunder, Herumzunderei.* – Das zum Begriff »zünden« gehörende Wort kann die Etymologie über mhd. zunder, ahd. zunt(a)ra und im Germ. ags. tynder, an. tundr rückwärts verfolgen. Dann aber erklären bspw. Kluge/Mitzka: »Weitere Beziehungen sind unsicher«. Aber lit. dūlis (Baummoder zum Beräuchern der Bienen), dùlti (vermodern, wurmstichig werden), lett. dūle (Räuchermasse zum Forttreiben der Bienen, Fackel, Lunte), dulêt (mit Zunder räuchern) verweisen auf die vorgerm.-ideur. Lautverschiebung l>n und auf die Tatsache, dass dieses Wort nach erfolgter Lautverschiebung aus der vorgerm.-ideur. Grundsprache entlehnt wurde. Es entstammt ideur. *dhu (räuchern, opfern; heftig bewegen, wallen) entsprechend gr. thylma (Opferkuchen), thýō (dampfen, rauchen; verbrennen) und Zubehör.

**Zwiebel** (zîppəl – F.) Hauszwiebel Allium cepa L., bereits jungsteinzeitliche Kulturpflanze, deren Name von lat. cēpulla (kleine Zwiebel), mlat. cipolla (Zwiebel) abgeleitet wird, daraus ahd. cibolla, mhd. zibolle, zibel. Da der zweite Wortteil unmittelbar an gr. bolbós aus ideur. bol (schwellen) anzuschließen ist und ebenfalls Zwiebel bedeutet, und nhd. Bolle in der Grundbedeutung »Knollenartiges« bereits germ. belegt ist, darf gsp. zîppəl als nur »scheinbares« Lehnwort angesehen werden.

Z

**Zwillich** (zwîllîch – M.) Leinengewebe aus zweifachen Fäden. – Wie Drillich zu »drei«, so ist das Wort Zwillich zu »zwei« aus lat. bilīx (zweifädig) lehnübersetzt: ags. twilīc und im Dt. ahd. zwilīh, mhd. zwillich, zwilch. Daneben steht jedoch das aus bodenständiger Wurzel entstandene got. tveihnai, und im Dt. ahd. zwinal, zwinel, zwënel (doppelt), so dass Lehnübersetzung und Erbwort engstens nebeneinander stehen.

**Zwissel** (zwissəl – M.) Zweiheit; Bund (Zwiebeln). Das Wort entstammt einem vorgerm.-ideur. *dvaja (zweifach), das sich weiterentwickelt hat zu ahd. zwisila, mhd. zwiselte (gabelförmiger Zweig) – ags. gitwiso, mhd. zwiseline (Zwilling) – mhd. zwisel (doppelt).

**Zwitter** (zwittər – M.) zweigeschlechtliches Geschöpf. Kluge/Mitzka führen das Wort auf ahd. zwitar(a)n (unechte Abkunft, Herkunft), mhd. zwitarn, zwitorn (Zwitter, Bastard, Mischling aus zwei Völkern), wfäl. twētebock (Zwitter) und das infolge Verschiebung r>l als sehr viel jünger erkennbare an. tvītōla, dän. tvetulle (zweigeschlechtiges

Geschöpf) zurück. Weigand meint »zu zwie = mit dunkler Ableitung«. Und Hermann Paul vertritt die Ansicht: »ursprünglich für einen Abkömmling von zwei Wesen verschiedener Art gebraucht. Erst jünger ist die Verwendung für ein Mittelwesen zwischen Mann und Weib.«. Es besteht jedoch die Möglichkeit der Zusammenfügung aus zwei Wurzelwörtern: der erste Wortteil wäre *zwi- aus mhd. ahd. zwi, im Germ. ags. twi, an. tve, im Vorgerm. lit. dvì, dù, lett. divi, gr. di, lat. bi, skr. dvi (Zahlwort zwei als erstes Glied von Zusammensetzungen). Der zweite Wortteil führt zu ideur. *ghwēr in gr. thēr (Geschöpf). Die Bedeutung ist also: »zwei Geschöpfe in einem«.

# Literaturverzeichnis


Arntz, Helmut (Hrsg.): Ergebnisse der Sprachwissenschaft. Heidelberg 1936

Bach, Adolf: Deutsche Mundartforschung. Ihre Wege, Ergebnisse und Aufgaben. Heidelberg 1934

Bach, Adolf: Geschichte der deutschen Sprache. Heidelberg 1949

Behaghel, Otto: Geschichte der deutschen Sprache. Halle/S. 1953

Drube, Hermann: Zum deutschen Wortschatz. München 1968

Euler, Wolfram: Sprache und Herkunft der Germanen. 2009

Filip, Jan: Die keltische Zivilisation und ihr Erbe. Prag 1961

Fraenkel, Ernst: Litauisches etymologisches Wörterbuch. Heidelberg 1959 ff.

Friedrich, Johannes: Hethitisches Wörterbuch. Heidelberg 1952

Frings, Theodor: Grundlegung einer Geschichte der deutschen Sprache. Halle/S. 1950

Grimm, Jacob und Wilhelm: DWB. Deutsches Wörterbuch. Leipzig 1854 ff.

Hachmann, Rolf / Kossack, Georg / Kuhn, Hans: Völker zwischen Germanen und Kelten. Neumünster 1962

Hentrich, Konrad: Wörterbuch der nordwestthüringischen Mundart des Eichsfeldes. Göttingen 1912

Hirt, Hermann. Etymologie der neuhochdeutschen Sprache. München 1909

Kausen, Ernst: Die indogermanischen Sprachen: Von der Vorgeschichte bis zur Gegenwart. Hamburg 2012

Kluge, Friedrich / Götze, Alfred: Etymologisches Wörterbuch der deutschen Sprache. Berlin 1953

Kluge, Friedrich / Mitzka, Walter: Etymologisches Wörterbuch der deutschen Sprache. 19. Aufl. Berlin 1963

Krahe, Hans: Keltisch oder Illyrisch? in: Festschrift für Ernst Wahle: Ur- und Frühgeschichte als historische Wissenschaft. Heidelberg 1950

Küpper, Heinz: Wörterbuch der deutschen Umgangssprache. Hamburg 1955

Lühr, Rosemane: Haus und Hof in ur- und frühgeschichtlicher Zeit. In: Gedenkschrift für Herbert Jankuhn. Göttingen 1997

Mackensen, Lutz: Deutsche Etymologie. Ein Leitfaden durch die Geschichte des deutschen Wortes. Bremen 1962

Meid, Wolfgang in: Beck, Heinrich: Germanenprobleme in heutiger Sicht. Berlin /New York 1986

Menge-Güthling, Hermann: Griechisch-deutsches Hand- und Schulwörterbuch. Berlin 1913

Menge-Güthling, Hermann: Lateinisch-deutsches und deutsch-lateinisches Wörterbuch. Berlin 1950

Meringer, Rudolf in: Germanisch romanische Monatsschrift Band 1. Heidelberg 1909

Ozolin, Eduard: Lettisch-deutsches und deutsch-lettisches Wörterbuch. Riga 1928

Paul, Hermann: Deutsches Wörterbuch. Halle/S. 1956

Hertel, Ludwig: Thüringer Sprachatlas. Weimar 1895.

Pokorny, Julius: Zur Urgeschichte der Kelten und Illyrier. Halle/S. 1938

Rosenkranz: Der thüringische Sprachraum. Halle/S. 1964

Röth, Erich: Sind wir Germanen? Das Ende eines Irrtums. Bad Langensalza 2005

Röth, Erich: Mit unserer Sprache in die Steinzeit. Bad Langensalza 2006

Schade, Oskar: Altdeutsches Wörterbuch. Halle/S. 1882

Schiller, Karl / Lübben, August: Niederdeutsches Wörterbuch. Bremen 1875

Spangenberg, Karl: Thüringisches Wörterbuch. Berlin 1966 ff.

Stroh, Fritz / Maurer, Friedrich: Deutsche Wortgeschichte. Berlin 1941

Ullmann, Carl Christian: Lettisches Wörterbuch. Riga 1872

Weigand, Friedrich: Deutsches Wörterbuch. Gießen 1909/10

Weise, Oskar: Unsere Muttersprache. Ihr Werden und ihr Wesen. Leipzig 1909

# Weitere Bücher von Erich Röth

## Sind wir Germanen?

Das Ende eines Irrtums

2005. 400 S. und 15 Abbildungen
Kartoniert
ISBN 978-3-938997-49-9

Als »the Germans« (Germanen) werden wir nicht nur in der angelsächsischen Welt bezeichnet, als solche haben wir uns auch seit Generationen selber gefühlt. Doch sind wir wirklich Nachfahren der Germanen? Längst spricht die heutige Forschung nur noch von »Germanen im Sinne der Sprachwissenschaft« – zu weitergreifenden Überprüfungen hat das bisher kaum geführt. Dabei wurden in großen Teilen des heutigen Deutschlands weit ältere „Völker zwischen Germanen und Kelten" entdeckt, die in Sprache, Flurnamen und Brauch noch heute erkennbar sind. Das macht eine Revision unserer Vorstellung von Vorzeit, Geschichte und Volkswerden erforderlich. Der Verfasser zeigt mit seiner »Grundsprachenforschung« Wege auf, diese einst von »Germanen« überlagerte Vorbevölkerung, ihre Ausstrahlung ins Baltikum und in das alte Griechenland aufzuspüren. An der Fülle bisher unbekannten vorgermanisch-indoeuropäischen Wortguts lässt sich ihr Alltag, lassen sich soziale Verhältnisse, religiöse Vorstellungen und anderes ablesen, das die Spatenforschung nicht zu erhellen vermag. Auch diese Völker sind ein nicht unbeträchtlicher Teil unserer Ahnen, zu denen uns die Spurensuche dieses Buches führt.

## Mit unserer Sprache in die Steinzeit

Mitteldeutsches Wortgut erhellt die Ur- und Frühgeschichte

2. Auflage 2005. 272 S. und 15 Abbildungen
Kartoniert
ISBN 978-3-937135-47-2

Nach dem sensationellen Fund der Himmelsscheibe von Nebra sind unsere Vorstellungen über die Anfänge der europäischen Zivilisation zu revidieren. Welche Menschen zu jener Zeit hier lebten und welche Sprache sie sprachen, ist unbekannt. Nun hat der Verfasser, »ein Kenner, wie wir deren nicht viele besitzen« (Frau Prof. Karg-Gasterstädt) nachweisen können, dass das Mitteldeutsche und auch unsere Gemeinsprache reiches Wortmaterial einer vorgermanischen Unterschicht bis in die Gegenwart bewahren. Auch das eine Sensation! Denn damit werden Einblicke in Alltag und Denken, soziale und religiöse Vorstellungen unserer Ahnen möglich, welche die Spatenforschung nicht zu erhellen vermag. Und das Wortgut der einst von Germanen überfluteten Vorbevölkerung lebt als kostbarstes Erbe bis in unsere Tage fort. Es ist eine geradezu aufregende Spurensuche in die Vergangenheit.